# 나는
# 사회·지리 교사
# 입니다

Foreign Copyright:
Joonwon Lee          Mobile: 82-10-4624-6629

Address: 3F, 127, Yanghwa-ro, Mapo-gu, Seoul, Republic of Korea
              3rd  Floor
Telephone: 82-2-3142-4151
E-mail: jwlee@cyber.co.kr

# 나는 사회·지리 교사입니다

2024.  1. 31. 초 판 1쇄 인쇄
**2024.  2.  7. 초 판 1쇄 발행**

지은이 │ 강정숙 외 9명
펴낸이 │ 이종준
펴낸곳 │ BM (주)도서출판 성안당
주소 │ 04032 서울시 마포구 양화로 127 첨단빌딩 3층(출판기획 R&D 센터)
       │ 10881 경기도 파주시 문발로 112 파주 출판 문화도시(제작 및 물류)
전화 │ 02) 3142-0036
      │ 031) 950-6300
팩스 │ 031) 955-0510
등록 │ 1973. 2. 1. 제406-2005-000046호
출판사 홈페이지 │ www.cyber.co.kr
ISBN │ 978-89-315-8643-5 (03370)
정가 │ 28,000원

### 이 책을 만든 사람들

기획 │ 북케어
진행 │ 김상민
본문·표지 디자인 │ 구름
홍보 │ 김계향, 유미나, 정단비, 김주승
국제부 │ 이선민, 조혜란
마케팅 │ 구본철, 차정욱, 오영일, 나진호, 강호묵
마케팅 지원 │ 장상범
제작 │ 김유석

www.cyber.co.kr ★★★
성안당 Web 사이트

■ 도서 A/S 안내

성안당에서 발행하는 모든 도서는 저자와 출판사, 그리고 독자가 함께 만들어 나갑니다.
좋은 책을 펴내기 위해 많은 노력을 기울이고 있습니다. 혹시라도 내용상의 오류나 오탈자 등이 발견되면 **"좋은 책은 나라의 보배"**로서 우리 모두가 함께 만들어 간다는 마음으로 연락주시기 바랍니다. 수정 보완하여 더 나은 책이 되도록 최선을 다하겠습니다.
성안당은 늘 독자 여러분들의 소중한 의견을 기다리고 있습니다. 좋은 의견을 보내주시는 분께는 성안당 쇼핑몰의 포인트(3,000포인트)를 적립해 드립니다.
잘못 만들어진 책이나 부록 등이 파손된 경우에는 교환해 드립니다.

사회·지리를 통해 청소년들에게 전하는 감동 메시지!

# 나는 사회·지리 교사 입니다

강정숙
김영진
서재민
오승한
허진만
박소은
이명준
이용훈
이지원
조해수

사회·지리 선생님 10인의
청소년
필독서
생생하고 다양한 이야기

BM (주)도서출판 성안당

**천창수** 울산광역시교육청 교육감

읽다 보니 추억 속으로 빠져듭니다. 나는 왜 교사가 되려고 했지? 왜 하필 사회 교사였을까? 나는 아이들과 어떻게 소통했었지? 그 아이들은 지금 어떻게 됐을까? 어떤 이는 먼 길을 돌아 교사가 되었고, 또 어떤 이는 매일 좌충우돌합니다. 하지만 아이들을 위해 최선을 다합니다. 읽고 나니 그래서 힘이 납니다. 긍정적인 에너지를 받습니다. 이들을 보며 나도 교육자로서 다시 신발끈을 고쳐 맵니다.

**신성호** 전국사회교사모임 대표, 고려대학교부속고등학교 교사

학생들과 함께 웃고 우는 모습, 더불어 인생 멘토로서 따뜻하게 이끌어 가는 모습이 있습니다. 사회교육의 목표, 그에 맞는 수업을 연구하고 실천하는 모습, 마을의 일원으로 확장하는 모습도 있습니다. 우리 사회에서 교육은 어떤 역할을 해야 하는지 고민하고 실천하는 모습, 이 모든 게 감동이었고 저의 교직 생활을 성찰하는 계기가 되었습니다. 독자님들과 이 감동을 함께 느끼고 싶습니다.

**천희완** 전국사회교사모임 전 대표, 전 대영고등학교 교사

교사의 업무 중 하나는 모임입니다. 선후배 교사들과 만나 이야기를 나누어야 합니다. 만나서 드문드문 속살을 내놓고 대화하고 공부하는 즐거움이란…. 이 책은 이런 모임 후의 푸근한 귀갓길 같습니다. 몇 년간 알고 지낸 동료 같습니다. 옆자리 선생님의 진솔한 이야기를 듣고 싶으신 분, 교육 현장의 실상이 궁금한 분들께 드리는 선물입니다.

**정성훈** 대한지리학회 학회장, 강원대학교 지리교육과 교수

　나는 이 책을 육감과 식감으로 접했다. 지리는 아이들에게 세상을 파악할 수 있는 통찰력과 지혜를 제공한다. 이것이 지리를 가르치는 저자들이 제자들과 함께 만들어 낸 육감이다. 또한 이 책의 저자들은 제자들과 함께 지리가 세상과 화합하고 소통할 수 있는 레시피를 만들어 냈다. 이 식감을 자극하는 건강한 레시피가 온 세상에 풍부한 먹거리로 전달되기를 소망한다.

**김이재** 경인교육대학교 교수, 지리적상상력연구소장

　지금 내 모습과 환경이 마음에 들지 않나요? 지리를 열심히 공부하고 실천하면 나의 운명이 바뀝니다. 답답한 교실을 벗어나 자유롭게 살고 싶나요? 지도에 꿈을 그리고 세계로 나아가면 행복한 성공의 길이 활짝 열립니다. 여기, 우리 학생들의 지리적 상상력을 깨우는 멋진 지리 선생님들을 소개합니다. 이들의 이야기를 통해 우리 '지리의 힘'을 제대로 받아 봅시다.

**윤신원** 서울성남고등학교 교사, 전 전국지리교사모임 회장

　좋은 교사가 되기 위해 걸어 온 저마다의 길이 있다. 이 책은 이 시대 지리, 사회 교사로서 고민과 분투, 꿈과 보람을 솔직하고도 다양한 이야기를 통해 싱그럽게 보여 준다. 그들의 이야기가 푸릇한 예비 교사들에게는 단단한 꿈과 의지를, 후배 교사들에게는 응원 가득한 용기를, 선배 교사들에게는 지혜와 추억을 선사하리라 기대하며 이 한 권의 책을 선물하고 싶다.

# 머리말

　이 책의 사회 교사들은 자주 울컥합니다. 자기에게 관심 안 줬다고 안티카페를 만든 학생과 상담하다 울컥, 학생 하나하나에게 정성을 쏟는 선배 교사의 말에 울컥합니다. 언뜻 보면 사회 교사란 제도를 설명하고 경제 그래프를 분석하는, 잡학다식 건조한 사람들일 것 같습니다. 그런데 툭하면 눈물이 글썽글썽해지는 교사? 상상하기 어렵습니다.

　우리가 매일 만나는 사람들은 각자의 사연이 있지요. 빠른 일상에서 주변 사람들 각각의 모습을 집중해서 보기는 쉽지 않습니다. 수업은 진도를 나가는 것이고, 진도를 나갔으면 다음 것을 해야 하니 질문은 거추장스럽고 시간만 축내는 일입니다.

　다시, 이 책의 사회 교사들은 계속 울컥합니다. 30분 넘게 걸어야 등교할 수 있는 아이의 고생을 알아 버렸기 때문이고, 출석 부를 때 눈을 마주치고 웃어 주는 눈동자들 때문이며, 열등감으로 차갑게 식었던 자신을 '선생님, 다른 학교로 가지 마세요!' 하고 따뜻하게 잡아 주었기 때문입니다. 이들은 학생들에게 집중하며, 이들과 함께 커 나가기 위해 수업을 잘하고 싶은 교사로서의 직업의식이 강합니다.

　모든 직업은 다 소중하지요. 그래서 자부심을 갖고 교사로서의 삶을 살아가려는 분들께 힘이 되는 글을 모았습니다. 이들의 인생을, 고백을 들어 보세요. 교사로서, 교사가 되기 위해 열심히 살고 있는 당신의 모습과 닮았습니다.

– 2024년 1월, 사회 교사 저자들을 대신하여 허진만 씀.

"오늘은 어떤 지리 생각을 하셨어요?"

아침마다 이렇게 질문하시던 선생님이 계셨습니다. 말 그대로 '지리는 아침' 이었습니다. 저는 매일 아침 그 선생님 앞에서 '찌지리'가 되었지요. 아무 말이라도 해야 할 것 같아서, 정말 아무 말을 했습니다. 주로 출근길에서 보고 들은 이야기, 맛집 이야기, 좋아하는 스포츠 이야기, TV 프로그램 이야기들이었습니다. 그 선생님은 그런 아무 말들을 웃으며, 진지하게 끄덕거리며 들어주셨지요. 그런데 도망치고 싶던, 유난히 길게 느껴졌던 그 '지리지리'한 시간이 어느 순간부터 즐거워졌습니다. 말할 거리를 찾느라 주변을 두리번거리고, 책을 읽고 있는 제 모습도 발견했습니다. 그 시간이 참 좋았습니다. 세상 모든 것이 지리라는 것을, 교사는 학생 곁에서 끄덕끄덕하며 듣는 사람이라는 것을 몸소 배웠습니다.

여기, 지리 교사 다섯 명의 이야기가 있습니다. 지리가 꿈이고, 지리를 가꾸는 당신에게 건네는 아무 말입니다. 어쩌다 지리 교사가 되었는지, 그리고 지금은 어떻게 학생들과 사는지…. 무슨 생각을 했고, 무슨 생각을 하는지…. 참, 말이 많습니다. 깔깔깔, 끄덕끄덕하며 그들의 이야기를 들어 주세요. 그리고 당신의 이야기를 들려주세요. 기다리겠습니다.

곁에 있는 사람들과 '지리는 아침' 모임을 만드는 것도 좋고, 전국지리교사모임, 지역지리교과연구회 같은 모임에 함께하는 것도 좋습니다. 그곳에서 아침마다 "안녕하세요~ 오늘도 지리는 아침입니다." 인사하고, 깔깔 웃고, 아무 말을 하고, 끄덕끄덕하는 것은 어떤가요?

그렇게 함께 우정을 나누고, 서로 힘이 되어요. 지리의 꿈, 교사의 꿈 계속 꾸어요. 함께 늙어 가요. 그 풍경이 상상만 해도 참 좋습니다.

오늘도 평화를 빕니다.

– 2024년 1월, 지리 교사 저자들을 대신하여 조해수 씀.

# 목차

**끊임없이 성찰하는 교사**
- 강정숙 -
11

**학생과 '진짜 세상'을 만나는 사회 교사**
- 김영진 -
61

**수업과 일상을 잇는 동네 교사**
- 서재민 -
123

**더 좋은 세상을 위한 사회 교사**
- 오승한 -
173

**번거롭고 귀찮지만 필요한 길을 가는 교사**
- 허진만 -
223

## 가치 있는 삶을 가르치는 교사
### - 박소은 -
277

## 지리해서 행복한 교사
### - 이명준 -
321

## 지리를 통해 세상을 보여 주는 교사
### - 이용훈 -
375

## 호기심이 많은 교사
### - 이지원 -
423

## 이곳저곳 두리번거리는 교사
### - 조해수 -
469

# 끊임없이
# 성찰하는 교사

강정숙

## 나의 오래된 꿈

### 1) 척척박사 선생님을 꿈꾸다

내가 살던 곳은 옆집 숟가락이 몇 개인지, 사돈의 팔촌은 뭐 하는 사람인지 다 아는 아주 작은 농촌이다. 매일 새벽 분주한 하루가 시작되고, 바쁘게 일하시는 부모님께 놀아 달라는 말은 할 수 없었다.

동네에 있던 유일한 동갑내기 단짝 친구는 일찌감치 도시로 이사를 가 버렸고, 주변에 학원이나 아이들이 갈 만한 곳도 마땅치 않았기 때문에 혼자만의 시간이 많았다. 그때 자연과 동네 사람들이 살아가는 모습을 관찰하고, 꼬리에 꼬리를 물고 생각하는 것을 좋아했다.

올해 농사가 잘되었다고 좋아하시던 아빠였는데, 얼마 지나지 않아 동네 어른들과 올해 쌀값이 너무 떨어져 걱정이라면서 술잔을 기울이던 모습. 농사 잘되었다더니 왜 힘들어하시지? 궁금했다. 그리고 생각했다. 수요, 공급, 풍년의 역설이라는 이론은 몰랐지만, 난 이미 어렴풋이 사회 속에서 나타나는 일들이 개인의 노력만으로 결정되는 게 아니란 걸 알았다.

나의 사회학적 상상력(미국의 사회학자 라이트 밀스(Charles Wright Mills)에 의해 만들어진 개념으로 개인의 선택과 행동을 이해할 때 개인을 둘러싸고 있는 사회 구조적 요인을 연관시켜 상상해야 한다는 것)은 어린 시절 심심함이 키웠다.

그렇게 큰 이벤트 없이 조용한 유년 시절을 보내고, 초등학교에 입학했다. 유치원도 다니지 않았던 나에게 초등학교는 놀라운 곳이었다. 친구도 많고, 놀이터도 있고, 재미있는 수업도 한다!

'아니, 이게 뭐야! 이렇게 역동적이고 재미있다고?'

더구나 무엇이든 물어보면 답을 해 주는 척척박사 같던 선생님은 너무나도 멋지게 다가왔다. 호기심이 넘쳤던 나에게 늘 다정하고 따뜻하고 뭐든 다 대답해 주는 사람. 그때부터였던 거 같다. 자연스럽게 나는 교사가 되어야겠다고 생각했다. 학교생활은 정말 신났다. 하나하나 배워 가는 것도 참 재미있었다. 키가 작았던 나는 늘 앞자리였는데, 앞자리에 앉을 수 있게 만들어 준 작은 키가 처음으로 고마웠다. 앞자리에 앉아서 수업을 들으면 유독 선생님들께서 눈을 자주 마주쳐주셨다. 그게 그렇게 좋았다. 그렇게 나는 척척박사 다정한 교사를 꿈꾸며, 꿈을 향해 한 발씩 다가갔다.

하루는 친구들과 하굣길에 보석 반지 사탕을 사서 먹었다. 플라스틱 반지 끝에 보석 모양의 커다란 사탕이 달려 있었다. 손가락에 반지를 끼우고 맛있게 사탕을 먹었다. 거의 다 먹었을 때 반지를 얼른 빼서 버리지 않으면 손이 온통 끈적끈적해졌다. 친구들은 사탕을 다 먹자 반지를 빼서 바로 버렸다. 길에 쓰레기통이 없었던지라, 바닥에 휙, 돌 틈에 휙, 하수구 구멍에 퐁당. '어쩌지….' 손은 끈적끈적해지는데, 나는 차마 반지를 길에 버릴 수가 없었다. 어린 마음에도 '교사가 되면 제자들에게 부끄럽지 않아야 하는데, 지금 내가 길에 쓰레기를 버리면 부끄러울 거야. 나부터 잘해야 해!'라는 마음을 먹었다. 그렇게 보석 반지를 손에 꼭 쥐고 끈적끈적한 채로 집에 돌아와 손을 씻었던 기억이 생생하다. 그렇게 어떤 선택과 행동을 할 때마다 미래의 나의 제자들에게 부끄럽지 않게, 혹은 자랑스러울 수 있게 마음을 다잡으며 학창시절을 보냈다.

**다른 사람들 앞에서 이야기하는 것이 짜릿하다.**

중학교 2학년 역사 시간이었다. 교과서를 일정 부분씩 나누어 각자 공부를 하고, 자신이 공부한 내용을 선생님처럼 친구들에게 가르치는 과제가 있었다. 열심히 공부하고 동생을 앉혀 놓고 리허설까지 했다. 드디어 역사 시간! 초롱초롱한 눈들이 나를 지켜보고 있었다. 막상 교단에 서니 '얼음'이 되었다가 순간 땡 하면서 준비한 발표를 시작하는데 친구들이 끄덕끄덕 이해했다는 피드백을 줘서 기분이 너무 좋았다. 그렇게 15분 정도의 발표를 마치고 큰 박수를 받았다. 가르치는 것의 매력을 느낀 순간이었다. 그 뒤로 친구들에게 모르는 게 있으면 언제든지 질문하라고 했다. 난 설명해 주고 친구들이 그것을 알아차리는 것이 너무 좋았고, 내가 모르는 것이 있다면 밤을 새워 공부해서라도 설명해 줬다. 그럴 때마다 '역시 난 교사를 해야겠어.'

마음을 굳혀 나갔다.

## 2) 일만 겁의 인연으로 우리는 만났어

임용고시 합격의 기쁨이 채 가시기도 전에 발령을 받았다. 첫 발령지는 천혜의 자연을 품고 있는 한적한 시골 중학교였다. 발령이 나고 2주 이내에 학교에 가서 인사도 하고, 살 집도 구하고, 이사도 하고, 수업 준비까지 해야 했다. 굉장히 분주한 시간이었지만, 내 모든 정신은 앞으로 만날 학생들에 대한 생각으로 가득 차 있었다. 그리고 나는 2학년 2반의 담임이 되었다.

첫 출근 전날, 기대 반 두려움 반으로 가슴이 두근거려 한숨도 못 잤다. 아이들에게 할 인사를 머릿속에 계속 되뇌며 미리 받은 학생들의 이름을 보고 또 봤다. 드디어 출근 첫날. 그해 유독 해당 지역으로 신규 교사 발령이 많이 났는데, 우리 학교에도 나를 포함하여 3명의 신규 교사가 있었다. 전교생 앞에서 새로 부임해 온 선생님들이 돌아가며 인사를 하는 시간이었다. 전교생 300명 정도 되는 학교였는데, 3만 명은 돼 보였다. 등에서 식은땀이 흐르고 뭐라고 말을 했는지 기억도 나지 않았다. 다만 엄청난 환호와 미소로 나를 맞이해 주었고, 낯설고 두려웠던 마음이 학생들의 융숭한 대접으로 눈 녹듯이 녹았던 포근한 기억은 또렷이 남아 있다.

드디어 나의 반, 나의 첫 제자들과 만남의 시간이 주어졌다. 몽글몽글해진 마음으로 조금은 여유롭게 밤사이 되뇌었던 인사말을 건넸다. 너와 내가, 너와 너의 친구가, 우리가 '얼마나 소중한 인연인가.'에 대한 이야기였다.

"여러분이 알고 있는 가장 큰 수는 뭐예요?", "억이요.", "조요.", "해요." 10의 20승인 '해'까지 나왔다. 담임 선생님이라는 사람이 들어와서는 제대로 된 인사도 없이 뜬금없이 수에 대해 묻는 것이 굉장히 생소한 모습이지만, 아이들은 자신이 알고 있는 모든 수를 경쟁하듯 대답한다.

"여러분 바다에 가 봤죠?", "당연하죠!"

선생님이 이상하다. 수 얘기하다가 이제는 바다인가. 아이들이 흥미로운 눈빛으로 바라본다.

"자, 지금부터 상상해 봅시다. 기차를 타고 바다에 도착했어요. 드넓은 에메랄드빛 바다, 구름 한 점 없는 푸른 하늘, 반짝반짝 빛나는 은빛 모래. 다함께 손을 오므리고 모래를 떠봅시다. 자, 기영아 너의 손에 쥔 모래 알갱이가 몇 개일 것 같아요?" 밤사이 외운 이름을 써먹어 본다. "네? 저요? 근데 선생님 제 이름 어떻게 알아요?" 이름을 불러 준다는 게 참 별일 아닌 것 같지만, 처음 만나는 선생님이 웃으며 자신의 이름을 불러줬을 때 학생들은 크게 감동한다.

"셀 수 있겠니? 무수히 많아서 헤아릴 수 없겠죠? 손에 잡힌 모래 알갱이 숫자도 못 세겠는데 하물며 바다 전체의 모래 알갱이 숫자는 어떨까요. 셀 수 없을 만큼 많겠죠? 그 숫자를 가리켜 '항하사'라고 부릅니다. 10의 52승이에요."

이어서 아승기, 나유타, 불가사의를 거쳐 10의 68승 무량대수까지 이야기해 준다. 이쯤 되면 무량대수가 얼마나 큰 수인지 가늠조차 할 수 없어진다. 그저 그 수는 헤아릴 수 없이 아주 큰 수라는 것을 알게 될 뿐이다.

"이것을 불교에서는 겁이라고 말해요. 겁! 상상할 수조차 없는 긴 시간입니다. 그런데 여러분 이런 말 들어봤나요? '옷깃만 스쳐도 인연이다.' 그 옷깃이 스치는 인연이 되려면, 전생에 우리가 이 겁, 혹은 무량대수만큼 만났어야 한다고 해요. 옷깃 한번 쓱 스치는 인연이 상상조차 할 수 없는 긴 시간 동안 만나야 가능한데 대체 우린 얼마나 큰 인연이기에 이렇게 한 교실에서 만날 수 있었을까요? 서서히 고개를 돌려서 주변의 친구를 바라봐요. 어때요? 친구가 달리 보이지 않나요? 또 스승과 제자의 인연은 1만 겁의 인연이라고 합니다. 반갑습니다. 우리는 이렇게 귀하게 만났습니다."

선생님들 누구나 첫 만남 시간에 학생들과 나누는 자신만의 이야기가 있을 것이다. 난 이런 숫자 이야기가 사람과 인연에 대한 경외와 존중이 묻어나서 참 좋다. 그래서 교사가 되고 발령을 받고, 첫인사를 준비할 때 가장 먼저 떠올랐다. 그리고 난 매년 3월 2일 어느 학교 어느 교실에서건 숫자 이야기로 첫인사를 나눈다. 나 또한 '귀한 제자들을 만났으니, 한 명 한 명 존중해야겠다.'는 다짐도 하게 된다.

### 3) 선생님도 선생님이 처음이라…. 마음 읽기에 서툰 강 선생

첫 발령 학교에는 선생님들의 경력이 양극화되어 있었다. 경력이 아주 많으신 분들과 신규 교사들. 오랜 시간 동안 젊은 선생님을 만나보지 못한 학생들에게 신규 교사 3명은 엄청난 문화적 충격이자, 관심거리였다. 선생님들의 수업뿐 아니라, 평상시 말과 옷, 액세서리 모든 것이 화제가 되는 것이다. 마치 연예인이 된 것만 같은 관심과 사랑을 받았다. '내가 또 언제 이런 관심과 사랑을 받겠냐.' 하는 생각에 기분이 나쁘지 않았다. 나는 오래도록 꿈꿔 왔던 교사가 되었고, 학생들 한 명 한 명 참으로 예뻤다. 처음 발령받았을 때는 격주로 쉬는 토요일(학교에 가지 않는 토요일)이 있었는데, 쉬는 토요일이 아쉬워서 '왜 토요일에 쉬어야 하지? 학교를 가야지!'라고 생각했던 날이 많았을 정도였다. 퇴근하고 집에 오면서도 학생들 생각뿐이고, 자려고 누우면 천장에 학생들 얼굴이 그려졌다. 선배 선생님들께서 조언해 주신 적절한 거리두기 같은 건 모르겠고, 난 완전히 푹 빠져 있었고 정말 행복했다.

첫 시간에 아이들에게 어떤 학급을 운영했으면 좋겠는지, 어떤 선생님이 좋고 싫은지 설문조사를 했다. 아이들은 단연코 '차별하지 않는 평등한 교사'를 원했다. 나는 기꺼이 그런 교사가 되기 위해 노력했고, 모든 학생을 사랑으로 품었다. 학생들을 더 잘 알고, 잘 지도하고 싶어서 어머님들께 전화 상담을 몇 차례씩 진행했다. 쉬는 시간, 점심시간 구분하지 않고 수시로 반에 들어가 아이들을 살피고 상담했다. 하루 24시간 중 잠자는 시간 빼고는 모든 시간이 학교와 아이들로 가득 차 있었다. '아, 역시 교사는 나의 천직이었어!' 그것으로 되었다. 아니 다 된 줄 알았다. 아뿔싸. 나는 이 아이들이 중학교 2학년이라는 사실을 간과했었다.

교사 생활 7개월 만에 엄청난 위기가 찾아왔다. 어느 날 늘 조용하고 수줍음 많은 한 여학생이 찾아왔다. 쭈뼛쭈뼛하며 몹시 어렵게 말을 건넸다. "선생님…. 선생님 안티카페가 생겼어요. 한번 찾아보셔야 할 것 같아요. 제가 말했다고 하시면 안 돼요." 학생은 도망치듯 교무실을 떠났다.

'응? 뭐가 생겼다고? 안티? 그래, 모든 학생이 다 나를 좋아할 수는 없겠지. 욕할 수도 있지. 그런데 조직적으로 카페까지 만들어서 나를 미워한다고? 왜? 내가 너희를 이렇게 많이 사랑하는데?'

한동안 멍하니 앉아만 있었다. 엄청난 충격이었다. 눈물이 펑펑 쏟아졌다. 처음엔 학생이 알려 준 사이트를 검색할 수도 없었다. 현실을 마주하기가 너무 무서웠다.

많은 학생이 관심과 사랑을 표현해 줬고, 난 늘 감사한 마음으로 받았고 더 따뜻하게 표현하려고 했다. 그런데 한 남학생이 나에 대한 마음이 커지기 시작했던 것이다. 선생님이 정말 좋다, 자기가 클 때까지만 기다려 달라, 이런 표현들이 그저 귀여웠다. 그래서 웃고 넘겼다. 수원이는 나에게 잘 보이려고 공부를 열심히 했다. 수원이 어머니께서는 선생님 덕분이라면서 감사하다고 인사까지 하셨다. 학생이 의욕 있게 학교생활을 하고 공부도 열심히 하니 기특하고 예뻤다.

한번은 학교에서 교내 영어경시대회가 있었다. 수원이가 다가오더니 "선생님. 제가 경시대회에서 전교 1등을 하면 소원 들어주세요."라고 하였다. 일단 시험을 잘 보라고 격려하며 마무리 지었다. 수원이는 몇 주간 영어 공부를 정말 열심히 했다. 어머님 말씀으로는 이렇게까지 열심히 하는 모습을 처음 보셨다고 할 정도였다. 그리고 정말로 1등을 했다. 경시대회 전 수원의 부탁을 까맣게 잊고, 그 노력의 과정을 기뻐하고 칭찬했다. 반 친구들 앞에서도 모범사례로 이야기해 주고, 누구든 노력하면 해낼 수 있다고 훈화까지 덧붙였다.

그날 저녁 수원이는 내게 당시 유행하던 SNS인 '싸이월드'의 스킨을 선물로 보냈다. 선생님 덕분에 경시대회에 1등을 할 수 있었다면서 감사하다고 했다. 그것을 받아 주는 게 자신의 소원이라고 했다. 그때는 그 선물이 이렇게 큰 파문을 가져올지 전혀 몰랐다. 수원이의 성화에 못 이겨 스킨을 받았는데, 알고 보니 자기도 똑같은 배경을 깔아둔 것이다. 그리고는 주변 친구들에게는 같은 배경을 절대 하지 못하게 했다. 평소 친구들에게 인기가 많았고, 영향력이 있는 학생이었던 수원이는 선생님에 대한 마음이 커질수록 친구들을 괴롭히기 시작했다. 나와 상담을 하고 온 친구들에게 욕을 하는 식이었다. 특히 남학생들이 나와 이야기를 하면 무슨 이야기를 했냐고 꼬치꼬치 캐물었다. 처음에는 수원이의 행동이 과하다고 생각한 친구들이 그러지 말라고 했다가, 시간이 지나면서 그 화살이 나에게 돌아온 것이다. 아무것도 모르고 그저 해맑고 철없는 나였다. 그러고 보니 몇 주 전부터는 내가 다가갔을 때 뒷걸음질 치던 아이들이 보였던 것 같다. 선생님의 사랑을 독차지하고 싶던 아이와 선생님의 사랑을 고르게 받고 싶었던 아이들 간의 팽팽한 경쟁 속에서 눈치 없이 사이좋게 지내라고만 하는 교사에게 아이들은 실망했을 것이다.

한참을 울다가 동료 교사에게 털어놓고 용기를 내어 안티카페에 들어가 보았다. '00중 000선생님을 고발합니다.' 카페명은 또 왜 이렇게 마음 아프게 지었을까. 들어가 보니 회원은 4명. 글은 하나였다. 만들어진지 얼마 되지 않았다. 내용은 '차별 없는 교사가 되겠다고 하더니 영향력 있는 친구만 잘해 준다. 그 친구하고만 이야기한다.'는 것이었다. 4명의 학생은 과연 누구고, 왜 이런 카페를 만들었을까. 어쩌면 용기 내어 가입하지는 못했지만, 이렇게 속상한 학생들이 더 많을지도 모른다.

어떻게 해야 할지 몰라서 아무것도 하지 않았다. 그때는 하늘이 무너지는 것만 같았다. 괴로워하다가 용기를 내어 카페를 만들었던 친구를 알아보았지만 찾을 수 없었다. 며칠 뒤 모두가 하교하고, 늦은 시간 교무실로 한 학생이 찾아왔다. 자기가 카페를 만들었다고 죄송하다고 했다. 자신도 관심 받고 싶었다고 했다. 나는 그 아이가 찾아와 줘서 정말 고마웠다. 그렇게 한참을 둘이 이야기를 나눴다. 학생도 나도 참 많이 울었던 날이었다.

돌이켜 생각해 보면 어른으로서 해야 할 일을 놓친 것이다. 선배 교사들의 '적당히 거리두기' 가르침은 아이들에게 마음으로 멀어지라는 소리가 아니었다. 지나치게 몰입하게 되면, 전체적인 큰 그림을 보지 못하고 놓치는 부분들이 생긴다는 것이었다. 이 사건 이후로 학생들, 특히 자신을 잘 표현하지 않는 학생의 마음을 제대로 읽고 있는지 더욱 세심하게 챙기면서 전체를 관망할 수 있는 적당한 거리두기에 신경 쓰고 있다.

### 4) 프로 공감러 – 학생의 마음에 공감해 주자

교사들에게도 굉장히 설레면서도 긴장되는 순간이 있다. 새 학년이 시작되기 전, 담임 반 학생들이 정해질 때다. 그해는 중학교에서 고등학교로 옮긴 첫해였기 때문에 더욱 긴장되었다. 학생 명렬표를 받아들고, 학생들의 이름을 살펴보고 있었다.

"태은이가 선생님 반이구나? 보통 학생이 아니에요. 무단외출, 무단결석은 기본이고, 담임 선생님이 자기를 귀찮게 한다고 뺨까지 때렸어요. 선생님도 조심하세요."

"네?"

걱정을 안고 학생들과 만나는 첫 시간. 태은이는 단박에 알아볼 수 있었다. 맨 뒷자리에 앉아 양팔을 꼬고 다리를 앞자리에 올리고 앉아있었는데, 머리카락은 절반은 검정, 귀밑부터는 샛노란 색으로 염색한 상태였다. 어디 한번 인사해 보라는 표정으로 날 바라보고 있었는데 어딘가 모르게 슬픈 눈이었다. 당시 학교의 생활규정 때문에 그 학생을 따로 불러 지도를 해야 했다. 아니나 다를까 태은이는 짜증이 가득한 모습으로 따라나섰다. 하지만 학생의 눈빛과 말투, 행동에 숨은 감정을 찾기 위해 노력해 왔던 터인지, 그 거친 모습 속에서 슬픔과 외로움이 느껴졌다. 우리는 교무실로 안 가고 학교 앞 전망 좋은 벤치로 갔다. 그리고 다짜고짜 물었다.

"혹시 뭐 힘든 일이 있니? 선생님이 태은이 이야기 들어줄까?"

"아뇨! 없는데요."

퉁명스러운 답변이 돌아왔다.

"그래? 선생님은 태은이에 대해 잘 알고 싶어. 너의 겉모습, 너에게 따라다니는 소문 말고 그냥 너를 알고 싶어. 이야기해 주고 싶을 때 언제든 말해 줘."

"…오늘 아침에 2시간이나 걸어서 학교에 왔어요. 엄마랑 아빠랑 싸워서 겁나 짜증나서 새벽에 집 나와서 그냥 걸어왔거든요."

"그랬구나. 그런 상황 답답하고 힘들지. 잠도 푹 못 자고 아직 날씨도 추운데…. 그래서 마음은 좀 후련해졌니?"

"뭐, 조금…."

"그래. 그런데 너 정말 대단하다. 2시간이나 그 길을 걸어왔다고? 무섭지 않았어?"

"그냥 뭐…."

"마음만 다잡으면 뭘 해도 할 것 같은데…. 지구력도 있고 말이야."

태은이가 사는 곳은 학교에서 차로 30분 정도 걸리는 산 아래 동네였다. 학교까지 걸어오는 길은 굉장히 구불구불하고 험난할 것이다. 그 길을 끝까지 걸어왔다는 것이 대단해 보였고, 또 그 목적지가 학교였다는 것이 기특했다. 심지어 그 와중에 교복까지 챙겨 입었다.

'이 아이는 학교를 좋아한다!'

"사실 제가 중학교 때까지는 공부도 좀 했거든요…."

몇 마디 건넨 칭찬에 자기 이야기를 꺼내 놓기 시작했다. 내가 한 일은 그저 들어 주는 일이었다. 이야기 끝에 복장과 머리를 어떻게 할 것인지 물었다. 당장은 돈이 없고 일주일 시간을 달라고 했다. 그러자고 했다. 그런데 이게 무슨 일인가. 다음 날 말끔한 모습으로 나타나서는 귀찮아서 빨리 정리했다고 무심하게 말한다. 무심한 표정 속에 '저 잘했죠? 칭찬해 주세요.'가 느껴졌고, 나도 그것에 한껏 응답해 줬다.

태은이는 일 년 동안 단 한 번의 무단결석도 없이 학교를 잘 다녔다. 주기적으로 산책 상담을 요청했고, 많은 이야기를 나누며 태은이도 성장할 수 있었다. 이제 30살이 넘은 태은이는 사회에서 제 몫을 톡톡히 해내며 잘 지내고 있고, 지금도 자신의 소식을 전해 주고 있다.

태은이가 졸업하면서 준 편지의 문구가 아직도 마음을 울컥하게 만든다.

**"…제가 많이 힘들 때마다 눈빛만 보고도 알아봐 주시고, 저의 이야기를 진심으로 들어준 첫 선생님이세요. 선생님과 이야기를 나눌 때마다 존중받는 느낌이었어요. 제가 저를 사랑하게 해줘서 감사합니다."**

그동안 숱한 규제와 지도를 받았던 아이는 "힘드니?"라는 의외의 한마디에 자신을 둘러싸고 있던 단단한 방어벽을 무너뜨렸다.

돌이켜 보면 감사하게도 매년 학생들과 좋은 관계를 유지할 수 있었다. 그 이유가 무엇일까 생각해 보면 매년 만나는 학생들을 내가 '가르쳐야 할 대상'으로 뭉뚱그려 인식하기보다는 한 명 한 명 '공감해야 할 사람'으로 이해하려고 노력했던 덕분이 아닌가 싶다. 그 이해를 바탕으로 학생들을 존중해 주고, 그들의 이야기에 귀 기울이고, 서로의 눈을 보면서 소통했던 것이 이유가 아닐까 생각해 본다.

존경하는 최재천 교수님께서는 "알면 사랑한다."라는 말씀을 자주 하신다. 자꾸 알아 가려는 노력이 축적될수록 이해하고 사랑할 수밖에 없다는 것이다. 자연뿐만 아니라 학생들도 마찬가지이다. 부적응 행동을 보이는 아주 거친 학생들도 그 학생에 대해 많이 알게 되면, 그 학생을 이해하게 되고 사랑하는 방향으로 나아가게 된다. 대부분의 거친 학생들은 성장과정에서 따뜻한 사랑을 경험해 보지 못했기 때문에, 선생님의 이러한 노력은 신뢰를 기반으로 한 새로운 관계를 형성하는 데 큰 도움이 된다.

Words have energy and power with the ability to help, to heal, to hinder, to hurt, to harm, to humiliate, and to humble. (말은 누군가에게 도움을 줄 수도, 상처를 치유해 줄 수도, 걸림돌이 될 수도, 상처를 줄 수도, 해를 끼칠 수도, 창피를 줄 수도, 초라하게 만들 수도 있는 에너지와 힘이 있다.)

−Yehuda Berg

"교사는 일의 대상, 일의 재료가 바로 살아 있는 인간인 아이들입니다. 아이들은 또한 교사가 자신의 존재를 기울여 상호작용할 수 있는 그런 존재들이기도 합니다. 교사는 학생들을 교육합니다. 교육은 학생을 재료로 삼아 일방적인 조작을 가하는 과정이 아니라 학생들과의 상호작용을 통해 관계를 만들어 나가고, 그 관계의 망 속에서 성장하는 과정입니다. 이렇게 차갑게 굳어 있는 현대, 저 냉정한 사물의 바다에서 따스한 '관계'의 섬을 만날 수 있는 교사는 참으로 행복한 사람들입니다."

−권재원, 『교사가 말하는 교사, 교사가 꿈꾸는 교사』 중에서

12년 전 어느 날, 도덕 선생님께서 종이 한 장을 들고 찾아오셨다. 도덕 시간에 '내가 존경하는 인물'에 대해 글을 쓰고 발표하는 수업을 진행하셨다고 했다. 수업을 들은 학생들이 안중근, 세종 대왕, 간디, 헬렌 켈러와 같은 역사 속 인물이나, 반기문, 김연아, 박지성 등 저명인사를 썼는데, 한 학생이 독특한 인물을 선택했다고 했다. 바로 나였다. 평소 맨 앞자리에서 눈을 반짝이며 수업을 듣던 학생이었다. 긴 글도 아니었고, 수려한 문장도 아니지만 엄청난 감동이 몰려왔다.

"제가 가장 존경하는 인물은 강정숙 선생님이다. 샘은 어떤 일이든 최선을 다하신다. 수업할 때도 우리가 지루하지 않도록 새로운 방법으로 열심히 가르쳐 주신다. 원래는 사회를 좋아하지 않았지만, 선생님과 공부하면서 사회를 가장 좋아하게 되었다. 수업 시간에 선생님은 엄청 에너지 넘치신다. 즐겁게 일을 하는 모습이 참 멋져 보였고 나도 어떤 일이든 최선을 다하는 사람이 되고 싶다고 생각하게 되었다. 선생님께서는 자기가 잘할 수 있는 일, 좋아하는 일을 찾아야 한다고 늘 말씀하신다. 아직은 내가 어떤 일을 잘할 수 있는지, 좋아하는지 찾지 못했지만 찾기 위해 노력할 것이다. 그럼 나도 어른이 되었을 때 선생님처럼 에너지 넘치는 즐거운 사람이 될 수 있을 것이다. 또 따뜻한 마음을 지니셨다. 우리들의 이야기를 귀찮아하지 않고 귀 기울여 들어주신다. 샘과 이야기를 나누고 있다 보면 마음이 편안해진다. 선생님은 늘 사회적으로 힘이 없는 사람의 마음을 잘 바라보고 이해해 줘야 한다고 이야기하신다. 나도 선생님처럼 멋진 어른이 되고 싶다."

마지막 문장에 눈물까지 핑 돌았다.

얼마 전 종업식을 마치고 새 학기가 시작되었다. 2학년이 된 학생들이 매일 아침 교무실 앞으로 문안인사를 온다. 마치 아직 내 품을 떠나지 못한 아기 새 같다. 한 학생이 새 학기 수업 오리엔테이션을 하면서 가장 존경하는 선생님을 발표하는 시간이었는데, 나에 대해 발표했다면서 환하게 웃는다. 듣고 있던 다른 반이 된 친구는 자기도 기회가 되면 고민도 안 하고 선생님 이야기를 할 거라 말하고, 왜 따라 하냐며 서로 귀엽게 토닥거린다. 이제 선생님은 그만 찾아오라고 이야기하면서도, 어른이 되어 나처럼 살고 싶다고 말하는 나의 제자들을 보면서 '내가 누군가의 꿈이라니, 나 정말 열심히 살아야겠다!'를 다짐하게 된다.

학생의 발표 내용(복*중 이**)                제자의 선물(복*중 오**)

매일 아침 문안인사를 오는 제자들

 사회 수업 이야기

"수업 시간은 아주 소중한 시간입니다. 이 소중한 시간을 의미 있게 즐겁게 보냈으면 좋겠습니다. 저에게는 수업권이 있고, 여러분들에게는 학습권이 있습니다. 그 누구도 우리의 수업권과 학습권을 침해할 수 없어요. 교사와 학생, 학생 상호 간에도 서로의 권리를 침해하는 행동을 해서는 안 됩니다. 여러분들이 사회 수업을 떠올리면 웃을 수 있고, 그 시간이 기다려졌으면 좋겠습니다. 매 수업 시간 배움도 있고 즐거움도 있었으면 좋겠어요. 선생님은 그런 수업을 위해서 최선을 다할 것입니다. 여러분들도 이 교실의 배움과 즐거움을 위해 노력해 주시길 바랍니다."

학기 초 첫 수업 시간이 되면, 시간을 할애하여 학생들에게 반드시 해 주는 말이 있다. 수업 시간의 소중함, 교사의 수업권, 학생의 학습권이 그것이다. 나는 아주 진지한 태도로 열과 성을 다하여 이 내용을 설명한다. 수업에 대한 나의 진심이 학생들에게 닿을 때까지.

교사로서 나는 언제 행복한가, 언제 부끄러운가, 나는 어떤 교사가 되고 싶은가. 이런 질문들에 대한 답을 찾을 때마다 언제나 '수업'이 떠오른다. 교실에 있는 모두가 몰입하여 어둠 속에서 전구가 켜지듯 배움이 일어나고 있을 때, 30명의 눈동자가 생생하게 살아 있으면서 호기심과 즐거움으로 반짝이고 있을 때, 그때 엄청난 희열이 느껴지고, 온갖 피로가 싹 풀리면서 내 몸은 100% 충전된다. 그래서 나는 수업을 잘하는 교사가 되어야겠다고 생각했다.

### 1) 사회는 내가 살아가는 세상의 이야기

처음에는 수업의 기술을 익히는 데 주력했다. 유명한 일타 강사들을 찾아보면서 수업 시간 한 시간을 휘어잡는 기술이 무엇인지, 짧은 시간에 효율적으로 방대한 사회 지식을 잘 전달할 수 있는 방법은 뭐가 있을지 고민했다. 학생들에게 사회 수업을 좋아하는지를 물으면, 안타깝게도 대다수 학생이 싫다고 했다. 그 이유를 물으면 "외울 내용이 너무 많아서 재미가 없고 힘들다."라는 공통된 답변을 했다. 그래서 어떻게 하면 재미있게 지식을 습득하고, 오랫동안 장기 기억 속에 남겨둘 수 있을까를 연구했다. 제일 먼저 한 것은 수업 내용의 도식화이다. 매 수업 시간을 시작할 때는 그날의 학습 내용을 한눈에 볼 수 있도록 최대한 간결하게 정리하여 설명했다. 주요 개념과 일반화를 잘 설명할 수 있는 픽토그램이나 간단한 그림을 그려 제시하기도 했다. 이러한 방법들은 최근에 마인드맵이나 비주얼 싱킹으로 많이 알려졌다. 암기를 쉽게 하고 오랫동안 기억할 수 있도록 개념에 음률을 붙여 노래를 만들어 가르치기도 했다. 어릴 때부터 음치였던 나에겐 참 힘든 과정이었지만, 학생들에게 반응이 좋았기 때문에 포기할 수 없었다.

하교 후 아이들이 떠난 교실에 남아 판서와 지도 그리기 연습도 꾸준히 하였다. 빠른 시간 내에 멋지게 세계 지도를 그려내기 위해서 규칙을 만들어 그리고 또 그렸다. 오랜 시간의 연습 끝에 실전에 누구보다 빠르고 멋지게 지도를 그렸고, 학생들에게 박수를 받기도 했다. 또한, 45분의 수업 시간을 시작부터 끝까지 완벽하게 휘어잡을 수 있도록 매시간 수업 시나리오를 작성하기도 했다. 수업 흐름도나 수업 지도안을 뛰어넘는 시나리오를 만들었다. "안녕하세요?"부터 시작하여 "오늘 수업은 이것으로 마치겠습니다."까지 중간마다 사례와 농담까지 모두 다 적은 시나리오를 썼다. 난 열정적인 교사였고, 내 수업은 뜨거웠다. 학생들은 선생님의 설명이 머릿속에 쏙쏙 들어온다고 피드백을 주었고, 오가며 수업을 보시던 동료 선생님들이나 관리자들도 수업 잘하는 교사라며 아낌없이 칭찬해 주셨다.

그렇게 잘하고 있는 줄만 알았던 '나의 수업'을 다시금 되돌아보는 사건이 생겼다. 우리 교실에서 따돌림 문제가 생긴 것이다. 피부색이 유독 검은 학생이 있었는데, 몇몇 아이들이 그 친구를 "동남아", "필리핀" 같은 차별적인 별명을 붙이고는 무시했다. 따돌림을 주도했던 그 학생들은 문화 단원을 공부하던 사회 시간에 문화상대주의적 태도가 필요하고 그게 어떤 의미인지는 누구보다 잘 대답하던 아이들이었다. 많은 학생이 수업 시간에, 미디어에 대한 비판적 태도가 필요하다는 것을 술술 대답은 했지만, 실제로는 가짜 뉴스에 현혹되거나 서슴지 않고 가짜 뉴스를 퍼트리는 모습도 눈에 들어왔다.

'내 수업에서 진정한 배움이 일어나고 있는 걸까?'라는 고민을 하게 되었다. 사회책에 나온 개념들은 공식처럼 달달 외우지만, 정작 내 주변에서 어떤 일이 벌어지고 있는지, 그게 무엇을 의미하는 것인지 관심도 없는 학생들을 보면서 변화해야겠다고 생각했다. 교과서에 담겨 있는 방대한 사회학적 지식을 다 전달하지 못하더라도, 자신이 살아가는 사회에 관심을 가지고 올바르게 바라볼 수 있는 눈을 길러 줘야겠다고 다짐했다. 나와 함께 살아가는 사람들을 알아보고, 이해하고, 공감하는 따뜻한 마음을 가질 수 있고, 나아가 더 나은 사회를 만들기 위해 참여할 수 있는 학생을 길러 내는 것이 공교육의 목표가 아닐까.

그때부터 내 수업의 목표가 생겨났다. 사실 창의적이거나 생소한 것도 아니다. 사회과 교육과정 해설서에 친절하게 설명된, 사회 교사라면 누구나 다 봤을 목표다. 당연하고 기본인 것을 과거에는 그저 문서로만 남겨 두고 지식 전달에 급급했다면, 이제부터는 숨을 불어넣고 살아나도록 노력한 것이다.

"얘들아, 사회는 너희들이 사는 세상의 이야기야. 눈을 뜨고 사회를 볼까?"

비좁은 다락방에서 화재가 발생했다. 구조를 위해 달려간 소방관들은 세상 모르고 잠들어 있는 한 사람을 발견했다. 소방관들은 그를 계단 아래로 운반하려고 했지만 불가능했다. 그들은 그를 단념했다. 그때 소방대장이 도착해서 말했다.

"그 사람을 깨워. 그러면 자기가 알아서 나올 테니까."

—『교사와 학생사이』하임 G. 기너트.

이 이야기에서 교훈을 얻었다. 자신이 사는 세상에 눈을 감고 잠들어 있는 아이들은 아무리 많은 사회학적 개념과 지식을 설명해도 그것을 자신이 사는 세상에 가져와 삶과 연결하고, 올바른 시민으로 성장하지 않는다. 그들에게 필요한 것은 먼저 자신이 사는 세상에 눈을 뜨는 것이다. 그러면 아이들 스스로 사회를 이해하는 지식을 찾아 나설 것이고, 우리 교육에서 궁극적으로 바라는 더불어 잘 살아가는 시민으로 성장할 수 있을 것이다.

## 2) 기술을 쓰기 위한 수업이 아닌, 목표를 달성하기 위한 수업

### ① 더 나은 세상을 만들기 위한 참여

학생들이 민주시민으로 성장할 수 있도록 돕는 것이 사회과의 핵심 목표라는 것에는 이견이 없지만, 학교에서 민주시민으로 해야 할 역할을 경험하고 있는지에 대해서는 할 말이 좀 많다. '민주시민은 지금 당장 나의 모습이어야 하지, 미래에 달성해야 할 꿈이 아니다.'라는 말에 전적으로 동의한다. 학교에서는 학생이 시민으로서 더 나은 사회를 위해 참여하는 경험을 제공하는 것이 무엇보다 중요하다. 그래서 매년 학생들과 함께 사회 참여 활동 프로젝트를 진행하고 있다. 어느 해는 아주 활발하게 참여 활동이 이루어지고, 사회의 변화를 만끽할 때도 있지만, 어느 해는 이렇다 할 성과 없이 끝나는 경우도 있다. 다만, 확실한 건 사회 참여 활동이 끝난 후 학생들의 마음에는 무언가가 남는다는 사실이다. 나도 이 사회를 살아가고 있고, 사회를 변화시킬 수 있는 시민이라는 것을 느끼는 것이다. 사회 참여 활동은 '정당 만들기' 수업에서 시작한다. 교과가 꼭 정치가 아니어도 괜찮다. 목표를 달성하기 위해 교과를 재구성하고 교과 간 융합이 이루어지는 것을 권장하고 있지 않는가.

② 브레인스토밍 – 내가 원하는 우리 지역의 모습은?

수업의 시작은 내가 사는 지역이 더 행복한, 더 살기 좋은 지역이 되기 위해서는 무엇이 필요한지를 찾아보는 것이다. 학생은 각자 자신이 원하는 지역 사회의 모습을 떠올려보고, 우리 지역에 필요한 것, 변화가 필요한 것을 생각하여 학습지를 작성한다. 그중에서 행복한 지역을 만들기 위해 가장 중요하다고 생각하는 것을 골라 붙임 종이에 적어 칠판에 붙인다.

③ 의견 모아서 분류하기 – 우리가 원하는 지역의 모습은?

학생이 붙여 놓은 다양한 의견들을 함께 살펴보면서, 비슷한 의견끼리 묶어 본다. 예를 들어 '일자리가 많이 생겨야 한다.', '관광지를 정비하여 관광 산업을 발전시킨다.', '지역 산업 발전이 필요하다.'라는 의견들은 '경제성장' 분야로 묶을 수 있다. '무분별한 숲 파괴 방지', '길거리 쓰레기통 설치 필요하다.', '○○강 수질 개선' 등은 '환경' 분야로 묶을 수 있다. 때때로 어느 쪽으로 분류해야 할지 모를 애매한 의견들이 나오기도 한다. 그러면 선생님이 임의로 분류하기보다는 학생이 어떤 의도로 그 의견을 썼는지 설명할 수 있는 시간을 충분하게 제공해야 한다. '학교 앞 횡단보도에 신호등이 없어서 위험하고, 도로에 불법 주정차 차량이 많은 것을 개선해야 한다.'와 같이 굉장히 구체적으로 의견을 제시하는 학생도 있고, '돈'과 같이 한 단어로 자신의 의견을 표현하는 학생도 있다. 어떤 의견이든 학생을 비난하지 않고, 왜 그런 의견을 내었는지 문답으로 끌어내는 것이 좋다.

"지운이는 '돈'을 썼네요. 이게 어떤 의미인지 설명해 줄 수 있을까요?"

"우리 지역이 하나의 국가라고 생각하면, 결국 돈이 많아야 국가가 부유하고 국민이 편안하게 살 수 있잖아요."

"아, 지운이는 국민의 편안한 삶을 보장해 주기 위해 돈이 필요하다고 생각하는 걸까요?"

"네. 북유럽처럼요. 돈이 많아서 모든 국민이 평등하게 편안해지면 살기 좋은 나라라고 생각해요."

자신도 막연하게 '돈'을 써냈지만, 문답 과정에서 비로소 자신이 무엇을 중요하게 생각하는지, 더 나은 사회를 만드는 데 필요한 것이 무엇인지 구체화해 나가기도 한다.

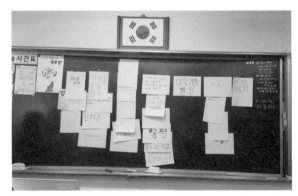

학생들의 의견 분류 (중학교)

④ 정당 만들기 – 행복한 ○○ 민주 공화국을 만들기 위해 힘을 모아 보자!

지역 사회를 하나의 국가라고 생각한다면, 우리 지역 민주 공화국을 살기 좋은 행복한 나라로 만들기 위해 각자 중요하게 생각하는 것이 무엇인지를 알아본다. 그리고 같은 생각을 지닌 학생들이 누구인지 알게 된다. 이제는 뜻을 같이하는 학생들끼리 모여서 자신들의 견해를 실현하기 위한 단체 즉, '정당'을 만들어 본다. 같은 정당에 소속된 학생들은 토의를 통해서 정당명을 정하고, 정당이 추구하는 가치를 정한다.

반마다 만들어진 정당의 개수는 다르다. 어떤 반은 두 개의 대정당과 몇몇 군소정당이 만들어지기도 하고, 어떤 반은 비슷한 규모의 정당이 많이 만들어지기도 한다. 정당이 만들어지면, 만들어진 양상을 분석하고 양당제와 다당제를 설명해 준다. 그저 내가 사는 지역이 더 살기 좋아지기 위해 중요한 것에 대해 편안하게 의견을 내고, 비슷한 의견을 가진 친구들과 모였을 뿐이다. 그것이 현실의 정당과 연결되고, 정당의 유형도 설명되니 책에서 보던 딱딱한 이론이 현실적으로 와 닿는다고 학생들은 말한다.


⑤ 공약과 정책 만들기 – 우리 지역 사회의 문제를 해결할 수 있는 정책을 찾아볼까?

정당이 추구하는 가치를 효과적으로 실현하기 위해서는 정치권력을 획득해야 한다. 정당이 정치권력을 획득하는 방법은 각종 선거에 후보자를 배출하고 당선시키는 것이다. 이제 같은 정당이 된 친구들은 '○○ 민주 공화국 대통령 선거'를 준비하면서, 선거에서 내세울 공약과 구체적인 정책을 만든다. 정당 정책을 만들 때에는 ①구체적인가, ②달성 가능한가, ③행복한 나라를 만들기 위해 알맞은가, ④시간 안에 효과적으로 이룰 수 있는가를 살펴야 한다.

수업의 첫 시작이 '내가 사는 지역이 더 살기 좋은 곳이 되는 데 필요한 것'이었다. 따라서 학생들이 정당의 구체적인 정책을 수립할 때, 우리 지역사회의 문제를 해결할 수 있는 정책을 제안해 볼 수 있도록 이끌어 주는 것이 좋다.

한번은 고등학교에서 정당 만들기 수업을 할 때, 학생들이 '노동인권지키당'을 만들었다. 이 정당은 '노동자가 행복한 나라'라는 구호를 내걸었다. 그리고 정당의 정책으로 청소년 아르바이트생의 인권을 보장할 수 있는 구체적인 방안을 제시하였다. 해당 지역은 유명한 관광지였다. 그래서 식당이나 관광지 등에서 아르바이트를 할 수 있는 자리가 아주 많았다. 그리고 이 지역에는 대학교가 없었기 때문에, 그 많은 아르바이트 자리는 대부분 고등학생 차지였다. 실제로 아르바이트를 해 봤거나, 하고 있는 학생이 절반이 넘었다. 그런데 학생들이 최저임금도 못 받고 일하고 있거나, 일하다가 다쳤는데 치료는커녕 부주의해서 죄송하다고 사과를 하고 해고되는 등 부당한 대우를 받는 경우가 종종 있다는 사실이 드러났다. 학생들은 이러한 지역적 특성을 잘 파악하고, 더 살기 좋은 지역이 되기 위해서는 노동자의 권리가 지켜져야 한다고 주장한 것이다. 학생들은 정당의 정책으로 첫째, 학생들에게 필수 이수 교육으로 노동인권교육 시행하기, 둘째, 청소년 아르바이트생의 권리를 잘 보장해 주는 착한 가게를 찾아서 '착한 가게' 스티커를 제작하여 붙이기를 제안했다.

⑥ 대통령 후보 정하기

'○○민주 공화국'의 대통령이 되어 정당의 목적을 실현하고 지역 시민을 위해 일할 수 있는 사람을 우리 정당의 대통령 후보로 뽑는 것을 해 보았다. 후보자를 뽑는 과정은 실제와 유사하게 진행했다. 먼저 후보자가 되고 싶은 사람은 출마 의사를 밝힌다. 중학생의 경우 서로 대통령이 되어 보겠다고 입후보하는 일도 있었다. 이처럼 입후보자가 많은 경우 당내 경선을 통해 후보자를 선출하도록 한다. 선거를 준비하는 과정에서 현실의 정치를 좀 더 섬세하게 이해하기 위해서 학생들에게 합당, 탈당, 입당의 기회를 1회 제공했다. 대신 합당, 탈당, 입당하기 위해서는 반드시 왜 그런 결정을 했는지 써서 제출하게 했다.

⑦ 선거 준비

후보자가 결정되면 각 정당은 선거 운동을 준비한다. 주어진 시간 내에 효과적으로 후보자를 알리고 정당의 공약과 정책을 소개할 방법을 계획한다. 선거 벽보를 만들어 대통령 선거 전까지 게시할 수 있게 하였다. 다른 정당원들은 게시된 선거 벽보를 보면서 상대의 공약을 비판적으로 분석해 보는 시간을 가졌다. ①구체적인가, ②달성 가능한가, ③행복한 나라를 만들기 위해 알맞은가, ④시간 안에 효과적으로 이룰 수 있는가를 기준으로 분석해 보고, 다음에 선거 연설을 진행할 때, 상대 후보자에게 허를 찌르는 질문을 던질 수 있게 하였다.

학생들이 만든 선거 벽보 (중학교)

⑧ 대통령 선거

드디어 선거일이다. 학생들은 선거일인데 왜 학교를 쉬지 않느냐며 농담을 하면서도 꽤 진지한 태도로 임했다. 대통령 선거 전에 먼저 '단순 다수 대표제'로 할 것인지, '절대 다수 대표제'로 할 것인지, '결선 투표'는 할 것인지를 결정하는 토의를 했다. 선거 방식은 반별로 의견에 따라 다르게 적용했다. 다만 선거의 4대 원칙(보통선거, 평등선거, 직접선거, 비밀선거)은 꼭 지켜지도록 안내했다.

각 정당의 후보자들은 나와서 선거 연설을 진행했고, 정당원들은 선거 운동을 했다. 만들어진 정당의 개수에 따라 달라지긴 하는데, 보통 5분 정도 시간을 준다. 그 짧은 시간을 효율적으로 쓰기 위해서 프레젠테이션을 만들어 오는 정당도 있고, 유명한 노래를 개사하여 노래를 부르면서 공약을 발표하는 팀도 있었다. 춤을 추거나, 실제 선거 운동과 비슷한 모습으로 연설을 진행하기도 한다. 학생들의 모의 선거는 생각보다 굉장히 치열하게 진행된다. 정해진 시간 안에 선거 연설과 운동이 끝나면 다른 정당원들과 질의 응답 시간을 가졌다. 학생들은 날카로운 질문들을 던지면서 자신의 정당에 유리한 상황들을 만들어 나간다.

"저희 '숨쉬고싶당'에서는 학교 주변 반경 50m 이내에서 흡연하는 것을 방지하기 위한 정책을 만들었습니다. 학교 주변 50m를 학생 보호 구역으로 만들고, 보호 구역에 있는 가로등에 음성 흡연감지기를 설치하는 것입니다. 담배 연기가 감지된다면 감지기에서 "숨 막혀요! 멈춰 주세요! 이 목소리는 간접흡연으로 인해 고통 받는 아이들의 목소리입니다. 아이들을 위해 당장 담뱃불을 꺼 주세요."라는 음성이 나오며 흡연자를 제지하는 방법입니다. 이 정책을 통해 담배 연기 없는 깨끗한 등하굣길을 만들겠습니다!"

"좋은 정책입니다. 그런데 학교 주변 50m 안에는 많은 빌라와 주택들이 있습니다. 여기 사는 주민들이 가로등에서 나오는 소리 때문에 스트레스를 받지는 않을까요? 새벽이나 밤에 담배를 피우는 사람이 있다면, 그 소리 때문에 잠을 깨지는 않을까요? 이에 대한 대책은 있나요?"

"학교 주변에 살고 있는 흡연을 하고 싶은 어른들은 어떻게 해야 할까요? 거기에 대한 대안은 있나요?"

이때 무작정 트집을 잡거나 억지로 비난을 하지 않고, 논리적으로 비판을 해야 자기 정당에 유리하다는 것을 강조했다. 이 모든 과정이 끝난 후 선거가 진행된다. 선거 결과는 정당원 수에 비례할 것 같지만, 대체로 아니다. 많은 학생이 선거 운동과 선거 연설에 집중하고, 내가 사는 지역을 더 살기 좋은 곳으로 만들어줄 대표자를 선택한다. 특히 질의응답 시간에 자기 생각을 논리적으로 설명하면서도 상대방의 정당한 비판을 수용하고 고쳐 나갈 대안을 제시하면 높은 지지를 받는다. 시간상 여유가 된다면 '후보자 토론회'를 진행하면 좋을 것 같다. 토론회를 통해 후보자의 자질을 검증하고, 각 정당에서 내세운 정책을 깊이 있게 분석해 보는 시간을 갖는다면 더욱 의미 있을 것이다.

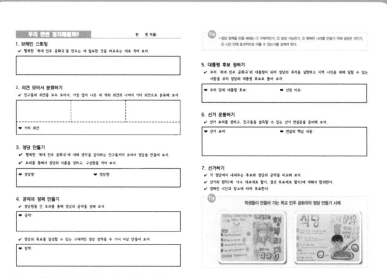

경기도 교육청. 「더불어 사는 민주시민 교과서」

학생들이 사회에 눈을 뜨게 하고, 끊임없이 생각하게 하고, 참여시키는 수업을 위해 노력하다 보니 많은 기회가 찾아왔다. 학생들과 함께 만들어 나갔던 수업을 다른 선생님들께 소개하는 강의 섭외가 많이 들어왔고, 교수학습자료 개발이나 교육과정 분석에 참여할 수 있었다. 그중의 가장 의미 있었던 활동은 경기도교육청에서 주관하는 더불어 사는 민주시민 교과서(인정도서) 집필에 참여한 것이다. 비슷한 고민을 하고 꾸준히 실천해 오던 위대한 선생님들을 만나는 것만으로도 가치가 있고 행복한 시간이었다. 함께 공부하고 토론하고, 교실 현장에서 직접 실천해 가면서 책을 만들었다. 정당 만들기 활동 또한 민주시민 교과서 집필 당시 만들어진 활동이다.

⑨ 이제 우리 힘으로 더 살기 좋은 지역을 만들어 볼까?

정당 만들기부터 선거까지 진행되었다면, 정당 만들기 과정에 주목했던 우리 지역의 문제점과 그것을 해결하기 위해 제안했던 정책을 두고 사회 참여 활동으로 연결해 본다. 고등학교에서는 수업 시수의 한계로 인해 이 부분은 동아리 활동으로 진행하기도 했다. 중학교에서는 수업 시수의 제약이 덜해서 교과 시간에 이어서 진행할 수 있다.

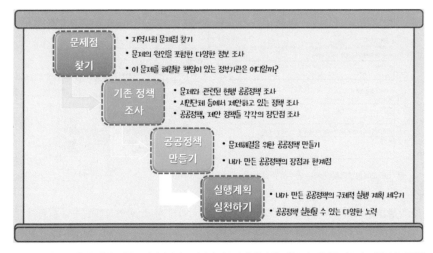

사회 참여 활동 교육자료 [민주화운동기념사업회 누리집에 방문하면 참여하는 청소년, 세상을 바꾸다 – 청소년 사회참여 안내서, 프로젝트 시티즌(Project Citizen) 등 청소년 사회 참여 활동을 돕는 풍부한 교육자료가 있다. 여기서 제시한 교육자료도 청소년 사회 참여 안내서(민주화운동기념사업회)를 참고하여 제작하였다.]

첫 번째 단계는 '문제점 찾기'이다. 정당 만들기 활동의 첫 시작이 내가 사는 지역이 더 행복한, 더 살기 좋은 지역이 되기 위해서는 무엇이 필요할지를 찾아보는 것이었다. 이 질문을 거꾸로 돌려서 우리 지역에서 어떤 부분이 부족한지를 구체화시켜 보는 것이 한 방법이 될 수 있다. 이때 학생들이 거대한 문제를 찾지 않도록 잘 이끌어 줘야 한다. '공장식 가축 사육 문제', '우리 동네 동물들의 동물권 보호'와 같은 거대한 주제를 선정한 경우에는 문제의 원인 분석부터 실행을 위한 공공 정책 수립까지 제대로 조사하고 실행 가능한 해결책을 제시하기가 어렵다. 처음 사회 참여 활동을 시작하는 친구들이 많이 하는 실수이기 때문에 이 부분에 대해 친절한 안내가 필요하다.

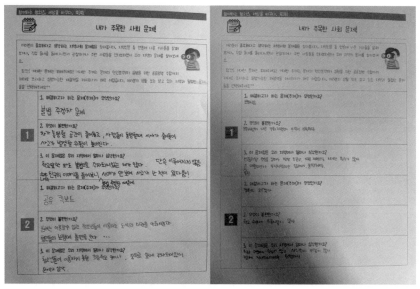

문제 인식 단계에서 작성한 활동지 (복*중학교 학생들)

두 번째 단계는 '기존 정책 조사'이다. 학생들이 선택한 문제점을 해결하기 위해 관련 행정기관이 고안해서 실행하고 있는 현재 정책, 또는 시민 사회단체들이 제안하고 있는 정책들이 있는지 먼저 찾아보는 것이다. 그리고 이런 정책이 갖는 장단점이 무엇인지 함께 분석해 본다.

세 번째 단계는 '공공 정책 만들기'이다. 정당 만들기 활동에서 이미 정책을 제안해 보는 활동을 진행했었다. 그것을 토대로 최선의 해결책을 마련하고, 제안할 공공 정책을 결정한다. 그리고 우리 정당에서 만든 공공 정책이 실행될 경우, 예상되는 긍정적인 측면과 우려되는 문제점을 고민해 보고 제시한다.

[해결방안] 문제를 어떻게 해결하면 좋을까요?

첫 번째, '어두운 거리를 밝게' 정책입니다. 먼저 가로등 미설치, 노후된 가로등 설치 지역을 찾아서 안전하고 밝은 거리를 만듭니다. 다음으로 으슥한 터널을 밝게 바꾸는 것입니다. 청주시에서 예술 계열 진로를 희망하는 학생들을 모집하여 터널을 밝고 예쁘게 변화시키는 것입니다. 터널 변화 작업에 참여한 친구들은 성취감을 느끼고 본인의 진로 목표에 한발 더 다가갈 수 있을 것입니다. 또한 부셨고 어둡던 터널과 담벼락이 알록달록 화사하게 재탄생함으로써 일석이조의 효과를 누릴 수 있습니다. 또한 이 곳에 밤 늦게 공부하고 귀가하는 사람들에게 위로와 힘이 되는 문구들을 적어 줄 힘이 되고 싶습니다.

두 번째, '깃거리 모세의 기적' 정책입니다. 현재 불법 주정차 단속은 구역을 정해서 정해진 시간대에만 단속을 하는 방식입니다. 저희는 불법 주정차문제를 해결할 방안을 단기적인 것과 장기적인 것으로 나누어 생각해 보았습니다. 먼저, 단기적으로는 단속 시간을 등교시간(오전 7시-9시, 오후 2시-4시)으로 바꾸는 것입니다. 또한 철저한 법 준수를 유도하기 위해 cctv와 단속지역도 대폭 확대해야 합니다. 장기적으로는 공용 주차 타워를 건설하는 것입니다. 굴복하다 불법 주차를 많은 이유는 상가는 많지만 주차장은 마땅치 않습니다. 실제로 가족들과 외식을 나갔을 때 주차 자리가 마땅치 않아 멀리 가서 해야 하는 어려움을 겪었습니다. 이 또한 주차장 부족으로 공용 주차 타워를 설치한다면 서서히 불법 주차들도 줄어들 것입니다.

마지막으로 '딱 걸렸어, 거기 너!' 정책입니다. 먼저, 단기적으로는 학교 주변 가로등에 '흡연 연기 감지'자와 음성이 나오는 시스템을 설치하는 것입니다. 구체적으로, 감지기에 담배 연기가 감지되면 경보가 울리고, 아이의 목소리가 녹음되어 있는 음성파일이 재생되어 흡연자에게 경각심을 심어주는 것입니다. 흡연 관련법 중 학교 근처 200m는 금연 권장구역, 출입문부터 50m는 절대 금연입니다. 장기적으로는 흡연 부스를 설치하는 방안입니다. 담배 연기가 새어 나오지 않는 흡연 부스를 설치한다면 흡연자와 비흡연자 모두가 편해질 것입니다.

[해결방안] 문제를 어떻게 해결하면 좋을까요?

첫 번째, '문화 시설 증설'이다. 청주시에는 약 82개 동이 있지만 청소년 문화시설은 총 18개로 상당히 적다. 청소년활동 진흥법에 '읍·면·동마다 1개소 이상 문화의 집을 설치 운영' 하도록 규정하고 있는데 흥덕구는 소규모시설인 문화의 집이 없다. 흥덕구 청소년들이 이용할 수 있는 법적 의무시설인 문화의 집이 증설되면 좋겠다. 또한 읍·면·동마다 설치된 주민센터 일부 공간을 활용해서 작은 청소년 공간으로 만들 수도 있다. 청소년 시설이 곳곳에 더 많이 만들어진다면 청소년들의 접근이 용이하여 더 자주 이용할 수 있고 건전하게 사용하며 소통할 수 있는 공간이 많아질 것이다.

두 번째, '기존 시설 야무지게 활용' 하기이다. 소수의 시설마저도 청소년들에게 홍보가 제대로 되지 않아서 이용을 못하고 있기 때문에 적절한 홍보를 통해서 이용률을 높여야 한다. 정책제안 한마당을 준비하면서, 우리들이 직접 청소년 수련관에 가서 관계자님과 함께 면담해본 결과 효과가 보장되는 홍보 방법은 각 학교에 포스터나 안내장을 배부하는거라고 하셨다. 이 방법과 지금 현재 청주시에서 시행하고 있는 아동놀이지도처럼 청주에서 청소년시설이 어디에 소재하고 있는지를 재미있게 청소년놀이지도로 만들어서 학교에 배부하며 선생님들도 적극 청소년시설을 안내하는 방법이 효과적일 것이다. <그림5> 다음으로 청소년 이용률 및 재방문율을 높이기 위해서 청소년 인턴처럼 봉사활동을 통해 봉사 시간을 주면 관심을 갖고 청소년들이 스스로 시설들에 대해 알아보고 시설 활용해도 높일 수 있을 것이다.

세 번째, '노후화 시설의 매력적인 탈바꿈' 정책이다. 기존에 있는 시설은 점차 노후화되어 청소년이 잘 활용하기 어려운 분위기이기에 청소년의 제안을 받아 기존 시설을 청소년들의 시설에 맞게 직접 디자인하고 더 예쁘고 더 재미있게 알아갈 기회, 운영에 참여하며 주도적인 우리만의 청소년 공간을 만들어야 한다. 먼저, 기존시설 장비들을 보수해야 한다. 노후화된 게임기 및 시설교체가 필요하다. 다음으로 다양한 홍보이벤트로 청소년들의 시설이용 기회 늘려야 한다.

학생들이 제시한 공공 정책 (복*중학교)

학생들은 공공 정책을 만들면서 교실에만 머물러 있지 않았다. 현 실태를 알아보기 위해 아침 일찍 등교하여 설문조사를 실시하였고, 관련 법령들을 찾아보았다. 또한, 지역 내에 있는 문화 시설들을 직접 방문하고, 담당자를 만나서 '청소년 문화 시설'에 대한 자신들의 의견을 전달하기도 했다.

네 번째 단계는 '실행 계획 실천하기'이다. 문제점을 해결할 최선의 공공 정책이 수립되었다면, 이제 이 정책 실현에 관련이 가장 높은 정부 당국을 설득하여 이 정책이 실행될 수 있도록 면밀하게 계획을 짜야 한다. 필요하다면 정책을 주변 사람들에게 적극적으로 홍보하여 많은 사람의 지지를 받고 있다는 걸 확인할 필요도 있다. 이를 위해 민원 제기하기, 신문에 투고하기, 캠페인 활동, 설문조사 등 다양한 방법을 활용할 수 있다.

청소년 아르바이트생 권리를 알려 주는 교육 UCC 제작(단*고등학교 학생들)

정당 만들기 활동에서 시작한 청소년 아르바이트 문제에 관한 관심은 학생들의 동아리 활동으로 이어졌다. 학생들은 청소년 사회 참여 언론 동아리를 만들고, 1년 동안 청소년 아르바이트 인권 침해 문제를 조사하고, 해결 방안을 모색하여 바꿔 나가는 활동을 꾸준히 진행하였다.

http://www.jbnews.com/news/articlePrint.html?idxno=587079

여태까지 한 사회수업 중에 제일 이해가 잘 되고 엄청나게 좋은 수업이었다. 다음 1학년도 꼭 선생님의 사회수업을 귀 기울여 들어 주었음 좋겠을 정도로 구체적이었다.

1년간 함께했던 수업은 쑥쑥샘은 사회를 지루하지 않게 가르치고 환경 보호에 중요시하며 사회에 올바르지 않는 문제를 소리 내주게 하는 수업을 가르치는 쌤이다

중학교 들어와서 사회가 즐거워질 줄 몰랐어요! 맨날 사회만 하고 싶어요, 가르쳐줘서 감사합니다!

원래 사회를 싫어했는데 선생님 덕분에 사회에 관심을 가지고 공부할수있게되었고 많은것을 알게되었으며 시민의식을 가질수 있게되었어요!!감사해요 사랑합니다

너무너무 재밌었고 내년에도 기회가 된다면 선생님과 또 수업하고싶을정도로 좋았다 선생님과 이대로 헤어지기 아쉽다 만난 선생님 중 최고였고 앞으로도 선생님이 담임선생님이 되주었으면 너무너무 행복할것같다 선생님의 모범 최고의 강정숙 쑥쑥쌤 지금까지 저희 담임선생님 해주시느라 고생하셨어요 감사합니다 앞으로도 행복하세요 🖤

선생님께서 너무 사회에 대해 잘 알려주셔서 너무너무 좋았고 선생님 덕분에 사회를 제대로 바라볼 수 있어서 너무너무 좋았어요! 또 사회참여 방과후덕에 좋은 경험 할 수 있어서 더 좋았어구 2학년 때 강정숙선생님께서 또 하시면 2학년 때도 하고싶어요! 또 우리반을 너무 잘 챙겨주셨고 올바른 길로 갈 수 있도록 인도해주셔서 너무 감사드립니다 사랑해요 선생님🖤

원래 사회문제에 크게 관심이 없었는데 선생님의 수업을 듣고서 사회문제에 관심이 많아졌고 찾아보기도 했던 것 같다. 또한 대회를 통해서 더 많은 경험을 쌓은것 같아서 뿌듯하고 선생님께 감사하다.

나 자신이 엄청나게 성장할수있었다

아..진짜 수업 너무 재밌었어요..! 아니 원래부터 사회에 큰 관심과 애정을 두는 과목이였지만 올해 정숙쌤 덕분에 저도 큰 성장을 하게되었고 선생님께서 항상 시민의식을 재밌고 유익하게 알려주셔서 너무 감사한 마음뿐입니당..다음에도 꼭 이런 활동을 해주시면 더 사회에 관심을 가지고 즐거워하는 친구가 꼭 있을꺼에요..!!선생님 힘내세용!사랑합니당..!🖤🖤🖤히히

정말정말 유익하고 행복하고 화목하고 재미있고 애쁜 선생님과 함께할수있어서 좋았고 이해가 쑥쑥 잘되고 항상 바른 시선으로 사회를 바라볼수있는 경험이어서 좋았다

학기 말 학생들의 수업 평가

## 3) 수업 시간에 작동될 수 있는 무의식적 편견에 주목하라

> "It starts with you!"
> 교사가 무의식적 편견을 이해해야 하는 이유- 교육은 선생님으로부터 시작합니다.
> -Dylan Wray, 인류책임성증진기구 시카야 대표

사회 수업에 아주 중요하면서도 민감한 수업이 차별과 불평등에 관한 이야기이다. 사회적 소수자나 약자에 관한 이야기, 빈곤, 양성평등 등 사회의 주요한 문제들을 균형 잡힌 시각으로 잘 풀어내야 한다. 그러기 위해서는

교사 스스로 꾸준히 성찰하는 자세가 필요하다. 교사는 AI나 로봇이 아니고 인간이기 때문에, 학생들을 가르칠 때 백지상태로 교실에 들어가지 않는다. 나는 어떤 사람이고, 세상을 어떻게 보고 있으며, 주변 사람들을 어떻게 보고, 앞에 있는 학생들을 어떻게 보는지, 나의 관점이 학생들을 대하고 가르치는 방식을 결정한다. 그래서 편견을 가질 수 있다는 것을 인정하고, 끊임없이 자기 이해와 성찰의 시간을 갖는 것이 중요하다.

석사 과정 때 일이다. 사회학을 전공해서 다문화교육을 연구하며 논문을 쓰고 있었다. 서로의 다름을 인정하고 마음으로 받아들이고, 함께 살아가는 세상을 꿈꿨다. 그리고 그것을 위해 어떻게 교육하면 좋을지 늘 고민했다. 그리고 나부터도 그런 사람이 되려고 노력했고, 난 그런 사람이라고 자부했다. 자료 조사도 하고 머리도 식힐 겸 스페인으로 여행을 떠날 일이 있었다.

#1. 12월 29일 새벽, 온 마을이 하얀색으로 뒤덮여 있는 작은 마을 프리힐리아나를 산책하고 있었다. 공기는 상쾌했고 마을은 고요했다. 그런데 저 멀리서 자동차가 요란스런 소리를 내면서 다가왔다. 내 옆까지 오자, 자동차 창문이 열렸다. 20대 초반으로 보이는 젊은 남성 3명이 타고 있었다. 자기들끼리 스페인어로 뭐라고 말을 하더니 깔깔거리며 웃었다. 정확한 뜻은 알 수 없었지만, 가난한 나라에서 여기까지 놀러 왔니? 같은 조롱 같았다. 기분이 상당히 나빠져서 호텔로 돌아가려고 하는데, 다시 뒤에서 그 자동차가 다가왔다. 한 바퀴를 돌아 다시 온 것이다. 그리고는 우리를 향해서 아이들이 가지고 노는 총알탄 같은 것을 몇 개 던지고 사라졌다. 너무 큰 충격이었다. '모두가 차별 없이 어우러져 사는 세상이 만들어지긴 할까?'라는 회의감이 들고 속상했다.

#2. 미성숙한 그들의 행동 때문에 소중한 여행을 망칠 수는 없었다. 정신을 차리고 보니 12월 31일. 그라나다의 밤거리를 거닐며 새해맞이 준비를 하고 있었다. 그런데 저 멀리서 큰 키에 덩치도 아주 큰 흑인이 나를 향해 다가오는 게 아닌가. 밤이라 주변이 굉장히 어두웠고, 주변엔 사람도 보이지 않았다. 순간 이틀 전 일과 여행 책자에서 읽었던 소매치기나 강도 수법들이 떠올랐다. 물어보는 척하면서 순식간에 물건을 빼앗거나 뒤통수를 친다는 수법 등등. 성큼성큼 걸어온 그는 큰 소리로 물었다.

"Hey~ Can I ask you a question?" 순간 반사적으로 "No! I'm sorry!"를 단호하게 외치고는 도망치듯 호텔로 발길을 돌렸다. 그가 쫓아오면서 이야기를 하다가 내가 더 빠르게 움직이자, 어느 순간 목소리가 들리지 않았다. 호텔 방으로 들어와서 문을 잠그고는 연달아 이게 무슨 일인가 싶어 엉엉 울었다.

#3. 1월 1일. 아침에 호텔 조식을 먹으러 내려갔다. 그런데 이게 무슨 일인가? 어젯밤 성큼성큼 쫓아오던 그 사람이 바로 앞 테이블에서 식사하고 있었다. 깜짝 놀라는 나를 보고 먼저 인사를 건넸다. 알고 보니 그는 내가 묵었던 호텔을 찾고 있었고, 나에게 호텔이 어디에 있는지 물어보려고 했다는 것이다. 그런데 갑자기 도망가서 매우 당황했다고 말했다. 너무 창피해서 쥐구멍에라도 숨고 싶어졌다. 결국 프리힐리아나에서 있었던 일을 이야기하며 나름의 변명과 연거푸 사과를 하고 헤어졌다. 그때 정말 많은 생각이 들었다. '그가 흑인이 아니었다면 어땠을까? 그가 덩치가 엄청나게 크지 않았다면? 여성이었다면?' 등등.

결국 내 안에 무의식적 편견이 작동해서 누군가를 굉장히 불쾌하게 만든 것이다. '난 편견이 없는 사람'이라고 자부했던 것이 부끄러웠다. 그리고 그날 이후로 생각을 바꿨다. 내 안에 있는 무의식적 편견이 언제 어디서 작동할지 모른다는 사실을 인정했다. 그러니 한 번 더 신중해야 할 필요가 있고, 어떤 것에 편견을 가지고 있을까하는 고민도 가져야 한다고. 생각했다. 그래서 지금은 이 부분에 대해 끊임없이 고민하고 성찰하는 교사가 되었다. 여전히 내 안의 무의식적 편견이 작동되는 부족한 면이 있지만, 예전과 다른 점은 그런 나의 모습을 인정하고, 반성하고 늘 성찰한다.

> "머릿속이 공포에 사로잡혀 있으면 사실이 들어올 틈이 없다."
> – 『Factfulness』(한스 로슬링) 중

### 4) 함께하는 수업의 힘. 동료 교사와의 관계

2021년 9월, 추천을 받아 2022 개정 사회과 교육과정 개발 회의에 현장 전문가로 참여하게 되었다. 현장 적합성 높은 사회과 교육과정 개발을 위해 다양한 의견을 제시하고, 다른 전문가들의 의견을 들으면서 회의가 진행되었다. 교육과정 총론의 정합성을 고려해서 사회과 교육과정이 어떻게 개발되어야 하는지에 대한 방안을 모색하면서, 총론을 수십 번 읽어 보았다. 그 과정에서 '생태 전환 교육'에 대한 관심이 커지게 되었고, 이를 수업에서 실현해야겠다는 목표가 생겼다.

2022년 2월 새 학년을 준비하면서 어떻게 생태 전환 교육을 실현해 볼까 고민했다. 두 가지 숙제가 생겼다. 첫 번째는 한두 회 하고 끝나는 행사가 아닌 수업에서 꾸준히 이것을 녹여내야겠다는 것이었다. 학생들의 생태 감수성을 키우기 위해서는 학교 시간 대부분을 차지하고 있는 교과 수업에서 교육이 이루어지는 것이 좋겠다는 생각을 했다. 두 번째는 교과 간의 장벽을 허물고 융합 수업으로 해 보자는 것이었다. 생태 전환 교육이 비단 사회과에서만 중요한 것이 아니라 모든 교과에서 다 강조되고 있는 부분이기에 교과 간 융합해서 체계적으로 교육을 진행하면 집중도 있는 교육이 이루어질 것이라고 믿었다. 현실적으로는 많은 제약이 있었지만, 한번 도전해 보기로 했다.

융합 수업의 부푼 꿈을 안고 동료 교사들의 문을 두드렸다. 많은 선생님께서 관심을 가지고 환영해 주셨다. 같은 학년을 가르치고 있고, 같은 반 수업을 들어가는 선생님들로 구성하다 보니, 과학, 영어, 체육, 사회 과목 4명이 모이게 되었다. 함께하지 못한 선생님들께서는 아낌없는 응원을 보내 주셨다.

우리는 과목도, 교직 경력도, 성격도, 수업 분위기도 달랐다. 막상 '융합 수업해 보자!'라고 했지만, 무엇을 어떻게 해야 할지는 몰랐다. 그래서 먼저 교과서와 교육과정을 살펴보았다.

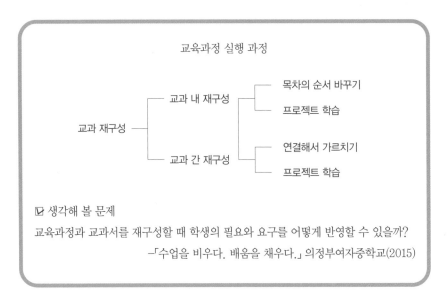

교육과정 실행 과정

교과 재구성
- 교과 내 재구성
  - 목차의 순서 바꾸기
  - 프로젝트 학습
- 교과 간 재구성
  - 연결해서 가르치기
  - 프로젝트 학습

☑ 생각해 볼 문제

교육과정과 교과서를 재구성할 때 학생의 필요와 요구를 어떻게 반영할 수 있을까?

–「수업을 비우다. 배움을 채우다.」의정부여자중학교(2015)

이미 각 교과의 교육과정에는 생태의 중요성, 생태 전환 교육의 필요성이 담겨 있었다. 우리는 수시로 모여서 교육과정 재구성을 시도하였다. 교과 간 연결고리를 찾고, 수업의 흐름을 구상했다. 함께 만들어 가는 프로젝트를 기획했다. 우리의 목표는 '지구를 북돋아'라는 주제로 생태 감수성을 키우고, '앎을 토대로 성찰하고 실천하는 민주시민'으로 성장할 수 있도록 도움을 주는 것이었다. 학습활동을 계획할 때 학생들이 스스로 탐구하고 창의적으로 표현하며, 함께 실천하고, 반복적으로 성찰하는 과정을 경험할 수 있도록 하는 것에 중점을 두었다.

스스로 탐구    창의적 표현    함께 실천    반복 성찰

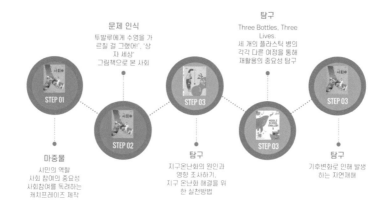

**문제 인식**
투발루에게 수영을 가
르칠 걸 그랬어!', '상
자 세상'
그림책으로 본 사회

**탐구**
Three Bottles, Three
Lives.
세 개의 플라스틱 병의
각각 다른 여정을 통해
재활용의 중요성 탐구

STEP 01

STEP 02

STEP 03

STEP 03

STEP 03

**마중물**
시민의 역할
사회 참여의 중요성
사회참여를 독려하는
캐치프레이즈 제작

**탐구**
지구온난화의 원인과
영향 조사하기,
지구 온난화 해결을 위
한 실천방법

**탐구**
기후변화로 인해 발생
하는 자연재해

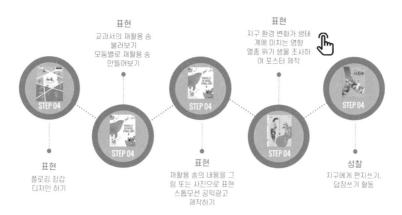

**표현**
교과서의 재활용 송
불러보기
모둠별로 재활용 송
만들어보기

**표현**
지구 환경 변화가 생태
계에 미치는 영향
멸종 위기 생물 조사하
여 포스터 제작

STEP 04

STEP 04

STEP 04

STEP 04

STEP 04

**표현**
플로깅 장갑
디자인 하기

**표현**
재활용 송의 내용을 그
림 또는 사진으로 표현
스톱모션 공익광고
제작하기

**성찰**
지구에게 편지쓰기,
답장쓰기 활동

**지역사회 연계**
마을교육 활동가 연계
협력수업 실시
(기후위기
현상과 원인)

**실천**
비건라면 챌린지

STEP 05

STEP 05

STEP 06

STEP 06

STEP 06

**탐구**
지구지킴이
대통령게임

**실천**
플로깅 실천하기

**표현**
세계 N의 홍보 포스터
제작

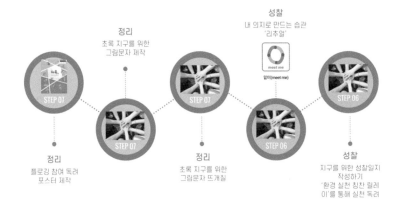

성찰
내 의지로 만드는 습관
'리추얼'

밑미(meet me)

정리
초록 지구를 위한
그림문자 제작

STEP 07

STEP 07

STEP 07

정리
초록 지구를 위한
그림문자 뜨개질

STEP 06

STEP 06

정리
플로깅 참여 독려
포스터 제작

정리
초록 지구를 위한
그림문자 뜨개질

성찰
지구를 위한 성찰일지
작성하기
'환경 실천 칭찬 릴레
이'를 통해 실천 독려

7개월에 걸쳐서 융합 수업이 진행되었다. 매 수업 시간 생태를 주제로 한 수업이 이루어졌던 것은 아니다. 교육과정에 제시된 성취 기준에 맞춰 수업을 진행하면서, 생태와 관련된 것이 나올 때 교과 간 연결로 교육을 이어 나갔다. 우리는 수시로 모여 서로의 수업에 피드백을 주고받았다. 서로의 의견을 잘 들어주었고, 고민에 조언을 해 주었으며, 어려움이 있을 땐 서로 발 벗고 나서서 해결해 나갔다. 이렇게 프로젝트 과정을 수정·보완하면서 첫 융합 수업을 마무리했다. 학기 말 학생들을 대상으로 수업에 대한 평가를 받았을 때, 학생들의 만족도가 상당히 높았다.

동료 교사와 함께 7개월의 수업을 이끌어 나가는 경험은 굉장히 이색적이었다. 중등 교사는 자기 전공 교과가 있고, 각 교과의 영역 내에서 자신만의 전문성을 발휘하여 배움을 만들어 나간다. 교직 경력이 쌓일수록 수업에서 교과의 벽은 더 단단해졌다. 융합 수업을 진행하면서 다른 교과에 관심을 가지고 살펴보니 아주 많은 부분이 중복되어 있었다. 그것의 연결고리를 찾아 이어 나가는 수업을 했다. 무엇보다 함께 수업을 구성하고 진행해 가면서 인성과 능력을 겸비한 선생님에게 많은 것을 배울 수 있는 의미 있는 시간이었다. 함께 융합 수업을 했던 선생님들과는 성장하는 동료를 넘어 가족과 같은 끈끈함도 생겼다. 지금도 가끔씩 복도에서 마주칠 때 건네는 미소만으로도 엄청난 힘이 되고 있다. 이런 존재가 있다는 건 정말 큰 행운이다.

올해 새 학기 준비 기간에 몇몇 선생님들께서 찾아오셨다.

"작년에 선생님들께서 하셨던 교과 융합 수업 정말 인상 깊었어요. 저도 해 보고 싶더라고요. 올해도 하실 건가요? 저도 함께하고 싶어요!"

"네. 좋아요. 우리 함께해요!"

> 작물이 자라는 모습을 지켜보는 일은 농부에게 큰 기쁨이다.
> 가끔은 더 많은 열매를 빨리 얻고자 화학 비료나 농약을 사용하고 싶은 마음이 들기도 하지만 모두를 지속해서 살리는 목적을 생각한다면 농작물 저마다의 특성은 물론, 주변을 둘러싸고 있는 빛, 온도, 물, 강수량, 계절, 토질 같은 영향을 어떻게 받고 있는지 잘 살펴야 한다.
> 자연을 읽을 줄 아는 능력도 필요하지만, 자연이 허락한 만큼 기다리는 시간도 소중하다. 작물도 이웃하여 잘 자라는 것처럼 서로 곁이 되어 주는 동료가 있으면 큰 도움이 된다.
> —「수업을 비우다. 배움을 채우다.」의정부여자중학교(2015)

## 교사가 행복해야 학생이 행복하다

**비우러 가서 채우고 오는 시간**

여행이 참 좋다.

하루하루가 정말 바빠서 나를 위한 취미 생활을 하기가 어렵다. 그 바쁜 일정을 소화하면서 누적된 피로와 스트레스를 비울 수 있는 방법 중 하나를 추천하라면 여행을 들 수 있다. 나의 여행은 여행 계획을 세우는 순간부터 시작된다. 여행지를 결정하고, 숙소를 정하고, 여행지에서 방문할 장소를 찾아보고 예약하는 과정에서 이미 마음은 설렘으로 가득하다. 여행 계획을 세우면서, 또 그 여행을 기다리면서 힘을 내는 것이다.

드디어 여행 출발! 일상생활에서 벗어나서 새로운 환경으로 들어가면 그동안 놓쳤던 것들이 많이 느껴진다. 따스한 햇볕의 감사함, 자연이 주는 위대함. 인간의 훌륭한 창조물. 무엇보다 내 옆에서 함께 여행을 즐겨 주는 사람에 대한 마음까지. 일상 속에서 깊이 생각하지 않거나, 다음으로 미뤄 뒀던 것들에 주목하는 시간이다.

> "여행은 완벽한 타이밍과의 우연과 동시성을 통해 모든 창조물을 하나로 묶는 마법을 인식하는 가장 쉬운 방법의 하나입니다."
>
> −Adam Siddiq

리스본에 여행을 갔을 때의 일이다. 1월의 리스본에는 비가 자주 내린다는 것은 알고 있었지만, 유독 센바람과 함께 굵은 비가 쏟아졌다. 호텔에만 있기에는 시간이 너무 아까워서 우산을 들고 나가 무작정 걸었다. 하지만 비바람이 어찌나 거센지 우산을 들고 있는 것도 힘들고, 우산이 있어도 비에 홀딱 젖었다. 심지어 고풍스런 장식의 가로등이 바람에 흔들거리다가 뚝 떨어졌다.

'이게 뭐야. 힘들게 17시간을 비행하고 왔는데…. 리스본 여행은 망했군.'
정말 속상했다.

'그래도 쉽게 포기할 내가 아니지!'

1년 동안 고3 담임을 하면서, 하루 14시간 이상을 학교에서 보냈다. 목이 다 망가져서 병원에서 말을 좀 안 할 수 없겠냐는 소리까지 들었다. 그렇게 힘들게 일하면서 이 여행을 기대하면서 버텼는데….

비바람을 뚫고 리스본 시내를 내려다볼 수 있는 아우구스토 로사 정원에 도착했다. 그런데 한눈에 아름다운 리스본을 보기 전에 바람에 먼저 내가 날아갈 것만 같았다. '날씨에 항복….' 호텔로 돌아갈 길을 찾아야 했다. 순간 유독 거센 비바람이 몰아쳤다. 움직이는 것보다 잠시 비를 피하는 것이 안전할 것 같아 돌아보니 뒤편에 성당이 있었다. 얼른 뛰어서 성당의 문을 밀어 보니 열렸다.

'와….'

위대한 경험을 하게 됐다. 마치 신의 품속으로 들어간 느낌이었다. 그때도 지금도 여전히 난 종교가 없지만, 그 순간만큼은 인간을 아우르는 위대한 존재의 품 안에 들어간 느낌이 들었다. 노란빛의 포근한 조명과 적절히 따뜻한 온기, 보드라운 공기, 향긋한 냄새. 무엇보다도 성가대의 아름다운 하모니가 마음을 편안하게 했다. 성당의 끝자리에 앉아 그냥 그 품속에서 한참을 넋 놓고 앉아있었다. 거센 비바람이 몰아치는 밖과 완전히 대조되는 포근한 느낌이 너무 행복했다. 기도하는 방법도 잘 몰랐지만, 정말 감사하다고 기도했다. 이 따뜻함을 잊지 않겠다고. 몇 시간을 안겨 있다가 힘을 얻고 나왔다. 그사이 비바람도 많이 약해졌다.

그때부터 본격적으로 리스본을 여행했다. 삐거덕거리는 나무 바닥, 창문에 잔뜩 맺힌 빗방울, 딸랑딸랑 종소리를 내는 트램을 타고 리스본의 좁은 골목을 누볐다. 쨍한 날이 주는 알록달록한 리스본을 기대하고 왔다가 온통 회색빛으로 물든 리스본만을 보고 왔지만, 그 어떤 여행지보다도 기억에 남는 도시가 되었다.

나를 품어 주었던 그곳은 산투 안토니우 성당이다. 유럽 각지를 여행하면서 화려하고 위대한 성당을 많이 보았지만, 내 마음속 1위는 늘 이곳이다. 여행할 때는 전혀 생각지도 않은 마법과 같은 순간들이 찾아온다. 그때 그 느낌은 내 마음에 깊이 새겨진다. 그리고 일상이 지치고 힘들 때 툭 튀어나

와 힘이 되어 준다.

벅찬 마음으로 교단에 발을 들인 지 벌써 16년이 훌쩍 지났다. 그동안 학교에서 많은 학생과 선생님을 만나며, 쑥쑥샘(학생들이 붙여준 별명)으로 살아왔다. 어려운 순간들도 있었지만, 대체로 난 학교에서 행복했고, 나의 일도 만족스럽다.

학교에서 선생님이 해야 하는 교육이 무엇일까? 단순하게 지식을 전달하는 것만을 바라지 않을 것이다. 학생의 삶에 적극적으로 끼어들어 영향력을 행사하고 바르게 성장할 수 있도록 돕는 것이 아닐까? 사실 굉장히 어려운 일이다. 아무리 많은 정성을 쏟고 노력을 해도 아무런 변화가 없을 때도 많고, 때로는 상황이 예상과 전혀 다르게 흘러갈 때도 있다. 그럴 때마다 무기력해지고 당장 그만두고 싶다는 마음이 들기도 했다.

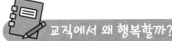
교직에서 왜 행복할까?

돌이켜 보면 첫해부터 지금까지 학교 안에서 일어나는 모든 순간은 '사람과의 만남'으로 시작했다. '요즘 아이들', 'ㅇ학년 학생'으로 뭉뚱그려 이해하거나 가르쳐야 하는 대상으로 받아들이기보다는 각각의 학생을 그들 고유의 인격과 가능성을 갖춘 개인으로 이해하려고 노력했다. 그러다 보니 때로는 지나치게 오지랖을 부리게 되고 그것이 누군가를 불편하게 할 때도 있었다. 하지만 결과적으로는 내가 학생 한 명 한 명과의 만남을 소중히 생각하고, 민감하게 공감해 준 것이 행복한 학교생활의 씨앗이 된 것 같다.

작년 가을 한 학생이 찾아왔다. 과제로 다양한 직업군에 속한 대표자를 찾아 인터뷰를 진행한다고 도와달라고 했다. 굉장히 바쁜 날이었기 때문에 거절하고 싶었지만, 간절한 눈빛에 어쩔 수 없이 인터뷰에 응했다. 무려 14가지 질문이나 준비했다는 것에 놀라며, 빠르게 답변했다.

"선생님이 되기 위해서 꼭 필요한 게 무엇인가요? 가장 중요하게 생각하는 것을 하나만 이야기해 주세요."

순간적으로 나는 '사람에 대한 이해!'라고 답변했다. '선생님은 수많은 학생을 만나기 때문에 다양한 사람을 이해할 마음의 준비가 되어 있어야 하고, 내가 마주하는 학생 한 명 한 명에 대한 이해를 토대로 존중해 줄 때, 그 관계 속에서 교육과 배움이 이루어질 수 있다고 생각해요.' 빠르게 진행되는 인터뷰에서 순간 머릿속에 떠오른 답변이었는데, 선생님으로서의 나를 되돌아볼 수 있는 시간이었다.

자, 그럼 당구풍월(堂狗風月)이라는데, 무려 16년이나 그렇게 살아온 나는 학생들과의 관계 맺기의 달인일까? 자신 있게 말할 수 있다. "No!" 아직도 서툴고 어렵다. 한때는 몇 년을 했는데도 완벽하지 못한 모습이 한심하게 느껴지기도 했다. 많은 교사가 그렇듯이 모범적이고, 꾸중보다는 칭찬을, 실패보다는 성공을 많이 하는 학창시절을 보냈다 보니, 반복되는 실패가 더 충격적으로 다가왔다. 그때마다 '흔들리지 않고 피는 꽃이 어디 있으랴'를 수없이 되뇌며 조금씩 나아지고 있다. 교육의 방향성은 확실하게 정해 두지만, 완벽하지 않은 내 모습을 인정하면서 꾸준히 노력하고 있다.

'중요한 건 꺾이지 않는 마음' 아니겠는가!

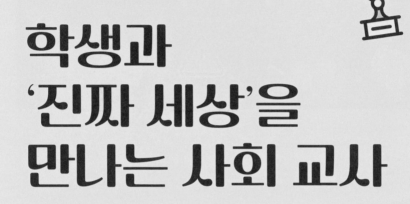

# 학생과
# '진짜 세상'을
# 만나는 사회 교사

김영진

 **사회 교사로서의 나: 과거, 현재, 미래 – 늦깎이 사회 교사**

### 1) 스물아홉, 사범대 3학년

스물아홉에 사범대 3학년으로 편입했다. '나만 혼자 나이가 많아서 어떡하지.' 기우였다. 나와 동갑내기 편입생 선배가 있었고, 함께 입학한 언니도 나보다 세 살이 더 많았다. 마흔 살 언니도 있었다. 편입 생활은 행복했다. 어릴 적부터 줄곧 함께한 손톱 뜯는 버릇이 사라졌다. 마음에도 봄이 왔다. 내 길을 찾았다는 생각은 마음을 안정시켰고 집중력과 창의력에 불이 붙었다.

첫 학부 시절, 정치외교학을 전공했다. 사회학도 부전공했다. 공부가 재미있었다. 특히 선후배들과 함께한 독서 세미나와 술자리에서의 토론, 학생 자치 사회과학 도서관인 생활 도서관 활동이 나를 성장시켰다. 자연스럽게 사회적 약자와 소수자 문제에 관심을 가졌다. 여성, 장애인, 이주민에 대한 차별과 폭력, 그리고 빈곤 문제를 접하고 어설프게나마 공부와 실천을 병행했다. 고학년이 되면서 친구들은 각종 고시 공부와 취업 준비로 캠퍼스에서 하나둘 사라졌다. 무얼 하며 살아야 하나 한참을 고민하다 정치철학 전공으로 대학원 진학을 결심했다. 사회를 조금 더 나은 곳으로 바꾸기 위해서는 사회 구조와 제도 밑에 깔린 철학과 관점을 알아야 할 것 같았다.

대학원 생활은 순탄치 않았다. 엄청난 공부량을 소화하며 끊임없이 평가받아야 했는데, 그 중압감이 상상 이상이었다. 상명하복의 군대식 문화, 폭언을 일삼는 교수의 기분을 살피고 비위를 맞춰야 하는 일상을 견디는 일도 힘에 부쳤다. 힘들 때마다 학원에서 만났던 어린 학생들이 떠올랐다.

2007년 여름, 대학을 졸업하고 일했던 성북수석학원. 서울 보문동 사거리에서 언덕 방향 모퉁이에 있는 작은 보습학원이었다. 대학원에 진학하기 전 6개월 간 이곳에서 초등학생과 중학생을 대상으로 논술을 가르쳤다. 아이들을 만나는 게 행복했다. 수업 후 화장실 세면대에서 손을 씻다가 고개를 들어 보면 거울 속에서는 내 얼굴이 발광체처럼 빛을 내고 있었다.

학생들과 함께 읽고 싶은 청소년 소설을 뒤졌고, 『푸른 사다리(이옥수)』 같은 반짝이는 작품에 푹 빠져들었다. 책을 읽은 후 써 내려간 학생들의 글을 읽고 첨삭하는 것도, 둘러앉아 이야기 나누는 시간도 좋았다. 신문 스크랩을 하도록 하고 교육 잡지 『고래가 그랬어』를 활용하여 사회 이슈에 대해서 토론했다. 호기심 어린 질문과 참신한 생각의 상호작용이 만들어내는 창조적 에너지로 논술 교실은 터질 것만 같았다. 깔깔 웃는 초등학교 6학년 논술 교실. 창밖으로 한 중학생 아이가 빠끔 고개를 들어 교실을 한참 동안 응시한다. "저도 논술 수업 하고 싶어요." 그전까지만 해도 표정이 어둡고 우울해 보이는 아이였다. 문득 가르치는 일이 천직이 아닐까 생각했다.

교직에 대한 열망이 커져 갔다. 아이들을 만나는 것 그 자체가 행복이었고, 아이들이 더 행복하기 위해 교육이 어떻게 변화해야 하는지 고민하고 기여하고 싶었다. 대학원 입학 후에도 교사의 꿈이 자꾸 생각났다.

### 2008.3.3. 0시 20분 (대학원 입학 둘째 날)

나는 선생님을 했어도 좋았을 것 같다. 아이들 생각만 하면 가슴이 벅차오른다. 아이들을 진심 어린 눈으로, 마음으로 바라보고 다가가고 싶다. 아이들의 기쁨, 슬픔, 열망을 이해하고 느끼고 각각의 아이들이 지닌 잠재력을 끌어올리도록 도와주고 싶다. 경쟁의 사다리에서 더 위로 올라가는 것이 가장 큰 목표인 사회에서, 또 사람을 불안하게 만드는 사회에서 인간, 생명을 살리는 교육은 있을 수 없다. 고립된 섬이 될 뿐이다. 어떻게 하면 지금의 경쟁과 불안의 삶의 방식을 생명과 공존, 보살핌의 삶의 방식으로 바꿀 것인가?

학문에 대한 동경과 교직의 꿈이 마음속에서 무한 루프를 그리다 2년 반의 시간이 갔다. 2010년 여름, 석사를 마치고 결단을 내렸다. 그래, 교사가 되자! 교육대학원 일반사회교육과에 전화를 걸었다. 입학을 문의했더니 예상치 못한 답변이 돌아왔다. "오지 마세요. 일반사회 TO가 거의 없어서 오셔도 전망이 없어요." 전국에서 32명을 뽑는데 경쟁률은 약 100대 1. 근심을 안고 모니터 앞에 앉았다. 인터넷에서 '교사'와 관련된 것이라면 있는 대로 검색했다. 그러다 발견한 것이 '교컴', '교실 밖 교사 커뮤니티'였다.

그곳의 교단일기 코너에서는 다양한 선생님들이 교실에서 일어나는 일들을 생생하게 들려주고 있었다. 끊임없이 '클릭질'하며 교단일기를 읽었다. 그 중 가장 내 마음을 움직인 것은 '사람사랑' 선생님과 '주주' 선생님의 일기였다. 두 분 다 장애 학생을 가르치는 특수 교사였다.

특수 학교에 근무하시는 사람사랑 선생님의 일기에는 인간적인 시선과 따뜻한 유머가 배어 있었다. 급식으로 나온 홍합을 까 주다 홍합 삼매경에 빠져 버린 이야기 같은 것을 읽으며 깔깔 웃다 보면 어느새 마음이 데워져 있었다. 선생님은 영화 『라디오 스타』의 한 대사처럼, 학생들이라는 별을 비춰 주는 교사가 되고 싶다고 하셨다. 글을 읽고 머리를 한 대 얻어맞은 듯 했다. 나는 항상 내가 별이 되기를 바랐는데. 부끄러움이 몰려왔다.

주주 선생님은 아이들을 향한 열정이 넘쳤고, 가르치는 재능 또한 뛰어났다. 특수 학급의 지적장애 학생들과 매달 신문을 만들어서 교내 곳곳에 배달했고, 다채로운 학습 및 진로 활동을 구상하여 실행하셨다. 선생님을 만나 뵙고 싶었다. 불쑥 쪽지를 드리고 서울여고로 향했다. 학교 근처 밥집에서 저녁 식사를 하며 선생님의 달변에 빠져들었다. 특수교육이라는 새로운 세계에 발을 들여놓는 순간이었다.

주주 선생님이 소개해 주신 희진이(가명)와 소연이(가명)는 경계선급 지적장애 학생이었다. 초등학교 수학 문제집을 사서 같이 풀었다. 학교보다도 아이들의 집에 찾아가서 공부하는 빈도가 더 잦았다. 문제를 풀고 나면 같이 간식도 사 먹고 이태원 거리를 쏘다니며 수다를 떨었다. 친밀해지자 아이들은 학교에서 힘들었던 이야기를 꺼내 놓았다. 중학교 때 몇몇 학생들에게 의자로 맞은 이야기를 하면서는 눈물을 흘렸다. 남들보다 학습과 이해가 느리다는 것을 아는 데서 오는 낮은 자존감 문제로 아이들은 힘들어했다. 특수 학급에서는 그렇게 이야기도 잘하고 농담도 하며 날아다녔지만, 원적 학급에만 가면 아이들은 섬이 되었다. 마음이 아팠다.

2010년 말, 교사가 되겠다고 선언했다. 집에서는 난리가 났다. "이십 대 후반에, 대학원까지 나온 상황에서 다시 사범대를 가겠다고?" 몰래 형부에게 편입 자금 100만 원을 빌려 가장 싼 학원에 등록했다. 동대문 '강창용편입학원'. 약 3개월 간 동대문 시장의 2000원짜리 콩나물밥을 먹었다. 저녁 식사 후에는 조명 받아 빛나는 동대문 아래를 왔다갔다하며 영단어를 외웠다. 어수선한 상황 속에서 특수교육과에 원서를 넣었다. 전국을 돌아다니며 영어 시험과 면접을 봤다. 어느 학교에서는 교수가 내 이력서를 뒤적뒤적하더니 말했다. "스물아홉? 시집이나 가지, 뭐 하러 왔어?" 세 번째 학교까지 시험을 보고 나자 인후통이 목을 덮쳤다. 다음 학교 면접을 보는데 쇠파이프에 바람 새는 소리가 나왔다. 나중에 쌩쌩한 목소리로 합격 전화를 받자, 교수님은 내가 그 지원자가 맞는지를 재차 확인하며 놀라워했다.

편입 후 2년 반의 학교생활은 더없이 행복했다. 교수님들은 따스하면서 유능했고, 일곱 살 어린 동기들은 '언니', '언니' 하며 '편입생 언니'인 내 손을 잡아끌고 배움의 공동체로 나를 초대했다. 특수교육과는 지향하는 가치만큼이나 포용적이고 평등했다. 학교에서 배우는 모든 것이 다 재미있었다. 아이들을 평생 만날 수 있겠다는 생각에 들떴고, 학교에 가서 하고 싶은 일에 대한 상상력이 끝을 모르고 뻗어 나갔다.

## 2) "교사를 재미로 하는 거예요?": 특수교육과 사회교육의 갈림길에서

교생 학교 발표가 났다. 이럴 수가! 사람사랑 선생님이 계신 정민학교 아닌가! 교생 첫날, 지도 교사를 확인했다. 선생님이셨다! 정민학교는 중복 중증 장애 학생들이 다니는 특수 학교다. 백만 불짜리 미소에 목 가누기와 필기구 쥐기에 어려움이 있는 중도 지체 장애 학생 성호, 장난끼 많고 수업하기 싫다고 펜을 자꾸 떨어뜨리는 모습이 웃음을 유발하는 마흔 살의 다운증후군 학생 경자 언니, 선생님과 티키타카하기 좋아하고 상반신을 자유롭게 쓰는 편인 지체 장애 학생 민호 등, 다양한 학생이 한 반을 이뤘다. 사람사랑 선생님은 그토록 다양한 구성의 학생들과 함께 누구도 소외되지 않는 수업을 하려 애쓰셨다.

나는 실수가 참 많았다. 이동 수업 때 휠체어 미는 것이 서툴러서 학생을 불편하게 만들기 일쑤였고, 수업 보조 역할도 어설프기 짝이 없었다. 공개 수업도 밤늦게까지 열심히 준비했으나 망해 버렸다. 교생 마지막 날, 쭈뼛쭈뼛하며 아이들에게 말했다. "제가 한 달 동안 여러분에게 폐만 끼친 것 같아서 미안해요. 건강하게 잘 지내고 또 만나요!" 폐 끼쳤다는 말에 선생님과 아이들은 웃음이 터졌다. 몇 개월 후 어느 날, 외출을 준비하는데 선생님이 보내신 문자 알림이 떴다. "우리 성호가 하늘나라로 갔습니다." 내가 교생을 하고 있을 때 성호는 이미 암 말기 상태였다고 한다. 옷장 앞에서 통곡했다. 선생님은 말씀하셨다. 특수 학교에서 아이들을 떠나보내는 건 드문 일이 아니라고. 그런데 떠나보낼 때마다 마음이 참 아프다고.

편입 생활도 2년이 지나고 동기들과 본격적으로 특수교육 임용고사 스터디를 시작했다. 일반사회교육은 복수 전공을 신청해 둔 터였다. 한 학기만 더 다니며 수업을 들으면 일반사회 교사 자격증이 나왔다. 어차피 특수 교사 할 건데 신청하지 말까도 생각했으나, 학부, 석사 모두 사회과학 전공이었기에 자격증을 따 두는 것도 좋겠다고 생각했다. 마지막 5학기에 가야 하는 일반사회교육 교생은 거추장스럽게 느껴졌다. 그런데 교생 학교에 간 첫날, 내 삶의 경로에 또 한 번의 지각 변동이 일어나리라는 예감이 가슴에 훅 들어와 꽂혔다.

동명여고는 하늘 높이, 양쪽으로까지 넓게 뻗은 벗나무가 입구부터 교정을 감싸고 있는 오래된 학교였다. 마침 벗꽃이 피기 시작하는 4월이었다. 꽃을 꺾어 귀 뒤에 꽂아 놓고 턱을 괸 채 수업 시간에 졸고 있는 아이들. 교생 실습을 하는 4주 동안 학급의 모든 학생들과 1:1로 상담했다. 잠깐 머무를 뿐인 내게 학생들은 자신의 내밀한 고민을 솔직하게 털어놓았다. 우는 아이들도 있었다. 가정 형편이 어렵거나 복잡한 가족 문제로 상처가 있는 경우도 꽤 많았다. 대부분이 공부 압박과 미래에 대한 불안, 낮은 자존감에 시달렸다. 상담자가 울면 안 된다는데, 이야기를 들으며 여러 번 울컥했다. 온 힘을 다해 아이들을 돕고 싶었다.

사회 수업은 '이주'를 주제로 했다. 학부 시절 이주민 인권 단체에서 자원 활동을 했고 대학원에서 관련 문헌도 접해보았기에 상대적으로 자신 있는 주제였다. 나름 최선을 다해 준비도 했으나 학생들 반응은 뜨뜻미지근했다. 교사에게 내용 지식과 경험이 있다고 곧 좋은 수업을 할 수 있는 건 아님을 깨달았다. 수업 설계와 학생들과의 호흡이 중요했다. 진로 수업도 자원했다. 20대 내내 진로 문제로 고통스러웠기에, 고등학교 시절 학생들이 자기 자신과 진로를 더 많이 고민했으면 했다. 교보문고에 가서 진로교육 서적을 구해 와 초보적인 수준의 학습지를 만들어 수업했다.

한 명 한 명 상담하고, 두 과목 수업 준비하고, 매일 다채로운 조회를 준비하느라 너무 많은 에너지를 썼는지 3주차가 되자 아예 목소리가 나오지 않았다. 그래도 몸속에서는 맑은 샘물이 끝도 없이 솟아나는 것 같았다. 실습의 마지막 날, 작별 인사를 하고 은평 뉴타운 쪽으로 걸어 올라갔다. 북한산의 등성이들이 쨍쨍한 햇빛을 받아 늠름한 자태를 뽐내고 있었다. 문장 하나가 선명하게 떠올랐다.

'사회 교사가 되어야겠다.'

나를 특수교육의 세계로 안내해 주셨던 주주 선생님이 떠올랐다. 찾아가서 말씀드렸다.

"선생님…. 저 사회교육으로 임용 준비하기로 했어요."

"왜요?"

"사회교육이 재밌더라고요."

순간 주주 선생님 눈에서 눈물이 흘러내렸다.

"교사를 재미로 하는 거예요?"

당황했다. "재미가 그 재미가 아니잖아요."라고 대답했지만, 무어라 설명하기 어려운 죄책감과 억울함에 휩싸였다. 한동안 그 말씀이 마음에서 떠나지 않았다. 나는 정말 교사를 재미로 생각한 걸까, 아이들에 대한 사명감보다는 내 기쁨과 즐거움을 먼저 생각한 걸까, 그런데 가르치는 일에서 재미와 행복을 느끼면 좋은 것 아닌가…. 마음속에서 변명과 항변의 말이 요동쳤다. 그러다 문득 내가 처음 서울여고에 찾아갔을 때 진심으로 기뻐하고 기대하셨던 선생님의 얼굴이 떠올랐다. 어디선가 특수교육을 해 보겠다고 나타난 청년이 많이 반가우셨겠구나. 그리고 후배와 함께 앞으로 펼쳐 나갈 일들을 기대하셨던 게 아닐까. 선생님의 마음이 이해되었다. 내가 안겨 드렸을 실망감도.

사회 교사가 되고 나서, 주주 선생님께서 연락을 주셨다. '교컴' 수련회에 함께 가자고. 온라인 교단일기로 선생님들을 만났던 바로 그 '교컴'이다. 화창한 겨울날, 주주 선생님, 사람사랑 선생님, 그리고 전국의 좋은 선생님들과 함께 전주 한옥마을을 걸었고 아이들 이야기로 밤을 지새웠다. 주주 선생님은 학생에 대한 고민으로 울고 있는 초짜 교사인 나를 보며 또 한 번 왈칵 눈물을 쏟으셨다. 지금도 주주 선생님과 사람사랑 선생님은 멋진 선배 교사로서 나를 애정 어린 눈길로 바라봐 주신다. 아직도 가끔 생각한다. 나는 어떤 이유와 동기로 교사를 하는가? 자기만족을 넘어 진정으로 아이들을 중심에 놓는 교사로 살고 있는 걸까? 나를 깨어 있게 만드는 두 분은 스승의 날이면 가장 먼저 떠오르는 '내 스승님'들이다.

### 3) '역사샘'-'사회샘'-'법정샘'-'통사샘'-'사문샘'-'사문탐샘'-'경제샘'으로 8년

운이 좋게 임용고사에 합격했으나, 발령이 나지 않았다. 수십 군데에 기간제 교사 원서를 넣었으나 1차에서 다 탈락했다. 포기하려던 차, 이게 마지막이라는 마음으로 한 중학교에 원서를 썼다. 2월 28일 면접을 보고 합격. 3월 2일부터 담임을 하면 된다고 했다. 손에는 역사 교과서를 한 권 들려 주었다. 인터넷에서 담임 교사의 첫인사에 관한 글을 찾아 읽고 자리에 누웠다. 지금 이 순간 나를 만나게 될 많은 아이도 어딘가에서 나처럼 이렇게 잠을 청하고 있겠지. 묘하게 평온한 마음이 되었다.

첫 출근일. 교감 선생님이 하신 말씀이 지금도 생생하다.

"축하합니다! 여기서 근무하면 어느 학교 가셔도 잘할 수 있습니다."

아이들이 억세다는 말이었다. 웃으면서도 내심 두려웠다. 심호흡을 하고 들어간 교실. 남자 중학생들의 개구진 에너지가 봄날 햇살처럼 가득했다. 두려움은커녕 온 몸이 행복감으로 휩싸였다. 아이들에게 세 가지 약속을 했다. '여러분을 존중하겠습니다. 민주적으로 학급을 운영하겠습니다. 힘을 쓰지 않겠습니다.' 우리는 평화로운 학급을 만들기 위해 무엇이 필요한지 차차 이야기하고 실행해 나갔다.

살인 사건이 일어난 학교다, 아이들 질이 나쁘다 등등 온갖 안 좋은 소문이 있었다. 관내 고등학교에서도 이 학교 출신 학생을 기피했다. 하지만 아이들은 예뻤다. 저마다의 사연을 가진 아이들과 좌충우돌 푸릇푸릇한 첫 해를 보냈다. 생활교육에 한계를 느끼는 순간도 있었다. 하지만 학교에서 아이들과 함께하는 모든 순간이 나에게는 공부였다. 『이상대의 학급살림 4050 이야기』, 『행복한 교실을 위한 희망의 심리학』, 『교실 평화 프로젝트』 등 학급 운영, 생활교육과 상담에 대한 책을 쌓아 놓고 읽으며 하나하나 적용하고 실천했다.

아이들에게 다양한 과목의 이름으로 불렸다. 첫 교직을 시작한 중학교에서 나는 고등학교 졸업 이후 처음 본 역사 교과서를 품에 안고 '역사샘'이 되었다. 자신이 없었던 만큼 교과서가 너덜너덜해질 정도로 들고 다니며 교재 연구를 했다. 해당 주제와 관련된 단행본, 역사 만화책, 동영상 등을 찾아보며 깨알 같은 글씨로 교과서 여백에 메모를 하고 PPT를 만들었다. 매 시간 대학생이 새로운 주제로 발표를 하듯 긴장 속에서 한 학기를 보냈다. 매일 밤 자기 전에 다음 날 가르칠 내용을 입 밖으로 꺼내 말해 보며 연습했다. 어느 날은 다음 날 아침에 가르쳐야 하는 내용이 이해되지 않아 퇴근길 기차역 대합실에서 역사 교과서를 부여잡고 눈물을 흘리기도 했다. 간절함이 전달된 것일까. 학생들은 역사 수업이 재미있다고 했다.

"선생님은 역사 전공자가 아니에요. 그렇지만 최선을 다해 준비해서 가르칠 거예요. 궁금한 건 마음껏 물어 보세요. 선생님이 바로 대답 못 해 주는 것도 많겠지만 찾아봐서라도 다음 시간에 꼭 알려 줄게요."

이렇게 솔직하게 이야기하면 중학생들은 끄덕끄덕하면서 이해해 주었다. '역사 덕후'는 반별로 꼭 한 명씩 있었다. 수업이 끝나면 내게 찾아와 자신의 깨알 역사 지식을 자랑하며 이야기했고, 호응해 주다 보면 쉬는 시간이 다 갔다. 시간이 지날수록 역사 가르치는 데 재미가 붙었다.

2학기에는 드디어 사회를 가르칠 수 있었다. "역사보다 재미없어요." 하는 학생들의 반응에 의기소침해졌다. 오랫동안 공부한 분야니까 더 잘 가르칠 수 있을 거란 생각은 착각이었다. 내가 가장 좋아한 '인권' 파트에서도 학생들은 하품을 했다. 근로기준법 공부와 모의재판은 흥미를 보였다. 근로기준법을 원문 그대로 가르쳤는데, 아르바이트하는 중3 학생들이 수업 시간에 경험담을 이야기해 주니 분위기가 살아났다. 모의재판은 어설프게 시도했더니 '아무 말 대잔치'하며 '폭주'하는 학생 판사들이 생겨났다. "사형입니다!"라며 판사봉을 땅땅 두드리면 아이들은 배꼽을 잡고 웃었고, 나는 '망했다.' 생각하며 식은땀을 흘렸다. 야심차게 시도한 하브루타 토론도 잡담으로 끝나기 일쑤였다. 나의 사회 수업 첫 학기는 시행착오 투성이었다.

드디어 발령이 났다. 바로 옆 학교였다. 중3 담임을 하며 만났던 많은 제자들과 함께 고등학교에 '입학'하여 1학년 담임을 맡았다. '법과 정치' 수업이 특히나 재미있었다. 법학은 편입 시절 두 과목 들은 것이 전부였고, 제대로 가르치려면 훨씬 더 많은 지식이 필요했다. 법학 서적을 탐독하며 개념을 다지고 학생들이 흥미로워 할 만한 사례를 열심히 찾았다. 학생들은 지적 호기심이 풍부했다. 예리한 질문도 많아서 교실 들어가기 전 늘 긴장을 했다. '법과 정치'의 내용은 학생들의 일상과도 많은 관련이 있었다. 학생 생활규정을 헌법과 법률의 기본권 조항들에 입각하여 분석하고 개정안을 제시하는 수행평가를 했다. 기본권을 주제로 한 공개수업에서는 교장선생님과 학생들 간 '비장애 학생들의 교내 엘리베이터 탑승'을 둘러싸고 논쟁이 벌어지기도 했다. 정치 파트를 가르칠 때는 마침 총선이 있길래 '국회의원 후보자 공약 분석'을 하게 했다. 후보자들을 찾아가 볼 것을 권장했더니 많은 모둠에서 실제 후보자 인터뷰와 정책 제안을 진행했다. 정책 제안 활동은 지역 신문의 기사로 실리기도 했다.

2017년에는 중학교에서 실패했던 모의재판을 제대로 한 번 해 보고 싶었다. 자문을 받아 시나리오 작성부터 역할극까지 전 과정을 제대로 밟아 보았다. 수준이 훨씬 높아졌다. 학생들은 그해 가장 힘들었던 수행평가 중 하나로 모의재판을 꼽았다. 그래도 고3이 되어 자기소개서 쓸 때 단골 소재가 모의재판이고, 졸업 후에는 모의재판 하며 힘들었지만 성장했다고 이야기하는 아이들 보며 가슴을 쓸어내린다.

고등학교에서 가르쳐야 할 과목들은 계속 바뀌고 새롭게 등장했다. 통합사회, 사회·문화, 경제, 사회문제탐구까지···. 수년간 1, 2, 3학년을 다 들어가 수업했다. 교과목에 따라 학생들이 나를 부르는 이름도 달라졌다. 이렇게 8년의 시간이 갔다.

## 매일 교실 속에서 흔들린다

### 1) 사회 교사인 것이 참 좋다

#### ① 노동인권교육으로 학생들이 자신의 권리를 보장받을 때

"선생님! 근로계약서 드디어 썼어요!" 족발집에서 일하는 고3 학생이 활짝 웃으며 기뻐한다. 일은 시작했으나 근로계약서 작성을 안 했고 계약서 써 달라고 말하기가 어렵다고 했다. "선생님이 근로계약서 작성 숙제 내 줬다고 해 봐.", "오, 한 번 해 볼게요." 청소년용 표준근로계약서 양식을 두 장 뽑아 주었다. 사장님도 계약서를 처음 써 본다고 했단다. 같이 테이블에 마주보고 앉아 모르는 용어는 검색하고 대화하며 계약서를 완성했다.

무지에 의해서건, 영업난에 의해서건, 탐욕과 이기심에 의해서건, 청소년 아르바이트생을 함부로 대하고 쉽게 썼다 버리는 사장이 많았다. 프랜차이즈 주꾸미집에서 일하던 제자는 장기간 열심히 일했지만 당일 해고를 당했다. 그것도 주방 매니저 형이 문자로 해고를 통보했다고 한다. 사장님과 통화했다. 근로기준법 위반이라고 하니 학생이 원하면 다시 일하게 해 주겠다고 했다. 학생은 이미 마음이 상해 다시 가고 싶지 않다고 했다. 사건이 알려지며 학생들 사이에서 나는 어설픈 노동상담소장이 되었다. 아르바이트하다 무슨 일이라도 생기면 학생들은 "영진샘한테 가 봐." 했다. 나는 아는 노무사님께 자문을 구해 가며 학생들을 도왔다.

프랜차이즈 빵집, 갈비집, 베이글집, 삼겹살집, 카페, 치킨집, 햄버거집, 편의점, PC방…. 일상적으로 이용하는 음식점과 카페 어디를 가도 앳된 얼굴의 청소년들이 있었다. 내가 가르치는 학생들이 일하는 곳이면 되도록 찾아가서 사장님께 잘 부탁드린다고 인사를 드렸다. 학교 근처에 새로 오픈한 갈비집에는 우리 학교 학생이 7명이나 일했다. 이곳은 사장님이 두 명인데 결국 분쟁이 일어나 계약서 작성은커녕 임금 지급도 불투명한 상황이었다. 노동 환경도 열악했다. 학생들은 화가 많이 나 있었다. 같이 일하는 이주 노동자에 대한 처우는 더 나쁜 것 같다며 속상해했다. 비정규직 노동센터를 연결해 주었다. 신고를 하려면 증거가 필요하다는 것을 학생들은 절감했다.

교사가 된 첫해부터 지금까지 매년 수업 시간에 근로기준법을 가르쳤다. 중학교 '사회', 고등학교 '통합사회', '정치와 법', '경제' 교육과정에는 '근로자의 권리'가 명시되어 있다. 보통 교과서에는 한 페이지 이하로 짧게 언급되어 있지만, 살아가는 데 너무나 중요한 내용이라는 생각에 근로기준법 원문을 그대로 가르친다. 신기하게도 학생들은 근로기준법 배우는 것을 흥미로워했다. 집중력도 최고도가 되고, 수업 평가서에도 근로기준법을 배운 것이 가장 기억에 남는다는 평이 많았다. 당장 현장에서 자신을 보호할 수 있는 내용이어서 그런 것 같다. 창의적 체험활동과 고3 '수능 이후 프로그램'을 활용하여 매년 노동인권 초청 특강도 진행한다. 노동인권교육은 반복적으로 해서 학생들에게 내용이 각인되어야 돌발 상황이 발생했을 때 대처할 수 있다.

② 토론 수업으로 성장했다는 학생들을 만날 때

매년 수업 시간에 '패널 토론'을 했다. 처음에는 '100분 토론' 흉내를 냈고, 토론 연수를 집중적으로 들은 후에는 나만의 패널 토론 방식을 만들었다. 사회자 모두 발언(토론 주제 소개, 패널 소개, 토론 규칙 소개) – 토론 사전 입장 조사(거수) – 입론(패널 중 입론 담당 각 1분) – 주도권 토론(모든 패널 각 3분) – 청중 토론(나머지 시간 5분 남겨 놓고 종료) – 마무리 발언(패널 중 해당자 각 1분) – 토론 사후 입장 조사(거수) – 교사 총평.

이렇게 하면 딱 50분이 된다. 토론 전 쉬는 시간에 사회반장이 토론 PPT를 화면에 띄워놓고 패널과 함께 좌석 배치도 해 둔다. 사회도 학생이 본다. 토론 규칙과 순서의 큰 틀만 주면 토론 전날까지 사회 시나리오를 적어 지도 교사인 나에게 검토 받았다.

토론 주제는 내가 몇 가지 후보를 추리고 학생들에게 추가 주제에 대한 제안도 받은 후에 투표로 결정했다. 주제를 추리는 기준은 다음과 같다. 첫째, 사회에서 현재 치열한 토론의 대상이 되는 이슈인가? 둘째, 논쟁의 근본에 자잘한 이해관계를 넘어 중요한 가치의 충돌이 있는 이슈인가? 셋째, 교육과정의 성취 기준을 학습하는 데 적절한 이슈인가?

이런 기준을 통과한 주제로 대표적인 것만 소개하면 다음과 같다. '보편적 복지 VS 선별적 복지', '자유무역 VS 보호무역', '인공지능이 가져올 미래, 유토피아 VS 디스토피아', '최저임금을 대폭 인상해야 한다(찬반)', '혐오표현을 법적으로 규제해야 한다(찬반)', '능력에 따른 차별은 공정하다(찬반)' 등등. 학생들이 바로 토론으로 들어가면 많이 어려워해서 토론 전에 모둠별로 토론 주제에 대해 함께 자료를 찾으며 공부하고 입론서 쓰는 시간을 둔다.

"토론 수업 한 게 대학 가서 정말 도움이 많이 됐어요! 제가 통계 자료 출력해서 보여 주면서 말하니까 교수님이 감탄하셨어요! 선생님, 정말 감사해요!" 졸업생들이 찾아와 이런 피드백을 종종 준다. 자신의 관점을 가다듬고 논리적으로 전개하는 연습을 하자 시야가 넓어지고 사고력도 깊어졌다고 한다. 고등학교 다닐 때는 토론 준비도 힘들고 남들 앞에서 말하는 것도 어려웠는데, 자꾸 하다 보니 익숙해졌고 대학 가서도 더 실력 발휘하게 됐다고 했다. 얼마 전에는 고3 학생 면접 지도를 하는데, 한 대학에서 공개한 면접 예상 문항 5개 중 3개가 수업 시간에 학생들과 토론했던 주제여서 깜짝 놀랐다. '우리나라에 난민을 수용해야 한다(찬반)', '기본소득을 도입해야 한다(찬반)', '인공지능의 발달, 위기인가 기회인가?' 세 가지였다. 면접 지도 학생에게 이야기했더니 토론 수업할 때 열심히 안 한 것이 후회가 막심하다며, 후배들에게 토론 열심히 참여하라고 말해 주겠단다.

③ 익명의 카톡: "학생들의 다양성이 존중받는 수업, 계속 해 주세요!"

어느 날 밤, 익명의 카톡이 왔다. '더 보기'를 눌러야만 하는 장문의 글. 익명으로 보내기 위해 일부러 계정까지 새로 만들었다고 했다. 본인은 내 수업을 듣는 학생이며 성 소수자라고 했다. 사회 시간에 어떤 학생이 성 소수자 혐오발언을 하길래, "이 공간에도 성 소수자가 있을 수 있어요."라고 말한 게 전부였다. 그런데 학생은 그 말에 용기가 났다고 했다. 익명이지만 '저 여기 있어요.'라고 자신의 존재를 드러내고 있었다. 학교에서, 사회에서 성 소수자 청소년으로 숨죽이며 살아가는 일상, 아무렇지 않게 내뱉는 사람들의 차별과 혐오발언 속에서 많이 고통스러웠다고 했다. 졸업을 하면 퀴어 퍼레이드에서 산 굿즈를 들고 나를 꼭 찾아오겠다고 했다. 그리고 성 소수자를 포함한 다양한 사람이 일상에 함께하고 있다는 것, 서로의 다름 과 인권을 존중하는 수업을 계속 해 달라고 부탁했다.

카톡을 받고 한동안 움직이지 못했다. 읽고 또 읽으며 문장을 응시하고 곱씹었다. 그 공간에 성 소수자가 진짜 있으리라고는 생각하지 않고 한 말이었다. 지인 중에도 성 소수자가 있었기에 어떤 공간에나 성 소수자는 존재할 수 있다는 일반론적 이야기를 한 거였다. 그런데 실제 그곳에 있 었다니!

졸업식 날, 한 학생이 나를 불렀다. "선생님, 잠시 저랑 이야기하실 수 있나요?" 평소에도 자주 유쾌한 대화를 나누던 학생이었다. 학생은 한적한 곳으로 가서 편지와 책, 'All Genders Welcome'이라 쓰인 스티커를 내게 건네주었다. "그 익명의 카톡, 바로 저였어요." 하며.

안녕하세요. 영진쌤. 1년 전에 익명으로 약속드린 걸 실행에 옮겨서 후련합니다. 참 길 었던 약속이었습니다. 아마 전국에 있는 학교 중 청소년 퀴어가 커밍아웃을 할 수 있다는 건 정말 보기 드문 일일 거예요. 그만큼 선생님은 진실된 교사였기에, 선생님이 수업 중 혹시 있을 수 있는 성 소수자 학생을 배려해주셨기 때문에 가능했습니다. 저는 그것에 매 우 깊은 감동을 받았습니다.

선생님은 늘 열정적이셨습니다. 하루도 그냥 스쳐가는 수업이 없었습니다. 수업을 받을 때마다 '아! 사람은 저렇게 행동으로 표현해야 하는 거구나.', '저렇게 깊은 생각을 가질 수 있게 내가 더 노력해야겠구나.' 생각했습니다. 선생님은 저에게 생각하는 힘을 길러주셨습니다. 답이 없는 질문을 던지실 때마다 당혹스러워 제 마음은 어긋난 방향으로 나갔습니다. 하지만 그것들이 저의 꿈에 밑거름이 되었습니다. '작가는 사회의 밑바닥에서 세상을 관찰해야 하는 존재'라고 들었습니다. 아직 두려워 밑바닥은 아니고 지상과 지하 그 중간쯤에 있습니다. 하지만 이만큼 내려온 것도, 두려움의 첫걸음도 영진 선생님 덕분이라고 말씀드리고 싶습니다.

그때의 카톡 커밍아웃은 떨렸습니다. 저란 존재를 저 자신도 인정하지 못한 채 말하니 당연한 일이었습니다. 저는 성장했고, 이제 두렵지 않습니다. 선생님처럼 당당한 모습의 영향 때문일까요? 모두가 존중받고 정당한 권리를 받아야 한다는 수업 때문일까요? 선생님, 어떤 일이 생겨도 선생님의 방식을 밀고 나가 주세요. 선생님의 수업은 낯설었던 건 사실입니다. 지금 생각해 보면 저희가 지금껏 잘못된 방식의 수업을 받아서 일 거라고 생각합니다. 선생님의 수업은 다양성이 존중받는 수업입니다.

저의 지향점은 폭력에 민감한 사람이 되는 것입니다. 그 민감함으로 글을 쓰고 싶고, 작가가 되고 싶습니다. 『눈과 사람과 눈사람』의 임솔아 작가는 폭력에 아주 민감한 사람이지만 동시에 강인한 사람입니다. 마치 영진 선생님처럼요. 작가는 정상적인 것을 강요하는 타자가 오히려 비정상이라는 걸, 고통은 스스로 받아들여야 하고 타인은 왈가왈부해선 안 된다, 나는 나대로 살아야 한다는 걸 작품 내내 말해 주고 있어요. 눈사람은 '연대'를 표현하고 있습니다. 흩어지면 그냥 밟히고 녹을 수밖에 없는데, 뭉치면 커다래지고 단단해집니다. 저는 그런 의미에서 나중에 영진 선생님의 제자들이 눈사람이 되었으면 좋겠어요. 달라도 뭉쳐질 수 있다는 희망적인 상황이 왔으면 좋겠습니다.

고등학교 3년 동안 저의 성장을 봐 주셔서 감사합니다. 누군가에게 억압받는 상황이 생겨도 목소리를 내 볼게요. 다른 후배들도 그런 강인한 사람으로 만들어 주세요.

– 겉은 종이 인형이지만 내면은 단단하고 견고한 영진 선생님께, 작가 지망생 000

① 가르칠 분야가 다양하고 넓다. 일반사회 교사의 전문성은 무엇일까?

'나는 지식 잡상인일까?' 간혹 회의감이 느껴질 때가 있다. 가르칠 분야가 너무 방대하기 때문이다. 정치, 경제, 사회, 문화, 법, 이제는 통합사회의 역사, 지리, 윤리까지…. 하나하나 다 엄청난 학문 분야다보니 매 학기 준비가 버겁다. 사회문제탐구, 세계문제와 미래사회 등 새로운 과목도 계속 등장하니 부담감은 더 커진다. 각 분야를 깊이 파고든 전문가들을 만나면 주눅이 들기도 한다. 앎에 대한 강박에 휩싸인다. 사회 교사라면 사회에 대해 해박한 지식이 있어야 한다는 생각에 허겁지겁 책을 읽고 뉴스를 스크랩한다. 배울 내용은 끝이 없고 열심히 해도 늘 얕은 지식에 머무르니 자신이 없다.

도대체 일반사회 교사의 전문성은 무엇일까? 수년간 생각해 보았다. 사회의 모든 것을 다 아는 사람은 이 세상에 존재하지 않는다. 사회 교사라해도 사회를 다 안다는 것은 불가능할뿐더러 그런 생각은 스트레스만 된다. 사회 교사의 전문성은 학생들이 세상의 기본 원리를 습득하게 하고, 학생들에게 스스로 탐구하고 실천하는 시민으로서의 역량을 길러 주는 데 있다. 내가 사회의 모든 것을 세세히 다 알지 못해도, 어느 정도 기본만 있으면 학생들을 성장시키는 교사가 될 수 있다. 이것이 내가 내린 잠정적 결론이다.

여기서 일반사회 교사의 중요한 역량이 나온다. 첫째, 다양한 분야의 지식을 새롭게 배우고자 하는 도전 정신이다. 둘째, 사회 변화와 새로운 지식과 정보를 끊임없이 업데이트하고 다시 생각하는 지적 개방성과 유연성이다. 셋째, 학생들의 주도적인 탐구 및 실천 역량을 길러 주기 위해 다채로운 수업을 구상하고 실행하는 기획력과 실천력이다. 넷째, 다양한 사회 분야에 대한 상식과 그것들을 연결 지을 수 있는 융합적·통합적 사고력이다.

일반사회 교사의 숙명이 다양한 과목을 넓게 가르치는 것이라면, 그것을 전문성으로 발전시키면 된다. 그 첫 걸음은 새로운 과목을 두려워하지 않고 도전하는 것이다. 내가 가장 회피하고 싶었던 과목은 경제였다. 학부 시절 'C' 학점을 받았던 과목. 편입 이후 좋은 경제 교수님을 만나 경제학에 매력을 느끼게 되었지만, 임용고사 준비 때도 가장 어려웠던 과목은 역시나 경제였다. 그런데 올 것은 온다고, 교직 5년차에 경제를 덜컥 맡게 되었다.

수년간 고군분투하며 경제를 공부했다. '이진우의 손에 잡히는 경제'를 틈만 나면 틀어 놓고, 서점에 가서 경제 책 사냥을 한 후 읽어 대고, 머리 쥐어뜯어 가며 경제 문제를 풀기도 했다. 학생들의 현실 경제에 대한 이해도를 높이기 위한 수업을 끊임없이 구상하고 실험했다. 어느 날은 꿈속에서까지 수업 준비를 했다. 4년간 서서히 경제 수업의 질이 높아졌다. 2022년 말, 경제 수업 평가서를 받고 감동했다. 많은 학생이 경제 수업을 들은 후 경제 뉴스가 이해되기 시작했다고 했다. 기분이 묘했다는 학생도 있었다. 그것이 무슨 느낌인지 알 것 같았다. 나도 경제를 가르치면서 똑같이 느꼈기 때문이다. 아래 문장을 발견하고는 뛸 듯이 기뻤다.


'세상이 돌아가는 원리 하나를 알게 되었습니다.'


다음 목표는 국제 분야다. '세계문제와 미래사회'라는 새로운 과목을 가르치기 위해 국제정치와 지리, 역사 공부를 시작했다. 효능감을 한 번 느끼니 다른 새로운 과목도 두렵지 않다. 세상이 돌아가는 원리를 하나씩 격파하고, 바퀴 하나씩 단다는 마음으로 임하면 된다. 원리들은 서로 다 연결되어 있기에 하나를 깨면 다른 하나를 깨기는 더 쉬워진다. 세상의 원리 바퀴를 학생들과 같이 하나씩 달다보면 어느새 무거운 기관차도 더 쉽게, 더 멀리 굴러갈 수 있을 것이다. 더 넓은 세상을 향해! 일반사회 교사는 가르치며 끊임없이 배우고 학생들과 함께 성장하는 직업이다!

② 살얼음판 위를 걷는 논쟁 문제 수업

2018년, 학교는 페미니즘으로 뜨거웠다. 특히 신입생들 사이에서 페미니즘은 화두였다. 1학년 여학생들 몇몇이 페미니즘 동아리를 만들겠다며 찾아왔고, '페미니즘 교육 의무화'를 주제로 한 정책 제안을 하겠다며 도와달라고 했다. 교실에서 남학생들의 성희롱 발언을 듣는 것이 힘들다고 했다. 자퇴를 고민하는 학생까지 있었다. 통합사회 인권 단원을 가르칠 때 '혐오표현 OUT 캠페인' 포스터를 그리게 하고 복도에 전시했다. 이번엔 남학생들이 찾아와 "Girls can do anything" 문구가 적힌 한 여학생의 그림을 철거하라고 요구했다. 지금 철거 안하면 다 부수겠다고 협박하는 학생과 복도에서 언성을 높이며 실랑이했다. 그해 교원평가에는 '페미 그만 하세요.'란 말이 등장했다.

2021년에는 정치가 화두였다. 몇몇 학생들이 수업 시간에 큰 소리로 자신의 정치적 견해를 거리낌 없이 표현했다. 교사가 어떤 정치적 입장을 갖고 있는지, 어느 정당을 지지하는지 유도 질문을 해서 알아내려 했다. 다른 교사들의 정치적 스탠스를 일일이 열거하며, 자신들과 다른 입장으로 보이는 교사들을 희화화하기도 했다. 수업 시간에 자신들이 조롱하는 대상이나 그 대상과 관련된 주제가 간접적으로 나오기라도 하면 어김없이 큰 소리로 코멘트가 이뤄졌다. 과목에 상관없이 정치 관련 주제로 야유와 조롱이 범람했다.

5년간 이런 경험들이 하나, 둘 쌓이면서 스스로를 검열하게 되었다. 사회·문화 교육과정의 '성 불평등' 단원을 만나면 이걸 어떻게 가르쳐야 하나 걱정부터 앞섰다. 인권 단원에서도 여성 인권을 이야기할 때는 학생들의 반응을 초조하게 살피게 되었다. 정치 관련 단원을 가르칠 때도 '정치적 중립성 위반'으로 신고당하는 건 아닐까 두려워 최소한의 개념과 지식만 다루고 조금이라도 입장이 갈릴 수 있는 것은 언급하지 않으려고 노력한다. 나만 그런 것이 아니었다. 다른 선생님들도 비슷한 고민을 안고 있었고, 자칫하면 신고당한다며 조심하자고 했다. 학생들도 마찬가지였다. 목소리 큰 일부 학생들을 제외한 많은 학생이 민감한 주제에 대해서는 아예 발언을 자제한 채 숨을 죽이고 있었다.

사회 교사로서 의문이 들었다. 사회적, 정치적으로 극심한 논쟁이 있거나 민감한 주제라고 수업 시간에 다루지 않는 것이 맞을까? 교사가 공격당하고 조롱당하지 않기 위해서 이러한 주제를 회피하는 것이 맞을까? 교사의 정치적 중립성이라는 것은 교사가 자신의 정치적 견해를 학생들에게 강요하거나 세뇌시키지 말라는 의미이지, 정치적 주제 자체에 대해 어떤 말도 하지 말라는 건 아니지 않나? 논쟁 문제의 회피로 인해 오히려 목소리 큰 아이들의 정치적 표현의 자유만 교실에 남은 것은 아닌가? 상대를 존중하지 않고 말하는 일부 학생들의 눈치를 보는 사이, 조용히 생각과 감정을 삼키고 고통스러워하는 '침묵하는 다수'의 이야기는 제대로 듣지 못한 것 아닐까.

마침 사회·문화 '성 불평등' 단원을 가르칠 시간이 다가왔다. 직면하기로 했다. 제대로 한 번 해 보자! 수능 대비에 초점을 맞춰 가르쳐 왔지만, 4단원에 있는 '사회적 소수자', '성 불평등', '빈곤' 주제만큼은 학생들이 수능을 떠나 진지하게 생각해 보았으면 했다. 일요일 하루 동안 PPT를 만들었다. 기존에 만든 학습지는 교과서와 수능특강을 정리한 것이었고, 1, 2등급 킬러 문제라는 성 불평등 통계 분석 문제가 첨부되어 있었다. 이 학습지에 숨결을 불어넣었다. 한 줄 한 줄의 내용과 관련된 최신 통계 자료와 기사, 영상을 찾았다. 용어 정의도 좀 더 정확한 것으로 대체했다. 그리고 흐름을 만들었다.

사실 며칠 동안 걱정했다. 수업을 시작하는 순간까지도 불안했다. 학생들이 반발하면 어떡하지, 신고한다고 하거나 조롱하면 어떡하지 등등, 많은 생각이 가슴을 짓눌렀다. 수업 시작할 때 그 마음을 솔직하게 말했다. 하지만 우리 이야기해 보자고 했다. 우려한 것과 달리 아무 일도 일어나지 않았다. 학생들은 평소 수업보다 더 많이 집중했고, 워드 클라우드(Word Cloud) 활동에도 적극적으로 참여했다. 결론은 '직면해도 괜찮다, 계속 직면해 보자.'는 것. 이야기를 꺼내고, 듣고, 나눠 보련다.

몇 개월 후 교육부 주관 '민주시민교육 아카데미'에서 한 선생님을 만났다. 순천의 장량 선생님이었다. 선생님의 연구 주제는 '매산 보이텔스바흐 협약 만들기'였다. 정치교육의 원칙으로 독일 사회가 1970년대에 합의하여 만든 보이텔스바흐 협약. 그것을 모티브로 고등학교 사회 수업에서 적용할 정치교육의 원칙을 학생들이 스스로 만들어 보는 시도였다. 아하! 무릎을 쳤다. '정치적, 사회적으로 민감한 주제를 수업 시간에 다룰 때 어떻게 해야 하는가?'라는 고민 그 자체를 토론 주제로 올리고 학생들과 이야기를 나누어 우리만의 원칙을 세워 보는 것이다. 그리고 그 원칙하에 수업을 해 보고 중간중간 상호 피드백도 해 보는 것.

원칙을 세워 나가는 과정에서 학생들은 교사든 학생이든 자신의 주장을 강요하거나 다른 주장을 조롱하며 짓밟는 행동은 옳지 않다는 이야기를 동료 학생들을 통해 듣게 될 것이다. 다수가 침묵하지 않고 다원주의를 말할 때 공론장의 무게 추는 혐오와 협박에서 관용과 존중으로 이동할 것이다. 꼭 다뤄야 하는 논쟁 문제는 피하지 말고 직면하기, 교실에 구름처럼 깔려 있는 구성원들의 두려움과 불편함을 수면 위로 올려 같이 이야기하고 같이 해결책 모색하기. 이것이 사회 교사인 내가 배운 '민감함에 대처하는 방식'이다.


### ③ 수능특강으로 보는 사회?

사회·문화처럼 수능 선택 비율이 높은 교과를 가르칠 때는 항상 고민이 된다. 수능 대비에 초점을 맞춘 수업을 할 것인가, 아니면 교육과정 성취기준에만 충실한 수업을 할 것인가. 고1을 가르칠 때는 후자에 방점을 두었지만, 고3에 사회·문화가 배치된 경우는 다른 선택지가 없었다. 당장 몇 개월 후 수능을 봐야 하는 학생들이 절반이 넘었기 때문이다. 언젠가부터 수능특강의 '핵심 요약'과 '기출문제'를 중심으로 수업을 하게 되었다.

두 가지 문제가 나를 괴롭혔다. 하나는 학생들이 수능특강의 요약문을 통해 사회와 문화를 바라보게 된다는 것이다. 수능 기출문제를 분석하여 추출한 엑기스 정리문만 습득해도 어느 정도 높은 시험 점수를 받을 수 있다. 하지만 이 사회는 '핵심 요약'을 하기에는 너무도 복잡하고 다층적이다. 둘째, '1, 2등급 킬러 문항' 대비를 해 주다 보면 많은 학생이 과목에 흥미를 잃게 된다는 것이다. 사회·문화의 경우 통계와 표를 분석하는 것이 킬러 문항으로 출제된다. 수학을 싫어하는 학생은 여기서 벽에 부딪힌다. 숫자가 싫어서 사탐을 선택했는데 수학 시간 같다며 괴로움을 호소한다.

어떻게 하면 좋을까? 첫 번째 문제의 경우, 매 시간 배우는 핵심 개념과 지식을 현실에 자꾸 이어 보는 경험을 하게 하면 좋겠다. 끊임없이 현실의 사례를 보여 주고 스스로 해당 개념과 지식을 활용하여 사회문제를 해석하고 비판적으로 사고해 보도록 하는 것이다. 교육과정 재구성을 해서라도 학생 주도의 탐구와 토의·토론 시간을 확보하는 것이 중요하다.

두 번째 문제는 협동학습으로 해결해 보고자 했다. 어려운 문제일수록 능동적 학습과 협동이 필요하다. 교사의 일방적 강의가 통하는 학생은 극소수다. 들을 때는 이해한 것 같아도 혼자서 풀어 보려고 하면 막히기 일쑤다. 학생들이 머리 맞대고 스스로 문제를 해결하고, 문제풀이 과정을 친구들에게 설명해 볼 때 완전히 자기 것이 된다. 표 및 통계 분석의 경우 협동학습을 실제로 시행해 보았더니 반응이 매우 좋았다.

나아가 해당 문제풀이가 단순 수학 퀴즈처럼 느껴지지 않도록 의미를 부여하는 일도 중요하다. 풀이 과정에서 유효했던 해석 방법이나 논리가 현실 사회 이해에 어떤 도움이 되는지 체감하게 하는 것이다. 예를 들어, 현실 이해에 통계가 어떤 역할을 하는지, 일상에서 만나는 기사나 책 등에서 통계를 만났을 때 사람들은 어떤 오류에 잘 빠지며 이를 어떻게 제대로 읽어 내고 해석할 것인지를 알려 줄 수 있다.

근본적으로는 대학수학능력시험의 내용과 방식에 변화가 있어야 교실 수업에도 숨통이 트일 것이다. 하지만 제도 변화만을 기다릴 수는 없다. 지금, 여기에서 사회 교사가 할 수 있는 방법들을 찾아 실천하고, 동시에 사회 교사의 경험을 토대로 진정한 배움을 위한 입시 제도를 구상하여 목소리를 내야 한다.

 **어떤 사회 교사가 될 것인가?**

### 1) 학교 밖 사회: 개방성을 바탕으로 복잡한 세상을 이해–연결–실천

사회가 정말로 빠르게 변화하고 있다. 자고 일어나면 새로운 기술이 등장하고, 기존 기술의 진화·발전 속도도 기하급수적이다. '특이점'에 다다를 날이 얼마 남지 않은 것일까. 가끔 이러한 변화와 학생들이 맞이할 미래 앞에서 두려움이 엄습하기도 한다. 교육과정을 개정하기 위한 토론 과정 중에도 세상은 변하고, 새로운 교과서의 잉크가 마르기도 전에 세상이 또 달라진다. 무섭게 변화하는 이 사회에서, '사회' 교사인 나는 무엇을 어떻게 가르쳐야 하는가?

나는 학생들이 복잡한 세상을 이해하고 실제 세계와 연결되며 나아가 더 나은 세상을 만들기 위해 실천할 수 있도록 돕고 싶다. 현실 사회문제에 호기심을 가지고 스스로 사회문제를 발견하고 탐구하며, 해결을 위해 실천하는 역량을 키우는 것이다.

첫째, 복잡함을 이해하는 것은 중요하다. 반(反)지성주의에 휘둘리지 않는 것이다. 사회가 돌아가는 여러 바퀴의 원리를 이해하는 것은 지적 수준을 향상시킬 뿐 아니라, 학생들이 일상생활에서 자신의 권리와 존엄성을 지키고 삶을 꾸려가는 데도 매우 중요하다.

둘째, 학교 밖 세상과 연결되도록 하는 것이다. 교과서나 '수능특강'에 갇혀 있는 지식이 아니라 그것이 담긴 의미를 실제 세계와 연결 지어 사유하는 것이다. 텍스트 너머의 실제 세상을 접하고 다시 텍스트와 상호작용하며 자신의 생각을 정립해 간다.

셋째, 더 나은 세상을 만들기 위해 실천하는 경험을 해 보는 것이다. 사회문제를 스스로 발견하고 탐구하고 해결을 위해 실천하는 경험을 하면 사회 변화의 주체로서 효능감을 갖게 된다. 작은 성공 경험들이 쌓일 때 학생들은 기후위기나 전쟁 같은 현재 인류와 지구가 직면한 문제, 다음 세대가 직면한 문제를 스스로 해결해 나가는 체인지 메이커가 될 수 있다.

이 모든 것을 아울러 사회 교사로서 가장 강조하여 가르치고 싶은 것은 타인과 사회를 대하는 학생들의 태도이다. 바로 개방성과 소통, 관용, 유연성이다. 타인을 적으로 간주하는 순간 소통은 멈추고 적대와 폭력이 시작된다. 학생들이 사람과 생각의 다양성을 인정하고, 확신보다는 잠정적 사고에 익숙해지면 좋겠다. '내 생각은 틀릴 수도 있다.'라는 지적 겸손함을 장착한 채 개방적으로 새로운 정보를 접하고 언제든 자신의 생각을 교정, 진화시켜 나갈 수 있는 유연한 사람, 민주적인 공론장 안에서 토론하며 잠정적인 생각의 '정립-붕괴-또 다시 정립'을 반복하며 성장하는 사람, 주어진 것에 의문을 제기할 줄 알고 비판적으로 사고하여 '가짜뉴스' 등에 휘둘리지 않는 사람, 다양한 사람을 만나고 다양한 세계를 접하며 끊임없이 자신을 성찰하고 재구성할 수 있는 사람. 이런 사람이 민주주의 사회에서 다양성을 포용하며 의사소통할 수 있는 민주시민이 아닐까.

### 2) 교실 사회: 모든 아이를 품는 교실에서 학생들은 '함께하기'를 배운다

고등학교 1학년 때 갑자기 난이도가 높아진 수업을 따라가지 못해 고통스러웠던 기억이 있다. 한 명씩 나와서 문제를 풀게 하는 수학 수업은 공포 그 자체였다. 무작위로 지명해 영어 텍스트를 소리 내어 읽는 시간은 수치심을 자극했다. 모의고사 성적표를 받아 들고 자리로 돌아가는 등 뒤로 선생님의 말이 비수가 되어 꽂혔다. "김영진, 너는 시집이나 가라." 교실은 안전한 곳이 아니었다. 끊임없이 평가받고 경쟁하는 곳. 일부 우수한 학생들만 스포트라이트 받는 곳에서 소속감은커녕 자존감을 지키기도 어려웠다. 이런 경험 때문일까. 교실에서 외계어 듣는 듯 멍하니 앉아 있거나, 매 시간 엎드려 잠자는 것으로 도피를 하거나, 맥락 없는 말이나 과잉행동으로 관심을 끌어 보려는 학생들에게 마음이 갔다.

자연히 내 수업의 목표는 '모든 아이를 포용하는 사회 수업'이 되었다. 학교에 와 하루 대부분을 보내는 수업 시간에 의미 있는 배움이 일어나게 하는 것. 수업 공간에서 자신의 존재가 받아들여지고 의미 있는 참여를 독려받게 하는 것. 모두를 위한 인정 시스템이 작동하는 공간을 만드는 것이다. 특수교육을 배운 것은 모든 학생을 아우르는 시선을 견지하고 구체적인 방법을 구상하는 데 도움이 되었다.

고2 사회·문화 시간에 얼굴을 보기 어려울 정도로 엎드려 잠만 잤던 학생이 있었다. 매시간 깨우기를 수개월 반복했다. 2학기 어느 날, 거짓말처럼 학생이 벌떡 일어났다. 수업을 듣기 시작했다. 기초 학습을 돕는 방과 후 수업을 같이 하자고 했다. 중학교 때까지는 공부를 곧잘 했던 학생이었다. 고등학교에 와서 공부가 어려워져 포기하려 했다고 한다. 선생님과 친구들의 도움으로 공부를 다시 시작했고, 고3 때까지 꾸준히 해서 대학도 가게 되었다. 학생은 졸업 후에 자신의 이야기를 글로 썼다(학생의 글은 소담고등학교 에세이팀이 쓴 『혁신고 가도 될까(살림터, 2022)』라는 책에 실렸다). 그때 그 기초 방과 후 수업이 성장의 발판이 되었다고.

발달 장애가 있는 경진이는 '경제 반장'이다. 수업을 하러 교실 문을 열고 들어가면, "김영진 선생님, 안녕하세요?"라며 제일 먼저 인사한다. 출석 체크할 때 학생들에게 부탁한다. "자기 이름 부르면 눈 마주치고 미소 같이 지어줄 수 있나요?" 경진이는 "선생님, 눈 마주쳤어요." 하며 씩 웃어 보인다. 경제 반장의 주요 역할은 매시간 학생들에게 학습지를 나눠 주는 것이다. 속도가 좀 느리긴 하지만 친구들 이름을 불러가며 역할을 꼼꼼히 수행한다. 발표 수행평가를 할 때는 PPT 만드는 법을 알려 주었다. 맥락 없는 말들이 많았지만 그래도 기본적인 내용을 읽어가며 발표를 했다. 통합사회 패널 토론에는 다운증후군 학생 다빛이가 참여했다. '혐오표현 법적 규제는 타당하다(찬반)'가 주제였다. 같은 팀의 친구가 입론서 작성을 도와주었고, 토론 시간에 다빛이는 패널석에 앉아 입론을 했다. 하브루타 토의 시간에도 짝과 함께 텍스트를 소리 내어 읽었다.

때론 수업 바깥, 복도에서 잠깐 스쳐 지나가면서 대화한 것이 수업 참여의 계기가 되기도 한다. 복싱을 하는 인호는 수업 시간에 늘 잠을 자거나 몰래 휴대폰을 했다. 책상 위는 깨끗했고, 혈혈단신으로 이동 수업실을 옮겨 다녔다. 눈빛엔 '나 건들지 마.'란 말이 써 있는 듯 하여 친구들도 인호에게 접근하기 어려워했다. 어느 날은 급식실 앞에서 인호와 마주쳐서 말을 걸게 되었다. 아르바이트 이야기, 복싱하며 힘든 이야기를 들었고, 열심히 해서 세종시 대표, 국가 대표가 되어 보라고 응원했다.

다음 시간에 인호가 허리를 우뚝 펴고 앉아 있었다. 눈빛도 순해져 있었다. 통계청 원자료를 바탕으로 각종 실업 관련 지표를 계산하는 활동을 했다. "핸드폰 계산기 꺼내서 계산해 보세요." 하고 학생들을 살피며 돌아다니는데, 인호가 계산기 앱을 켜 놓은 핸드폰을 두 손에 살포시 쥐고 있는 것이 아닌가! 흥분되어 다시 개별적으로 계산 방법을 알려 주었다. 경제 활동 참가율 도출에 성공! 전체 강의로 돌아가 활동 결과를 확인할 때, 인호에게 제일 먼저 발표시켰다. 중얼중얼 대답한다. "큰 박수 쳐 줍시다!" 반 전체가 몸을 돌려 인호에게 짝짝짝짝 박수를 쳐 주었다. 이어 강의를 하는데 맨 끝자리에 앉은 인호가 칠판을 보며 필기하는 모습이 보인다. 잠자던 복서가 깨어났다. 학년 말 수업평가서에 인호는 이렇게 썼다.

'포기하지 않고 좋은 쪽으로 많이 이끌어 주셔서 감사합니다.'

신기하게도, 학생들은 교사가 모든 아이를 포용하는 수업을 하려는 것을 안다. 교사의 의도와 감정을 학생들은 360도로 관찰한다. 수업 시간에 변화된 학생들을 독려하고 도울 때 다른 학생들의 따스한 시선이 느껴질 때가 있다. 얼마 후에 그 아이들이 학급의 장애 학생이나 배움이 느린 학생을 돕는 모습을 발견하게 된다. 수업 시간 교사의 행동은 그 자체가 학생들에게 모델링이 된다. 또한, 어려움에 처한 친구를 교사가 관심 갖고 챙기는 모습을 보는 것만으로 주변 학생들은 안정감을 느낀다. 배제(exclusion)가 아닌 포용(inclusion)의 사회 교실을 경험한 학생들은, 다름이 존중되고 모든 존재가 인정받는 포용적 사회를 더 잘 상상할 수 있지 않을까.

### 3) 학교 사회: '좋은 사회'의 모델, '좋은(민주적) 학교' 사회 만들기

학교는 하나의 사회다. 학생들은 학교에서 공동체와 조직을 경험한다. 학교라는 공간이 어떤 식으로 작동하고 운영되는지를 관찰하는 것은 학생들에게 매우 중요한 잠재적 교육과정이다. 민주시민을 길러 내는 것이 임무인 사회 교사로서 학교라는 공간이 학생들에게 민주주의를 직접 느끼고 체험하는 곳이 되었으면 했다. 동료 선생님들과 함께 민주적 학교 만들기에 집중했다. 학생 자치의 판을 깔아 주니 학생들은 자발적으로 다채로운 프로젝트를 기획하고 펼쳐 나갔다. 학생들에게 영향을 미치는 규정이라면 반드시 학생들의 의견을 들었다. 공청회를 열어 토론하고 학교규정 제·개정위원회에서 학생, 학부모, 교사가 나이와 직책을 넘어 치열하게 논쟁했다. 누구나 만족하는 이상적인 결과물이 나오지는 못했지만, 그래도 그 과정을 통해서 학생들은 성장을 이야기했다.

"제 이야기를 들어준 것이 처음이었어요. 중학교 때까지만 해도 저는 어떤 이야기도 하지 못하는 학생이었거든요. 이야기를 들어주니 저도 말할 수 있겠다는 생각이 들었어요. 그리고 함께 소통하고 결정해 나가는 과정이 재미있었어요."(『혁신고 가도 될까?』중)

졸업하고 나니 대학에서도 아르바이트 하는 일터에서도 청년의 말을 들어 주는 사람이 없었다며, 학생들은 고등학교 때가 얼마나 민주적이었는지 새삼 더 느낀다고 말했다. 사회에 나가 좌절을 하게 된다 해도 민주주의를 경험해 본 학생이 그것을 더 잘 지켜 나가고 자기가 존재하는 공동체를 더 민주적 공간으로 만들기 위한 노력을 하게 되지 않을까? 사회 교사는 잠재적 교육과정인 '학교 공간의 민주주의'에 더욱 더 예민했으면 좋겠다. 그리고 사회교육이 교과서 안에 갇혀 있지 않도록 학생들을 둘러싼 크고 작은 세계를 변화시키는 일에 더 적극적이면 좋겠다.

학생들이 훌쩍 성장하는 사회 수업, 어떻게 만들까?

### 1) 사회를 주제로 인풋과 아웃풋 반복하기

① 인풋에 방점: 강의, 책, 다큐멘터리, 뉴스

복잡한 세계를 이해하려면 기본적으로 지식과 정보의 습득이 필요하다. 지식과 정보가 없는 상태에서 이루어지는 주장과 토론, 실천은 변죽만 울리거나 오히려 사회에 해악을 끼치는 경우가 많다. 다양하고 풍부한 지식과 정보를 접할 때 학생들의 사고가 자극되고 발전된다. 세상 구석구석의 모습, 사회에서 이루어지는 논쟁의 주요 쟁점, 어떤 사회적 사건들의 원인과 과정, 결과 등을 접할 때 학생들은 사회에서 무슨 일이 일어나고 있는지 알고 호기심을 가진다.

인풋의 방식에는 강의 듣기, 책 읽기, 다큐 시청하기, 기사 읽기 등이 있다. 나는 이런 인풋 방식들을 다양하게 사용하려고 노력한다. 기본 개념을 정확하게 이해해야 할 때 강의를 한다. 단, 인지심리학의 연구결과에 따르면 강의 집중 시간은 최대 20분 정도밖에 되지 않는다고 한다. 강의를 들을 때의 뇌파는 TV 볼 때와 유사하다고도 한다. 따라서 수업 전체를 강의로 채우지 않으려고 노력한다. 도입부에 전시 학습퀴즈를 하여 작업 기억 공간을 활성화시키고, 그날 배울 내용의 해당 부분 교과서를 읽고 학습지 빈 칸을 채우며 예습을 하게 한다. 교과서를 읽을 때는 텍스트를 짝과 번갈아가며 소리 내어 읽는 하브루타 토의를 활용한다. 강의는 도식화된 PPT를 활용해 20분 정도 핵심만 설명한다. 이후 배운 내용으로 스스로 퀴즈를 만들어 짝과 질의응답하게 한다. 마지막에 교탁 앞으로 나와 학습지 검사를 받는다. 이렇게 강의 전후에 능동적 뇌 활동을 촉발하는 장치를 넣으면 배운 지식이 장기기억으로 넘어가기 쉽다.

'수요-공급의 법칙'처럼 두고두고 사용되어 뇌에 반드시 장착하고 있어야 하는 기본적인 원리를 완전 학습하게 하고 싶다면 '멘토-멘티 활동'을 하는 것도 좋다. 수강생들을 멘토와 멘티로 나누고 활동 전 문제를 풀게 한다. 이후 멘토는 멘티에게 설명을 해 주며 끝까지 이해시킨다. 활동 후 문제를 풀게 한다. 전과 후를 비교했더니 평균 수십 점이 올라간 것을 확인할 수 있었다. '월드카페'도 강의로 배운 내용을 복습하기에 효과적이다. 한 단원이 끝날 때마다, 시수가 넉넉할 때는 한 주에 한 번씩 이전에 배운 내용을 복습한다. 방법은 간단하다. 첫째, 총 여섯 개의 모둠을 만든 후, 세 개 모둠은 학습지 A, 세 개 모둠은 학습지 B의 주요 내용을 전지에 도식과 그림으로 요약, 정리한다. 둘째, 각 모둠의 호스트만 남고 게스트들이 이동한다. 호스트가 게스트에게 자기 모둠이 정리한 내용을 설명한다. 셋째, 이번에는 전지만 바꾼다. 게스트가 호스트에게 자기 모둠에서 정리한 내용을 돌아가며 설명한다.

책 읽기를 통해 학생들은 풍부한 지식을 얻는다. 문제는 책에 거부감을 갖고 있거나 책 읽기 자체를 힘겨워하는 학생들이 많다는 것이다. 그냥 읽으라고 하기보다 여러 장치를 넣어 두면 좋다. 학습지에 한 단락 정도씩 수업 내용 관련된 책의 내용을 발췌해서 넣는 것, 수행평가의 평가 기준으로 책 인용을 명시하는 것, 도서관에 함께 가서 읽는 시간을 주는 것도 좋다. 다 같이 책을 읽으면 학생들은 분위기에 이끌려 책을 손에 들게 된다. 책 읽기 방법도 알려 준다. 포스트잇 플래그를 붙이게 하고 인상적인 문구는 메모하게 하고 떠오르는 질문이나 생각도 마음껏 노트에 끼적이게 한다. 바쁘게 부지런히 읽을 때 학생들은 졸지 않고 뇌를 바지런히 작동하며 책 읽기를 지속한다. 독서를 한 후에는 반드시 대화하거나 토론하는 시간을 가진다. 자신이 읽은 내용을 입 밖으로 꺼내어 말해 보고 자신의 느낌을 말할 때 독서 행위는 학생들의 것이 된다. 같은 책을 읽었어도 서로 다른 생각을 한다는 것을 깨닫게 되고 독서 행위가 더 풍성해진다.

다큐멘터리 시청은 학생들이 어려워하거나 생소해 하는 분야를 이해시키거나, 현실의 역동성을 보여 주는 데 매우 좋은 방법이다. 경제 시간에 '한국 경제사 다큐' 여러 편을 편집하여 보여 주었고, 코로나19가 경제에 미친 영향, 전쟁이 경제에 미친 영향, 빚의 복수, 인플레이션 등 다양한 주제와 관련된 다큐를 시청했다. 다큐를 보여 줄 때는 그냥 틀어 놓기만 하면 안 된다. 학습지에 메모하고, 시청 후에는 소감을 쓴다. 물론 수업 시간에 작성한다. 나는 구글 클래스룸에 댓글을 달게 했다. 질문은 간단하다. '다큐를 시청한 후 새롭게 알게 된 점과 느낀 점은?', '다큐를 시청한 후 궁금한 점 또는 더 알아보고 싶은 점은?'. 학생들의 정성 어린 댓글 소감을 읽다 보면 학생들의 시야가 넓어진 것이 느껴져 뿌듯함이 차올랐다.

뉴스는 사회 시간에 많이 활용된다. 나는 세 가지 방식으로 뉴스를 활용했다. 첫째, NIE 논술이었다. 양식을 주고 배운 개념과 관련된 뉴스를 검색하게 한다. 뉴스 내용을 요약하고 소감을 남긴다. 간단하게 할 수 있으면서도 뉴스 이해도가 높아져서 학생들이 선호했던 활동이다. 둘째, 토론이나 토론 입론서 작성, 보고서 작성 시 뉴스 기사를 반드시 한 번 이상 인용하게 하는 것이다. 활동 때마다 뉴스를 검색하여 인용해야 하기 때문에 뉴스에 더 친숙해진다. 셋째, 뉴스로 월드카페 활동을 하는 것이다. 양질의 기사를 교사가 미리 찾아서 준비한다. 기사를 반으로 자르고 앞의 세 모둠에는 기사의 앞부분, 뒤의 세 모둠에는 기사의 뒷부분을 출력하여 나눠 준다. 앞서 말한 것과 같은 월드카페 방식을 똑같이 활용한다. 이 활동을 통해 학생들은 수업 시간에 배운 내용을 현실과 연결 지어 이해할 수 있다.

갤러리 워크 - 자료 읽고 전지에 요약하기

갤러리 워크 – 설명하기

뉴스나 보고서 등 자료를 주고 '갤러리 워크'를 하는 것도 추천한다. 먼저 학생들이 모둠별로 자료를 읽고 전지에 핵심 내용을 요약한다. 이때 글, 그림, 도식을 다양하게 활용하도록 한다. 정리가 끝난 전지는 교실 안 사방에 붙인다. 퍼실리테이터(facilitator)가 전지 앞에 서서 미술관의 큐레이터(curator)가 된 것처럼 손님 학생들을 맞이하며 설명을 한다. 손님들은 학습지를 들고 다니며 설명을 경청하고 메모한다. 그리고 본인들의 모둠에서 학습한 내용을 퍼실리테이터에게 설명한다. 일정 시간이 되면 다음 전지가 있는 곳으로 이동한다. 모든 전지를 다 돌며 설명을 주고받다 보면 어느새 여러 종류의 내용을 자연스럽게 습득하게 된다.

② 아웃풋에 방점: 글쓰기와 발표

인풋이 있으면 아웃풋이 있어야 한다. 습득한 지식을 종합해 글쓰기 또는 발표를 하는 것이다. 물론 제대로 된 인풋을 위해 이미 학생들은 아웃풋 작업을 겸했다. 인풋과 아웃풋이 동시에 일어나는 것이다. 글쓰기는 스펙트럼이 넓다. 요약·정리와 간단한 소감 쓰기에서 시작하여 학생들의 인풋이 무르익었을 때 탐구 보고서 작성을 시도한다. 처음부터 보고서를 쓰도록 하면 포기자가 속출한다. 보고서 작성까지 가는 단계에 발판들을 놔 주어 학생들이 어느 정도 노력하면 도전할 만한 과제로 바꾸어 주어야 한다. 너무나 큰 부담은 포기를 낳는다. 너무 쉬운 과제는 지루하다. 교사의 안내에 따라 열심히 하면 해낼 수 있는 적당히 도전적인 과제가 학생들을 성장시킨다. 이를 위해서는 보고서 작성 단계에 대한 세심한 구상과 배려가 필요하다. 경제 수업의 인플레이션 보고서 활동에서 그런 단계를 잘 구현하려고 노력했다. 그만큼 결과물의 질도 높았다. '전쟁과 경제' 프로젝트 수업으로 받은 칼럼도 그렇다.

발표도 좋은 아웃풋의 방법이다. 자신이 조사하고 배운 것을 스토리로 만들어서 말로 할 때 자기 것이 된다. 발표를 통해 자신이 얼마나 내용을 정확히 이해하고 있었는지도 파악할 수 있다. 친구들의 발표를 들으며 배우기도 한다. 발표할 때 나는 두 가지에 방점을 둔다. 첫째, 발표자는 보고 읽지 말고 자신의 언어로 말해야 한다. 이를 위해서는 발표하고자 하는 내용의 흐름을 자신의 것으로 소화하고 있어야 한다. 그만큼 준비도 많이 필요하다. 둘째, 청중 기록지를 써야 한다. 청중은 발표 내용의 핵심을 정리하고, 발표를 들으며 떠오르는 생각이나 질문을 메모해야 한다. 부지런히 듣고 쓰면서 경청과 '능동적 듣기' 행위가 자연히 일어난다.

### ③ 인풋과 아웃풋의 치열한 혼재: 토론과 프로젝트 학습

토론과 프로젝트 학습에서는 인풋과 아웃풋이 가장 치열하게 혼재되어 일어난다. 학생들은 토론 중 여러 지식과 정보를 습득하고 이를 종합하여 주장하고, 반박하며, 새로운 결론으로 나아간다. 프로젝트 학습에서는 문제를 발견하고 자료 조사를 하고 탐구하며 문제해결을 위한 실천 활동을 한다. 이를 종합하여 보고서를 작성하고 발표한다. 토론과 프로젝트 수업은 가장 고차원적인 활동이 아닐까 싶다.

이 글은 내일교육에 실린 글 '고3 학생들의 사회 참여 프로젝트, 두 달의 기록 - 사회 문제탐구 수업으로 진짜 세상을 만나다 1, 2편'(2022.8.-9.)을 요약한 것입니다.

사회문제탐구 수업 시간에 고3 학생들이 사회 참여 프로젝트를 했다. 학생들은 먼저 학교, 지역 사회, 한국 사회에서 해결해야 할 문제를 모둠별로 브레인스토밍하여 주제를 선정했다. 두 번째 단계로, 관련 시민 단체를 조사하고 인터뷰를 했다. 세 번째 단계로 문제해결을 위한 다양한 실천 활동을 했다. 마지막으로 이 모든 과정을 종합하여 발표를 했다. 후속 활동으로 실천 활동과 관련된 강연을 들었다.

질문은 변화의 출발점이 된다. 특히 내 일상에서 시작된 질문은 강력하다. 질문을 해결해 나가는 데 드는 에너지를 강력하고 끈기 있게 유지하는 데 일상의 경험만 한 것이 없다. 그리고 일상의 질문은 더 넓은 사회의 문제와 연결되기 마련이다. 학생들에게 내가 평소에 우리 학교, 우리 지역에서 느꼈던 문제들에 질문을 던져 보게 했다. 비판 금지, 검열 금지의 원칙 하에 학생들은 전지에 브레인스토밍을 해 나갔다. 충분히 생각을 뻗어 나가 본 후 수렴 단계를 거쳤다. '3개의 방' 활동이다. 각자 해결해 보고 싶은 문제를 몇 개씩 제안한 후 모둠 안에서 검토하여 하나의 문제를 추리도록 했다. 다양한 문제들이 나왔다. 교내 화장실 사용 문화, 세종시 장애인 이동권, 장애 학생의 교육권, 청소년 학업 스트레스, 플라스틱 쓰레기, 세종시 문화 예술 활성화 등….

① 화장실에서 세상 바꾸기

'화장실 팀'의 질문은 '교내 화장실의 휴지 사용 문제, 어떻게 해결할까?' 였다. 학생들이 휴지에 물을 묻혀 장난을 치고 아무 데나 버린다는 것이다. 처음에는 걱정이 앞섰다. 지엽적인 문제가 아닌가 싶었기 때문이다. 약자와 소수자의 인권, 지역 사회의 환경 문제와 같이 좀 더 거시적인 사회문제를 주제로 잡아 주기를 내심 기대했었나 보다. 고민이 되었다. 주제를 바꾸라고 할까 말까. 순간 한 시민 단체가 떠올랐다. '화장실문화시민연대'. 2000년대 이후 공중화장실에 갈 때마다 이 단체의 이름을 발견하게 되어 나도 모르게 각인이 되어 있었다. '아름다운 사람은 머문 자리도 아름답습니다.'라는 문구로도 유명하다. 1990년대까지만 해도 들어가기 꺼림칙할 정도로 더러웠던 공중화장실이 이 단체의 노력 덕분인지 이제는 호텔 로비처럼 깨끗하고 아름답게 변했다.

학생들에게 단체를 소개해 주었더니 깜짝 놀라며 반가워한다. 학생들이 인터뷰 질문을 만들고 서면 인터뷰를 진행했다. 정성스런 답장에는 수십 년간 화장실 운동을 하며 느낀 애환과 보람이 가득 묻어 있었다. 학생들이 특강도 듣고 싶다고 했다. 섭외를 위해 홈페이지에 들어갔다가 놀랐다. 화장실 운동은 이미 청결을 넘어 인권, 환경과 만나 있었다. 화장실 내 불법 촬영 문제, 남녀 공용화장실과 성 중립 화장실, 밖에서 들여다보이는 남성 소변기, 물티슈와 환경 문제 등 다양한 주제가 눈에 띄었다. 화장실에서 신세계를 본 느낌이었다. 일상적이고 사적인 영역으로 간주되는 화장실이 사실은 공적인 사회 이슈, 사회적인 이야깃거리를 풍부하게 품고 있다는 것을 깨달았다. 처음 주제를 접하고 걱정했던 건 기우였다.

② 왜 버스에 타는 장애인은 보이지 않을까?

'왜 버스에 타는 장애인은 보이지 않을까?', '저상버스도 있고 장애인 탑승자를 위한 구역도 되어 있는데 왜 우리 동네 버스에는 휠체어 탄 장애인이 보이지 않을까?'. '장애인 이동권 팀'의 활동을 촉발시킨 질문이다. 학생들은 자료 조사를 시작했다. 그리고 세종시 저상버스 비율이 생각보다 높지 않음을 알게 되었다. 그나마 존재하는 저상버스도 휠체어 발판이 고장나 있거나 배차 간격이 길어 장애인들이 실질적으로 이용하기에는 많은 불편함이 존재했다. 자세한 상황을 알아보기 위해 '세종보람장애인자립생활센터'에 인터뷰를 요청했다. 소장님은 상세하게 답장을 해 주셨다. 세종시에서 휠체어를 탄 장애인이 버스나 택시 '누리콜'을 이용할 때 겪는 어려움을 구체적으로 알게 되었다. 학생들은 시청에 정책 제안을 했고, 카드 뉴스를 만들어 SNS에 탑재했다.

장애인 이동권 캠페인

무엇보다 직접 시민들에게 문제를 알려야겠다고 생각했단다. 모둠원들이 일과 후에 남아 세종시 장애인 이동권 문제에 관한 홍보지를 만들었다. 피켓도 만들었다. 그리고 아침 8시부터 30분간, 학교 앞 삼거리에서 시민들에게 홍보지를 직접 나눠 주었다. 설명도 해 가면서. 평소 학교에 잘 나오지 않던 학생도 이 캠페인을 하려고 아침 일찍 학교에 왔다. 모둠원들도 놀랐다. "생각해 보니 다 참여했어요. 그렇게 참여를 잘할 줄은 생각도 못 했어요. 캠페인도 되게 열심히 했어요." 나도 같이 흥분되었다. 무의미하다 생각하며 연명하고 있는 학교생활에서 잠시나마 효능감과 이어짐을 경험하고, 작은 배움이라도 일어났다면 의미가 있다.

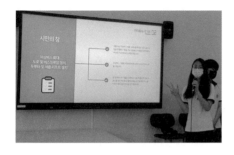
사회 참여 프로젝트 최종 발표

프로젝트의 피날레는 발표였다. 학생부종합전형 준비생뿐 아니라 정시 수능과 예체능 실기 준비생들까지 모든 학생이 다 앞에 나와서 발표했다. 100% 발표에 성공! 발표를 하는 학생들뿐 아니라, 듣는 학생들의 눈에서도 빛이 났다. 수능 대비 문제풀이 수업을 할 때의 그 무기력한 학생들이 맞나 싶다. 다른 모둠의 프로젝트 내용을 경청하고 발표가 끝날 때마다 크게 손뼉 쳐 주는 학생들. 특히 소감을 말할 때 학생들의 진심과 열정이 느껴져서 내 마음도 꿈틀했다.

### 3) 더 나은 프로젝트 수업을 위한 몇 가지 메모

#### ① 사회 참여 프로젝트의 핵심 사이클: '질문–만남–실천'

사회 참여 프로젝트는 '잇기'가 중요하다. 질문과 만남과 실천을 하나의 사이클로 이어 주는 것이다. 학생들이 사회에 대해 질문을 던진다. 다음은 '만남' 단계다. '만남'은 두 가지로 이뤄진다. '자료'와 '사람'. 먼저 앞서 유사한 질문을 한 사람들이 남겨 둔 자료를 만난다. 기사, 책, 영상, 보고서 등, 기존의 자료를 조사하고 공부한다. 이 과정을 충실히 해내면 문제의식이 깊어지고 넓어진다. 다음으로 사람을 만난다. 비슷한 질문을 가지고 먼저 사회 변화를 위해 실천해 온 사람에게 서면 또는 대면으로 말을 걸고 이야기를 듣는다. 실제 세상에서 변화를 일구고 있는 체인지 메이커와 연결될 때 학생들은 세상을 본다. 두 유형의 '만남'을 거치고 나면 학생들은 신나게 실천한다. 해당 문제의 특강을 들을 때 더 큰 배움을 얻는다. 미리 조사했고 질문했고 실천했기 때문이다.

### ② 다양한 실천 활동의 사례와 방법 알려 주기

사람들의 사회 참여로 실제 변화를 이끌어낸 국내외 사례를 풍부하게 보여 준다. 청소년들이 일궈낸 사례라면 더 좋겠다. 또한 그들이 사용한 구체적인 실천 방법을 소개한다. 사례와 방법을 충분히 접했을 때의 장점은 다음과 같다.

- 활동하기 전: 동기와 효능감 유발
- 활동 초반 단계: 질문과 주제 선정 촉진
- 활동 중반 단계: 구체적인 실천 방법의 팁 제공

### 4) 수업 속 갈등 상황, 어떻게 대처할까?

### ① "왜 선생님만 안 된다고 하세요?": 수업 시간에 인강 듣는 고3 학생들

#1. 수업을 하다가 작은 활동을 하나 주고 학생들을 살피며 돌아다녔다. 한 학생이 양쪽 귀에 이어폰을 끼고 패드로 다른 과목 인강을 듣고 있었다. 패드를 넣으라고 하자 불만스러워 한다. 수능에서 이 과목이 필요 없고 다른 과목 공부가 급해서 그런 건데, 왜 열심히 하려는 학생을 '쥐 잡듯이 잡느냐'고 한다. 수업 시간에 인강 듣는 모습을 보았을 때 내 수업이 무시 당하는 것 같아 속상했다고 하니, 그런 것은 아니라며 눈물을 왈칵 쏟는다.

눈에는 분노가 차 있다. 이 학생은 그날 이후 나에게 인사를 하지 않는다.

#2. 그러고 보니 며칠 전에 다른 선생님도 비슷한 상황을 겪으셨단다. 수업을 시작하려 하는데 이어폰을 끼길래 빼라고 했더니 왜 인강 못 듣게 하느냐 했단다.

#3. 금요일에 한 선생님이 수업 끝나고 힘이 다 빠져서 교무실에 들어왔다. 꽤 많은 학생들이 발표 수행평가에 응시하지 않겠다고 했다는 것이다. 자기들은 정시라서 내신이 필요 없다는 것이다. 현재 교육과정에서 선택과목이 다양화되어 있긴 하지만, 수능에서 선택할 과목만 쏙 빼서 수강할 수는 없는 상황이다. 특히 탐구 과목의 경우, 수능에서는 두 과목만 선택하지만 학교에서는 최소 네 과목 정도를 선택해서 배운다. 이미 2학년 때 배운 과목을 수능 과목으로 정한 학생들은 3학년 때 배우는 과목의 수업 시간을 시간 낭비이자 소음으로 느끼게 된다. 수행평가도 당연히 거부한다.

전자기기 사용 문제야 규정대로 조치하면 되긴 할 테다. 그러나 정시 준비생들의 교육과정 거부 현상 앞에서 나는 교사로서 무력감을 느꼈다. 학생들은 사실 합리적 선택을 하고 있는 것이다. 굉장히 간절하고 치열하기까지 하다. 그러나 그 모습 앞에서 수업을 하는 선생님들의 마음은 무너진다. 모든 학생을 수업에 참여시키고자 하는 선생님들이 정시 준비생들의 방해꾼이 되어 버린다.

1회고사가 끝난 후 3학년 학생들에게 시청각실로 와 달라 했다. 학년 특색 프로그램을 안내한 후, 말미에 솔직하게 이야기를 꺼냈다. 다양한 대입 전형을 선택하여 준비하는 학생들이 모인 고3 교실에서 서로를 배려하는 것이 얼마나 힘든 일인가를. 교사로서도 어디에 맞춰 수업해야 할지 어렵고, 수능에서 이 과목을 선택하지 않는 정시 준비 학생들에게 수업을 들으라고 강요하기가 어렵다는 것을.

"절박한 상황임을 알기에 다른 과목 공부하는 것까지 말리진 않아요. 그런데 수업 시간에 인강 듣는 모습 보는 것은 힘들더라고요. 이 과목 필요 없는데 왜 인강 못 듣게 하느냐는 말이 비수가 되어 꽂혀 밤에 잠을 이룰 수가 없었어요."

그리고 학생들에게 부탁했다.

"진로 진학 준비로 수업 참여에 소홀히 하게 될 것 같으면 먼저 교과 선생님과 상의해 주세요. 선생님과 같이 방법을 찾아 나가 봐요. 그리고 적어도 모둠 활동과 수행평가에는 참여해 주세요."

다행히 여기저기서 학생들이 끄덕끄덕하며 반응해 준다. 마칠 때 큰 박수 소리. 마음이 조금은 통했구나 싶어 안도감이 들었다.

이후 첫 수업 시간. 떨리는 마음으로 교실에 들어갔다. 수업 중 인강 문제로 나와 부딪쳤던 학생의 표정이 달라져 있었다. 다른 과목 공부하면서도 내 발문에 계속 대답을 했다. 그리고 자신이 준비하고 있는 다른 일반사회 과목 문제를 질문하러 오겠단다. 싸운 친구와 화해하는 자리인 것처럼, 같이 문제를 해결해 나가는 그 30분이 사뭇 긴장되면서도 평화로웠다. 이제 복도에서 마주치면 서로 반갑게 인사한다. '문제풀이 협동학습'도 무사히 끝냈다. 학생들이 수능 문제를 가운데 놓고 와글와글 떠들며 문제를 해결하고 서로 가르쳐 준다. 묵묵히 다른 과목 공부하던 또 다른 정시 준비 학생도 이 시간만큼은 진지하게 참여한다.

사실 요새는 뭐가 뭔지 모를 때가 많다. 내 고민이 EBS 뉴스에 실렸는데 댓글을 보니 속상했다. 그냥 자습 쥐라, 그러게 국영수 선생님 되지 그랬냐 (그런데 국영수 시간에도 다른 과목 한다. 자기 페이스가 있기 때문이다.), 교사들이 실력 없으니 인강 듣는 거지(수능 선택 과목과 학교 선택 과목이 미스 매치해서 생기는 일인데.), 정시 하는 애들 수업 들으라고 괴롭히지 마라 등등. 그냥 내신 필요한 학생들, 수능에서 이 과목 선택한 학생들 몇 명만 데리고 수업하고 나머지 학생들은 뭘 하든 내버려 두어야 하는 걸까? 아니면 조금이라도 의미 있게 참여할 수 있도록 독려해야 하는 걸까? 수업 참여를 바라는 교사는 배려심 없고 이기적인 걸까? 분명한 건, 학생들의 상태를 묻고 대화하며 같이 방법을 찾아 나가야 한다는 것. 현재의 대입제도하에 고3 교실에서 내가 할 수 있는 것은 이것이다.

② "너무 시끄러워서 집중이 안 돼요.": 모든 학생과 함께하는 수업의 딜레마?

몇 달 전, 수업에 위기가 왔다.

"너무 시끄러워서 수업을 제대로 듣기가 힘들어요. 선생님이 매번 유하게 넘어가시니까 계속 그러잖아요."

학생은 화가 많이 나 있었다. 주변 학생들도 거들었다. 무안하고 민망하고 부끄러웠다. 다 맞는 이야기였지만 수업하는 도중에 모든 학생이 보고 있는 상황에서 공개적으로 비판을 받으니 쥐구멍이라도 있으면 숨고 싶었다. 나는 아무렇지도 않은 척 하며 말했다.

"여러분, 들었죠? 떠드는 학생들로 인해서 친구들이 스트레스 받고 나도 힘들어요. 어떻게 하면 좋을까요?"

고정좌석제를 하기로 합의했다. 그렇게 했는데도 수업 방해 행동이 계속

되면 또 다시 회의를 해 보자고 했다. 아무 일도 없었던 것처럼 이어서 수업을 했다. 무거운 공기가 나를 짓누르는 것 같았다. 수업이 끝난 후 배탈이 났다. 퇴근 후에도 감정이 바닥을 쳤다. 학생들과 직접 대화하며 풀어가고 싶었다. 다음 날 그 학생과 따로 만났다.

"네가 한 말이 다 맞아. 네가 화내는 걸 보며 그동안 쌓인 것이 폭발했구나 생각돼 미안한 마음이 들었어. 그런데 아무리 그 말이 사실이라 해도 학생들이 다 보는 앞에서 들으니 너무 무안하더라고. 선생님이 지도 못한다고 공개적으로 비판, 아니 비난을 받는 것 같았어. 그래서 그날 밤까지도 우울하고 교사로서의 자존감과 효능감이 바닥을 쳐서 힘들었어. 불만이 있을 때 선생님한테 따로 와서 이야기해 주었으면 어땠을까?"

학생은 안 그래도 찾아와서 죄송하다고 말하려고 했다고 한다. 그리고 사과를 했다. 따로 말씀 드리려고 했는데 그날 참지 못하고 터졌다고 했다.

"교사도 사람이라서 약점이 있잖아. 이번 기회에 내 약한 부분을 알게 되었어. 모든 아이를 수업에 참여시키고 싶었는데, 수업 참여와 수업 방해가 뒤섞이고 결국 열심히 참여하는 아이들을 소외시키고 힘들게 했더라고. 정말 미안해. 수업 방해 행동 단호히 제지할게."

"수업 때 선생님이 모든 아이들을 끌고 가려는 것이 보여요. 그리고 괜찮아요. 단호하게 하시려면 선생님 마음이 힘드시잖아요. 사실 제가 그래서 그 마음 너무 잘 알아요."

이럴 수가…. 눈물이 났다. 상처가 공감으로 아물고 있었다.

"아냐. 너희가 많이 힘들었잖아. 내가 너무 미안해. 남은 기간 동안 제대로 수업 들을 수 있게 해 볼게!"

그날 오후, 수강생 6명을 상담했다. 주로 떠드는 학생들 그룹과 방해 행동에 불만을 표현한 학생들 그룹이었다. 방어적인 태도를 보이는 경우도 있었지만 대부분 방해 행동을 인정했고 자신의 행동이 어떤 영향을 주었는지에 대해서도 이해했다. 선생님까지 난처한 상황에 처했다며 내 마음을 표현하니 미안해하기도 했다.

드디어 다음 수업이 있는 날. 학교 가기가 싫었다. 고정좌석제가 통할까. 아이들은 수업 시간에 어떤 모습일까. 생각이 복잡했다. "선생님 모시러 왔어요." 마음이 '쿵' 소리를 낸다. 수업 직전 쉬는 시간에 그 반 아이들 몇 명이 와 있었다. 심지어 전날 상담 때 방어적인 태도를 보여서 걱정했던 학생이었다. "잉? 나를 데리러 왔다고?", "친구가 뭐 내려 간다길래 같이 따라왔어요. 하하." 나를 바라보는 부드러운 눈빛들, 함께 교실로 걸어 내려가는 공기가 참 따뜻하다. 교실에 미리 들어가서 좌석표를 띄워놓고 이렇게 앉으라고 했다. 전날 밤 고심하며 만든 좌석표였다. '매 순간 성장하고 있는 O반의 좌석표'란 제목 아래에 아이들 이름이 한 자 한 자 소복이 쌓여 있다.

종이 치고 떨리는 마음으로 교실 문을 열었다. 학생들이 예쁘게 앉아 나를 바라보고 있었다. 개학 첫 날 같은 설렘과 우리가 같이 이 위기를 극복해 나갈 거라는 유대감과 기대가 신선한 공기처럼 교실을 가득 메웠다. 한 시간 내내 모든 아이들이 나와 눈을 마주치며 수업에 참여했다. 공부에 관심 없고 이 과목이 자기 진로 진학에 무관하다고 했던 학생들도 선생님과의 약속을 지키려는 듯 끝까지 노력했다. 수업이 끝나고, 공개적으로 불만을 표현했던 학생들이 나를 찾아왔다. 긍정적인 에너지 가득한 채로 수업 내용에 대해 이것저것 질문을 한다. 대답해 주니 "아하! 감사합니다!" 한다. 아이들이 다정하게 손을 내미는 것 같다. '선생님, 이런 수업을 원했어요. 오늘 좋았어요.' 하는 것 같다.

어떤 학생도 수업에서 배제시키지 않아야 한다는 생각에 수업 중 말과 행동에 대한 허용도가 높았다. 그런데 어느새 의미 있는 참여와 수업 방해 행동의 경계가 모호해 졌고, 나중에는 후자의 빈도가 높아졌다. 수업 방해 행동을 하는 아이들과 나를 동일시하는 것도 원인이었다. 배움에 관심이 없고 항상 지적 받고 혼나는 아이들에게 마음이 갔다. 이것은 방해 행동에 대한 무른 대응으로 이어졌고 또 다른 소외를 낳았다. 1년에 한 반 정도에서 매번 이런 일이 발생했던 것 같다. 항상 문제라고 생각을 하면서도 이상하게 단호하게 하려 하면 마음에서 저항이 일어났다.

이번에 겪은 위기와 갈등 덕분에 교사로서 나의 내면과 취약점을 더 잘 관찰할 수 있었다. 그리고 위기를 계기로 학생들과 깊이 소통할 수 있었고, 이는 작은 성공 경험으로 이어졌다. 고비를 하나 넘어가고 있었다. 한 단계 성장하고 있었다. 학생들도, 나도.

마지막 수업 시간, 내가 구글 설문지로 만든 수업평가서 링크를 학생들에게 주고 솔직하게 답변하도록 했다. 응답 내용을 보고 깜짝 놀랐다.

선생님께서 수업 도중 한 명도 교육의 기회에서 소외되지 않게 하려는 열정이 존경스러웠다.

선생님께서 자는 친구들, 어려워하는 친구들, 모든 학생을 신경 써 주시고 챙기면서 수업해 주셔서 어려운 부분도 질문하고 했던 것 같다.

선생님은 어떤 선생님보다 더 열정적으로 수업을 해 주시고 모두가 이해할 수 있도록 도와주셨어요.

수업할 때 질문을 많이 하셔서 많은 학생이 수업에 참여 할 수 있도록 노력하시는 게 좋았다.

모든 학생을 챙기며 수업을 이끌어 주는 게 너무 멋있었다.

학생들은 다 보고 있었다. 다 알고 있었다. 내가 어떤 학생들도 소외되지 않는 수업을 만들어 가고 싶었다는 것을. 그걸 알아봐 줘서, 잘했다고 말해 줘서 너무나 고마웠다.

종업식을 앞두고 수업권 침해에 대해 날카롭게 문제를 제기했던 그 학생이 찾아왔다. 똑똑하고 열심히 하는 친구다. 생기부에 대한 이야기를 나누고 돌아서는 ○○이에게 말했다. "○○야, 내년에 잘 살아." 몸을 휙 돌리더니 두 눈을 동그랗게 뜬다. "선생님, 다른 학교 가세요?" "응. 3학년을 함께하지 못하는 게 아쉽네." 눈이 발갛게 된다. "한 번만 안아 주시면 안 돼요?", "응?" 못 알아들을 뻔 했다. 나는 다가가 '꼬옥' 안아 주었다.

축제 날, 무대 위에서 학생들이 날아다닌다. 한참 넋 놓고 보고 있는데, 갑자기 올해 가시는 분들 인터뷰를 한다며 무대로 올라오란다. 나도 모르게 ○○이 이야기를 했다. 안아 달라고 해서 나도 뭉클했다고. 해가 지고 학교 현관 앞을 서성이는데, 누가 "선생님!" 한다. "저도 안아 주세요." 3학년 학생 한 명이 두 팔을 활짝 펴고 서 있다. 또 꼬옥 안아 주었다. 밤공기가 찬데 따뜻했다.

교사가 행복해야
학생이 행복하다

 지치지 말고 오래오래 행복하게 - "평생 운동하세요."

　10년간 돌보지 않았던 몸이 요가를 통해 구석구석 회복되고 있다. 꿈에 그리던 혁신 학교에 개교 TF팀으로 들어와 첫 3년을 쉬지 않고 일했다. 하루 평균 열네 시간 이상 학교 일에 몰두했다. '내가 로봇이어서 잠 안 자고 일해도 끄떡없으면 좋겠다.'는 생각까지 했다. 즐거운 몰입이었지만 꼼짝 앉고 일하는 습관이 생겼고, 점차 작은 질병이 똬리를 틀었다. 온몸이 결려서 새벽까지 잠을 이루지 못했다. 몸이 뻣뻣하게 굳어서 간단한 이완 동작도 힘이 드는 상태가 되었다. 책상 위에는 '초코에몽'이 쌓여 갔다. 당 섭취를 하지 않으면 쉽게 화가 났다.

　이렇게 하다가는 내가 하고 싶은 일을 장기적으로 해내기 어렵겠다는 생각이 들었다. 오래도록 학생들과 즐겁게 소통하며 의미 있는 배움의 시간을 만들어 가고 싶은데, 지금 상태로는 쉽지 않았다. '건강'을 1순위 목표로 잡았다. 고3 부장이라 3월엔 선생님들 눈치를 조금 보다가 4월에 요가 학원에 등록했다. 야근을 하다가도 저녁 8시 요가 수업에 맞춰서 퇴근한다. 늦더라도 무조건 일주일에 두 번 이상은 요가를 한다.

운이 좋게도 요가 선생님을 참 잘 만났다. 요기들 한 명, 한 명의 이름을 외워서 불러 주며 '개별화 교육'을 하신다. 내가 자세를 엉뚱하게 하고 있으면 곁에 다가와 내 시선이 닿는 곳에서 시범을 보인다. 끊임없이 요기들 각각의 동작을 살피며 교정할 수 있게 코멘트를 해 준다. 중학생 요기에게 더욱더 다정한 것도 마음에 든다. 각자의 속도와 단계도 존중해 준다. 자신의 상태에서 조금 더 진전이 있을 수 있도록 촉진하되, 무리하지 않도록 한다. 더 쉬운 대체 자세도 알려 준다.

요가 선생님 덕분인지 운동을 6개월째 지속하고 있다. 운동을 시도했다가도 일이 먼저라 1개월을 넘기지 못했는데 6개월이라니, 뿌듯하다. 요가를 하면 관절과 근육 하나하나가 살아나는 것 같다. 노화가 이미 시작된 나이인데 몸에서 재생이 일어나는 느낌이라니. 뻑뻑하게 녹슬어 있는 자전거에 기름칠하고 체인 돌려 가며 다시 운행할 준비를 하고 있다. 다시 내 몸의 자전거가 부드럽게 굴러 간다면 그때는 혹사시키지 말고 잘 돌봐야지. 오래도록 학생들과 평화롭게 만나기 위해서.

문득 10년 전 '장애 학생 가족 지원' 수업에서 들은 이야기가 생각난다. 특수교육과 박지연 교수님의 미국인 은사님이 오셔서 말씀하셨다. "교사는 몸과 마음이 건강하고 행복해야 해요. 그래야 학생들을 잘 가르치고 지원할 수 있어요." 10년 전에 들은 이야기를 잊고 있다가 이제야 실천하고 있다. 내가 운동을 시작했다고, 운동하니 너무 좋다고 하자 퇴임하신 선생님이 말씀하셨다. "영진샘, 정말 잘했어요. 평생 운동하세요."

## 주말마다 영화로 세상을 본다

집에 TV가 생기고 주말마다 영화를 보게 되었다. 세끼 쪼개어 영화를 보면 어느새 한 편을 뚝딱 한다. 이렇게 주말 하우스 영화관 3년째. 벌써 100편이 넘는 영화가 상영되었다. 영화를 보는 시간은 '충전'의 시간이었다. '쉬기'와 '자양분 얻기'의 두 가지 의미에서. 영화 속 등장인물과 함께 다양한 시공간에 살고 있는 사람들의 일상을 들여다보았고 내밀한 감정을 함께 느꼈다. 생경한 문화와 풍속, 법과 제도, 색다른 가치관과 관점을 접하는 것은 흥미로웠다. 한때는 역사 영화에 꽂혀 시기별 영화들을 순차적으로 보며 상상하고 상식을 늘렸다. 빈곤, 여성, 장애, 이주, 인종, 민족, 제노사이드, 경제 등 영화에는 사회 시간에 다뤄볼 만한 소재와 주제가 가득했다. 2016년에 영화와 인권 동아리를 운영했던 것이 떠올랐다. 책『불편해도 괜찮아(김두식)』를 주 텍스트로 하여 영화를 보고 토론했다. 머지않은 시기에 나만의 〈영화와 사회〉 수업을 만들어 보고 싶다. 하고 싶은 건 참 많고 인생의 시간은 한정되어 있다.

지난 몇 년간 본 영화 중에서 학생들과 사회 시간에 같이 시청하고 이야기 나누고 싶은 것을 골라 보았다.

| 영화 제목 | 분야 | 영화 제목 | 분야 |
|---|---|---|---|
| 힐빌리의 노래 | 빈곤 | 세 얼간이 | 교육, 학업 스트레스 |
| 나, 다니엘 블레이크 | 노인 빈곤, 복지 | 파수꾼 | 청소년, 학교폭력 |
| 노매드랜드 | 빈곤, 노동 | 최선의 삶 | 청소년, 학교폭력 |
| 자기 앞의 생 | 홀로코스트, 이주 | 그린북 | 인종차별 |
| 레미제라블(2021) | 이주, 빈곤 | 히든 피겨스 | 인종차별, 여성 |
| 어시스턴트 | 여성, 성폭력, 노동 | 프라미스드 랜드 | 셰일가스, 환경 |
| 거룩한 분노 | 스위스 여성 참정권 운동 | 삼진그룹 영어토익반 | 폐수, 환경 |
| 코다(CODA) | 장애, 청소년 성장 | 모노노케 히메 | 환경 |
| 아이리시맨 | 경제, 노동 | 데이비드 게일 | 사형제도 |
| 머니볼 | 경제, 스포츠 통계 | 오피셜 시크릿 | 전쟁, 내부고발, 국가와 사회 정의 |
| 빅쇼트 | 경제 위기 | 모리타니안 | 관타나모 수용소, 인권과 법 |

## 독서와 글쓰기로 세상과 소통하기

매주 주말, 도서관을 방문한다. 동네 주민센터에 있는 작은 도서관, 시립도서관, 세종국립도서관…. 어디든 좋다. 서가를 훑으며 지나가다 보면 갑자기 책 제목의 활자가 '줌인'한 것처럼 커질 때가 있다. 내가 골똘히 생각하던 주제, 최근 관심사와 관련된 책이다. 생활교육 관련 고민에 빠져 있을 때는 심리와 소통에 대한 책이, 진로교육에 대한 어려움으로 막막할 때는 진로 관련 서적들이 눈에 들어온다. 학년부장을 하며 팀 운영에 관해 관심이 많아지자, 생전 읽지 않았던 조직, 경영, 리더십에 대한 책들이 와서 박힌다. 책은 언제라도 나와 함께할 수 있는 친구이자 상담사, 문제 해결사이다.

사회 수업을 준비하는 데도 도서관 나들이는 필수 코스다. 특히 새로운 과목이나 생소한 단원을 가르치려 할 때 관련 영역 코너에 가서 책을 눈으로 '스캔'한다. 책 읽기는 배경지식을 쌓게 하고, 해당 분야와 관련된 국내외의 연구 성과나 트렌드를 파악하게 한다. 통합사회에서 '행복'을 가르치는 일이 막막했는데 행복과 관련된 서적들을 찾아 읽으며 감을 잡을 수 있었다. 취약 과목이었던 경제도 책을 통해 조금씩 그 원리와 흐름을 터득해 나갔다. 사회 교사인 나에게 독서는 즐거운 휴식이자 수업의 원천이다.

독서는 글쓰기로 이어진다. 읽으면서 떠오른 생각을 메모한다. '쓰기'와 연합되지 않은 책은 금세 기억에서 소멸된다. 간단하게라도 소감을 남기면 책은 스쳐 지나가지 않고 나에게 머무르고, 그것이 생각과 삶을 조금씩 변화, 확장시킨다.

학교에서 학생, 동료와 함께하며 겪는 경험과 느낌도 메모했다가 엮어서 글로 써 보면 좋다. 학교에 들어간 인류학자처럼 학교를 낯설게 보며 관찰하고 기록하는 것이다. 이 작업을 꾸준히 하다 보면 조직의 생리와 구조에 파묻히지 않게 되고 학교라는 사회 속에 존재하는 자신을 메타적으로 바라보고 성찰하게 된다. 학생, 교직원, 학부모 등 학교 구성원들을 자세히 보면서 인간에 대한 이해도 조금 더 깊어진다. 무엇보다 자기 자신에 대해 더 잘 알게 된다. 나는 어떤 상황에서 기뻐하고 슬퍼하며 신나하고 두려워하는지…. 성찰 지능이 높아지면 아이들, 선생님들과의 관계 맺음도 부드러워진다.

글은 개인 일기장에 써도 좋고, 블로그나 SNS에 올려 다른 사람들과 공유해도 좋다. 나는 페이스북에 글쓰기를 좋아한다. 내밀한 것은 비밀 글이지만, 웬만한 것은 친구 공개 글로 설정해 나의 경험과 느낌을 나눈다. 어떤 방식이든 꾸준히 읽고, 메모하고, 쓰기를 권한다.

 **단체 활동으로 더 넓은 세상을 만나다**

학교와 지역 사회를 잇는 마을 교육 공동체 활동은 사회 교사로서 한 단계 성장하는 발판이 되었다. 시민 사회에서 활동하는 다양한 사람들을 접하고 대화하는 것 자체로 시야가 확장되었다. '학교 밖'을 알게 된다는 것은 학생들이 놓인 공간을 더 입체적으로 이해할 수 있는 계기가 되기도 했다. 여러 지역의 청(소)년 단체를 견학하고 특강을 들었다. 책과 보고서를 함께 읽고 이야기 나눴다. 교육과 사회를 종횡무진하며 끊임없이 새로운 상상을 했다.

활동을 시작한 후, 지역 사회에 존재하며 다양한 일상을 살아가는 주변의 이웃에 관심을 갖게 되었다. 나의 세계는 학생과 교사로 이루어져 있었다. 가끔 학부모님과 교육청 분들이 등장했다. 그런데 제3의 사람들과 관계를 맺으며 세계가 확장되고 있다. 무지할 때는 무관심하거나 대상화하기 쉽다. 이제 사람들은 입체적이고 온전한 존재가 되어 내 세계에 툭툭 튀어오른다. 그리고 학생들이 살아가는 공간과 삶을 이전보다 더 온전히 이해하게 된다. 마을 교육 공동체 활동이 나에게 준 선물은 바로 이런 것이다.

"오늘날 (사람들은) 원자적인 개인으로서 자신한테 큰 관심을 갖다가도 때로 거대한 사건에 대해 갑자기 거창한 논평을 합니다. 오로지 자기 자신이나 가족 아니면 전 세계에만 관심을 두지요. 하지만 개인의 의미와 존엄을 되찾는 방법은 개인이 아니라 관계에 있습니다. 개인의 존엄은 자연적으로 존재하는 것이 아니라 자기 주변과의 관계를 구축하는 과정에서 생겨납니다."

- (신다은 기자(2022.11.20.), "경쟁 잘하는 사람? 스스로 잘 설명하는 사람"- 『주변의 상실』을 펴낸 중국 출신 인류학자 샹뱌오와 한국 조문영 교수, 한·중 경쟁 사회를 진단하다. 한겨레21.)

## 추천 도서

『우리는 작은 가게에서 어른이 되는 중입니다(박진숙, 푸른숲)』

일반고에서 4년간 3학년을 맡아 진로 진학 지도를 했다. 하고 싶은 것도, 할 수 있는 것도 없다고 생각하는 무기력한 학생들, 그냥 대충 성적 맞춰서 미달 대학에 원서 넣어 대학을 가는 학생들, 아예 진학 자체를 하지 않는 학생들이 눈에 밟혔다. 전국의 고등학교들이 학생들 성적 데이터를 분석해서 어느 대학으로 배치할 것인지에는 많은 자원과 에너지를 쓰지만, 위와 같은 학생들을 위한 프로그램은 찾아보기 어려웠다. 특히, 대학 진학 이외 삶의 루트에 대해 학교도, 사회도 무지했고, 비진학 청(소)년들의 스무 살 이후의 삶에 대해서 대부분 무관심했다. 3학년부를 운영하며 비진학 학생을 위한 예산을 편성해 특강과 멘토링, 물품 지원을 했다. 하지만 단위 학교의 소소한 노력에 그칠 뿐 한계가 있었다.

그 무렵, 도서관에서 우연히 이 책을 발견했다. 비진학 청(소)년들의 이야기와 저자의 문제의식에 단번에 책 속으로 빠져들었다. '대학에 들어갈 자격을 얻지 못했다는 이유로, 또는 넉넉지 못한 형편 때문에 학업을 포기한 청년들은 만성적인 실업과 저임금 단순 노동에 시달려도 묵묵히 감내하며 살아야 하는 것일까?(57쪽)', '제 앞가림을 하는 어른이 되기도 전에 먼저 늙어 버린 이들의 무기력을 우리는 어떻게 회복시킬 수 있을까?'(60쪽)

저자는 문제의식에 머무르지 않고 대학에 가지 않는 청년들, 대학에 가지 않기로 한 청소년들도 무시당하지 않고 평등하게 일하는 일터를 꿈꾸며 이들과 함께 작은 도시락집을 연다. 이곳에서 비진학 청(소)년들은 좌충우돌하며 성장해 나간다. 직접 도시락집 '소풍가는 고양이'에 방문하려고 인터넷과 SNS를 뒤졌다. 간신히 SNS 페이지를 발견했는데, 이렇게 쓰여 있었다.

'〈소풍 가는 고양이〉는 비진학 미취업 청(소)년이 겪는 사회적 곤란함을 해결해 보려던 하나의 방법론이었습니다. 그동안 구성원 모두 현장에서 꾀부리지 않고 열심히 실천한 덕분에 비진학 미취업 청(소)년의 '학교이자 일터'라는 유의미한 결실을 맺을 수 있었습니다. 그러나 이 방법론의 '유효 기간'이 8년 7개월임을 알아차린 지금, 겸허한 마음으로 해산을 결정하게 되었습니다.'

때는 2020년 1월. 코로나19의 급습을 견디지 못한 걸까. '소풍 가는 고양이'의 실험은 일단락되었지만 그 여운은 길게 남았다. '진학 지도 전문가'는 많지만 '비진학 지도 전문가' 는 거의 없는 한국의 고등학교에서, 이 책이 비진학 청소년을 위한 다양한 상상을 시작하는 풀씨가 되면 좋겠다.

내 꿈은 좋은 사회 교사가 되는 것이다. 곧 10년차 교사가 된다. 10년을 하면 그 분야의 전문가가 되어야 할 것 같은데, 나는 사회 교사로서 전문 가라 할 수 있을까? 여전히 꾸역꾸역 수업 준비하고, 방대한 일반사회 분 야에서 업데이트되는 수많은 지식의 가장자리조차 따라가기 버거워하고, 현실 사회를 살아가는 데 필요한 상식조차 아이들에게 설명하는 데 자신 이 없다. 교육과정의 변화에 대해서도 잘 알지 못하고, 평가는 객관식이든 서술·논술형이든 다 어렵다. 하지만 본질을 놓치지 않으려 한다. 학교 안 팎, 수업 이외의 많은 일과 관계가 펼쳐지나, '좋은 사회 교사'가 되는 것에 최우선으로 집중하고 싶다. 교육과정과 수업, 평가를 끊임없이 고민하며 실력 갈고닦기. 쉽지 않은 일이지만 즐겁게, 고요히 나아가려 한다.

　얼마 전 지인이 물었다. "사회 교사로 사는 것, 행복하신가요?", "네! 행복해요!" 나는 주저 없이 대답했다. 사회 교사는 많은 번민과 고통의 시간을 지나 힘들게 찾은 직업이었다. 너무나 하고 싶었던 일인 만큼 만족도도 높다. 수업하는 것도, 학생들과 소통하는 것도, 학생들의 성장과 배움을 위해 선생님들과 협력하고 에너지를 모으는 일도 신기하고 기쁘다. 사회 교사는 학생들과 함께 성장할 수 있는 행복한 직업이다. 끊임없이 변화하는 사회를 따라가다 보면 어느새 나도 한 뼘 성장해 있다. 사회 교사는 이 세상을 조금 더 나은 곳으로 변화시킬 수 있는 중요한 직업이다. 사회 속 학생들의 삶을 개선시키고, 사회를 긍정적으로 변화시키는 학생들을 길러낼 수 있다. 행복하고 의미 있는 사회 교사의 길, 이 책을 읽는 여러분과 함께 가고 싶다.

　"여러분과 함께 사회 교사로서 더 나은 세상을 만들기 위해 협업하는 날을 기다리겠습니다."

# 수업과 일상을
# 잇는 동네 교사

서재민

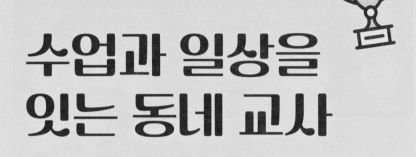

나의
교사 이야기

## 밥벌이 교사에서 사회 선생님이 되어 가기

### 1) 교사, 안정된 직장 이상의 무언가

"선생님은 왜 사회샘이 됐어요?" 가끔씩 학생들이 하는 이 질문에 바로 답을 못하고 머뭇거린다. '내가 어쩌다 사회 교사로 살고 있지?' 뚜렷하고 멋지게 꿈을 좇다가 교사가 된 게 아니어서 자신 있게 답하기 어렵다. 요즘 학교는 진로와 진학에 대해 무척 강조하는데, 정작 나는 그 시절에 그렇게 치열하게 내 미래를 고민하지 못했다는 부끄러움이 앞선다. 별다른 진로 설계 없이 일반계고에 입학했고 무작정 대학 입시 공부를 시작했다. 끌리는 전공이나 분야도 없어서 막연히 경영학과 같은 상경 계열로 가서 '취직이나 잘 되고 싶다.' 하는 정도였다.

고등학교 2학년 때 교사가 되고 싶다는 생각을 처음 했다. 어른들이 좋다고들 하는, 직업명에 '~사' 자 들어가는 직업들이 있다. 높은 소득과 정년 보장이라는 두 가지 기준을 충족하는 것들이었다. 둘 다 얻는 건 욕심이었고 이 둘 중 하나라도 얻고 싶었다. 게다가 때는 IMF 이후에 경제 위기의 여파로 취업난이 계속되던 2000년대 초반이기도 했다. 항상 쪼들리는 가난한 집에서 자란 탓인지, 큰돈이 아니라고 해도 매달 일정한 월급을 받고 싶었다. 평범하게 살 수 있을 거 같았다. 경제적으로 안정적인 직업이라고들 해서 교사가 눈에 들어왔다.

독특했던 담임 선생님을 만나서 교사라는 직업에 더 관심이 갔다. 선생님은 화를 내거나 학생을 궁지로 몰아세우지 않았다. 그때까지만 해도 폭력이라 부르는 게 더 적절할 법한 체벌이 만연했지만, 선생님은 체벌은커녕 어떤 위압적인 말도 하지 않았다. 학교와 교사의 권위를 내세우며 학생의 말을 막지 않았다. '저러면 학생들이 만만하게 볼 텐데….' 속으로 괜한 걱정까지 들었다. 여름 방학엔 함께 강원도 치악산으로 놀러 가기도 했다. 전해에 학급 여행을 다녀왔다는 얘기를 한 친구가 밴드 동아리 선배한테서 들었고, 우리도 가자며 졸라댔는데 정말로 가게 될 줄 몰랐다. 제멋대로인 14명의 학생과 전철, 기차, 버스, 산행으로 이어지는 1박 2일의 여행이라니. 우리가 머무는 장소마다 추억을 남기겠다는 마음으로 웃고 뛰어다녔다. 그리고 선생님과 편한 대화를 했다. 잘 기억나진 않지만 진지한 대화도 오갔다. 가족을 잃은 이야기, 친구와 갈등과 연애 이야기들을 늦은 밤까지 나눴다. '참 신기한 선생님이다.'라는 생각, '교사란 어떤 사람일까.'라는 생각이 들었다. 교사는 경제적 안정감을 가진 직업이라는 느낌 외에 또 다른 의미로 다가온 시간이었다.

당시는 사회에 관해 관심을 가지던 시기기도 했다. 이건 성숙한 시민성과는 거리가 먼 관심이긴 했다. 사는 건 자격지심을 극복하거나 최소한 관리해가는 힘겨운 과정이 아닐까 싶은데, 내겐 '가난'이 그런 조건이었다. 대도시의 변두리, 오래된 주택가 골목, 거기서도 제일 허름한 다세대 주택이 내가 자란 곳이었다. 어릴 적엔 가난해서 뭘 풍족하게 해본 경험이 없었고, 그래서인지 오히려 뭘 못해본다는 박탈감과 억울함은 없었다. 그러다 중·고등학교 시절을 지나면서 가난이 몸에 느껴지는 경험들로 다가왔다.

무언가 내 마음대로 안 될 때, 자신을 돌아보기보다는 외부의 다른 이유를 핑계 삼고 싶은 심리가 있다. 컴퓨터 게임에서 질 때, 축구 시합에서 질 때도 그랬는데, 나는 특히 고등학교에 가서 공부를 시작하면서 그런 심리가 크게 나타났다. 웬만한 노력으로는 성적이 오르지 않을 때, '가난'을 탓하고 싶어졌다. '과외를 안 시켜주니', '나만의 쾌적한 공부 공간이 없으니' 등 가난은 많은 핑곗거리를 만들어 주었다. 그런데 정말 주변을 둘러보면, 공부를 잘하는 애들은 집이 잘 살았다. 나같이 가난한 애들은 대부분 공부를 못했다. 대학생이 되어서는 경제적 위축감은 더 크게 다가왔다. 스펙이라는 걸 쌓으려고 해도 돈과 시간이 있어야 가능한 일이었기 때문이었다. 아르바이트하러 다니다가 틈틈이 도서관에 가서 토익 점수 올리려고 몇 달을 공부를 하면 뭐하나 싶었다. 이미 외고를 나온 친구들은 유창하게 영어를 했으니까. 방학 때 해외 단기 어학연수 다녀온 친구들의 토익 점수가 더 높은 것도 사실이었다. '개천에서 용 난다.'라는데 고시 공부해서 인생 역전이나 해볼까하는 생각도 했다. 그러나 옛날엔 가난해도 고시 공부는 할 수 있다고들 했는데, 이제는 월 150만 원의 수험 생활비를 감당할 수 있는 사람들만 도전해 볼 수 있는 경로로 바뀌었다. 사회 불평등, 가난한 자가 느끼는 차별의 경험이 쌓여 갔고, 그만큼 열등감은 커졌다. 처음에는 이런 조건에 무감각해지려고 애썼던 거 같다. 그런데 이 감각은 시간이 지나면서 사라지는 게 아니라, 억눌린 것이 쌓여 오히려 열등감 폭발로 이어졌다. 어느새 내가 접하는 모든 것들이 사회 불평등으로 귀결돼서 냉소를 퍼부었다.

한번은 유복하게 자란 친구랑 술을 먹다가 "너는 부모 잘 만났는데 뭘 시답잖은 걸 고민이라고 하냐. 그런 고민조차 나에겐 잘난 채로 보여."라는 식의 막말까지 했다. 그 친구가 놓인 또 다른 힘든 상황, 거기서 비롯된 방황과 고민을 당시의 나는 결코 품을 수 없었다. 때때로 이 냉소는 '이따위 세상 살아서 뭐 해.'라는 허무와 반사회적 정서로까지 이어졌다.

그러다 사회과학을 만났다. 성실해라, 독해져라, 열정을 쏟아라 등 개인의 초인적 노력으로 위기를 극복하라는 말들이 난무하는 세상이다. 그런데 사회과학은 사람들이 짊어진 삶의 짐을 개인에 책임 지우지 않았다. 불평등뿐만 아니라, 나이, 장애, 성별, 이념 등 사회적 소수자 또는 약자가 그들의 의지와는 다르게 고통의 굴레에 갇혀 있는 사회의 구조들을 보여 줬다. 점차 사회과학의 글과 주장들을 곱씹으면서 세상을 찬찬히 바라보는 연습을 하게 되었다. '맞아 내가 말하려는 게 이거야!' 사회과학은 나를 대변하는 거 같았다. 현재의 제도와 문화가 나름의 이유가 있으니 앞으로도 잘 따르라는 게 아니다. 사회의 꼬이고 꼬인 모순과 거기서 고통받는 사람들을 냉철하면서도 따뜻하게 비추는 비판적인 학문이었다. 의도나 방향이 어찌 됐건, 사회, 사회과학에 관한 관심은 교사 중에서도 사회 교사가 되고자 하는 길로 가도록 만들었다.

사회 교사는 '사회' + '교사'이다. 이 둘은 어울리는 듯, 어울리지 않는다. 학생들이 우리 사회의 구성원으로 성장하는 사회화를 돕는 거라면 '사회'와 '교사'는 어울린다. 그런데 사회의 여러 문제가 사회 구조로 굳어져 있어서, 사회 수업이 그런 사회문제를 받아들여야 현실로 다룰 수 있다. 대의민주제, 자유시장주의, 국가기관의 권한 등 현실에서는 오용되거나 심지어 반민주적, 반인권적, 차별적으로 작용하는 현실의 사회제도를 사회 수업으로 학생들에게 강제하고 있는 건 아닌지 비판적으로 돌아보고 싶기도 하다. 이럴 땐 '사회↔교사'의 수식 관계가 될 것이다.

사회문화 과목에서 다루는 기능론과 갈등론으로 설명할 수도 있겠다. 기능론은 사회를 유기체(유기적으로 연결된 하나의 몸)로 보고 사회를 이루는 부분이 조화와 균형을 이루면서 사회의 통합을 위해 기능을 수행한다고 본다. 반면에 갈등론은 희소한 가치를 둘러싸고 지배 집단과 피지배 집단 간에 대립이 일어나는 것이 사회라고 본다. 기능론적 교사는 학생들이 사회가 유지ㆍ발전하는데, 하나의 역할을 할 수 있는 사람으로 성장하도록 돕는다. 갈등론적 교사는 세상이 공정하다고들 하지만 실제로는 불평등을 더 심하게 하는 경쟁 제도와 여기서 소외된 사람들 등 사회의 어두운 면을 비추고, 공감하고 나누고 대안을 상상한다. '왜 사회 교사가 됐나'에서 이제는 '사회 교사는 어떤 사람이어야 할까?'라고 물음이 옮겨간다. '사회+교사'와 '사회↔교사'. 기능론적 교사와 갈등론적 교사. 이 둘 사이에 어느 지점에서 나의 교사로서의 가치관을 만들어 가고 있었다.

### 3) 사람, 관계, 감정의 따뜻함을 이제야 배워 가는 중

사회과학 책을 뒤적거리다가도 내가 처한 현실은 현실대로 헤쳐 나가야 했다. 임용시험을 칠 수 있는 자격증을 가지려면 사범대학을 졸업해야 했고, 생계를 스스로 꾸리면서 교원 임용시험도 빨리 통과해야 했다. 내 시간, 관심, 감정 등을 강하게 통제해야 가능한 일이었다. 이성과 감성을 분리할 수 있다는, 그래서 이성으로 감성을 억누를 수 있다는 어리석은 생각이 자리 잡았다. 그게 험한 세상을 잘 살아가는 방식이며, 어른이 되는 과정이라고 생각했다.

그러다 보니, 마음이 이미 차가워질 대로 차가워진 상태로 학교에 오게 됐다. 따뜻하게 사람을 만날 준비, 학생을 만날 준비가 전혀 안 되어 있었다. 학생들과 거리를 두고, 무미건조하게 대했다. 선배 선생님들이 신규 선생님들에게 으레 많이들 말해 주는 "애들한테 너무 잘해 주지 마라.", "그러다 마음을 크게 다칠 수 있다.", "다치면 너무 아프다."라는 조언이 애초에 내게는 해당 사항이 없는 말이었다. 학생들이 괜한 고집을 부리거나 청소를 도망가면, 불러서 "왜 그랬냐.", "또 그럴 거냐.", "또 그러면 어떡할 거냐.", "손가락 약속 꾹꾹! 눈빛으로 다짐!!". 이런 말을 안 했다. "앞으로 그러지 말자."라는 딱딱한 말만 짧게 전하고 돌아섰다. 도리어 신규 같지 않다는 말을 많이 들었다. 신규 같지 않다는 건 학교 일을 처리하고 학생을 만나는 모습이 미숙하지 않아 보인다는 칭찬의 말일 수도 있다. 그런데 나는 그렇게 받아들여지지 않았다. 보통의 신규 교사는 학생들에 대한 기대와 설렘, 열정으로 만난다. 따라서 내가 그렇지 않아 보인다는 건 내 마음이 이미 차갑게 식어 있다는 걸 들킨 것일 수 있었다.

하지만 아이들은 이런 내게 아무런 조건 없이 관심과 애정을 줬다. 의심하고, 거리를 두려는 내게 좋은, 솔직한, 밝은 감정들을 계속 표현했다. 그런 마음이 고맙다고 느끼다 보니 내 마음에도 신기한 변화가 이어졌다. 차가운 마음이 천천히 녹은 것이다. 소소한 일에 크게 웃기도 하고, 가슴 한 쪽이 뭉클하고 찡한 기분을 느끼기도 했다. 차가운 이성으로 감정을 누르는 비인간적인 강박을 조금씩 내려놓고 있었다.

20**년 1월 종업식 날이었다. 담임 학급에 한 해 잘 지내줘서 고맙다는 마지막 종례 인사를 했다. 사실 1년 내내 학급 내 교우관계 문제로 학생들 대부분이 힘든 시간을 보냈었다. 담임으로서 이야기를 세심하게 듣고, 적극적으로 조율하고, 상처를 말끔히 아물게 해야 했는데, 그러지 못했다는 자책이 컸다. "담임이 많이 부족했고 미안하다. 그래도 밝게 잘 생활해 줘서 고맙다."라고 했다. 정기 전보 예정이어서 이 학교에서의 마지막 날이기도 했다. 이 학교에서 지냈던 5년에 감사하다고 했다. 종업식을 마치고 교실 뒷정리를 하는데, 학생들이 다가왔다. 펑펑 울며 "왜 다른 학교 가냐."고, "내년에도 우리 선생님 해 주세요."라고 했다. 아무것도 아닌 내게 과한 애정(?) 표현이었다. 내가 특별히 좋은 선생님이었다기보다는 그간 쌓인 정이 끝난다는 아쉬움이었을 건데, 그런 표현만으로도 고마웠다. 눈물이 핑 돌았다.

학생들이 나와 생활하면서 의미 있는 배움을 얻고 더 성장했는가 하면 그렇다고 자신 있게 말하기 어렵다. 반대로 나는 학생들과 만나면서 많이 배우고 성장했다고 자신 있게 말할 수 있다. 학생들이 자기주장만 한다고, 학부모 민원에 시달린다고, 세상이 각박하다고, 학교와 교육을 단념하고 환멸의 말을 쏟아내는 사람들이 많다. 그런 일들은 교사가 온전히 교육에 집중하지 못하게 하는 제도의 문제로 발생하고, 이런 일들로 인해 때때로 상심하기도 한다. 그렇지만 여기서 지내다 보면 사람이 좋아진다. 마음이 따뜻해지는 시간이다. 사람과 감정, 관계의 따뜻함을 배우게 된다.

여전히 학생들과의 거리 조절은 실패의 연속이다. 권위를 내세워 애초에 좁혀질 수 없는 거리감을 만드는 건 정말 싫다. 반대로 격의 없는 관계가 좋지만, 어느 때는 이 친근함을 잘못 받아들이는 학생이 나에게 무례하게 다가올 때도 있다. 그래서 때로는 모멸감을 느끼기도 한다. 학생들과 친밀하면서도 정중한 거리의 관계, 편하지만 서로를 막 대하지 않는, '괜찮은 관계'를 맺어 가고 싶다.

수업이 즐거워지는 이야기

지식 이해와 활동형 수업의 균형, 앎과 삶의 연결, 진보적 지향

### 1) 지식 이해에 매몰된 수업에서 빠져나오기

수업은 어떤 의미를 가지는 시간일까? 내용 지식을 정확히 이해하고 암기해서 오지선다형 문제를 잘 맞히는 걸 연습하는 게 전부일까? 수능, 임용고사 등 경쟁형 시험을 준비하는 강의를 주로 받다 보니 그것이 수업 전부인 줄 착각하고, 교사로 첫 몇 년은 지식을 학생에게 효율적이고 효과적으로 전하는 수업만 했다. 학생 주도 수업, 프로젝트 수업, 토의·토론 수업 등 활동형 수업을 교육학 관련 서적에서 보긴 했다. 이런 수업은 색다르고 옳은 방향으로 보였지만 어떻게 시작해야 할 줄 몰랐다. 실행한다는 것이 내게는 그야말로 먼 이야기였다.

그런데 수업할 때마다 속된 말로 '현타'가 왔다. 지식 전달을 위한 강의식 수업은 좌절 그 자체였다. 수업 내 이어지는 내 설명에 학생들은 얌전히 듣지 않고 떠들거나, 아니면 너무나 편안하게 수면을 취했다. 떠들어 설명을 방해하면 정색하고 "너에게, 화를 참고 있는 내가, 아주 엄중하게, 경고한다."라고 딱딱 끊어서 10번 정도 반복하다가, 도저히 못 참겠으면 소리를 버럭 질렀다. 떠든 주동자를 복도로 불러내 따져 물었다. 반대로 엎드려 잠을 자면 설명을 멈추고 교실을 빙 돌면서 해당 학생의 책상을 톡톡 치면서 깨웠다. 그렇지만 학생들은 얼마 안 가서 다시 떠들거나 잠들었다. '아, 이건 나에게나 학생들에게나 무의미하다.' 교사를 계속하려면 뭔가 획기적인 변화가 필요하다는 생각을 하게 되었다. 일단 개념과 이론 등의 지식을 설명하는 시간을 줄이자. 나만 교탁 앞에서 계속 말하는 것에 너무 많은 시간을 쓰지 말자는 다짐을 했다.

개념의 이해와 지식의 암기는 꼭 필요한 학습 과정이다. 그러나 이것이 수업 전부거나 지나치게 큰 비중을 차지하고 있는 것이 문제였다. 알고 보니 극심한 입시 경쟁이라는 우리나라의 기이한 교육 문제가 낳은 현상의 하나였다. 입시 경쟁에서 학습자는 대학 입시에 반영되는 공통 과목의 내용을 암기해서 다른 친구에 비해 상대적으로 높은 위치에 있어야 하고, 이를 객관식 시험의 점수로 증명받아야 한다. 상대평가를 위한 문제의 변별력을 위해선 다루는 지식의 깊이와 양이 늘어야만 했다. 그렇게 수십 년이 쌓여 사회 수업은 방대한 사회과학 지식을 암기하는데 치우치게 되었다.

문제의 원인을 알았으니 조금씩 내 수업에서라도 수업에서 지식과 활동의 균형을 찾아가려 했다. 일단 의도적으로 지식 이해의 비중을 절반 이하로 줄였다. 다음으로 학생들이 직접 생각하고, 자료를 찾고, 토의와 토론을 하고, 결과를 만들어 내는 등의 활동 수업의 비중을 높여 갔다. 처음엔 무 자르듯 지식 1/3, 기능 1/3, 태도 1/3로 비중을 조정하는 수준이었다. 그리 고 시간이 지나면서 단원과 주제의 특성에 따라 비중을 달리한다거나, 지식 설명과 이해, 기능과 태도 활동을 자연스럽게 연결하는 수업을 만들어 가게 되었다.

수업 방식만 변화하는 건 한계가 있다. 수업의 목표가 변하지 않는다면, 여러 방식을 써 보다가 원점으로 온다. 나만의 수업 모형을 만들어 간 가장 큰 요인은 수업의 목표가 다른 방향을 향하게 됐기 때문이었다. '우리가 다 루는 지식이 정말 우리 삶에 쓸모가 있나?', '지식이 실제 내 삶과 연결되지 않는다면 무슨 소용인가?'라는 생각이 들었다. 교과서 속 지식이 권위자의 개념을 풀어 놓은 용어해설집에 머물지 않기를 바랐고, 더 좋은 사회로 변 화하려는 진보적 가치와 지향을 담을 수 있어야 한다.

수업 목표에서 더 나아가 교육의 목표에 대해 다시 생각하게 된 것이다. 진정한 교육이란 틀 안에 가두고 주어진 정답과 맞추게 하는 게 아니라, 자 신과 세상에 대해 자신의 관점을 만들어 가는 것, 자신의 사고를 다져 가는 과정이어야 한다. 지식 이해와 암기에 매몰되어 있던 사회 수업에서 더 적 극적으로 빠져나와야 한다는 확신이 들었다. 관련 주제에 대한 지식 요소는 간단히 다루고, 교과서에 없지만, 더 입체적으로 주제를 들여다볼 수 있는 사회과학 지식을 소개하기도 했다. 지식은 학습자 스스로가 탐구 활동을 해 내기 위한 최소한의 수준에서 멈추고, 직접 주제를 탐구하고 대화하고 대안 을 찾도록 했다.

혁신 학교의 수업 연구 문화를 접하는 경험도 더했다. 혁신 학교는 학교가 본래의 모습으로 돌아가자는 교육 운동이다. 십여 년 전에 경기도 초등학교 선생님들의 성공을 시작으로, 이후 현재까지 여러 시도교육청의 정책으로 이어지고 있다. 학교의 본래 모습이 대체 무엇일까? 워낙 복잡하고 빠르게 변하는 세상에서 학교가 요구받는 역할이 계속 더해지고 있지만, 학교는 '교사와 학생의 만남', '배움이 있는 수업'이 기본이다.

왜 당연한 소리를 하느냐고? 이전까지는 안 그랬냐는 의문이 들 수 있다. 믿기 어렵겠지만 반세기 넘게 우리나라의 학교는 이 두 가지 기본 역할에 집중하기 어려웠다. 누구나 할 수 있고, 해야 하고, 하고 싶지만, 학교는 과다한 행정 업무, 하향적 의사결정 흐름, 심각한 대학 입시 경쟁 교육 등으로 학교답지 못했다.

혁신 학교는 무얼 새롭게 하자는 게 아니다. 혁신 학교는 만남과 배움을 가로막는 벽들을 제거해 갔다. 그제야 교사가 수업을 잘 준비하고, 함께 수업을 연구하는 문화가 싹트고 퍼지게 되었다. 새 학년을 준비하는 워크숍을 개최하여 학교의 과거와 현재를 공유하고, 논쟁적인 토론을 통해 미래의 방향을 함께 그린다. 점수로 줄 세우는 평가 말고, 교과의 특성과 학생의 발달 단계에 맞는 수업, 활동, 평가한다. 학년 또는 교과별 정기적인 수업 연구회를 가져 수업을 같이 준비하고, 수업 참관을 하고 평가회를 한다. 수업에 관한 대화는 어느새 학년과 학급 특성에 관한 이야기로 이어져, 교사는 수업을 더 세밀하게 준비할 수 있다. 단편적으로 알아 왔던 학생 한 명 한 명을 더 깊이, 입체적으로 알게 된다. 이렇게 만남과 배움에 관한 이야기가 오간다.

수업 연구회에서 선생님들과 학생, 수업에 관해 이야기를 나누다 보니, 수업 목표와 방식에 대한 고민이 나만의 고민이 아니라는 걸 알게 되었다. 내가 가르치고자 하는 것이 곧바로 학생들의 배움으로 이어지지 않는다는 반성을 하게 된다. 내가 무얼 가르치는 것도 중요하지만, 그전에 학생들이 무엇을, 얼마나, 어떻게 배우느냐도 관심을 가져야 한다.

교사가 가르치는 것만큼 학생들이 배우는 것에 관심을 두는 것, 지식 이해와 활동식 수업의 균형, 수업에서 다루는 내용이 내 실제 삶과 연결되어 있어야 한다는 것, 사회의 어두운 면을 비추고 그것을 우리의 관심으로 바꿔나가야 한다는 것으로 사회 수업을 재구성해 갔다. 그중 사회 수업에서 중요성이 높아지고 있는, 그렇지만 그간 학교에서 쉽게 시도하지 않았던 수업들이기에 새롭게 다가올 수 있는 '모의 선거 수업'과 '노동인권 수업'을 소개하려 한다.

### 뚜렷한 방향을 못 찾고 있는 평가 방식

수업 목표와 수업 방법에 알맞은 평가를 아직 잘하지 못하고 있다. 지식 이해는 학습지 필기 정리, 단답식과 오지선다형 문제로 평가할 수 있다. 그렇다면 기능과 태도의 영역은 어떻게 평가할 수 있을까? 기능과 태도의 변화에 대해 평가를 하고 이를 세밀하게 들여다 봐야, 학생들의 성장을 알고 나도 더 발전적인 수업을 할 수 있는 거 아닌가. 이를테면, 기능 영역에서 '토의·토론 수업으로 공동의 의사결정능력이 향상'되었다. 태도 영역에서 '지역 사회 문제 해결하기 프로젝트 수업으로 공동체의 시민으로서 사회 참여 자세를 갖추게 되었다.'라는 평가 기준이 있다고 하자.

'수업 몇 번으로 학생의 역량과 태도가 바뀌나?', '그 변화가 이 수업으로 일어났다는 증거가 있나?', '수업 외에 가정과 학교의 문화, 성장 배경, 발달 단계 등 학생의 다른 주변 요인이 더 강한 영향을 미친 건 아닐까.' 또한 그런 변화가 '측정 가능한가, 아니 꼭 측정해야 하는가?', '측정할 수 있는 유효한 도구가 있고, 그걸 실행할 여력이 되는가?'라는 생각이 맴돈다.

결국, 이런 수업을 해 보는 경험만으로 의미 있다고 단정하고, 활동했던 과정을 포트폴리오로 검사하고, 수업에 대한 소감을 나누는 정도에 멈출 때가 많다. 수업의 매너리즘에 빠진 내가 둘러대는 핑계일 수도 있다. 고민의 굴레를 벗어나야 한다. 평가에 대해 앞으로 많은 시도와 개선을 해 나가려 한다.

## 2) 모의 선거 수업으로 채운 것, 채울 수 없는 것

카피레프트 격월간 교육 잡지 〈오늘의 교육〉(교육공동체 벗) 기고 글, 「모의 선거 수업으로 채운 것, 채울 수 없는 것」 68호(2022년 5〜6월), 196쪽〜212쪽, 발췌 및 수정

사회 교과서의 개념이 현실에서 아주 다르게 사용된다면 난감하다. 본래 의미보다 좁게 해석되는 건 그나마 다행이고, 심지어 변질하거나 왜곡되어 사용되기도 한다. 예를 들어, '다문화'는 말 그대로 '다양한 문화 현상'을 뜻하지만, 현실에서는 경제적으로 낙후된 국가 출신의 이주민 가정을 떠올린다. 우리가 경계심을 낮추고 도와야 할 대상으로 여기는 것이다.

'정치'도 그렇다. '정치', '정치인'하면 무엇이 떠오르는가? "그 사람 정치적이다."라는 말에 이미 부정적인 뉘앙스가 담겨 있지 않은가? 그렇게 말하는 사람이 부정적인 사람이라기보다는 미디어를 통해 매일 같이 눈살 찌푸리게 하는 정치인의 모습만을 봐 와서 그럴 수 있다. 그렇지만 현실 정치의 모습과는 다르게, 본래 정치는 우리가 만들어 가는 아주 멋지고 숭고하기까지 한 행위라고 생각한다. 정치는 다른 가치, 다른 위치, 다른 생각을 가진 구성원들이 서로 충돌하고 갈등하기도 하며 타협과 합의, 협력하는 과정이다. 힘을 가진 자가 모든 걸 결정하거나 폭력으로 밀어붙이는 것보다, 훨씬 성숙한 민주주의 공동체의 길을 만드는 과정이다. 현실의 정치가 아무리

모의 선거 수업 EBS 뉴스 방영 장면(2021. 4. 7)

부족한 게 많더라도 말이다. 따라서 정치에 관한 관심은 현실 정치가 좀 더 나아지려는 희망으로 이어져야지, 정치 무관심과 정치 혐오로 이르면 안 된다. 학습자가 정치에 대한 긍정적 관심을 가지는 게 정치 수업의 궁극적인 바람이다.

사회 교과서의 정치 단원은 정치 주체, 정치 과정과 함께 선거 제도가 큰 비중을 차지한다. 대의민주주의 국가에서 선거는 중요한 민주적 절차이다. '선거는 민주주의의 꽃이다.'라는 비유도 흔히 쓰인다. "대한민국의 주권은 국민에게 있고, 모든 권력은 국민으로부터 나온다."(「헌법」 제1조 제2항)라는 선언은 '선거권의 행사'(「헌법」 제24조)로 완성된다. 학교는 공교육 기관으로서 민주시민 양성을 목표로 하고, 따라서 사회 교사인 나도 민주주의의 꽃인 선거 수업을 잘하고 싶다.

더구나 2019년 이후 국회에서 청소년 참정권을 확대하는 법안들이 연이어 통과됐다. 선거권의 나이 기준이 만 19세에서 만 18세로 낮아졌고, 만 16세부터 정당에 가입할 수 있게 되었다. 청소년은 미래의 주역이라는 말로 밀려난 예비 시민이 아니라, 지금 당장 선거권을 행사하고 정당 활동을 하는 현재 시민이다. 정당 가입은 만 16세 미만은 할 수 없고 법정 대리인의 동의가 있어야 가능하며, 여전히 만 18세 미만은 선거권이 없다(그래서 선거 운동도 할 수 없다)는 한계가 있지만, 참정권을 행사하는 시민의 범위는 확대되고 있다. 정치교육으로서 선거 수업의 중요성이 한층 더 높아졌다.

"저희가 투표할 수 있고 정당 활동도 할 수 있다고요? 아무것도 모르는데…." 권리를 누려본 적 없는 사람들이 권리를 가졌을 때 낯설고 심지어 거부감을 가질 수 있다. 청소년들 스스로가 아직 준비가 안 되어 있다고 생각할 수도 있다. 그러나 권리는 선택의 문제가 아니다. 그런 의문을 가진 청소년들이 있다면, '그러니까 나이가 들 때까지 기다리라'는 게 아니라, 어떻게 하면 그들이 주인 의식을 갖고 권리를 잘 행사할 수 있을지 교육과 지원을 하는 방향으로 논의가 필요하다. 우리보다 일찍이 자리 잡은 민주주의 국가에서 초등학생 때 지방 의원을 모의 선거로 선출하는 활동을 하는 등 더 어린 나이부터 선거 교육을 하는 이유가 여기에 있기도 하다.

실제 선거와 연계한 수업은 현실 정치에 대한 학생들의 관심을 높일 거라는 생각으로, 처음에는 선거일이 다가올 즈음 선거에 대한 관심을 환기하는 정도였다. 그리고 모의 선거 수업을 하기에 이르렀다. 모의 선거 수업은 학생들이 실제 대통령, 국회의원, 지방자치단체장 선거에 출마한 후보자와 공약을 검토하여 모의 투표까지 하는 일련의 과정을 담는다. 모의 선거 수업으로 정치가 내 삶에 가까이 있고 나의 정치 참여가 사회 변화를 이끌 수 있다는 정치 효능감을 높일 수 있지 않을까?

연간 수업을 계획하는 2월에는 꼭 그해에 선거가 있는지 확인한다. 선거가 예정되어 있으면, 선거 전후로 6차시 정도 정치 단원을 배치한다. 수업은 활동 안내, 지식 이해, 모둠 활동, 분석 및 평가의 순으로 진행된다. 지식 이해에서는 정치 단원의 모든 지식 내용을 다루지 않고, 선거의 과정, 그 직책의 권한 등 모의 선거 활동을 위해 필요한 최소한의 내용만 선별해서 다룬다.

모둠 활동은 가장 중요한 수업 과정이다. 2~3차시의 충분한 시간을 할애한다. 후보자 검증에서는 우선 정치 지도자가 꼭 갖춰야 할 덕목을 꼽아 본다. 그리고 후보자의 경력, 경험, 인터뷰 등의 자료를 조사한 후, 우리가 꼽은 덕목에 비추어 후보자들이 직책에 어울리는 인물인지 살핀다. 공약 분석은 타당성, 현실성, 구체성 등의 검증 기준을 정하고, 이 기준에 비추어 후

### 1. 후보자 검증

모의 선거 수업 모둠 활동지

보자의 공약을 검토하는 과정이다. 그중 우리가 관심을 가지는 공약을 골라서 나와의 관련성, 기대되는 효과, 우려되는 점을 나눈다. 후보자에 대한 막연한 이미지, 가족들의 정당 선호도가 투표에 미치는 영향을 낮추고, 우리가 생각을 나눈 후보자와 공약에 관한 내용을 떠올리며 모의 투표를 한다.

선거 결과 분석은 또 다른 이야깃거리다. "우리가 뽑은 1위와 실제 당선자가 같은가, 다른가?", "사람들의 어떤 투표 심리가 이런 결과를 가져왔을까?", "우리의 결과에선 60%에 불과한 1, 2위 득표율의 합계가, 실제 선거에서는 95% 이상인 이유는 무엇일까?" 등의 이야기를 나눈다. 특히 거대양당의 득표율이 몰표에 가까운 것이 놀랍다. 우리나라의 공고한 양당제와 다수 대표제(선거 제도) 간에 밀접한 연관이 있다는 더 깊은 이야기로 이어지기도 한다.

학생들의 소감은 대체로 좋다. 정치는 자기와는 상관이 없는 어른들의 이야기라고 생각하고, 정치에 대해 갈등하고 싸우는 거라는 부정적 이미지가 있었는데, 이제 그렇지 않다. 정치가 자신들의 삶에 가까이 있음을 알게 된다. 모의 선거의 경험은 나중에 선거권을 가지게 될 때 투표소에 가고 싶은 마음을 갖게 할 것이다.

---

**모의 선거 수업에 참여한 학생들의 소감 모음**

"선거라는 게 처음에는 어른들이 주로 하는 것이고 좋아 보이지 않는 제도라고 생각했는데 이 수업을 한 뒤에 선거는 중요한 것이라는 걸 깨닫고 만 18세가 되었을 때 활용할 기회가 되어서 좋았다."

"길 가다가 벽에 공고문이 붙어 있을 때 사회 시간에 선거 후보와 공약을 배워서 자부심을 느꼈고, 선거 투표가 이렇게 중요한진 몰랐지만, 사회 시간을 통해 투표의 소중함을 깨달은 것 같다."

"초등학교 때는 학급에서 선거의 4대 원칙 같은 원리를 배웠지만, 이번 수업에는 내가 직접 선거에 출마한 사람의 공약을 분석하고 비교해서 누가 당선될지 비교를 해 보니 더욱더 좋은 것 같다. 어찌 보면 우리의 미래가 결정되는 것일 수도 있을 것이다. 학급에서 이런 것을 해 볼 수 있다는 것이 좋은 기회인 것 같다."

## 모의선거 수업이 정치효능감을 높이는가?

**양적 접근 - 제 8회 지방선거(2022.6.) 연계 모의선거 수업 전후**

1. 나는 평소 정치적인 뉴스에 대해 관심이 있다.
2. 정치 이슈에 대해 주변 사람들과 생각을 나누고 싶다.
3. 정치 이슈에 대한 정보를 얻기 위해 인터넷에서 자료를 찾아보고 싶을 때가 있다.
4. 나는 18세 이상이 된 첫 선거날에, 꼭 투표하러 가겠다.
5. 나는 바람직한 정치인의 모습을 제시할 수 있다.
6. 나는 어떤 공약이 국민에게 좋은 건지 판단할 수 있다.
7. 선거 외에 다른 방법을 통해서도 정치 참여를 하고 싶다.
8. 나의 정치참여는 사회발전에 긍정적인 영향을 미칠 것이다.

'모의 선거 수업이 정치 효능감을 높이는가?' – 수업 전후 설문 문항

## 3. 모의선거 수업이 정치효능감을 높이는가?

**양적 접근 - 제 8회 지방선거(2022.6.) 연계 모의선거 수업 전후**

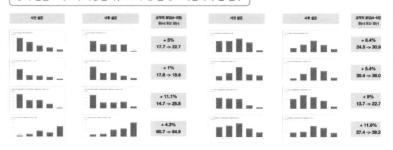

'모의 선거 수업이 정치 효능감을 높이는가?'에 대한 수업 전후 설문 결과 비교 : 8개 질문에서 모두 수업 전보다 수업 후에 높은 긍정적 응답 비율을 보였다.

아이러니하게 모의 선거 수업을 할수록, 이것이 정치교육 전부가 되면 안된다는 생각이 들었다. 수업에서 실제 후보와 공약을 검토하는 것이 현실 정치에 관한 관심, 나아가 '정치 효능감'을 가지게 되며 사회 참여에 이르기를 기대한다. 하지만 수업을 해보면 이 시간이 오히려 '정치 무관심' 나아가 '정치 혐오'를 가지게 하는 것 아닌가 하는 의문이 따라다닌다. 수업 중 좌절하게 되는 몇 장면을 보자.

"후보들이 다 비슷한 말들을 해서 비교하기가 어려워.", "어떤 후보는 무슨 공약을 제시하는지 못 찾겠어.", "공보물에 내용은 없고 좋은 말들만 있어."

가정에 우편으로 배송되는 공보물과 중앙선거관리위원회 홈페이지의 후보자 정보를 띄운 화면을 보면서, 모둠 활동이 진행될 때 오가는 대화다. 선거 홍보물 내용은 두루뭉술하면서 획일적인 말들이 많다. 정당과 후보의 차별성이나 새로운 시대정신을 담은 구체적이고 실현 가능한 내용을 찾기란 어렵다. 우리 사회의 아픔이 무엇이고, 그것을 어떤 비전과 정책으로 풀어 나가겠다는 이야기를 찾아내기가 쉽지 않다.

심지어 "전과자가 왜 이렇게 많아요?"라는 질문도 나온다. 민주화운동가나 양심에 따른 병역거부자 등 국가 폭력에 대항하다가 그렇게 된 사람들도 있긴 하지만, 후보 중엔 최소한의 시민성도 없어 보이는 잡범 전과자들도 수두룩하다. 인터넷 검색으로 찾은 후보자에 대한 뉴스에서 품격 높은 언행보다는, 보는 사람이 부끄러워지는 후보자들의 혐오 발언과 거짓 선동을 접하기도 한다. 심지어 극우주의자의 끔찍한 주장을 수업 시간에 직접 목격하게 된다. 그리고 심각한 사회적 물의를 일으킨 후보가 당선되기도 한다.

과거가 말끔히 용서받았다는 듯이 당당하다. 학교생활에서 사소한 거짓말이나 부도덕한 행위가 엄중하게 취급되는 것과 비교하면 부끄러울 정도다. '모의 선거 수업을 계속해도 되나?' 하는 자괴감까지 든다.

정치인들의 낯 뜨거운 모습은 '차츰 좋아지겠지.'라고 편히 생각하려는데, 이 문제들이 대의제 자체가 가진 한계라면? 대의제가 민주주의를 오히려 저해하고 따라서 선거가 '민주주의의 독'일 수도 있다면? "인민들은 자신들이 자유롭다고 생각한다. 하지만 그들은 크게 잘못 생각하고 있다. 그들은 의회의 의원 선출 기간에만 자유로울 뿐이다. 의원을 선출하자마자 그들은 곧 노예가 되며, 별것 아닌 존재가 되어 버린다."라는 300년 전 루소의 말은 여전히 맞는 말이다. 선거 시즌이 아닐 때는 제도적 참여의 기회가 열려 있다 해도 시민들이 현실 정치에 참여하기란 어렵다. 현실의 정당 정치와 대의제는 과두제(엘리트주의) 양상으로 흘러간다. 이렇게 보면 선거와 민주주의는 동의어가 아니었고, 오히려 선거는 민주주의를 해치는 독을 품고 있을지 모른다.

학교와 학교 안의 학생 자치도 그런 모습을 보일 때가 많다. 선거가 학생의 학교 내 민주주의를 향한 여러 길 중의 하나가 아니라, 목적 그 자체일 때가 많다. 학급회장과 학생회장 선거를 절차적 민주주의를 잘 지켜서 치르고, 당선된 학급회장, 학생회장의 활동이 곧 학생 자치라고 여긴다. 민주주의는 말 그대로 구성원 하나하나(民)가 주인(主)으로서 공동체의 일에 참여한다는 것인데, 실제로는 학생 개개인의 의견들은 유의미하게 다뤄지지 않는다. 대표가 아닌 일반 학생들이 말하고 그걸 모아서 나누는 과정에는 별로 관심이 없어서 아쉽다. 선거 수업에 못지않게 학교 일상의 민주주의에 관한 관심을 가지게 된 이유다.

학교에서 선거 수업과 또 다른 방식의 정치교육은 어디서부터 시작할 수 있을까? 전교 학생회장 선거 입후보 추천, 공약 제시, 토론회, 선거 유세의 과정을 잘 거치는 것도 중요하지만, 대의제가 가진 한계를 보완하는 방법은 무엇일까? 그건 학생들의 사소한 의견이 공론의 과정을 거치며 유의미하게 다뤄지는 경험일 것이다. 사소한 의견이 유실되지 않는 민주적 경험들은 선거 수업으로 채우지 못하는 부분을 채우는 정치교육이 될 수 있다.

2021년 5월, 우리 학교에서는 교복선정위원회가 열렸다. 형식적인 이야기만 오가는 회의 자리일 수 있는데, 참여한 학생 위원이 교복 착용 규정에 대한 변경 요구를 했다. 교복(생활복, 체육복)을 입어야 한다는 학교 규칙이 있다. 교복을 입은 상태로 안이나 겉에 사복도 더 입을 수 있는데, 한여름이 문제다. 특히 체육 수업 이후에는 상의를 한 겹만 입어도 더운데, 규정 때문에 내의(반소매 티셔츠) 위에 교복을 입어야 한다. 더위에 못 견뎌 교복을 목에 걸고 다니는 학생들이 있고, 이게 교복 착용이다 아니다하는 실랑이가 벌어진다. 학생 위원은 본인도 그렇고 학급과 주변 친구들로부터 이런 어려움을 들어온 참에, '여름철에 한시적으로 상의를 자율화하자.'는 제안을 한 것이다.

안건의 공론화가 진행되고, 학급의 자치 안건으로 전교생들의 의견을 모은다. 모아진 학급 의견을 두고 대의원회의 토론이 진행되고 합의 또는 투표로 최종 결정을 한다. 교사회도 발을 맞춰서 학생자치부와 학생생활지원부, 두 부서의 공동 제안으로 교직원 회의가 열린다. 질의응답과 토론을 거쳐 학생의 제안을 받아들인다는 결정, 교복 착용에 대한 변경된 지도 방식을 공유한다. 시범 운영 기간을 거쳐 교사회와 학급회의 평가를 한다. 내년에 재실시할지에 대한 자료를 정리해 놓는다. 이런 일은 학교에서 자주 일어나지 않는 예외적인 일이다. 그렇지만 이런 일을 거치면서 학교는 학생에게 작은 의견이 유실되지 않는 경험, 공론장에서 충분히 숙의되는 경험을 제공한다.

아예 법 단원 수업에서 학교생활규정을 검토하고 개정안을 만들어 보기도 했다. 교과서의 법의 의미와 목적을 간단히 다루고, 서울특별시 학생인권조례를 함께 읽는다. 조항을 전체 학생이 집중력 있게 읽기 위해서, 학생마다 돌아가면서 한 조항씩 읽는다. 주요 조항이 제시되는 제28조(소수자 학생의 권리 보장)까지 대략 A4용지 10쪽 분량을, 45분 수업을 꽉 채워서 읽는다. 지루해하지 않을까 하는 생각을 했지만, 의외로 높은 집중력을 보인다. '법조문에 떡하니 있는 우리의 권리를 모르고 살았다니!' 인간의 존엄성을 보장하는 헌법 정신에서 비롯된 학생인권조례지만, 처음 접한 학생들은 그 내용이 새롭고 충격적(?)이기까지 하다. 인권조례의 내용을 바탕으로 학교생활규정을 검토하고, 개정이 필요한 조항을 검토한다. 더하여 학교 규칙 중 잘 지켜야 하지만 그렇지 못하고 있는 생활을 돌아보고, 우리가 스스로 만든 학교생활 규칙을 발표해 본다.

**서울특별시 학생인권조례 중 일부**

제3조(학생 인권의 보장 원칙) 1 이 조례에서 규정하는 학생 인권은 인간으로서의 존엄성을 유지하고 행복을 추구하기 위하여 반드시 보장되어야 하는 기본적인 권리이며, 교육과 학예를 비롯한 모든 학교생활에서 최우선적으로 그리고 최대한 보장되어야 한다.

제5조(차별받지 않을 권리) 1 학생은 성별, 종교, 나이, 사회적 신분, 출신 지역, 출신 국가, 출신 민족, 언어, 장애, 용모 등 신체조건, 임신 또는 출산, 가족 형태 또는 가족 상황, 인종, 경제적 지위, 피부색, 사상 또는 정치적 의견, 성적 지향, 성별 정체성, 병력, 징계, 성적 등을 이유로 차별받지 않을 권리를 가진다.

제6조(폭력으로부터 자유로울 권리) 1 학생은 체벌, 따돌림, 집단 괴롭힘, 성폭력 등 모든 물리적 및 언어적 폭력으로부터 자유로울 권리를 가진다.

제10조(휴식권) 1 학생은 건강하고 개성 있는 자아의 형성 · 발달을 위하여 과중한 학습 부담에서 벗어나 적절한 휴식을 누릴 권리를 가진다. 2 학교의 장은 학생의 휴식을 누릴 권리를 보장하기 위하여 충분한 휴식 시간과 휴식 공간을 확보해야 한다.

제12조(개성을 실현할 권리) 1 학생은 복장, 두발 등 용모에 있어서 자신의 개성을 실현할 권리를 갖는다. 2 학교의 장 및 교직원은 학생의 의사에 반하여 복장, 두발 등 용모에 대해 규제하여서는 아니 된다.

제13조(사생활의 자유) 1 학생은 소지품과 사적 기록물, 사적 공간, 사적 관계 등 사생활의 자유와 비밀이 침해되거나 감시받지 않을 권리를 가진다. 4 학교의 장 및 교직원은 학생의 휴대폰을 비롯한 전자기기의 소지 및 사용 자체를 금지하여서는 아니 된다. 다만, 교육 활동과 학생들의 수업권을 보장하기 위해 제19조에 따라 학생이 그 제정 및 개정에 참여한 학교 규칙으로 학생의 전자기기의 사용 및 소지의 시간과 장소를 규제할 수 있다.

제16조(양심 · 종교의 자유) 1 학생은 세계관, 인생관 또는 가치적 · 윤리적 판단 등 양심의 자유와 종교의 자유를 가진다.

제18조(자치 활동의 권리) 1 학생은 동아리, 학생회 및 그 밖에 학생자치조직의 구성, 소집, 운영, 활동 등 자치적인 활동을 할 권리를 가진다.

제19조(학칙 등 학교규정의 제 · 개정에 참여할 권리) 1 학생은 학칙 등 학교 규정의 제 · 개정에 참여할 권리를 가진다.

# <우리학교 학생생활규정 개정안>

○ 1학년 사회 '11단원 일상생활과 법'과 연계하여 아래의 활동을 진행
○ 헌법에서부터 서울학생인권조례에 이르는 '인간의 존엄성(인권)'의 관점에서, 우리학교 학생생활규정을 검토함.
○ '기본권 제한의 한계'(헌법 37조 ②)와 법의 특성(강제성, 구체성, 명확성)이 반영될 수 있는 개정안 문구를 제시함.
○ 우리학교 생활규정 개정 절차에 회의자료로 제출하고자 함.

> 학생인권조례 제19조(학칙 등 학교규정의 제·개정에 참여할 권리)
> ① 학생은 학칙 등 학교 규정의 제·개정에 참여할 권리를 가진다.
> ② 학생 또는 학생자치조직은 학칙 등 학교 규정의 제·개정안에 대하여 의견을 제출할 수 있다.

| 조항 | 기존 | 개정안 | 논거 | 제안 학급 |
|---|---|---|---|---|
| 2. 학생생활규정 제2장 생활교육위원회 운영 및 징계 | 제25조(소지 및 사용이 불가한 물품) ① 3. 레이저 포인터 등 레이저 기구 | 제25조(소지 및 사용이 불가한 물품) ① (삭제) 레이저 포인터 등 레이저 기구 | 위험하다고 해서, 아예 소지 또는 사용을 금지할 수는 없음. | 1학년 1반 |
| | <표 1> 징계 처리 기준 근태 : 가출하여 사회 물의를 야기한 학생 | <표 1> 징계 처리 기준 (삭제) 근태 : 가출하여 사회 물의를 야기한 학생 | 학교생활이 아닌 곳에서의 비행에 대해, 학교에서 처벌할 수 없음. | 1학년 1반 1학년 4반 |
| | <표 1> 징계 처리 기준 교사에게 불손한 언행(SNS 포함)을 한 학생 | 교사에게 욕설을 하거나, 교사에 대해 나쁜 이야기를 몰래하거나 등 교사의 명예를 훼손하는 학생 | '불손한 언행'이라는 모호한 표현을 구체적인 행위로 표현함. | 1학년 2반 |
| 2. 학생생활규정 3장 학교생활교육 | < 표2 > 3·3·3 지도 기준 핸드폰 소지는 가능하나 (교사 기간 제외) 조·종례 및 수업 시간에는 반드시 전원을 끔. | 핸드폰 소지는 가능하나 (교사 기간 제외) 조종례 및 수업시간엔 전원을 끄거나 소리를 끄기로 한다. | 소리를 무음으로 하면, 규정을 지키면서 활용도 편리함. | 1학년 3반 |
| 2. 학생생활규정 3장 학교생활교육 | 제24조(두발 및 복장 등 용모) ② 용모에 있어서 청결을 유지하여 타인에게 불쾌감을 유발시키지 않도록 한다. | (삭제) 제24조(두발 및 복장 등 용모) ② 용모에 있어서 청결을 유지하여 타인에게 불쾌감을 유발시키지 않도록 한다. | '청결', '불쾌감'이라는 모호한 표현이 적절하지 않음. | 1학년 4반 |
| 3. 학생용의 복장 규정 | 제12조(담배) ① 담배 및 라이터를 소지하고 있을 경우 압수한 후, 흡연한 것으로 간주한다. | 담배, 라이터 소지 시 니코틴 측정기로 측정을 하고 니코틴이 나올 시 흡연한 것으로 간주함. | 담배, 라이터를 소지한 것만으로, 그 학생이 흡연한 것으로 간주할 수 없음. | 1학년 1반 |
| | 제13조(기타) ① 악세사리는 허용하지 않으나 종교적인 의미가 있는 작은 반지나 목걸이 등은 허용한다.(단, 피어싱, 문신은 금한다) | 용모에 대한 자유를 보장하며, 안전하지 않은 악세서리를 제외한 악세서리는 허용한다. | '악세서리 착용의 제한 범위'를 줄이자는 취지 <서울학생인권조례 관련 조항> 제12조(개성을 실현할 권리) ① 학생은 복장, 두발 등 용모에 있어서 자신의 개성을 실현할 권리를 갖는다. ② 학교의 장 및 교직원은 학생의 의사에 반하여 복장, 두발 등 용모에 대해 규제하여서는 아니 된다. <개정 2021. 3. 25.> | 1학년 1반 |
| | | 모든 악세서리, 피어싱 등을 허용하되 체육시간에는 착용하지 않고, 도난, 안전 사고 등에 대한 책임은 본인에게 있다. | | 1학년 4반 |
| | | 악세서리, 피어싱, 문신은 허용하되 음.(단, 종교적 의미의 악세서리 또는 실반지, 불귀걸이, 작은 목걸이는 허용) | | 1학년 5반 |
| | 제6조(교복) ① 1. 남학생은 생활복 상의, 교복 바지 | 제6조(교복) ① 1. 남학생은 생활복 상의, 교복 치마 또는 바지 | 남학생도 치마를 입을 수 있음. | 1학년 3반 |
| 4. 교복 규정 | 제1조(목적) 본 규정은 학생으로서 갖추어야 할 교복 기준을 정함으로써 올바른 기본 생활 습관을 갖도록 하는데 그 목적이 있다. | 제1조(목적) 본 규정은 학생으로서 갖추어야 할 교복 기준을 정함으로써 올바른 기본 생활 습관을 갖도록 하는데 그 목적이 있다. | 우리학교의 교복을 없앨 수도 있음. | |

학생인권조례를 통한
학생 생활규정 개정안 만들기

우리가 만드는 학교생활 규칙(1학년 전교생 의견 모음)

### 3) 일하는 삶이 궁금한 너에게 – 노동인권 수업

카피레프트 격월간 교육 잡지 〈오늘의 교육〉(교육공동체 벗) 기고 글, 「이런 경제 교과서로는 시민이 탄생할 리 없다」 69호(2022년 7~8월). 23쪽~36쪽. 발췌 및 수정

노동인권교육은 최근 10년 새에 아주 중요한 시민교육의 하나로 자리 잡았다. 노동인권교육은 특성화고 현장 실습생들의 안타까운 산업재해 사고들이 잇따라 발생하고 사회문제로 떠오르면서 본격적으로 시작됐지만, 사실 노동은 대부분의 보통 사람들이 매일 같이 하는 일상이기에 진즉 학교 교육의 중심이어야 했다. 2021년 발표된 2022 개정 교육과정 총론 '시안'(확정되지 않은 계획)에서 '일과 노동의 가치'가 생태교육, 민주시민교육과 함께 3대 목표 중 하나로 제시되기까지 했다(아쉽게도 확정된 총론에는 그 비중이 크게 줄었다). 점차 각 학교급과 과목별로 '노동' 요소를 접목하는 시도

들이 계속될 것으로 기대한다.

2020년 9월엔 『청소년 노동인권』이라는 중학교 인정 교과서가 개발됐고, 나는 이 교과서로 중학교에서 처음으로 정규 교육과정에서 한 학기 동안 노동인권 수업을 하는 기회를 얻었다. 이전까지 노동인권교육은 학기말, 범교과, 외부 강사 초청, 사회 교과 수업에서 단발성으로, 그것도 주로 법률적 권리 측면에서 3차시 이내로 다뤄져 왔다. 이와 다르게, 한 학기 노동인권 수업은 노동에 대한 역사, 관점, 가치, 감수성, 권리 등 시민교육의 한 영역으로 노동을 다룰 수 있다. 노동인권 수업에서 노동에 대한 인식과 정의, 노동의 가치와 노동에 대한 태도, 최저임금 위원회와 최저임금 결정, 취업난과 학습 노동 등에 대한 자료를 보고 책을 읽고 생각을 나눈다.

### 노동인권 수업 학습지와 학생 필기의 예

노동에 대한 인식과 정의

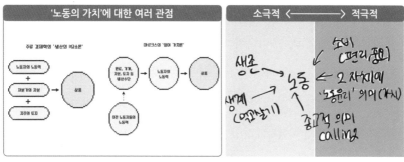

노동의 가치와 노동에 대한 태도

**내년도 최저임금 결정을 위한 노사정 간의
협력, 갈등, 타협 등의 과정을 다루며,
최저임금을 둘러싼 현실의 논쟁과정을 다룸.**

최저임금위원회와 최저임금 결정

**꿈꾸는 직장의 모습은?**
**"높은 월급, 사원복지, 자율성 높은 회사문화 …"**
**'꿈꾸는 직장'이 적은 현실…**

**이중노동시장과 취업난
입시경쟁과 학습노동**

취업난과 학습 노동

그중 '노동3권'은 가장 중요하면서도, 아주 민감한 주제였다. 다른 민주주의 국가들은 물론이고, 우리나라 헌법 제33조에도 명시된 단결권, 단체교섭권, 단체행동권은 노동자라면 누구나 행할 수 있는 권리다. 그러나 한편으로는 우리 사회가 극한의 이념 대립(자본주의와 사회주의의 대립, 동족상잔의 한국전쟁과 분단의 아픔)을 겪었기에, 사회주의적 요소가 짙은 이 권리에 대한 반감도 여전하다. 그래서 학기 말에 간단히 다룰 주제로 막연히 미뤄 놨다.

그러다 2021년 10월 코로나19 방역에 가장 애쓰는 보건, 의료 분야 등 일하기 너무 힘들어서 못 버티겠다는 노동자들이 파업한다는 뉴스가 전해졌다. 열악한 노동환경에 놓인 비정규직 종사자, 그중에서도 학교 비정규직 노동자들이 파업에 가장 적극적이었다. 우리 학교 급식 조리 선생님들도 참여한다는 소식이 들렸다. 당일 학사 일정이 단축 수업과 급식 미시행으로 변경됐다. 학교에서는 학사 일정 변경과 함께 파업하는 분들의 요구를 알 수 있

| '노동3권' 계기 수업 흐름 | |
| --- | --- |
| 1.도입 | 노동조합의 파업에 대한 뉴스를 접하면 어떤 생각이 드나요? 파업에 대한 뉴스의 댓글들은 왜 다 혐오의 말들일까요? 무조건 욕하기 전에, 어떤 간절한 목소리인지 들어 볼까요? |
| 2.내용 | 헌법상의 권리인 노동삼권(단결권, 단체교섭권, 단체행동권)의 역사와 법 이해<br>해외 사례: 파업에 관대한(?) 유럽 사회의 시민 의식<br>예) 프랑스의 판사 파업 |
| 3.토론<br>(심화) | "우리나라는 왜?"<br>OECD 평균(32%)의 절반에도 미치지 않는 낮은 노조조직률(12%)을 가질까? 교사&공무원은 노동삼권을 온전히 보장받을 수 없을까? |
| 4.참여 | 급식 조리 선생님들이 요구하는 노동조건에 대한 목소리 듣기(파업 홍보 영상)<br>파업에 대한 지지와 응원의 짧은 문구 쓰기(필수 아님, 익명 가능) |

는 내용을 넣어 가정통신문을 발송해 주셨다. 하필 특별 메뉴가 나오는 수요일이어서, '바삭바삭 새우튀김'을 못 먹게 됐다는 학생들의 불만이 많다.

학생들의 불평은 귀여운(?) 수준이다. 파업에 대한 뉴스의 댓글은 혐오 일색이다. '때려치워라. 할 사람 많다.', '아이들 볼모로 잇속 챙기지 마라.' 경악할 말들이 난무한다. 파업에 대한 뉴스의 댓글은 왜 혐오 일색일까? 이걸 대놓고 얘기하며 수업을 시작한다. 파업은 더는 물러설 곳 없는 사람들의 절규일 수 있다. 무조건 욕하기 전에, 왜 이들이 징계와 해고를 각오하고 일을 멈추었는지, 어떤 요구를 하는지 들어 봐야 하지 않을까? 학생들은 수업의 막바지에 바삭 새우튀김을 못 먹는 마음을 달래며, 급식 조리 선생님들께 응원의 문구를 (원하는 사람만)적어 보았다. 학생들이 적은 응원 메시지를 출력하여 들고 선생님들과 급식실을 찾았다. 아이들의 식사를 거르게 해 무거워졌던 마음이 조금이나마 누그러지는 거 같아 보였다.

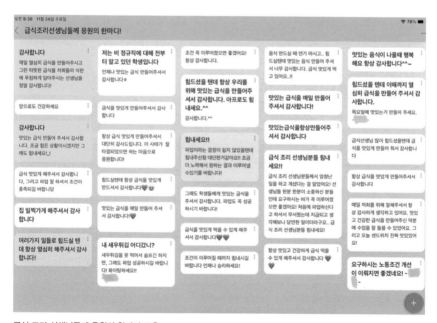

급식 조리 선생님들께 응원의 한마디 모음

학교 안의 노동에 감사하기(학생 작성글 모음)

학교 안의 여러 노동을 소개하는 수업도 했다. 학교는 급식 조리 선생님들을 포함해서 우리가 평소에 당연하게 생각하는, 그렇지만 우리의 안전하고 행복한 학교생활을 위해 묵묵히 일하시는 선생님들이 많다. 학교를 대표하는 교장, 교감 선생님과 교실에서 만나는 교과 선생님, 담임 선생님은 스승의 날에 감사 인사를 하니 일단 빼기로 한다.

이날 수업은 영양, 사서, 특수, 보건, 상담, 복지, 행정, 교무, 방역, 시설, 당직, 청소, 지킴이(보안관), 급식 조리, 과학실, 정보기가재, 스마트기기 관리 선생님의 노동을 살피는 것으로 했다. 학교 안의 소중한 노동을 간단히 소개하고, 감사의 문구를 작성하여, 그것을 모아 교내 메신저로 학생들의 마음을 교직원들께 전달한다.

**"여러분 곁에 노동조합이 있습니다."**(만화 〈송곳〉 중) – 전국교직원노동조합

'노가다'와 '빨갱이'에서 '귀족노조'까지. 우리 사회에서 노동자와 노동조합이 공격 받는 말들이다. 아무리 이념 대립이 심했던 땅이라곤 하지만, 나와 우리 주변의 일하는 보통 사람들이 다 노동자인데 너무 심한 말이다. 폭력의 역사, 부정적 인식, 노동자 간 차별의 악순환이다. OECD 국가들 평균(32%)의 절반에도 못 미치는 낮은 노조조직률(12%)로 노동자는 목소리를 모아 말하기 어렵다. 소규모 사업장의 노동조합 조직률은 10%가 채 되지 않아 더욱 열악하다. 배달라이더, 학습지 교사, 골프캐디 등은 법률상 개인사업자로 분류되어 온전히 노동자로 인정받지 못한다.('특수고용노동자'라로 불리며, 불완전한 법적 지위를 보장받는다.) 수많은 노동 문제가 발생한다. 낮은 최저임금, 장시간 노동, 잦은 산업재해, 비정규직 차별 등이 우리 사회의 민낯이다.

교사의 노동조합 조직률도 10% 정도이다. 이렇다 보니, 교육 정책에 대해 교사의 목소리에 힘이 실리지 않는다. 임금 인상, 연금 보장 등 권익 높이기, 학급당 학생 수 감축, 행정 업무 간소화 등 학교의 업무 환경 바꾸기, 정규 교원 수급, 경쟁형 입시 제도 폐지 등 공교육 변화하기 등의 요구가 흩어진다. 교사의 권익을 위해, 교육할 수 있는 학교 환경을 위해, 그리고 제대로 된 공교육과 노동이 존중되는 사회를 위해, 교사부터 노동조합을 꼭 하면 좋겠다.

1) 교사, 무대에 서다. [교사 뮤지컬]

학교 가는 길이 유달리 설레는 날은 친구들과 재밌는 일을 하기로 약속한 날 아닐까? 교사도 마찬가지다. 학교생활이 힘들고 지쳐도 동료 선생님과 재밌게 잘 지내는 날들이 다시 힘을 나게 한다. 동료 선생님들과 행복한 시간을 보낸다는 건 정말 소중한 일이다. 선생님들이 모여 재밌는 추억을 쌓았던 경험이 있다. 바로 교사 뮤지컬이다.

요즘 중학교에서는 학기 말에 학급 뮤지컬을 발표하는 학교가 많아졌다. 이 행사의 특별 무대로 선생님들이 꾸민 뮤지컬을 한다면? 학생들에게 특별한 시간을 선사할 수 있다. 아니, 우리 선생님들부터가 재밌겠다! 공연 무대에 오르는 순간은 재밌고 의미 있는 경험의 극히 일부다. 뮤지컬은 결과의 예술이 아니라, 과정의 예술이기 때문이다. 작가, 연기, 음향, 무대미술 등 각자의 개성을 발휘할 수 있는 다양한 역할, 하나의 무대를 만드는 협력. 공연까지 같이 밟아가는 모든 과정이 '교육적'이다. 학급의 친구들만큼이나 선생님들도 다양한 관심과 재능이 있다. 이를테면 글쓰기를 좋아하는 선생님들이 대본을 쓰고, 손이 빠른 분이 조명기기를 담당하고, 발음과 성량이 좋은 분이 주인공을 하고, 미술을 잘하는 분이 소품을 준비한다. 2학기 동안 틈틈이 준비했고 공연을 앞두고는 며칠씩 저녁까지 남아서 연습했다. 25명이 넘는 교직원들이 한 시간짜리 뮤지컬 공연을 준비했다.

마침내 무대에 올랐다. 열심히 연습했지만, 전문 배우는 아니기에 대사를 실수하고 말을 더듬었다. 그렇지만 그건 중요하지 않다. 세상에서 가장 큰 무대에 선 월드 스타가 됐다는 착각을 일으킬 정도로 학생들이 몰입해서 보고 환호하고 손뼉을 치며 격려했으니까. 우리는 같이 웃고, 같이 울었다. 어느새 공연은 순식간에 막바지로 치달았다. 커튼콜이 내려올 때 맞잡은 손으로 허리 숙여 인사하며 영광스러운 무대를 마쳤다.

사실 나는 사람들 앞에 나서는 걸 너무 싫어해서 교단에 서서 말하는 교사를 내가 할 수 있을까 하는 두려움까지 있었다. 교사 첫해, 선생님들이 "우리 학교는 축제에 교사 댄스 공연을 하는 전통이 있어요.", "신규 선생님은 빠지면 안 돼요."라고 했다(나중에 알고 보니 우리 학교에 그런 전통은 없었다). 교실 수업 때 20~30명 앞에 서는 것도 떨리는데, 전교생 앞에서 춤을 추라고? 절대 그런 일이 일어나서는 안 된다. 그래서 한 달 넘게 도망을 다니다가 붙잡혔다. 하필 그해의 히트곡은 크레용팝의 '빠빠빠'. 전교생 앞에서 하얀 타이즈, 빨간 반바지, 오토바이 헬멧을 쓰고 허리를 곧게 펴고 쭈그려 앉았다가 제자리 점프를 반복하는 동작인 '8기통 댄스'를 췄다. 일생일대의 굴욕과 창피함은 잠깐이었다. 관객석에서 환한 미소와 환호로 보내는 학생들의 반응에 평생을 몰랐던 공연 무대의 짜릿함을 찐하게 느껴 버리고 말았다. 그래서 이후에는 교사 공연을 한다면 빼지 않고 참여하려 한다. 아니 나서서 교사 댄스 하자고, 교사 뮤지컬 하자고 적극적으로 앞장선다.

교사 뮤지컬 공연 모습

### 2) 취미가 공부, 전국사회교사모임

늦잠을 실컷 자던 교사 첫해의 6월, 토요일 오전이었다. 학교 사회 선생님의 전화로 잠에서 일어났다. 오늘 사회 교사들이 모이는 수업 연구발표회가 있으니 시간 되면 한번 와 보라는 말씀이었다. 마침 모임 장소가 근처여서 세수만 하고 모자를 눌러쓰고 갔다. 연구발표회는 전국사회교사모임 선생님의 공동체 게임 수업 시연이었다. 시장 경제, 세금, 복지, 공동체 정신을 게임 모형으로 개발하다니! 공동체 게임 수업의 설계와 진행, 교육적 의

## ◆ 소방 분야

| 강좌명 | 수강료 | 학습일 | 강사 |
|---|---|---|---|
| 소방기술사 1차 대비반 | 620,000원 | 365일 | 유창범 |
| [쌍기사 평생연장반] 소방설비기사 전기 x 기계 동시 대비 | 549,000원 | 합격할 때까지 | 공하성 |
| 소방설비기사 필기+실기+기출문제풀이 | 370,000원 | 170일 | 공하성 |
| 소방설비기사 필기 | 180,000원 | 100일 | 공하성 |
| 소방설비기사 실기 이론+기출문제풀이 | 280,000원 | 180일 | 공하성 |
| 소방설비산업기사 필기+실기 | 280,000원 | 130일 | 공하성 |
| 소방설비산업기사 필기 | 130,000원 | 100일 | 공하성 |
| 소방설비산업기사 실기+기출문제풀이 | 200,000원 | 100일 | 공하성 |
| 소방시설관리사 1차+2차 대비 평생연장반 | 850,000원 | 합격할 때까지 | 공하성 |
| 소방공무원 소방관계법규 문제풀이 | 89,000원 | 60일 | 공하성 |
| 화재감식평가기사·산업기사 | 240,000원 | 120일 | 김인범 |

## ◆ 위험물 · 화학 분야

| 강좌명 | 수강료 | 학습일 | 강사 |
|---|---|---|---|
| 위험물기능장 필기+실기 | 280,000원 | 180일 | 현성호,박병호 |
| 위험물산업기사 필기+실기 | 245,000원 | 150일 | 박수경 |
| 위험물산업기사 필기+실기[대학생 패스] | 270,000원 | 최대4년 | 현성호 |
| 위험물산업기사 필기+실기+과년도 | 350,000원 | 180일 | 현성호 |
| 위험물기능사 필기+실기[프리패스] | 270,000원 | 365일 | 현성호 |
| 화학분석기사 필기+실기 1트 완성반 | 310,000원 | 240일 | 박수경 |
| 화학분석기사 실기(필답형+작업형) | 200,000원 | 60일 | 박수경 |
| 화학분석기능사 실기(필답형+작업형) | 80,000원 | 60일 | 박수경 |

미가 놀라웠다. 놀라운 건 또 있었다. 그 자리에 모인 사람들이었다. 주말에 쉬고 놀아도 모자랄 판에 학교에 모여서 선생님들끼리 연구하고 발표하고, 소감과 의견을 나눈다고? 나같이 게으른 사람한테는 말이 안 되는 광경이었다. 이런 모임이 있는지조차도 몰랐는데 신기하고 대단해 보였다.

그날 마칠 때 한 선생님께서 주말에 정기적으로 모이는 공부 모임에 와보라 하셨다. 나랑 어울리는 모임인가 하는 의문도 들었지만, 하나씩 배워간다는 생각에 모임에 참여하기 시작했다. 그날 이후 지금까지 10년을 회원으로 활동하고 있다. 사회과 지식을 깊이 하는 것, 사회 교사로서의 수업을 준비하는 과정, 새로운 수업을 할 수 있는 용기 등 아주 많은 걸 배웠다(진심으로, 대부분의 사회 선생님들은 나보다 학생들과 좋은 수업을 하고 좋은 관계를 맺으신다. 이 책의 한 부분을 맡은 것도 내가 특별하다기보다는 대다수의 대단한 사회 선생님들을 대신하여 나의 어설픈 경험을 옮긴 것이다).

임용시험을 마치고 한동안 책을 멀리했다. 모임을 하면서 다시 책과 가까워지면서 생각이 더 풍부해졌다. 시와 소설, 에세이, 자연과 사회과학 등은 물론 혼자라면 절대 고르지도, 펴지도 않을 다양한 종류의 책들을 손에 쥐고 다녔다. 무엇보다도 공부가 새롭게 다가왔다. 공부는 혼자 하는 게 아니었다. 혼자 책을 읽는다는 건 그 책을 완전하게 다 읽은 것이 아니었다. 책은 '같이 읽고 나눠야' 했다. 모여서 서로 감상을 나누고 지적 호기심을 자극하고 대안을 함께 만들어 가는 이야기까지 해야 진짜 공부가 되었다. 분명한 권의 책을 읽었지만, 모임에서 대화할수록 책이 입체적으로 다가왔고 책에 대한 이해가 깊어졌다. 나의 내면, 나의 사고, 나의 관계, 나의 전문성을 다지는 진짜 공부가 되었다.

관련한 책들을 같이 읽다 보면, 관심이 점점 좁은 범위로 수렴되고 공부의 깊이가 깊어진다. 그렇게 공부가 쌓이다 보면 워크숍을 열어 사례 발표를 하거나, 관련한 논의를 하는 공청회, 토론회에 참여하기도 한다. 책 출간으로 이어질 때도 있다. 국제 거래의 문제, 세계적 불평등을 다룬『사회 선생님이 들려주는 공정무역 이야기』, 노동의 의미와 우리 사회의 노동 문제를 다룬『일하는 삶이 궁금한 너에게』, 미디어를 통해 접하는 사회 이슈를 모은『오늘의 미디어 문해력』등에 참여했다. 혼자서는 엄두도 못 내는 책을 쓰는 일이, 같이 공부하고, 자료를 모으고, 원고를 검토하니 가능한 일이 되었다.

2022년 여름엔 코로나19 펜데믹으로 멈췄던 워크숍을 오랜만에 개최했다. 수업 사례를 발표하고 나누는 '수업 나눔', 현재 주류 언론의 왜곡된 청년 세대 담론을 비판한 사회학자 신진욱 교수님 '초청 강연', 2022 개정 사회과 교육과정(안)에 대해 1년 넘게 공부하고, 모임에서 의견서를 냈던 시간을 돌아보는 '사회과 교육과정 토론'으로 구성되었다. 오랜만에 얼굴을 보면서 사회 교사로서 가진 고민을 나누는 시간이었다.

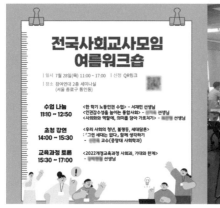

2022 여름 워크숍 안내 웹자보　　　　　전국사회교사모임 여름 워크숍

## 전국사회교사모임

1989년에 출범한 전국사회교사모임은 학교 현장과의 밀착성을 생명력으로 지금 우리의 교실에 필요한 민주시민교육을 위해 끊임없이 노력하고 있다. 사회 교사로서 현실적이고 전문적인 지식과 방향 감각을 갖추기 위해 정치, 경제, 법, 문화 등 사회 교과와 관련하여 함께 공부하고 해당 분야의 전문가들을 초청하여 강연회를 열고 있으며, 이러한 활동을 바탕으로 다양한 수업자료를 개발하였다. 또한, 연구 성과 및 문제의식을 더 많은 선생님과 공유하기 위해 교사 연수, 회지 발간, 단행본 출판 등을 꾸준히 해 오고 있다. 학교 현장을 위한 민주시민교육을 연구하고 회지 [민주사회와 교육]을 연 2회 발간한다.

기획 및 집필한 책으로는 『주제가 있는 사회 교실』, 『사회 선생님이 뽑은 우리 사회를 움직인 판결』, 『참여하며 깨닫는 공동체 게임』, 『사회적 감수성을 키우는 시민 교과서』, 『사회 선생님이 들려주는 공정무역 이야기』, 『사회 선생님도 궁금한 101가지 사회 질문사전』, 『아름다운 교육 실천-사회 참여 체험교육』, 『땅콩 선생, 드디어 인권 교육하다』, 『아름다운 참여』, 『초·중·고등학생을 위한 민주주의』 시리즈, 『생각 vs 생각』, 『손에 잡히는 사회 교과서』, 『사회 선생님이 들려주는 경제 이야기』, 『들으며 깨닫는 사회 이야기』, 『오늘의 미디어 문해력』, 『온 세상이 사회 교과서』 등이 있다.

네이버 밴드 '전국사회교사모임' 사회 선생님들의 소통과 배움의 플랫폼
#교사_현장 #수업 #교육과정 #「민주시민과 교육」회지 #논문 #중학교 #고등학교 #통합사회 #정치와법 #사회문제탐구 #경제 #사회문화

### 3) 다 잊고, 다 내려놓고, 푹 쉬자!

퇴근하는 발걸음이 항상 가볍지는 않다. 빡빡한 학교 일과에 해야 할 일을 다 못 마치고 학교 문을 나서면 찜찜할 때가 많다. 마음이 특히 무거운 날이 있다. 이땐 100% 사람 관계에서 생긴 갈등이 원인이다. 교사는 학교 울타리 안에서 담임 학생, 수업에서 만나는 학생, 동아리 학생, 학부모, 동료 교사, 관리자, 행정 직원분들과 함께 생활한다.

어느 사회 집단이나 구성원 간에 항상 원만한 관계를 유지하는 건 아니다. 학교 안에서도 서로 순탄한 대화로 끝나면 다행인데, 각자 자기주장이 옳다고만 하거나 미묘한 신경전이 오가거나, 심지어 서로에게 언성을 높이는 일이 벌어지기도 한다. 사람들은 서로 다른 경험과 가치관을 가지고 다른 판단과 행동을 할 때가 많다. 특히나 학교는 '교육'이라는 한 가지 목표를 향하지만, 그 교육이라는 게 아주 폭넓은 의미가 있고, 각자가 생각하는 교육에 대한 상이 미세하게 달라서 더 팽팽하게 대립한다.

예를 들어, 선생님들 간에 평가에 관한 생각이 다를 수 있다. 나는 지필고사의 비중을 낮추고 모둠 프로젝트 수행평가에 높은 평가 비중을 두고 싶은데, 다른 선생님은 선다형 지필고사를 평가에서 높은 비중을 가지게 하고 싶을 수 있다. 학교생활이 엉망인 학생에 대해, 나는 좀 더 기다려 보고 하는데, 다른 선생님은 학칙에 명시된 학교 규칙에 따른 즉각적인 대응이 그 학생이 달라질 수 있는 좋은 계기가 된다고 주장한다. 누가 맞고, 누가 틀렸다기보다는 각자 수업과 평가, 학생, 학생의 변화에 대해 다른 경험과 관점을 가지고 있는 것뿐이다. 갈등 자체는 나쁜 게 아니다. 그래서 서로서로 왜 부딪치게 됐는지 돌아보고, 갈등 상황에서 자신의 판단을 해 나가야 한다.

어쨌든, 퇴근하면 녹초가 된다. 사람들과 협력과 소통을 하는 일은 내가 의식하고 있건, 그렇지 않건 엄청난 에너지를 소모한다. 신규 교사 때 기진 맥진해서 저녁을 간신히 때우고 잠깐 눈 좀 붙여야지 하고 이불에 들어갔는데, 눈을 떠 보니 다음 날 아침이 됐다. 잠이 좀 많은 편이긴 했지만 무슨 겨울잠도 아니고 12시간씩 자다니 너무 이상하다 했다. 나중에 알고 보니 이건 나 혼자만의 경험이 아니라 학교생활을 처음 시작하는 선생님들 대부분이 겪는 일이라고 했다. 심신이 모두 소진된 것이었다. 문제는 해소되지 않은 문제가 퇴근 후에 머리를 쥐어짜도 딱히 달라지는 게 없다는 사실이었다. 주변 선생님들께 고민을 말하니, 한 선생님께서 "선생님, 퇴근 후에는 의식적으로 '잊는 연습'도 필요해요."라는 조언을 해 주셨다. 이후 끙끙 앓기보다는 퇴근 후에는 잊는 연습을 했다. 충분히 자고, 푹 쉬고, 새로운 마음으로 학교에 가서 문제 상황을 다시 마주했다. 그러자 신기하게도 관계의 갈등이 이전보다 쉽게 풀렸다. 불안한 몸과 마음은 마주하는 상황을 더 나쁘게 만들 수 있다는 사실을 알게 되었다. 한숨 돌리고 차분히 바라보면, 나 스스로가 부족했던 것들을 알게 되기도 하고, 문제 상황에 대한 해결의 실마리를 찾을 수 있다. 그래서 매우 급한 상황이 아니면, 퇴근 후와 주말에는 쉬고, 잊고, 운동하고 놀려고 한다. 복잡하고 정신없는 것을 멀리하면서 쉬는 게 좋았다. 그러다 보니 어느새 나는 '단조롭게 살기'를 행하고 있었다. 게임, SNS, 재테크, TV, 운전, 홈쇼핑 등 정신을 오히려 혼돈에 빠뜨리는 걸 멀리했다. 대신 규칙적으로 생활하고, 적당히 먹고, 충분히 잔다. 자주 걷고, 일요일엔 얼굴이 뻘겋게 달아오를 정도로 조기축구를 한다. 굳이 마당발로 인간관계를 넓히려 애쓰지 않고, 생활에서 만나는 사람들과는 수다를 떤다.

나는 '적극적 승진거부자'이기도 하다. 이게 무슨 말도 안 되는 주장이냐 할 수 있다. 교사는 장학사, 연구사, 교감, 교장 등으로 승진할 수 있다. 그런데 승진하려면 교육 활동에 대해 단기간 눈앞에 보이는 성과, 그것도 점수와 문서로 증명되는 성과를 모아야 한다. 예를 들어, 학생들의 기본 학력이 걱정돼서 점심시간이나 방과 후에 따로 만나서 지도할 수 있다. 그런데 그게 승진 점수와 관련된 활동이라는 걸 알면, 수업한 기록을 남기고 싶어진다. 학생의 성취도가 향상됐다는 변화를 측정하고 보고해서 학교 관리자, 교육청, 교육부에서 주는 상을 받아 놔야 한다. 승진을 위해서는 연구대회에 참가해서 수상도 해야 한다. 학교 구성원 모두가 협업하여 이뤄지는 교육 활동들이지만, 승진을 위해서는 한정된 사람만 경쟁형으로 부여되는 교육 복지 기여 교원, 학교폭력 예방 교원 등 가산점을 챙겨 놔야 한다. 학생과 만남, 수업, 교육이 어느새 기록, 성과, 증명, 경쟁, 점수에 밀리는 주객전도가 일어난다.

사람을 수단이 아닌 그 자체로 만나는 것, 여러 사람의 조언을 들어 부족한 걸 채워 가면서 수업을 잘 준비하는 것, 학교 안에서 벌어지는 일에 대해 옳은 판단과 행동을 하는 것, 학생들과 괜찮은 관계를 맺어가는 것이 교사가 집중해야 할 전부라는 생각에 '적극적 승진거부자'가 되기로 했다. 덕분에 지난 10여 년간 일에 지치거나 몸이 크게 아프지 않았고, 내 욕심으로 주변 사람들을 힘들게 하지 않고, 인연이 되는 주변 사람들과 그럭저럭 잘 지내올 수 있었다.

에필로그, '동네 교사'의 마을 살이

　나는 그야말로 역마살이라곤 하나도 없는 팔자다. 태어나고 자란 동네에서 교사로 발령이 나서 지금까지 평생을 살고 있다. 고등학교 2학년 때 담임 선생님과의 인연도 계속되었다. 선생님은 한 학교(재단)에서 계속 근무하는 사립 학교 교사셨고 자택도 학교 근처였다. 대학생 때는 모교의 사제동행 프로그램에, 그리고 동네 독서 모임에서 선생님을 만났다. 교사가 돼서는 동료 교사, 전교조 조합원, 지역 시민 단체의 회원, 동네 사람으로 만났다.

　선생님이 사람과 세상을 만나는 모습을 옆에서 지켜본다. 특히 '마을 살이'에 대해 곰곰이 생각해 보게 됐다. 선생님은 마을에서 글공부 모임이나, 새해맞이 걷기 여행 등으로 학생이나 졸업한 제자, 학부모, 동네 사람들을

2023년 새해 걷기 여행에서
선생님과 나

만났다. 직업과 사생활, 일과 가정, 공과 사를 철저히 구분하는 세상에서 상상할 수 있는 일인가? 학교 밖에서, 그것도 학교 바로 근처에서 생활하면서 마을 사람들을 만나는 건 결코 쉬운 일이 아니다. 언뜻 느끼기에도 부담스럽고 뭔가 큰 결심이 필요할 것 같았다.

그런데 생각해 보면, 교육에 학교 안과 밖의 구분을 경계 짓는 것만큼 이상한 것도 없긴 했다. 사람의 만남과 배움, 그리고 성장은 장소에 따라 단절되지 않기 때문이다. 마침 최근엔 마을이 학교와 함께, 학교와는 다른 색으로 교육을 할 수 있다는 자생적 시도들이 활발하게 있기도 하다. 아니, 그 이전부터 시민 사회와 교육의 만남, 노동 운동과 교육 운동, 시민 운동은 학교 담장으로 막히지 않고 이어져 오고 있었다. 나도 이왕 '동네 교사'가 된 김에 조금 더 마을 교육에 관심 가지게 되었고, 어느새 학교와 학교 밖을 가르는 담을 낮추는 일에 조금씩 참여하고 있었다.

마을 탐방 동아리로 학생들과 동네 이곳저곳을 걷거나, 지역의 단체, 학교, 청소년 이용 시설 등 한눈에 볼 수 있는 마을 지도를 제작하기도 했다. 자유학기제 주제 선택 같은 특색 수업에서 마을 전문가를 초청해 수업을 함께 준비하는 일도 있다. 혁신 교육의 가치를 마을로 확장하는 혁신교육지구 정책에서 청소년들의 연합 자치 활동, 축제의 기획과 진행에 참여한다. 구로 교육 연대 회의에서 학교 밖 청소년, 상담 및 복지, 마을 돌봄 등 학교와 같이, 또 다르게 이뤄지는 마을의 교육 현안을 다룬다.

마을 전문가와 함께 만드는 그림책 수업          구로 마을 지도 제작

그림책 수업 : 학교의 주제 수업을 마을의 도서관, 그림책 전문가와 함께 진행했다.

구로 마을 지도 : 학교, 교육과 돌봄 기관, 상담, 복지 센터 등을 담은 마을 지도를

제작했다.

구로 청소년 캠프                    구로 교육 연대회의 회의

구로 청소년 활동 지원 : 구로 청소년들이 모인 자치 연합에서 주관하는 축제, 토론

회, 행사, 자치(리더쉽)캠프 등에 참여했다.

구로 교육 연대 회의 : 지역의 시민 단체, 교육 관련 민간 단체, 공공기관과 구청의

교육 담당자들이 모여 마을 교육의 현안을 나눈다.

돌이켜 보면, 마을 교육처럼 낯선 것들에 대해 마음의 부담을 낮추고 참여해온 것은 '사회＋교사'와 '사회↔교사' 사이에서 교사로서의 정체성을 찾아가는 과정이 아니었나 싶다. 현재의 세상과 학교가 지금껏 이래 왔고, 앞으로도 이럴 것이라고 무조건 받아들이고 싶지 않았다. 세상에 대해 따뜻한 관심을 가지면서도(사회＋교사), 부족하거나 잘못된 현실을 비판하면서 다른 길을 찾아가고 싶었다(사회↔교사). 운 좋게도 서울, 서울의 남부, 공립 학교면서 혁신 학교, 우리나라 공교육에서 그나마 가장 변화에 수용적인 곳, 앞선 시절의 선생님들이 변화를 적극적으로 만들어 온 곳에서 교사 생활을 할 수 있었다. 그런 문화 안에서 모의 선거 수업, 노동인권 수업, 적극적 승진 거부자, 마을 교육 등 반 발짝 앞으로 내디딘 도전들이 가능했다. 낯설지만 교육의 좋은 방향이라고 생각이 들면, 변화를 꿈꾸는 사람들과 하나하나 함께하고 싶다.

이건 스스로 하는 다짐이다. 내가 마주한 것을 관성으로, 권위로, 전형으로 대하지 말자. '으레 그렇게 해 왔으니, 앞으로도 그렇게 하자.'는 반응을 습관적으로, 무조건 반사로 하는 사람이 되고 싶지 않다. 어렵고 앞이 잘 보이지 않더라도, '저 사람이랑 새로운 걸 하면 재밌겠네', '저 사람은 기꺼이 해 보겠다 하지 않을까?'라는 생각이 들게 하는 사람이 되고 싶다. 나름의 관점으로 대화를 해 줄 수 있는 사람, 호기심 있어 보이는 사람, 막연하지만 새롭게 가는 길을 같이 하는 사람, 옆에 서 있는 교사, 편한 동네 선생님, 동네 사람이 되어가고 싶다.

요즘 '세대 담론'이 쏟아진다. 갈수록 사회 갈등과 불평등이 심해지고 있어서 그 원인과 해결책을 찾아보려는 노력도 필요해 보인다. 특히 청년 세대(2030, MZ세대)를 두고 다른 세대와 대립하는 구도가 그려진다. 기성세대가 기득권을 내려놓지 않아서 희생되는 청년 세대 같은 갈등 구조까지 만들어지기도 한다. 세대 간 소통이 끊기고, 심지어 서로를 혐오의 눈으로 보기도 한다. 그런데 현재의 세대 담론에서 청년은 주로 수도권, 대졸, 남성을 전제로 한다. 여전히 구조적 차별이 이어지는 여성이 배제되는 것부터도 문제지만, 남성 중에서도 사실 이런 담론 대상인 남성은 극히 일부다. 이들 목소리가 청년 전체를 대변할 수는 없다. 이 세상을 자기 방식으로 살아가는 청년들의 여러 삶의 모습을 가리고, 그 청년들의 목소리가 묻히고 만다. 그런 세대 담론을 비판하고, 다양한 청년의 목소리를 담은 책들을 소개하려고 한다. 이전에 주목받지 못한 목소리가 더 많이 들릴수록, 단지 세대 간 갈등으로만 그려졌던, 세대 담론에 관련한 사회 갈등이 더 입체적으로 다가오게 될 것이다.

### 『그런 세대는 없다』 신진욱(개마고원, 2022)

'기성세대의 기득권에 희생당하는 청년 세대'라는 식으로 '세대 간 불평등'을 강조하는 주장에 과연 타당성이 있는지를 수많은 실증자료로 분석한다.

146쪽. '50대 대기업 정규직 노조원'은 전체 취업자의 0.7%(2020년)라는 계산이 나온다. '50대 기득권 노조원'이 880만 청년의 일자리를 빼앗는 주범이라는 담론은 매우 과장된 것임을 알 수 있다.

186~189쪽. 이전 세대보다 지금 세대가 내 집 마련이 어려워진 것이 아니라, 젊은 세대로 올수록 30대까지 집을 마련할 수 있는 계층과 그렇지 못한 계층의 틈이 커졌다는 것이다.

248~249쪽. 'MZ세대' 담론의 전체 장은 무엇보다 상류층과 중산층 청년들을 소비 주체, 투자 주체, 기술 진보에 대한 낙관주의를 담지한 사회 집단으로 구성하는 경향에 의해 지배되고 있는데, … 'MZ세대 노조' 담론은 주변부 담론인 이유는 같은 시기에 MZ세대를 다룬 총 1만 3,175건의 상업적, 소비적 대세에 작은 노동 담론 하나가

따라온 것에 불과하기 때문이다.

352쪽. 청년들의 어려움을 말하기 위해 다른 세대의 인생이 짊어진 무게를 폄훼하거나 심지어 기득권층으로 만들 필요는 없으며, 반대도 마찬가지다. 가해자 세대와 피해자 세대, 착취하는 세대와 착취당하는 세대, 운이 좋은 세대와 불운한 세대를 나누는 일은 경험적으로 사실이 아닐뿐더러 정책적으로 무익하고, 윤리적으로도 문제가 있다.

### 『아빠의 아빠가 됐다』 조기현(이매진, 2019)

'고졸 흙수저' 작가 조기현이 치매 걸린 아버지를 홀로 돌본 9년을 기록했다. '청년'은 아픈 가족을 돌보는 '보호자'가 되고, 아빠를 대신하는 '대리자'로 받아들여지고, 국가 공인 '부양 의무자'가 되고, 어려움 속에 부모를 돌보는 '효자'로 불렸다. 치매 걸린 50대 아버지와 90년대생 아들, 2인분의 삶을 떠맡은 '가장'으로 살았다. 돈, 일, 질병, 돌봄, 돈이라는 쳇바퀴 속에서 가난을 증명하고 진로를 탐색하며 오늘을 살아낸 청년이 국가와 사회의 역할을 묻는다.

169쪽. 8년 전 아버지와 나는 '다시' 만났다. 아주 잠깐 지나가는 위임인 줄 알고 떠맡은 일이 전권이 돼 버렸다. 각자의 삶을 살아가던 부모와 자식에서 환자와 보호자가 됐다. 아버지는 자주 짐이 됐지만, 나한테 새로운 생각들도 불어넣었다. 아버지의 과거와 내 현재가 연결되고, 사람 대 사람으로 마주할 수 있었다. 그렇게 유동적이고 다양한 관계로 만나고 헤어지는 과정이 8년이나 걸렸다. '시민 관계 증명서'는 아버지가 알코올 의존증과 인지 장애증 환자이기 이전에 한 사회의 성원이라는 점을 알려 주고, 내 돌봄이 비가시적인 소모가 아니라 사회적 의미를 갖는 행위라고 인정한다. 아버지와 내 관계가 부모와 자식일 뿐 아니라 유동적이고 다양하게 연결되는 사회적 관계라는 사실을 증명한다. 가족이라고 말하기 전에 우리는 하나의 '사회'라고 선언한다. … 나는 효자가 아니라 시민이다.

### 『쇳밥 일지』 천현우(문학동네, 2022)

저자 천현우는 지방, 청년, 그리고 용접 노동자이다. 정상 사회 바깥의 오래된 도시, 사양하는 산업 노동의 현장에서 용접공으로 일하는 저자는 "생각보다는 힘들되 꾸역꾸역 생존은 가능한 나날"을. "고와 낙이 있었고, 땀과 눈물이 있었으며, 희망과 좌절이 공존하는, 꿈이 짓이겨졌다가 다시금 피어나"는 시간을 고스란히 담았다.

115쪽. 처음으로 용접면을 쓴 순간, 내 짧은 인식이 얼마나 큰 편견 덩어리였는지 깨달았다. 온통 어두운 시야 속, 번뜩이는 불꽃만 남은 망망대해 위에서 치열하며 섬세한 손놀림이 8자를 그리며 흐느적댄다. 천천히 진군하는 용융풀은 나긋하게 산책 나온 주홍 반딧불이 같다. 목적지에 도달한 불길이 사그라지고, 지나왔던 길엔 위아래 간격이 똑바른 용접 비드만 남아 철판과 철판 사이를 메우고 있었다. "어때, 해 볼 만할 거 같애?" 아저씨의 물음에 살짝 상기된 목소리로 대답했다. "근사하네예!" 처음으로 용접을 접한 날이었다.

116쪽. "야 현우야. 우리 없으면 누가 다리 만들어 주냐? 우리뿐만 아냐. 청소부, 간호사, 택배, 배달, 노가다, 이런 사람들 하루라도 일 안 하면 난리 나. 우리가 훨씬 대단한 거야. 기죽지 마."

## 『배달의 민족은 배달하지 않는다.』 박정훈(빨간 소금, 2020)

플랫폼에서 노동자들은 플랫폼에 고용되어 있지 않고 스스로 사장이며 고립무원에 놓여 있다. 플랫폼은 자본주의의 거대 공룡이지만, 법과 제도로 규제하기 어렵다. 배달 노동자 박정훈은 이 끝없는 미궁 속을 달리면서 인간의 몸으로 부딪친 현실을 기록하고 플랫폼 자본주의가 작동되는 방식을 요약하며, 플랫폼의 시대에 '인간의 노동'에 관한 이야기를 한다.

235~236쪽. 월 300만 원은 초보이고 보통 월 400만 원은 번다고 가정해 보자. (라이더 관리 비용 등 고정 비용) 제하면, 317만 5천 원을 번다. 그러나 근로자 신분의 라이더보다 주 22시간을 더 일한다. 만약 근로자 신분으로 매주 22시간을 연장 근로했다고 계산하면 1.5배의 할증이 붙어 최저임금 노동자들에게도 월 113만 원을 더 지급해야 한다. 노동 시간을 고려하면 월 400만 원도 최저임금 배달 노동자보다 적다고 볼 수 있다. 따라서 월 500만 원은 벌어야 최저임금 노동자보다 조금 더 많이 버는 셈이다. 이 경우에도 4대 보험이 안 되므로 연금과 실업 상태에 빠졌을 때 들어가는 비용을 별도로 준비해야 한다. 그런데 월 500만 원 이상 버는 라이더들은 소수다. 3,000원짜리 배달을 하루 70건, 주 6일 정도 해야 가능하다. 시간당 5~6개는 해야 하는데, 어떤 속도로 움직일지 가늠하기 힘들다.

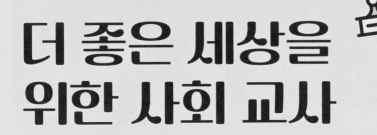

# 더 좋은 세상을
# 위한 사회 교사

오승한

# 나의 교사 이야기

### 1) 나에게 마지막 사흘이 주어진다면

고등학교 1학년 통합사회의 핵심은 '행복'과 '정의'라고 생각한다. 1단원 행복에 대해 학생들과 수업할 때마다 나의 행복은 무엇일까 생각해 본다. 상담이나 코칭에서는 자신이 진짜 좋아하는 일이 무엇이고, 소중하게 생각하는 것이 무엇인지를 떠올리게 하려고 '당신에게 삶이 사흘 남았다면 무엇을 하고 싶은가요?'라는 질문을 하곤 한다. 스스로 물어본다. '나에게 마지막 사흘이 남아있다면 무엇을 하고 싶을까?' 마지막 날에는 사랑하는 가족들과 편안한 시간을 보내면서 작별 인사를 할 거 같다. 내 아이들로 태어나 고맙다고, 더 많이 사랑하지 못해 미안하다 할 것이다. 이틀 전에는 사랑하는 사람들, 보고 싶은 사람들을 만나고 싶다. 초임 발령지에서 웃고 울던 동료 교사들, 성당 친구들, 첫 제자들을 비롯한 보고 싶은 제자들을 만나고 싶다. 그리고 사흘 전에는….

왜 갑자기 그 생각이 났을까? 교실에서 아이들을 가르치고 싶다. 정말 죽기 전에 한 번만이라도 다시 교실에 들어가 아이들을 만나고 싶다. 글쎄 왜 그러고 싶을까? 내 말 한마디에 조용히 하고, 책을 읽으라고 하면 책을 읽고, 쓰라고 하면 쓰는 것을 보며 나의 '힘과 권력의 욕구'가 충족되는 그 느낌을 즐기고 싶은 것일까? 아이들이라면 죽고 못 살 정도로 학생들을 사랑해서일까? 너희들은 모르지? 나는 이런 것을 알고 있지. 그러니까 내 말을 들어 봐. 이러면서 지식을 과시하고 싶어서일까? 잘 모르겠다.

다시 물어본다. '나는 언제 가장 행복하지?' 가만히 생각해 본다. 내가 가장 행복할 때는 수업이 잘될 때이다. 아이들이 지적 호기심 또는 감동으로 눈이 반짝일 때이다. 몇몇 아이들이 '아하!' 하는 반응을 보여 줄 때이다. 수업을 마칠 때 아이들 몇몇이 자신도 모르게 박수칠 때이다. 그럴 때 너무너무 행복하다. 그것은 힘과 권력의 욕구나 지적 과시욕이 충족되거나 아이들로부터 사랑을 받았기 때문은 아니다. 교실에서 수업하는 내가 가장 나답기 때문에, 이제는 교사가 나의 정체성이 되었기 때문에, 그래서 교실에서 수업하는 것이 자아를 실현하는 길이기 때문에 그러할 것이다. 감기에 걸려 몸이 너무 힘들어도 수업에 들어가 학생들을 만나면 힘이 나는 걸 보면 나는 어쩔 수 없는 교사이다.

내가 꿈꾸었던 학교와 학생, 수업은 여전히 '내게 너무 먼 당신'이다. 항상 잘할 수 있을 거 같은데 잘 안 되고, 어떻게 할지 알겠는데 못 하겠다. 같은 수업을 준비해도 1교시를 마치고 '역시 난 교사야, 너무 행복해.'라고 생각했다가 2교시를 마치고 '얼른 그만두어야지. 더 이상은 못하겠다.'라는 생각이 올라온다. 닿을 거 같으면 저만큼 가 있어 영원히 닿을 수 없는 존재. 그래서 교직은 여전히 신비롭고, 재밌다. 그래서 더 좋은 수업에 더 좋은 교사에 도전하게 된다. 그런데 나는 어쩌다 교사가 되었더라?

## 2) 교육으로 세상을 바꿀 거야

내가 중학교에 들어갈 때는 86아시안게임이 열리던 1986년이었다. 1987년 2월 중1 종업식 때였던 거 같다. 교장 선생님은 운동장에 모인 학생들에게 '박종철 고문치사' 사건을 언급하며 사람이 죽은 것을 추모할 수는 있으나 그것을 이유로 데모를 하는 것은 잘못이라고 훈화했던 기억이 난다. 1987년 학교 앞에는 대한전선을 비롯한 공장이 많았는데 87년 노동자 대투쟁으로 전경이 투입되었고, 최루탄 때문에 눈물 콧물을 흘리며 8차선 도로를 건넜던 기억도 난다. 1987년도에는 처음으로 대통령 직선제 선거가 치러졌다. 신문에서는 노태우, 김대중, 김영삼, 김종필의 여의도 선거 유세에 몇 명이 모였는지 올림픽 경기처럼 보도가 되었고 수업 시간에는 선생님들이 공공연하게 누구를 지지하는지 묻곤 했다. 친구들은 '나는 김대중이 좋아.', '김대중이 김일성하고 감옥에서 장기를 두었다잖아.' 등 부모님이 집에서 하는 이야기를 듣고 했을 법한 말들을 하곤 했다. 1988년에는 5공 청문회와 광주 특위 청문회가 열렸고, 그제야 초등학교 시절 어머니가 친구들과 광주에서 사람이 죽었다는 말씀을 나누시다 말을 듣고 있던 나에게 '어디 가서 엄마가 광주에 관해 이야기했다는 걸 말하지 말라.'고 당부했던 이유를 알게 되었다. 그렇게 알게 모르게 정치화가 이루어지고 있었다.

1989년 고등학교에 진학했다. 고등학교 때는 사회에 대해 훨씬 비판적인 아이들이 많았다. 나를 비롯해 친구들은 대학생 형이나 누나가 있었고, 자연스럽게 형이나 누나 책장에서 박노해의 『우리들의 사랑 우리들의 분노』, 유시민의 『거꾸로 읽는 세계사』, 조영래의 『전태일 평전』, 조세희의 『난장이가 쏘아올린 작은 공』 등을 가져와 읽으며 아는 척을 하였다. 어느 날 아침에 등교하니 해직된 전교조 선생님이 학교 앞에서 아이들과 인사를 하려는데 학교에서는 선생님과 학생들이 만나지 못하게 하였다는 이야기를 친구들이 하고 있었다. 내가 가입했던 '집단상담부' 지도 선생님이셨다. 어느 선생님은 전교조 활동하다 해직될까봐 그만두었다는 이야기도 있었고, 어떤 선생님은 전교조 활동을 하지 못하는 자신이 후배들에게 부끄러워 학교를 그만두셨다는 이야기도 있었다.

고등학교 때 별명 중 하나가 소피스트였다. 체육 시간에는 주로 공을 주고 알아서 하라는 식으로 진행이 되었다. 운동을 제일 잘하고, 키가 크고 늘씬한 아이들은 농구를 했고, 나처럼 키가 작은 고만고만한 친구들은 축구를 했다. 그렇게 몇 달을 체육을 했는데 실기시험(지금의 수행평가)은 100m 달리기로 본다고 하였다. 나는 반발했다. 100m 달리기는 일방적으로 달리기를 이미 잘하는 아이들에게 유리한 시험이라고 주장했다. 수업 시간에 100m 달리기를 배우거나 연습한 것도 아니지 않냐고 항변했다. 쉬는 시간까지 계속 선생님과 논쟁하게 되었고 반 아이들은 무슨 일인가 쭉 둘러싸고 이야기를 들었다. 그 후 나와 내 친구들을 소피스트라고 부르는 아이들이 있었다.

같이 어울렸던 친구들은 쉬는 시간이 되면 신이란 존재와 종교에 관해 토론을 하고, 사회에 대해 비판을 늘어놓곤 했는데 자연스럽게 좋은 세상은 무엇이며 어떻게 만들 수 있을까로 흘러가게 되었다. 어떤 친구는 이미 사회주의를 접해 자본주의를 비판하기도 했고, 어떤 친구는 허무주의에 빠져 "아무리 공부해 봐라, 머리 좋은 놈 이기나. 아무리 머리 좋아 봐라, 빽 있는 놈 이기나. 아무리 빽 좋아 봐라, 돈 있는 놈 이기나."라는 말을 하기도 했다.

나는 중학교 때까지 꿈이었던 역사학자에서 교사로 진로를 바꾸었는데 그건 세상이 좋아지기 위해서는 사람이 좋아져야 하고, 사람이 좋아지기 위해서는 교육이 좋아져야 하며, 좋은 교육을 위해 내가 좋은 교육자가 되어야겠다고 생각했기 때문이다. 이러한 생각까지 오게 된 것에는 89년에 나온 교육과 관련된 기념비적인 영화 두 편이 영향을 준 것 같다. 하나는 전교 상위권이었던 학생이 성적 스트레스로 자살하면서 남긴 유서를 바탕으로 제작된 「행복은 성적순이 아니잖아요」라는 영화였고, 하나는 미국판 전교조 영화라고 전해지던 로빈 윌리엄스의 「죽은 시인의 사회」였다. 나는 「행복은 성적순이 아니잖아요」와 같은 세상이 되지 않기 위해 「죽은 시인의 사회」의 키팅 선생님 같은 사람이 되어야겠다고 생각했다.

공부를 잘하는 학생들이 모인 학교라서 눈 귀 막고 공부만 하는 아이들도 많았지만, '아니꼬우면 출세해서 권력의 정점에서 세상을 바꿔야지.'라는 말을 하며 정말 독하게 공부하는 친구도 있었고 철학, 신학에 관심을 가지고 관련 학과로 진학한 친구들도 꽤 있었다. 나도 세상을 바꾸기 위해서 교사, 교육자가 되어야 한다고 생각했고, 관련된 좋은 대학에 들어가기 위해 열심히 공부했다. 스스로 그렇게 명분을 만들고 다짐하니 공부가 힘들지 않았다.

이유를 알 수 없지만, 국어 점수가 잘 나왔다. 그래서 나는 국어 천재인 줄 알았고 국어교육과를 진학하려고 했는데 전기 대학에 떨어지고 후기로 '교육학과'에 갔다. 처음에는 1학기만 다니고 반수를 하려고 했다. 그런데 친구가 "너는 학벌에 반대했잖아. 어느 대학을 나오건 교사잖아. 만약 네가 교사라면 학벌을 위해 재수하겠다는 학생에게 재수하라고 할 거야?"라고 말했다. 그 말의 영향도 있었지만, 1학기를 다니다 보니 대학 생활이 재미있어 반수 할 생각이 없어졌다.

### 3) 아이들에게 돌아갈래

교육학과에서는 부전공을 선택하면 부전공 교사 자격증이 나왔다. 사회 부전공이 많았고, 국어나 영어 부전공도 있었다. 나는 대학에 입학하여 다시 국어 교사를 꿈꾸고 문학 동아리 활동을 했는데 동아리 생활이 너무 재미있었고, 선배들은 하늘처럼 높고 똑똑했다. 당시 동아리 회원들이 자작한 글을 같이 읽고 감상평을 나누는 합평회가 매주 금요일에 있었는데, 나는 시 두 편을 내고 국어 교사가 되기에는 문학에 소질이 없다는 것을 깨달았다. 무엇보다 맞춤법은 너무 어려워 국어 교사로 재능이 부족하다는 생각이 들었다. 그래서 2학기 때부터는 사회 부전공 과목을 듣기 시작했다. 그때 『현대 사회학』(앤서니 기드슨)이 처음 나왔을 때인데 책을 보고, 기능론과 갈등론의 개념을 배우며 세상이 좀 다르게 보였다.

군대를 다녀와 진로에 대해 많이 고민했었다. 교육을 통해 세상을 바꾸고 싶은 꿈은 버리지 않았다. 교사로 학생들을 만나 학생들을 바르게 교육하는 것도 중요하다고 생각했지만, 교육행정가가 되어 교육 정책을 만들고 학교를 변화시키는 것이 더 중요하겠다는 생각도 했다. 그래서 행정고시(5급 국가공무원 공개경쟁 채용시험)를 보는 것은 어떨까 고민했다. 그래서 부전공은 행정고시에 도움이 될 수 있는 사회로 결정했다. 3월에 시험을 보았는데 가장 자신이 있다고 생각해서 가장 공부하지 않았던 교육학을 망쳐 떨어졌다. 그리고 4월에 모교로 교생을 나갔다.

교생이 되어 1학년 여학생반을 담당하게 되었는데 엄청나게 공부를 잘하고, 착한 아이들이었다. 그중 몇 명은 내가 교사가 되고 나서도 꾸준히 편지를 주고받기도 했다. 교생 기간 수업도 많이 했고, 학생 상담도 많이 했고, 야간자습 감독, 시험문제 출제(경험) 등 정말 교사처럼 살았다.

내가 담당했던 학생들도 예뻤고, 교생을 같이 나간 후배들도 참 좋았다. 학교가 끝나면 같이 나간 후배들과 거의 매일 술을 마시며 학교와 교육에 관해 이야기했다. 학교 선생님들도 잘해 주시고 존중해 주셨다. 정말 내가 교사라는 착각 속에 한 달을 살았다. 너무 행복했고 내가 있어야 할 곳은 학교라는 생각이 들었다. 꼭 임용고시에 합격해서 아이들을 다시 만나러 와야겠다고 결심했다. 지금도 아카시아 향기가 바람에 섞여 불어오면 교생을 마치고 학교 가는 버스에서 아이들이 보고 싶어 눈물을 글썽이던 월요일 아침이 기억난다. 나는 임용고시를 준비하며 지치고 힘들 때면 '나는 아이들에게 다시 돌아가야 한다.'고 수없이 되뇌었다. 그리고 정말 교사가 되었다.

# 수업이 즐거워지는 이야기

 **어떻게 수업을 해야 한담?**

### 1) 교과 지도는 중요하지 않아요

처음 학교에 발령받아 가자, 교감 선생님이 나를 앉혀놓고 말씀하셨다.

"학교 교육은 크게 교과 지도와 생활 지도로 나누어져 있잖아요. 우리 학교는 교과 지도는 중요하지 않아요. 생활 지도에 중심을 두셔야 해요."

나는 처음에는 무슨 말인지 몰랐다. 한 반 정원이 서른다섯 명 정도였던 거 같은데 아침에 조회를 들어가면 스물두세 명이 앉아 있었다. 그러면 오전 내내 아이들 부모님께 전화하고, 학교 주변 피시방으로 찾아가고, 집으로 찾아가는 게 일이었다. 교무실을 나오면 복도 끝에서 담배 연기가 났다. 아이들은 교사가 오는 것을 보고도 도망가지 않았다. 교사가 달리기 시작하면 그때야 뛰기 시작했다. 종일 그런 일이 반복되었다. 그러니 수업이 될 리가 없었다. 수업 준비를 게을리하지 않았지만, 수업에 대한 만족도는 제로에 가까웠다. 그런데 내 교직 생활에서 가장 행복했을 때를 고르라고 하면 바로 이 학교에서였다.

매년 신규 교사가 열 명에서 열다섯 명이 발령받아 오다 보니 마치 대학교 5학년생들 같았다. 남자 교사가 얼마나 많은지 축구를 해도 학생들이 끼지 않고도 두 팀으로 나누어서 후보까지 두고 할 정도였다. 거의 매일 저녁 술을 마시며 학교와 교육에 관해 이야기를 나누었다. 3년을 같이 담임을 맡은 선생님들은 죽고 못 살 사이가 되었다. 말썽 피우는 아이들도 많았지만, 아이들과의 정도 깊어져서 졸업하고 가장 오랫동안 연락하고 지내는 제자들도 이 학교 아이들이다.

'빛깔이 있는 학급 경영'을 비롯한 각종 학급 운영, 학생 상담 관련 책을 사서 읽고 시도를 해 보았지만, 잘 되지 않았다. 그래서 상담 심리를 공부하기 위해 대학원에 진학했고, 곧장 상담 심리에 빠져들었다. 더 좋은 상담 방법이 있을까? 더 좋은 심리 검사 도구는 없을까? 하고 각종 상담 프로그램과 워크숍에 참여하였고, 직접 정신 분석을 받아 보기도 했으며 박사 과정에 입학하여 공부했다. 공부는 재미있었고, 인간의 마음은 넓고도 깊다는 사실을 실감했다. 공부할 게 한도 끝도 없었다. 그런데 학교에서 학생을 상담해서 변화하도록 한다는 것은 생각만큼 쉽지 않았다. '이건 내가 못 해서가 아니라 교사와 상담가라는 이중 관계 때문이야.'라고 마음속으로 항변했지만, 능력이 부족해서건 이중 관계라 효과가 없는 것이건 내가 처음 고민하고 기대했던 바를 이루지 못한 것은 마찬가지였다.

학교에서 상담을 통해 학생을 변화시킨다는 것은 매우 어려운 일인 거 같다. 그러나 '회복적 정의', '회복적 생활 지도'는 학생들을 지도하는 데 매우 효율적이었다. 상담을 공부해서 뭐 하나 생각했는데 상담을 공부한 내공은 '회복적 대화'를 익히고, 진행하는데 도움이 크게 되었다. 우리는 사실 응보적 정의관을 가지고 있다. 상대가 잘못했으면 권위 있는 사람이 판단을 내려 잘잘못을 따지고, 잘못한 사람이 벌을 받아야 한다는 것이다. 그러나 예를 들어 학교폭력이 발생했을 때 가해자가 잘못이 있음이 밝혀졌고 그에 따른 벌을 받았다고 해서 피해자의 피해가 복구되어 사건이 발생하기 전으로 돌아가는 것은 아니다. 단지 가해자가 벌을 받았다는 것에 조금의 통쾌함을 느끼고, 교사가 인지하여 앞으로 학교폭력이 발생하지 않으리라는 기대가 있을 뿐이다. 그러나 가해자가 진정으로 반성하지 않을 경우 학교폭력은 반복되기 마련이다. 걸려서 재수가 없다고 생각하거나, 학교 봉사, 사회봉사 며칠이 크게 힘들지 않기 때문이다. 그래서 피해자가 얼마나 고통스러웠는지, 주변 사람들은 어떻게 보고 있는지, 부모님은 이러한 일 때문에 얼마나 힘든지를 들어야 한다. 그래서 자꾸 다른 사람의 마음에 공감하고, 다른 사람의 관점에서 자기 행동을 보는 연습을 해야 한다. 그런데 안타깝게도 피해자가 원하지 않는 경우가 많았다. 가해자 또는 불편한 관계에 있는 친구와 대면하여 이야기하고 풀기보다는 그냥 서로 관심을 두지 않고, 모르는 척, 피해를 주지도 받지도 않고 살고 싶다는 경우가 많아 안타까웠다.

회복적 대화는 고3 남학생들, 중3 남학생들, 중3 남녀 학생, 중3 남학생과 부모 이렇게 다양한 경우를 해 보았는데 효과가 좋았다. 교육청별로도 관련 자료와 매뉴얼이 있다. 더 자세한 것은 한국평화교육훈련원(KOPI) http://kopi.or.kr/ 참조.

내가 상담에 흥미를 잃게 된 것은 2012년 NTTP 연구년 때 만난 '배움의 공동체' 수업을 만나면서였다. 배움의 공동체 수업을 만나 연수에 참여하고, 배움의 공동체를 실천하는 혁신 학교 몇 곳을 방문해서 수업을 관찰하고, 수업 나눔을 경험했다. 또 일본으로 연수를 가서 사토 마나부 교수와 함께 학교를 방문해 수업을 관찰하고 수업 나눔을 하기도 하였다.

2013년 1월 사토 마나부 교수, 손우정 교수와 함께 모츠즈키초등학교 수업 참관을 했다. 현에서 많은 선생님들이 오셨는데 경력이 많은 머리가 희끗한 선생님들도 캠코더를 찍으며 주의 깊게 수업을 관찰하는 모습이 인상적이었다.

배움의 공동체 참여 경험은 수업에 대한 이해를 깊게 해 주었을 뿐 아니라 학생은 수업을 통해 변화될 수 있다는 생각의 전환을 가져왔다. 많은 학생이 수업과 교실의 주인공이 되지 못한다. 착해서, 선생님 말씀을 잘 들어야 하니까, 부모님 실망하게 하고 싶지 않아서, 졸업장을 받아야 하니까 그냥 앉아 있는 학생들이 많다. 특히 학교 수업 내용은 쉽지 않아서, 나는 정말 쉽게 설명한다고 설명하는데 아이들은 이해를 못 하는 경우가 많다. 아주 천천히 하나하나 이해시키고, 반복해야 간신히 아는 아이들이 대부분이다. 그러나 그렇게 하기에는 수업 시간은 정해져 있고, 가르쳐야 할 내용은 많다. 그리고 많은 부모는 자녀들이 뒤지지 않도록 하는 도움을 사교육으로 해결한다. 교사도 이 사실을 알고 있다. 그냥 모르는 척하는 것뿐이다.

배움의 공동체에서는 모든 학생이 참여하여 배움에 이르도록 한다. 학생들이 수업 시간에 할 것이 있으면, 수업 시간에 배울 것이 있으면, 학교에 다니는 의미가 생긴다. 수업 시간에 참여한다는 것만으로도 자존감은 올라가게 되며 배움이 있어 생각할 수 있으며, 생각을 통해 자신의 삶을 만들어 갈 수 있다. 사실, 상담이란 것이 비슷하다. 상담자와 내담자가 신뢰하는 관계를 맺고, 자기 생각과 감정을 표현하고, 이를 수용하고 공감하는 과정을 경험하며 직면 과정을 통해 자기 생각과 행동을 성찰하고 자신이 지금까지 해온 패턴을 벗어나 새로운 행동을 해 보는 것이다.

이것을 수업으로 할 수 있다고? 학교 학생 상담보다 훨씬 접근하기 쉽고, 많은 학생을 대상으로 할 수 있어서 효율적이고, 무엇보다 수업이 '배움'과 '깨달음'의 과정이 되기 때문에 너무 좋았다. 손우정 교수의 '교사도 수업 임상이 필요하다.'라는 말에도 동의한다. 사실, 지금까지 수업은 나에게 갇혀 있었다. 스승 또는 선배 의사와 같이 환자를 보고, 의견을 나누며 임상 경험을 충분히 해야 좋은 의사가 될 수 있듯이 교사의 수업 역시 그래야 한다고 생각한다.

그런데 나는 대학에 다니며 딱 한 번 수업했다. 교생 때는 비교적 수업을 많이 한 편이지만, 구체적인 수업에 대해 피드백을 받지는 못했다. 교사를 하면서 이상하게 연구 수업을 싹싹 피해 갔다. 앞에서 말한 바와 같이 첫 학교는 교과 지도보다 생활 지도에 치중해야 했던 학교였고, 그 후 근무했던 고등학교에서는 빨리 진도를 나가고 수능 준비를 해 주어야 하는 학교였다.

수업을 통해 어떻게 학생들의 배움을 이끌고, 지혜를 얻도록 할 것인가보다 어떻게 좋은 학교에 진학시킬 것인가에 더 집중해야 했다. 수업에 대한 성찰의 기회도 없었고, 그다지 필요하지도 않았다.

수업보다는 다른 방법을 통해 교사로서의 만족감을 충족시켜야 했다. 전국사회교사모임에서 「인권 교육」 자료집을 만들기도 했고, 당시 대입에서 논술이 중요해짐에 따라 학교 선생님들과 팀을 짜서 논술 교재를 만들고, 방과 후 수업하며 미친 듯이 첨삭 지도를 했다. 그리고 학교마다 동아리 지도도 열심히 했다. 스스로 교직 생활을 열심히 했다고 자부한다. 단, 수업만 빼고.

배움의 공동체는 그 수업에 대한 갈증을 채워 주었다. 일본으로 연수 가서 사토 마나부 교수에게 질문을 했다.

"배움의 공동체에서는 점프 과제를 중시합니다. 그러나 교사가 매번 점프 과제를 만드는 것이 쉽지 않습니다. 점프 과제를 만드는 방법이 있을까요?"

"한국에는 수능이라는 시험이 있습니다. 몹시 어려운 시험이죠. 혼자서는 풀기 어렵습니다. 그 문제를 같이 푸는 것도 하나의 점프 과제라 할 수 있습니다."

깜짝 놀랐다. 그동안 보았던 점프 과제는 전지, 포스트잇, 크레파스 등을 준비해서 학생들이 함께 어떤 큰 과제를 완성하는 것으로 알았는데 '시험문제풀이'도 점프 과제가 될 수 있다고? 자신감이 생겼다. 마침 새로 근무하게 된 학교는 자율형 공립 고등학교여서 새로운 수업, 다양한 활동을 할 수 있는 조건이 마련되었다. 무엇보다 2시간을 연속 강의하는 블록타임제로 운영이 되었다. 배움의 공동체 수업을 하기에 더없이 좋은 조건이었다. 그럼에도 학교에서 배움의 공동체 수업을 실천하는 것은 쉽지 않았다. 학교 전체가 배움의 공동체를 하기로 하고, ㄷ자형 배치를 하지 않는 이상 사회 시간마다 ㄷ자형으로 자리를 만드는 것을 학생들은 좋아하지 않았다. 무엇보다 학생들이 모둠에서 입을 잘 열지 않았다.

배움의 공동체에는 세 가지 기본 철학이 있다. '공공성', '민주주의', '탁월성'이다. 나는 이 중 민주주의에 매료되었다. 지금도 해결되지 않는 과제이지만 모둠 수업을 하게 되면 모둠장을 정해 놓든, 정해 놓지 않든 모둠장이 있게 된다. 모둠장은 대체로 교과 성적이 우수한 학생이거나 자신의 의견을 적극적으로 표현할 줄 아는 외향적인 학생이 맡게 된다. 모둠장은 모둠 활동을 이끌어야 하는 막중한 책임감과 함께 자신의 의견에 다른 학생들이 쉽게 반박하지 못하는 권력을 가지게 된다. 그래서 협동학습과 달리 성적에 따라 학생들을 배치하지 않고, 임의로 자리 배치된 상태에서 모둠을 편성한다. 그런데 모둠에 따라 어떤 모둠은 누군가 주도해 나가며 과제를 수행하지만, 모둠장을 할 만한 학생이 없는 모둠의 경우에는 한 시간 내내 아무 말도 하지 않는 일도 생기게 된다.

"자리 안 옮기면 안 돼요?", "모둠 활동 안 하면 안 돼요?"라는 학생들의 불만은 힘을 빠지게 했다. 신설 학교라서 첫해 고1 수업은 수업 진도에 부담이 없었지만, 2학년 수능 선택 과목부터는 진도와 수능 준비에 신경이 쓰였다. 또, 선생님들은 블록타임제에 많은 어려움을 토로해서, 블록타임제 수업도 사라지게 되었다. 이래저래 배움의 공동체 수업을 하기 좋지 않은 상황이 되었다. 그때 내 눈을 사로잡은 것은 '거꾸로 수업'이었다.

## 2) 거꾸로 수업, 바로 이거야!

2014년 KBS에서는 '거꾸로 수업' 다큐멘터리가 방영되었다. 사실 기존의 수업을 보게 되면 학교 수업 시간에 교사는 열심히 교과서를 중심으로 개념 수업을 한다. 그런데 몇 명의 학생들이 이해하지 못했다는 표정을 짓는다. 질문해도 대답하는 학생들이 없거나, 잘못된 대답을 한다. 그러면 다시 설명한다. 교과서 과제를 가지고 학생들에게 대답해 보라고 하고 학생 상호 간 토론하도록 유도하지만, 잘되지 않는 경우가 대부분이다. 교사는 다시 설명한다.

사실 교사는 학생들이 수준 높은 배움에 도달하기를 바란다. 그래서 수행평가로 '사회문제를 발견하고 해결 방안을 제시'하는 것과 같은 수준 높은 과제를 내기도 한다. 그런데 그것은 학생 혼자 하기는 어렵다. 결국 부모와 사교육의 도움을 받을 수밖에 없다. 거꾸로 수업은 이걸 뒤집자는 것이다.

거꾸로 수업이 현실적으로 가능해진 것은 정보통신의 발전 때문일 것이다. 그런데 미국에서 공부한 친구 이야기를 들어 보면 대학원 수업이 그렇게 운영이 된다고 했다. 수업 일주일 전에 발표를 맡은 학생이 발표 내용을 이메일로 보내 주면 같은 수업을 듣는 학생들은 그것을 충분히 읽고 와서 수업 시간에는 토론만 한다는 것이었다. 그런데 이제는 교사가 직접 수업 내용을 영상으로 제작하여 올리고, 그것을 학생들이 미리 보고 내용을 익히고 학교에서는 토론을 비롯한 다양한 활동을 통해 자신이 배운 것을 활용하며 발전시키는 것이다.

이거다 싶었다. 당장 거꾸로 수업 연수를 신청해서 들었다. 첫 학교에서 영화 제작 동아리 지도 교사를 했기 때문에 영상을 제작하거나 그걸 유튜브에 올리기는 어려울 거 같지 않았다. 아니 새로운 것을 좋아하는 나에게는 너무 재미있게 느껴졌다. 다큐멘터리에서 나온 것처럼 보고 오지 않는 학생들이 분명히 있을 거를 생각해서 집에 있는 오래된 태블릿PC를 모두 긁어모았다. 그런데 보고 오지 않는 학생들이 너무 많았다. 그래서 학생들을 앞혀 놓고 내가 제작한 디딤 영상을 틀어 주었다. 학생들은 지루해했다. 그리고 교원 평가에 쓴 한 학생의 평가는 짜릿하다 못해 등골이 서늘했다.

'교실 수업 시간에는 선생님과 생동감 있는 수업을 할 수 있는 장점이 있고, 집에서는 이해가 될 때까지 영상을 볼 수 있는 장점이 있는데 왜 우리는 수업 시간에 영상으로 공부해야 하나요?'

그렇게 한 해를 하고 그만두었다. 다음 해에는 고3 수업을 맡아 이것저것 해 볼 겨를이 없었다. 이미 2학년 때 수강한 과목을 수능 과목으로 선택한 학생들이 대부분이기 때문에 수업을 들으려 하지 않았다.

"얘들아. 미안한데 1학기까지만 수업 들어줘라. 2학기 때는 다른 과목 공부하는 거 인정해 줄게."

정말로 2학기 때는 '법과 정치'를 선택한 4명만 앞으로 따로 불러내어 다른 학생들에게 방해가 되지 않게 조용히 수업했다. 사회 교사로서의 자존감은 바닥이었다.

### 3) 수업은 혼자 할 수 있는 것이 아니구나

이건 아니라고 생각했다. 무엇이 문제일까…. 사실 배움의 공동체도, 거꾸로 수업도 누구와 같이 디자인하거나, 수업을 공개하고 나눔을 한 적이 없었다. 나에게도 수업 친구가 있으면 좋겠다고 생각했다. 마침 경기도교육

Tip

전학공은 '전문적 학습 공동체'의 줄임말이다. 지역에 따라 교원학습공동체, 교육연구 동아리, 교사 학습 공동체 등으로 불리기도 한다. 처음에는 예산을 줄 테니 제발 모여서 교육과 수업을 바꾸어 보라는 식이었다. 학교에 뜻있는 교사들이 모여 책을 사서 좋은 곳에 가서 차를 마시고 책에 대해 이야기를 하고, 학교와 교육에 대해 이야기를 나누었다. 그러던 자발적 모임이 교사들이 의무적으로 참여해야 하는 것으로 바뀌었다. 하기 싫은 사람까지 같이 하다 보니 형식적으로 흐르는 것은 당연하였다. 호치민에서 관련 업무를 담당하면서 나 역시 같은 경험을 하였다. 업무 부서 중심 체제에서 학년부 체제로 바꾸는 과정에서 학년부를 활성하는 방법으로 학년부 전학공을 제안했는데 이를 업무로 받아들여져 반발이 있었다. 당시에는 교사가 모여서 공부하고, 고민을 나눌 수 있는 자리를 마련해 주고, 예산도 지원해 주겠다는데 왜 싫어할까 이해하기 어려웠다. 그런데 막상 한국에 돌아와 한 달에 한 번 정도밖에 안 되는데도 전학공을 하라고 하니 자주 돌아오는 거 같고, 바쁜데 이런 걸 왜 하라고 하나라는 생각이 자연스럽게 들기도 했다. 교사의 자율성에 기반한 행정적 지원이어야 하는데 행정 업무로 교사의 자율성을 강제하다 보니 발생하는 문제인 듯했다.

청에서 '전문적 학습 공동체(이하 줄여서 전학공)'를 운영할 희망 학교를 신청받았다. 예산 지원도 빵빵했고, 운영 결과 보고서도 크게 부담이 없었다. 나는 전체 교사에게 메시지를 띄워 참가 희망 교사를 모집했다. 전체 교사 45명 중 1/4 정도 선생님이 자발적으로 신청하셨다. 특히 40~50대 부장 교사들이 절반 정도 되었다.

개인적으로 2010년대가 한국 교육의 황금기라고 생각한다. 수업 비평, 배움의 공동체, 거꾸로 수업, 회복적 생활 지도, 수업 나눔과 코칭, 시민 교육, 전문적 학습 공동체 등 다양한 교육 운동이 활짝 피어났기 때문이다. 특히 이 시기의 교육 변화는 기존의 '열린 교육', '수요자 중심 교육'과 같이 교육부나 교육청 주도로 일어난 것이 아니라 교사가 스스로 수업에 대해 문제의식을 느끼고 해결 방법을 찾아 일어난 교육 운동이었기에 의미가 있었다. 또, 진보 교육감의 등장과 함께 혁신 학교가 곳곳에 나타났고, 혁신 학교의 장점이 알려지면서 부동산에도 영향을 준다는 언론 보도도 나왔다. 대학 입시에서도 수능으로 한 줄 세우기식이 아니라 학교 활동과 성적을 중시하는 수시의 비중이 높아졌고, 학교생활기록부의 중요성도 커졌다.

이러한 환경은 교사가 수업에 관심을 가지고 개선하기 위한 좋은 동기가 되었다. 선생님들과 수업 관련 책을 구입해 읽고, 강사를 초빙해 강의를 들었다. 그때 처음 '교육과정-수업-평가-기록의 일체화'라는 개념도 알게 되었다. 그렇지만 막상 전학공을 운영하려고 하니 학교 일이 너무 바빴다. 수업 후 모임에 참석하지 못하는 선생님도 점점 늘어나고, 차분하게 자신의 수업에 관해 이야기할 시간도 충분하지 않았다. 그렇지만 같이 수업을 고민하는 사람이 이렇게 있다는 것만으로도 큰 위안이 되었고 힘이 되었다.

전학공을 어떻게 성장시켜야 할까 고민할 때쯤 교육청에서 '수업 코칭 전문가 양성 과정'을 열었다. 나는 얼른 신청했고, 기본 과정을 마쳤다. 대표 수업 공개가 있었는데 내가 자발적으로 하겠다고 했다. 수업을 어떻게 보고, 나눔을 해야 하는지, 어떻게 코칭을 해야 하는지 알 것 같았다. 그렇지만 호치민한국국제학교에 근무하게 되면서 심화 과정에는 참여하지 못했다.

### 1) 오래된 미래, 재외한국학교

뭔가 한 가지를 꾸준하게 하지 못하고 단순, 반복되는 일을 지겨워하며 변화를 좋아하는 것은 개인적 특성인 것 같다. 상담을 한창 공부할 때는 모든 것을 정리하고 외국으로 유학을 갈 생각도 했었고, 상담전문가가 되어 상담실을 열겠다는 계획을 세우기도 했었다. 교사가 된 지 20년 가까이 되어가면서 학교생활이 지겨워지기 시작했다. 같은 일과, 같은 일 년, 같은 업무가 지루하게 느껴졌다. 변화가 필요했다. 그때 눈에 들어온 게 '재외한국학교 초빙 교원 모집'이었다. 호치민시한국국제학교에 지원하여 합격하였고 5년간 근무할 수 있게 되었다. 사실, 재외국민한국학교에 대해 깊은 이해가 있었던 것은 아니었다. 재외국민특별전형이라는 입시 제도가 있는지도 몰랐고, 어떻게 교육과정이 운영되는지도 몰랐다. 막연하게 수업이 국제학교, 혹은 교육 선진국처럼 모둠 수업을 비롯한 배움 중심 수업을 할 것이라고 생각했다. 처음 학교를 방문한 날 교감 선생님이 한 말이 기억난다.

"여기 학생들은 한국에 비해 무척 순수합니다. 아주 적극적이에요. 그리고 여기 학생들은 수능을 보지 않습니다. 수능에 맞춰 수업하실 필요가 없습니다. 선생님께서 하고 싶은 것을 다 해 보세요."

드디어 찾았다. 내가 꿈꾸던 학교를 말이다. 우선, 재외국민특별전형이라는 입시 제도에 대한 이해가 필요하다. 부모가 해외에 근무하게 되어 한국의 학생들과 같은 교육을 받지 못하는 학생들에게 별도의 입시 전형을 실시하는 것으로 전(全) 교육과정 해외이수자 전형(12년 특례)과 중·고교과정 해 과거 연구 수업이라는 이름으로 수업을 공개하고, 수업 공개에 참여한 교사들에게 피드백을 받던 것이 수업 장학, 수업 컨설팅 등으로 불리다가 동료와 함께 수업을 나눈다는 의미로 '수업 나눔'으로 용어가 정리된 거 같다. 수업 나눔이 동료 교사를 대상으로 하며 같이 수업에 대한 고민을 나누고 새로운 수업을 계획하고 시도한다면, '수업 코칭'은 수업 전문가가 내 수업을 보고 질문을 통해 내 수업 목표, 수업 방법, 학생과의 상호작용에 대해 성찰하고 새로운 도전을 할 수 있도록 돕는 것이다. EBS의 '선생님이 달라졌어요'가 수업 코칭의 예라고 할 수 있다. 나는 김현섭 선생님으로부터 1회 수업 코칭을 받았는데 수업을 보는 눈이 확 달라지는 것을 느꼈다. 기회가 되면 수업 코칭을 받아 보기를 권한다.

외이수자(3년 특례)로 나누어 실시한다. 12년 특례는 12년 과정을 모두 해외에서 이수하기에 거의 외국인처럼 정원의 제한이 없고, 3년 특례는 정원의 2%를 선발한다. 특별 전형은 대체로 한국에서 입시를 준비하고 치르는 것보다 수월하게 보이는데 상위권 학생들의 경우에는 한국 학생들과 마찬가지로 준비할 것도 많고, 경쟁이 치열하다.

나는 재외국민특별전형과 재외한국학교를 한국 교육의 '오래된 미래'라고 생각한다. 내가 경험한 재외한국학교는 한 곳이었기 때문에 이를 전체로 일반화하기에는 어려울 거 같지만, 재외한국학교에서 근무하는 선생님들의 이야기를 들어 보면 '우리 학교 학생들은 정말 착하고 예쁘다.'고 한다. 내가 근무했던 호치민 학교 학생들도 정말 예뻤다. 수업 시간에 한눈 파는 학생이 없는 것은 아니지만, 교사에게 불손하게 대하거나 매시간 자는 학생은 재외한국학교는 교육법에 따라 외국에 있으면서 한국 교육과정을 운영하여 한국의 학교로 인정받은 학교를 말한다. 가장 많은 수의 재외한국학교가 중국에 있으며 러시아의 모스크바, 이집트의 카이로, 아르헨티나에도 있다. 그러나 모스크바 등은 초등과정만 있기 때문에 중등 교사가 지원할 수 있는 곳은 중국, 베트남 등 아시아 지역에 한정된다. 매년 10월 초가 되면 재외한국학교 초빙 교사 모집 공고가 나온다. 학교 홈페이지에 바로 올라오고, 재외교육기관포털(https://okeis.moe.go.kr/), 네이버 재외국민교육기관교사카페(https://cafe.naver.com/kischool)에도 올라온다. 학교에 공문으로 올라오는 것이 가장 늦는 거 같다. 지원하여 합격한 교사들을 보면 대체로 뭔가 내세울 게 하나씩은 있어 보였다. 그런데 학교에서 가장 뽑고 싶은 교사는 가장 필요한 교사이다. 재외한국학교는 대체로 한국 입시 체제로부터 자유롭기 때문에 국제 학교와 같은 프로젝트, 토론, 모둠 활동 등 다양한 수업을 할 수 있는 교사를 원한다. 수업에 대한 역량을 키우고, 자신의 수업에 대한 포트폴리오를 만들어 가는 것이 제일 중요한 거 같다. 지원서, 자기소개서 등을 작성하여 기한 내 이메일로 지원하게 되면 1차 합격 통보가 온다. 2차는 과거에는 서울 지역 학교에서 면접으로 진행되었는데 최근에는 코로나로 인해 영상으로 면접을 실시하고 있다. 처음 호치민에 지원할 때는 교원 단체 활동 경력, 학교에서 들은 이야기를 가족에게 할 거냐와 같은 곤란한 질문도 많았지만, 북경을 지원할 때는 질문이 평이했다. 면접 전후로 학교 실사가 이루어지기도 한다. 학교장이나 교감 선생님께 근무 태도, 교사 역량, 학생 및 동료 교직원과의 관계 등을 묻는 듯하다.

거의 없었다. 수행평가 채점 시즌이 되면 교사마다 '감점할 학생이 없어!'라는 자랑 같은 불만이 터져 나오기도 했다. 물론, 대학에 제출할 스펙을 위해서이긴 하나 선착순으로 신청하는 봉사활동에 아침 일찍부터 와서 기다리기도 하고, 학급 임원 선거와 각종 대회와 행사에는 신청하는 학생들이 미어터졌다.

'왜 재외한국학교 학생들은 착하고 적극적일까?'

재외한국학교에서 근무하면서 끊임없이 고민하던 질문이다. 내가 생각한 가장 큰 이유는 대학에 들어가기 쉽기 때문이다. 대부분 학생이 자신의 진로와 미래에 대해 낙관적으로 생각했다. 대학에 들어가는 것이 상대적으로 쉽기 때문에 대학 진학을 포기하는 학생이 거의 없었다. 대학 진학을 포기하지 않았으니 중·고등학교 교육과정을 포기할 필요가 없었다. 상위권 경쟁이 치열했지만, 상위권이 아닌 학생들도 어느 정도 이상의 성적이 필요하기에 수행평가, 지필고사 모두 열심히 준비했다. 학생들이 전혀 말썽을 피우지 않는 것은 아니지만, 큰 사건으로 학생 생활교육위원회(선도위원회)가 열리는 것이 1년에 두세 번이 안 되었다. 강제 전학이나 퇴학 처분을 받게 되면 한 해 2~3천만 원이 넘는 수업료를 내고 국제 학교에 다녀야 하므로 학교의 규율이 살아 있었다. 무엇보다 학생들의 진학이 어느 정도 보장되었기 때문에 공부를 열심히 하지 않을지언정 학교를 포기하거나 반항할 필요가 없었다.

수능 준비를 하지 않는다는 것은 수업의 자유도를 매우 높게 만들어 주었다. 진도에 대한 부담이 줄어들 뿐 아니라 지나치게 어려운 문제를 풀기 위한 '문제풀이'에 시간을 낭비할 필요도 없었다. 수업의 난이도를 수능에 맞출 필요가 없으니 불필요하게 세부적인 내용을 가르치거나 변별을 목적으로 하는 어려운 문제를 출제할 필요도 없었다.

물론, 수학이나 과학처럼 위계가 있는 과목은 어려울 수 있겠지만 교육과정 재구조화를 통해 얼마든지 교사가 원하는 수업을 할 수 있었다. 확실히 한국 학생들보다 자발적으로 손을 들고 자신의 의견을 말하는 것이 자연스러웠다. 그러다 보니 수업 시간에 모둠 수업이든, 전체 토론이든 손을 들고 발표하는 학생들이 많아 수업이 활발하게 이루어졌다.

뭔가 마음속으로 꿈꾸던 미래 학교의 모습은 아닌가! 수업 재구조화가 가능하여 교사와 학생에게 의미 있는 수업이 가능하고, 열심히 한 학생 누구나 좋은 성적을 받고, 좋은 상급 학교에 진학할 수 있기에 학생들이 적극적으로 수업에 참여하는 학교가 실제 있었다. 물론, 어떤 학년은 더욱 잘 되었고, 어떤 학년은 잘 안 되기도 했으며, 어떤 반은 더 잘 되고, 어떤 반은 너무 힘든 반도 있었다. 그렇지만, 나는 호치민시한국국제학교에서 사회를 가르치며 '배움의 공동체', '거꾸로 수업'을 더 잘할 수 있었고, 더 나아가서는 내 수업에 대한 철학과 방법이 생기기 시작했다. 다시 사회 교사로 태어난 것 같았다.

### 2) 행복을 가르치다

내가 스스로 사회 교사로 성장했음을 느꼈던 것은 호치민시한국국제학교에서 근무한 지 5년 차에 들어선 2021학년이었다. 2021학년도에 통합사회를 가르친 아이들은 2017년 당시 중학교 1학년으로 내게 사회를 배웠던 아이들이었다. 당시에도 나타나기 시작한 메갈리아, 위마드, 탈 코르셋 등에 대해 내 견해를 묻는 아이들도 있었고, 한 여학생은 어느 남학생이 "네가 쇼트커트를 한 이유가 탈 코르셋 운동에 참여하기 때문이냐?"고 비아냥거려 속상하다고 찾아와 이야기하기도 했었다. 그 아이들이 크는 동안 우리 사회의 남녀 갈등 문제는 더욱 심화했고, 공정은 사회적 화두가 되었다. 공정이라는 이름의 능력주의는 이미 세상을 점령한 듯 보였다. 정의의 문제는 우리 사회의 공정 이슈와 관련하여 꼭 깊이 있게 가르칠 필요가 있었다.

통합사회 교육과정에 관해 조금 설명하자면 1단원에서 통합적 관점에 대해 나온다. 시간적 관점, 공간적 관점, 사회적 관점, 윤리적 관점에 대해 어느 정도 다룬다. 당연히 시간적 관점은 역사과, 공간적 관점은 지리과, 사회적 관점은 일반사회과, 윤리적 관점은 윤리과에 해당한다.

그리고 바로 행복에 대해 다루게 되는데, 1단원의 행복은 통합사회 전체를 관통하는 주제이다. 행복의 조건으로 다시 질 높은 정주 환경(지리과-2, 3단원), 경제적 안정(일반사회-5단원 경제), 민주주의의 실현(일반사회과-4단원 정치와 법), 도덕적 실천(윤리와-6단원 정의)까지 제시하는데 이러한 행복의 조건은 일반사회과, 지리과, 윤리과, 역사과와 잘 연결이 되어 있다. 7단원 문화, 8단원 세계화, 9단원 지속가능한 삶 단원은 어느 교과라고하기 어려운 주제들이라 더욱더 통합적 관점에 잘 어울린다. 역사과는 딱히 어느 단원이라고 말할 수 없지만 전체적으로 내용들이 역사적 맥락에서 이해할 수 있도록 기술되어 있다.

그래서 많은 것을 가르치기보다는 1학기는 행복, 2학기는 정의를 중심으로 깊이 있게 수업하리라 계획했다. 그리고 가능한 한 교과 내용을 베트남, 특히 호치민과 푸미흥, 한인 사회와 연결해 보겠다고 생각했다.

1단원의 시간적, 공간적 관점을 배우는 학습지에 다음과 같은 질문을 만들어 넣었다. 베트남에 사는 한국 학생들이라는 학습자 특수성을 고려하여 첫 번째 질문은 베트남의 음식을 통해 공간적 관점을 이해하도록 하였고, 두 번째 질문은 시간적 관점에서 한국과 베트남의 역사적 유사점을 찾고,

이를 공간적 관점에서 설명해 봄으로써 통합적 관점의 필요성을 느낄 수 있게 하였다.

(1) 베트남 지역에 따라 음식이 무엇이 다른지 자료를 참조하여 설명하시오.

(2) 한국과 베트남 역사의 유사점을 있는 대로 찾고, 유사한 역사를 갖게 된 이유를 분석하시오.

---

**학생 답안 예시**

공간적으로는 베트남과 한국 모두 땅이 남북으로 긴 반도국이라서 시간상으로 두 국가 모두가 땅을 굳이 남북으로 나누어서 대립했다. 모두 다 땅의 북쪽은 공산주의적 경향을 띠고, 남쪽은 자본주의적 경향을 띠었는데, 이는 중국이 두 국가의 북쪽에 위치하기 때문에 북쪽 지역은 중국의 영향을 많이 받을 수밖에 없었기 때문이다. 또한 시간상으로 두 나라 모두 다 처음에 선진 문물을 받아들이는 것을 주저했었는데, 이는 중국이 가까이 위치해 중국의 중화사상과 유교가 각 베트남과 한국에 모두 퍼졌기 때문이다. 이와 반대되는 예시로, 일본의 경우에는 섬나라라서 중국의 영향을 직접적으로 받지 않아 선진 문물을 잘 받아들일 수 있었다.

결정적으로 두 나라 모두 다 식민지였는데, 공간적으로 바다로 둘러싸여서 침략받기가 쉬웠기 때문이다.

---

1단원 행복에 대해 천천히 수업하며 나는 아이들이 행복에 대해 사유하고 자기 행복을 찾기를 바랐다. 그래서 학습지에 다음과 같은 질문을 만들어 넣고 학생들과 토론하였다. 사실 나 역시 교과서 출판사에서 제공하는 '학습 정리'를 기본으로 빈칸을 만들어 주요 개념을 써넣는 형식으로 학습지를 만들었다. 그러나 짧게라도 자신이 교과서의 내용을 요약해서 쓰거나 '함께 생각하기'와 같은 자료를 제시하고, 자기 생각을 쓸 수 있는 학습지를 만들려 노력했다. 예를 들어 과거에는 〈사례 1〉과 같이 학습지를 만들었다면,

호치민에 근무하면서는 〈사례 2〉와 같이 학습지를 만들었다.

사례 1

다음 괄호 안에 들어갈 말을 교과서에서 찾아 쓰시오.

1) 행복을 위해서는 질 높은 (정주 환경)을 조성하는 것이 필요하다.

2) 행복을 위해서는 시민참여가 활성화되는 (민주주의)의 실현이 필요
하다.

사례 2

다음 주장에 대해 조건에 맞춰 이유를 설명하시오.

1) 행복을 위해서는 질 높은 정주 환경을 조성하는 것이 필요하다.

　조건 1. '정주 환경'의 정의를 쓰시오.

　조건 2. '왜냐하면', '예를 들어'를 이용할 것. '예'는 호치민 또는 푸
　　　　 미홍 등 자신이 살고 있는 지역의 예를 들 것. 예는 반증의
　　　　 사례로 사용해도 좋음.

2) 행복을 위해서는 시민참여가 활성화되는 민주주의의 실현이 필요
하다.

　조건 1. '왜냐하면', '예를 들어'를 이용할 것. '예'는 미얀마, 한국,
　　　　 싱가포르 등의 국가의 예를 들 것. 예는 반증으로 사용해도
　　　　 좋음.

3) 민주화된 가난한 국가와 독재 정부가 지배하는 부유한 국가, 여러
분의 선택은?

　조건 1. '왜냐하면', '예를 들어'를 이용할 것.

이처럼 빈칸 채우기보다 다음과 같이 자기 생각을 쓸 수 있는 질문들로 학습지를 만들었다.

'삶 중심 교육과정', '삶을 위한 교육과정'이란 말이 있다. 교육과정이 학문적 지식을 가르치는 것으로 끝나는 것이 아니라 자기 삶으로 들어와 삶의 문제를 해결하고, 자신의 삶을 아름답게 가꾸어 갈 수 있도록 교육과정을 재구조화해야 한다는 뜻이다. 그런 의미에서 학습지에는 자신의 삶을 연결해 생각해 볼 수 있는 질문을 만들기 위해 노력했다. 수업은 어떻게 하겠는데, 평가를 계획하는 것은 쉽지 않았다. 특히, 객관적 지식을 묻는 것이 채점하기도 쉽고 공정해서 평가 계획에는 서술·논술형 평가라고 쓰고 실제로는 단답형 문제를 내거나 서술형이라고 하더라도 답이 정해진 문제로 수행평가를 보는 경우가 많았다. 그런데 수업에서는 '자기 생각'을 강조하고, 평가는 단순 암기를 중심으로 하는 건 교육과정-수업-평가-기록이 일체화되어야 함에도 수업과 평가의 고리가 끊어지는 방식이었다. 평가는 수업을 중심으로 해야 하며, 수업 시간에 배우고, 연습한 것을 대상으로 해야 하며 수업 목표를 얼마나 성취하였는가를 평가해야 한다. 그런데 그것이 참 쉽지 않다.

내 생각에는 고등학교 수준에서는 1,000자 이상의 다소 긴 논술형 평가가 좋다고 생각한다. 차근차근 자기 생각을 논리적으로 써 보는 것은 자기 생각을 정리할 수 있을 뿐 아니라 학생들이 어떻게 생각하는지 사고 과정을 볼 수 있는 좋은 방법이기 때문이다. 그래서 행복에 대해 공부를 하고 수행평가로 '인간은 어떻게 행복한 삶을 살 수 있는가?'라는 주제로 논술 평가를 실시하였다.

앞 질문에서 보았듯 근거를 통해 논증하는 것을 지속해 강조하였고, 자신의 주장을 뒷받침할 수 있는 근거로 노래 가사, 다큐멘터리, 책, 수업 내용, 자기 경험, 영화를 활용하도록 하였다. 코로나19로 학교 도서관을 사용할 수 없었기 때문에 교보문고 전자 도서관을 신청하여 학생들이 가정에서 관련 책을 대여해 볼 수 있도록 미리 준비했다. 나한테 지금 써 보라고 해도 어려운 주제였으나 학생들은 곧 잘 써서 수행평가의 채점 시간이 즐거웠다.

### 3) 삶과 지역

고1 통합사회의 큰 주제인 행복과 정의가 윤리과에 해당된다면 단원의 구성은 주로 일반사회 영역과 지리 영역으로 구성되어 있다. 특히 2단원과 3단원은 지리가 중심이 된다. 우선 2단원의 자연지리와 관련하여서는 환경 문제를 중심으로 수업을 간단히 하고, 3단원 인문지리 내용을 중심으로 수

**디자인 싱킹**

**Tip**

사실 나는 비교적 새로운 기법과 트렌드에 빠른 편인데 디자인 싱킹은 호치민에 근무한 지 4년 만에야 새로 오신 선생님으로부터 접할 수 있었다. 교사가 유행을 쫓을 필요는 없으나 더 좋은 수업을 위해 열린 마음을 가지고 새로운 다양한 방법을 접하는 것은 필요해 보인다. 디자인 싱킹은 디자이너의 관점에서 고객의 문제에 공감하고, 고객의 관점에서 상황을 분석하고 다양한 기법을 활용하여 문제를 해결할 수 있는 대안을 모색하고 실제로 간단한 프로토타입이라는 해결책을 제작해 보는 활동 도구이다. 중앙교육연수원(https:www.neti.go.kr)에도 '디자인 싱킹으로 그린 학교 교육'이라는 강좌가 마련되어 있다.

업하려고 했다. 3단원은 산업화, 도시화, 교통, 우리 지역의 변화 등 학생들의 생활과 밀접한 주제가 많아 '행복한 정주 환경'에 초점을 맞추어 지역 사회의 불편을 해소하기 위한 모둠별 프로젝트를 하려고 계획했다. 그런데 코로나19 탓에 온라인 수업을 하게 되었다. 어떻게 해야 할지 난감한 상황이었다. 구세주가 나타났다. 새로 부임하신 옆자리 선생님이 '디자인 싱킹'의 대가셨다. 선생님의 도움을 받아 디자인 싱킹으로 수업을 진행했다. 선생님께서 만드신 동영상과 수업자료가 있어 수업이 어렵지 않았다. 어려운 것은 온라인에서 어떻게 모둠을 편성하고, 모둠 활동을 하고, 의견을 나누고, 정리할 수 있을까 하는 것이었다. 그런데 다 방법이 있었다. 구글 크롬 확장 프로그램을 통해 소그룹 방을 만들 수 있고, 교사가 방을 다니며 참여할 수도 있었다. 구글 잼보드를 활용하여 학생들에게 과제를 주고, 의견을 모으며 매시간 작업 과제를 제출하도록 하였다. 8차시에 걸쳐 진행되었으며 대표적인 주제들과 해결 방법은 다음과 같다.

1. 베트남 오토바이 경적으로 인한 소음 문제해결
   **해결 방법** 내비게이션에 소음 피해 지역을 알려 주는 기능 추가
2. 마스크 미착용자로 인한 불안감
   **해결 방법** 자신이 원하는 디자인의 마스크 제작 사업
3. 길거리에 개똥이 많아 위생에 안 좋고 보행에 불편 초래
   **해결 방법** 개똥을 쉽게 처리할 수 있는 개똥 집게 개발
4. 쓰레기 불법 투기로 인한 위생 문제
   **해결 방법** 청소년 정책 제안서 작성, 베환살(베트남 환경 살리기) 봉사 활동 앱 제작
5. 교통 신호가 잘 안 지켜져서 보행자 안전 위협
   **해결 방법** 비가 올 때 비를 피할 수 있는 친환경 육교 건설
6. 온라인 수업 장기화에 따른 학생들의 대인 관계 능력 및 우울감 증가
   **해결 방법** 다양한 심리적 안정을 얻을 수 있는 콘텐츠를 제공하는 앱 개발,
   친구들끼리의 상호작용을 증가시킬 수 있는 SNS 앱 개발

이러한 수업이 가능한 건 시험(지필고사)을 한 번만 보았기 때문이었다. 만약 두 번을 보게 되면 출제를 위한 적정한 시험 범위가 필요하고, 진도를 나가기 위해 교과서 중심의 수업을 하게 된다. 그러나 시험을 한 번만 보게 되면 교육과정 재구조화를 통해 다양한 활동을 하면서도 시험 출제가 가능한 시험 범위를 확보하는 데 무리가 없어서 지필고사 40%, 수행평가 60%를 선호하는 편이다.

위의 디자인 싱킹 수업은 수행평가에는 포트폴리오 형식으로만 반영하였다. 모둠 활동의 결과물을 수행평가로 할 경우 모둠 활동 과정에서 열심히 하는 학생들은 열심히 하지 않은 학생에 대한 억울함과 원망을 배우게 되는 것 같다. 또, 평가와 관계없이 배움, 활동 자체에 가치를 두고 열심히 힘을 모아 해보는 즐거움도 느끼게 하고 싶었다. 모둠 편성은 어떻게 해도 불만이 있기 마련이고, 확실한 정답은 없는 거 같았다. 그래서 모둠 편성의 문제는 2학기 정의 수업의 중요한 소재가 되었다.

3단원을 배우고 2차 수행평가는 지역 조사보고서 작성으로 하였다. 주제는 내가 준비해서 학생들이 선택하도록 하였다. 주제는 다음과 같다.

---

**보고서 주제**
1) 호치민의 발전 과정
2) 호치민 한인 사회
3) 호치민의 교통
4) 호치민의 인구
5) 호치민의 산업
6) 호치민의 부동산

---

지역 조사보고서 작성 과정을 통해 지역을 더 잘 이해하고, 보고서 작성 방법을 익히고, 문제를 발견하고 해결하는 힘을 키우는 것을 목표로 하였다. 그래서 보고서 항목에는 '조사 과정에서 나타나는 주제 관련 문제점과 해결 방안'을 포함하였고, 현지 생생한 자료를 활용하기 위해 영문이나 베트남어로 된 자료를 반드시 인용하도록 하였다. 재외학교이기에 가능한, 그리고 필요한 내용이라고 생각한다. 온라인 수업이기 때문에 지역 조사보고서 작성은 더 하기 좋았다. 같은 주제끼리 모둠은 만들었지만, 작성은 개인적으로 하였는데 수업 시간에 자료를 수집하고 작성하는 것이었다. 때문에 대부분의 학생이 보고서 작성이 가능한 노트북이나 컴퓨터에서 수업받고 있었으며 작성 과정에서 교사에게 질문을 하거나 지도를 받을 수 있었기에 교실 환경보다 더 편한 거 같았다. 학생들은 처음으로 각주를 달고, 참고 문헌을 써 보았으며, 어디서 복사해서 그대로 붙여 폰트가 다르고 글자 크기가 제각각인 학생도 있었지만, 대체로 형식적으로나 내용으로 괜찮은 보고서를 작성해 냈다.

### 4) 정의를 가르치다

1학기 수업은 사회 과목을 자기 삶(행복), 자기 삶과 자신이 살고 있는 지역과 연계하였다면 2학기 수업 주제는 '정의'였다. 방학 동안 정의 관련 책들과 논문을 보면서 수업을 생각하다가 앞에서 언급하였듯이 '어떻게 모둠 편성을 하는 것이 정의로운가?'라는 주제로 수업해 보면 어떨까하는 생각이 들었다. '전체적인 수업 진행 계획은 다음과 같았다.'는 것은 거짓말이고 수업을 진행하다 보니 다음과 같이 진행되었다. 차시 대신 순서라고 한 이유는 학급마다 토론, 발표 등으로 차시가 일정하게 진행되지 않았기 때문이다. 전체적으로 22~24차시 정도로 운영이 되었는데 주 3시간이니 거의 8주 두 달간 5단원을 다룬 것이다.

어쩌면 행복과 정의는 윤리과의 주제로 생각할 수 있다. 그런데 인간이 살아가는 사회에서는 인간의 가치가 포함될 수밖에 없고, 세상의 다양한 이슈에 대한 자기 생각을 만들어 낼 때 가치 판단 과정이 들어갈 수밖에 없다. 다음 주제는 7번 '공동체주의 수업 전 도입 토론'에서 다룬 주제이다. 사회과에서 사회 교사가 사회 시간에 토론하기 적절한 주제이지만 일반사회과의 관점에서만 다루기는 어렵다. 그래서 사회과 교사들 자신도 통합적 관점을 가질 필요가 있다.

1) 트랜스젠더 강제 전역은 정당한가?
2) 트랜스젠더는 여대에 입학할 수 있을까?
3) 아프가니스탄 한국 협력자만 구출하는 것이 정당한가?
4) 베트남인도 맞지 못한 백신을 외국인에게 먼저 접종해야 할까?
5) 한국 정부는 한국에 거주하는 외국인에게 재난지원금을 지급해야 할까?
6) 한국 정부는 외국에 거주하는 재외국민에게 재난지원금을 지급해야 할까?

다음 주제도 마찬가지다. 정의에 대해 교과서에 있는 내용을 쭉 배우고 최종적으로 수업 시간에 배운 내용을 바탕으로 다음 주제에 관해 토론하였다. 우선, 모둠별로 토론하여 토론 결과 전체를 공유하고, 질의응답 시간을 가졌다. 그리고 평가는 논술로 하였는데 자기 주제와 다른 모둠 주제, 두 편을 작성하도록 하였다. 다른 모둠 주제 하나를 포함한 이유는 다른 모둠의

| 순서 | 수업 주제 | 학생 활동 |
|---|---|---|
| 1 | 모둠 편성을 어떻게 해야 할까?<br>(정의 수업을 위한 도입 토론) | 모둠 토론 및 개인별 학습지 작성 |
| 2 | 자유주의 정의관1 – 하고 싶은 사람과 모둠 편성하면 안 돼요? | 모둠 토론 및 개인별 학습지 작성 |
| 3 | 자유주의 정의관2 – 자유주의 정의관의 계보(이론 강의) | 자체 제작 동영상 강의 온라인 학습 |
| 4 | 자유주의적 정의관3 – 자유지상주의 | 모둠 토론 및 학습지 작성 |
| 5 | 자유주의적 정의관4 – 빚 분배 활동<br>(롤스의 정의관) 토론 | 빚 분배(EBS 다큐프라임–법과 정의 2부) |
| 6 | 자유주의적 정의관3 – 존 롤스의 평등적 자유주의 설명 및 존 롤스 입장에서의 모둠 편성 | 존 롤스의 이론을 학습한 후 모둠 활동으로 '하고 싶은 사람끼리 모둠 편성' 방법에 대한 평가, 개인별 학습지 작성 |
| 7 | 공동체주의 수업 전 도입 토론1 | 모둠 토론 |
| 8 | 공동체주의 수업 전 토론2 – 분배의 자격(자격은 무엇을 통해 주어지나) | 모둠 토론 및 발표 |
| 9 | 공동체주의 이론 강의 | 자체 제작 동영상 강의 온라인 학습 |
| 10 | 공동체주의 입장에서의 사회 수업 | 사회과(통합사회) 교육 목표와 핵심 역량, 사회 과목에서 모둠 활동이 필요한 이유, 사회 과목에서 '우수'한 학생은 누구인가? 사회 과목의 평가는 어떠해야 하는가? |
| 11 | 정의 관련 사회 이슈 주제 토론 | 모둠별 주제 선택, 발표 및 토론 |
| 12 | 수행평가 – 정의 관련 사회 이슈 주제 논술 | 2회 논술 작성(1차: 자기 모둠 주제, 2차: 다른 모둠 주제 |

발표에 집중하고 토론에 더욱 적극적으로 참여할 것이란 기대 때문이었다. 수행평가에 앞서 2명이 남고, 2명이 이동하는 지식 장터를 운영했다. 자신이 논술 주제로 무엇을 선택할 것인지, 선택한다면 더 자세히 알고 싶은 것은 무엇인지 돌아다니며 더 알아보라는 의도였다.

또 하나 시도한 것은 Padlet에 10학년 전체 학생들의 발표지를 올려 공유한 것이었다. 다른 반에서는 같은 주제에 대해 어떻게 생각하는지 살펴보라는 의도였다. 그것이 얼마나 효과가 있었는지는 자신할 수 없다. 다만 공정과 관련한 사회적 갈등을 해결하기 위해 더 많은 다른 사람의 입장을 살펴볼 수 있기를 바라는 간절함이 있을 뿐이다.

---

**주제1** : 재외국민 특별전형 입시 제도는 존속해야 하는가?

**주제2** : 대입에서 지역균형 선발 제도는 필요한가?

**주제3** : 대입, 공무원 시험에서 지역인재전형은 정당한가?

**주제4** : 비정규직의 정규직 전환은 정당한가? 또는 정규직과 비정규직 사이의 임금 격차는 정당한가?

**주제5** : 통합사회 수업에서 우수한 학생은 누구인가? + 학교 지필고사에서 어려운 문제를 내서 변별해야 하나?

**주제6** : 취업 시 학벌(출신 대학)을 반영해야 하는가? 또는 취업 시 블라인드 채용은 정당한가?

**주제7** : 남자만 입대해야 하는 병역 제도는 정당한가? 그렇다면 모병제는 사회 정의에 부합하는가?

---

지면 관계상 위의 수업 과정과 사례를 모두 설명할 수는 없고, 10번째 수업에 관해서는 설명이 필요하겠다. 이것은 원래 계획된 것은 아니었다. 1학기 행복 수업을 훌륭하게 해냈다고 자부했다. 재외국민한국학교에서는 교

원평가가 꽤 중요하다. 학교장이 재계약을 하고 싶지 않을 때 내세우는 근거 중 하나가 교원평가 점수이기 때문이다. 지금껏 좋은 점수가 나왔기 때문에 은근히 수업 만족도 조사가 기대되기도 했다. 혹시 만점 나오는 거 아니야? 이런 쓸데없는 걱정을 하기도 했다. 그런데 결과는 지금껏 받은 가장 낮은 점수가 나왔다. 이유는 크게 두 가지로 분석되었다. 하나는 모둠 활동이 너무 많고 힘들다는 거였다. 또 하나는 2차 지필고사가 취소되어 수행 100%로 하면서 성적이 너무 올랐다는 것이다. 열심히 한 학생이 변별되지 않는다는 불만이었다.

"모둠 수업 그만하고 싶어요 ㅜㅜ"

"수업하는 방식도 좋고 다른 친구들이랑 토론할 기회를 만들어 주셔서 좋은데, 1학기 수행 점수가 정말 너무 상향평준화된 게 아쉽습니다."

"모둠 활동을 줄였으면 좋겠다. 수행평가 기준이 명확했으면 좋겠다."

"사회 수업을 너무 모둠 수업 위주로 안 했으면 좋겠어요. 과제는 적당한데 수업 들었을 때 부담될 때가 많았어요."

군대에 들어가기 전에는 종종 A+ 폭격기 교수들이 있었다. 그리고 대체로 학점을 후하게 주었다. 그런데 군대에 갔다 오니 상대평가라는 것이 생겼고, 학점별로 일정 비율 이하의 학생에게만 학점을 줄 수 있었다. 그때나 지금이나 같은 의문이 든다.

'모두가 잘했는데 그것을 억지로 변별하는 것이 교육적으로 바람직한가?'

절대평가가 실질적으로 학생이 교육 목표로 설정한 성취 기준에 도달했는가를 평가한다면, 상대평가는 학생들 사이의 우열을 가리는 것에 초점을 두게 된다. 그리고 학생들의 우열을 가리는 이유는 '선발'이라는 목표를 위해서이다. 전국 단위로 동시에 치러지는 행사 중 가장 큰 것은 선거와 수능이 아닌가 싶다. 수능은 철저하게 선발을 위한 시험이다. 교육의 선발 기능을 부인할 수는 없다. 그런데 마치 교육은 선발을 위한 도구가 되어야 하며, 선발을 위해 교육의 본질적 목적은 희생되어도 된다고 생각하기도 한다. 그런 관점은 학생들도 가지고 있었다.

### 5) 교육과정을 학생들과 함께 보다

자존심이 상당히 상했다. 앞으로는 모둠 활동은 하지 않아야 하며, 과정 평가는 줄이고 꼭 지필을 봐서 변별해야 하나라는 의문이 들었다. 학생들과 왜 모둠 수업을 해야 하는지, 누가 통합사회 과목에서 교과우수상을 받아야 하는지 같이 생각해 봐야 할 것 같았다. 마침 공동체주의 정의관에 대해 배울 때였다. 롤스의 정의관이 규범적인 절차에 따른 다소 기계적인 정의관이라면 공동체주의 정의관은 공동체 구성원들의 덕에 맞는 것을 정의로 본다. 그리고 그 덕은 사회문화적, 역사적 맥락 속에서 구성원들의 이성에 바탕을 둔 끊임없는 사회, 정치 참여를 통해 만들어진다고 본다.

그렇게 덕을 키워 이성적인 인간이 될 때 행복할 수 있다는 것이다. 나는 이 부분이 1단원의 행복과 연결된다고 생각한다. 또한 Telos(목적)에 부합하는 것에 자격이나 영예를 부여하는 것이 정의라고 한다. 그렇다면 사회 수업의 Telos는 무엇일까? 그 목적에 부합한 사람이 우수한 학생, 교과우수상을 받을 자격이 있을 것이다. 나는 사회 수업의 목적을 찾기 위해 사회과 교육과정, 통합사회 교육과정 해설서의 교육 목표를 나누어 주었다.

**"통합사회는 학생들에게 다양한 흥미와 호기심을 유발할 수 있는 내용을 제시하여 관**

찰, 조사, 분석, 해석, 탐구와 성찰, 토의와 토론, 논술, 프로젝트 학습, 현장체험학습 등 경험 및 참여 중심의 활동이 가능하도록 학습량을 적정화하고, 효과적인 교수-학습과 평가 방법 및 유의 사항을 제시한다. 통합사회는 글로벌 지식 정보 사회와 개인의 일상에서 성공적으로 삶을 영위하기 위해 필요한 비판적 사고력 및 창의성, 문제해결능력과 의사결정능력, 자기 존중 및 대인관계능력, 공동체적 역량, 통합적 사고력 등과 같은 교과 역량을 육성하는 데 중점을 둔다."

그리고 모둠 활동의 필요성에 대해 생각해 보기 위해 학생들에게 다시 모둠 편성에 대해 질문을 했다. 이미 자유주의, 롤스의 입장에서 분석해왔기에 학생들은 "선생님 잘못 했어요. 그냥 선생님이 모둠 하라는 대로 할게요."라고 해서 웃기도 했지만, 논의는 더 깊어졌다.

학생들은 지필평가가 공정하다는, 시험 잘 보는 학생이 우수한 학생이라는 고정관념에서 조금씩 벗어나기 시작했다. 이 경험을 통해 먼저 교육과정을 학생들과 공유하면서, 수업 목표와 핵심 역량, 핵심 개념들을 충분히 이해시키고, 왜 사회 수업에서 모둠 수업이 중요한지, 왜 과정형 수행평가가 사회 교과에 더 적합한지에 대해 설명하는 것이 중요하다는 생각이 들었다. 그리고 새로 간 학교에서는 실질적으로 수업 첫 시간에 이 내용을 설명했다. 학생들은 대체로 수긍하였다. 그렇게 학기 초에 수업의 목표, 방향, 평가 계획에 대해 학생들과 공유하는 것이 필요하다.

능력주의가 한동안 사회적 이슈였다. 그리고 똑똑하고 열심히 공부하는 학생일수록 능력주의적 사고를 하는 경향이 있는 듯했다. 처음에는 능력주의 관점에서 분배의 문제를 바라본 학생들도 다양한 관점과 이론에 따라 자기 생각이 비판받을 수 있다는 사실에 놀랐다. 학생들의 생각이 유연해지고 있음을 느낄 수 있었다. 나는 통합사회 6단원 정의를 가르치고야 사회 수업에서 무엇을, 왜, 어떻게 가르쳐야 하는지 알 거 같았다.

사실 나는 뼛속까지 자유주의, 개인주의자이다. 내가 자유롭게 생각하지 못하고, 행동하지 못한다면 그것은 반드시 '나'일 필요는 없다. 자유는 내 존재의 기반이다. 자유롭게 살기 위해서는 자유롭게 생각할 수 있어야 한다. 그래서 진리에 대해 사유하고, 그에 따라 살 수 있도록 비판적 사고력을 키워야 한다. 그걸 위해 수업해야 한다.

그런데 개인의 자유가 최고의 가치라는 자유지상주의에는 반대한다. 출생 때 결정되는 가정 환경, 외모, 재능에 따라 배분된 부에 따라 개인의 자유의 크기가 달라서는 안 된다고 생각한다. 그래서 롤스가 좋다. 그는 인간이 더 많은 자유를 누리기 위해 왜 평등이 중요한지를 설명했다. 아니 평등이 왜 자유를 더 넓게 보장하는지를 보여 주었다. 학교가 경쟁으로 정글이 되지 않도록, 더 많은 학생들이 배움에서 소외되지 않도록, 배움의 공평한 기회를 얻을 수 있도록 수업해야 한다.

그렇지만 나는 공동체주의자이기도 하다. 공동체주의에서는 인간의 삶에서 공동체가 가지는 의미를 중시한다. 공동체가 자유, 평등, 민주, 의무, 배려, 존중, 공존과 같은 가치를 중시한다면, 그렇게 사는 삶이 좋은 삶이다. 나는 우리 사회가 좋은 가치를 찾고, 만들어야 한다고 생각한다. 그런데 승자 독식, 적자생존, 각자도생이라는 가치만을 중시한다면 그렇게 사는 삶이 과연 좋은 삶일까? 그래서 공동체주의에서는 정치 참여를 중시한다. 정치 참여 과정을 통해 무엇이 좋은 삶인지, 무엇이 옳은지 사유할 수 있는 이성 능력이 키워지고, 미덕을 함양할 수 있게 된다. 아리스토텔레스는 정치 참여를 통해 '중용'의 덕을 키울 수 있으며 덕이 습관이 될 때 진정으로 행복할 수 있다고 한다.

정치에 참여해야만 행복의 조건인 '질 높은 정주 환경'에서 '인권을 보장' 받고 '경제적 안정'을 누리며 살 수 있다. 왜냐하면 그러한 사회는 구성원의 참여로 '민주주의가 실현'된 사회이기 때문이다. 또 사랑, 우정과 같은 좋은 감정은 공동체에서 느낄 수 있다.

그래서 더 자유롭고, 평등하게, 그리고 공동체에 참여할 수 있도록 가르쳐야 한다. 나는 모둠으로 앉아 활동을 하고, 토론 수업을 할 수밖에 없다. 그것이 내가 할 수 있는 더 좋은 세상을 만드는 길이기 때문이다. 오랜 길을 돌고 돌아 이제야 비로소 사회 교사가 되었다.

### 6) 환상을 기대하고 가서 환장할 수도 있어요

내가 원하는 수업, 즉 학생들이 성장하는 것을 볼 수 있는 수업을 할 수 있다는 것은 재외한국학교에서 근무하며 경험할 수 있는 최고의 행복이었다. 그러나 '재외국민교육기관교사카페'(https://cafe.naver.com/kischool) 에는 종종 '환상을 기대하고 가서 환장하고 옵니다.'라는 말이 올라오곤 한다. 재외한국학교에서 근무하게 되면 예쁜 아이들을 만날 수 있고, 원하는 수업을 할 수 있다. 그리고 해외에서 이주민으로 새로운 문화를 직접 경험하고 살아 본다는 것은 사회 교사에게 많은 영감을 준다. 또 4월 말, 9월 말 지필고사가 끝나면 훈장처럼 9일 정도의 긴 방학이 주어진다. 해외에 있기에 방학 때 연가를 쓰지 않고 길게 해외 연수, 즉 해외여행을 다녀올 수도 있다. 이렇게 환상적인 생활을 꿈꾸지만, 막상 생활하다 보면 힘든 것도 많다. 특히 코로나 상황일 때는 베트남, 중국 등의 지나친 봉쇄로 많은 어려움을 겪기도 했다. 생각보다 물가가 싸지 않고, 집세도 비싸다. 특히 의료 수준이 낮고 의료비가 비싸 가족이 아플 때가 제일 힘들다.

한국학교는 한인 사회의 중심이 될 수밖에 없고 한인 사회가 좁다 보니 늘 학교, 교사와 관련된 이런저런 이야기가 돌았다. 특히, 학교생활은 퇴근 후에도 이어져 입사 동기를 비롯해서 비슷한 나이, 사는 아파트 지역, 골프 등의 취미 생활 등으로 친구, 형, 동생으로 불리는 친밀한 인간관계가 맺어졌다. 그런데 그 인간관계는 거꾸로 학교로 이어져 학교에서도 서로 형, 동생으로 부르며 학교 업무에 영향을 미치기도 했다. 그리고 한 번 소문이 나고, 인간관계에 문제가 생기면 힘든 시간을 버텨야 했다.

교육청이 없어 공문이 거의 없다시피 했고, 그래서 떨어지는 업무가 많지 않아 수업을 비롯한 교육에 집중할 수 있어 좋았다. 그렇지만 교육청이 없다 보니 코로나 때 등교해야 할지 말아야 할지, 지필고사를 봐야 할지, 출결은 어떻게 처리해야 하는지 등 학교 자체적으로 결정해야 하는 어려움도 많았다. 한국의 경우, '지필평가에서 서 · 논술형으로 몇 퍼센트 이상 출제하라'고 지침이 정해지면 일선 학교에서는 따르지만, 재외한국학교에서는 학교 자체적으로 정하다 보니 뭐 하나라도 의견을 모아 한 걸음 내딛기도 쉽지 않았다. 재외한국학교 근무 경력이 많은 교사와 새로 발령받은 교사 사이에는 재외국민 교육에 대한 인식 차이가 있을 수밖에 없었고, 전국에서 선발되다 보니 지역 교육청별로 수업 나눔, 평가 개선, 전문적 학습 공동체 등에 대한 이해 수준이 달라 의견을 모으기가 쉽지 않았다.

코로나로 국경이 봉쇄되었을 때는 가족에 변고가 있어도 가지 못해 발을 동동 굴려야 했었다. 한국에 복직한 지 일 년 만에 여러 가지 개인적인 이유로 다시 북경한국국제학교에 가게 되었다. 그런데 가기 직전 아버지가 병원에 입원하셨고, 몇 번이고 가야 하나 말아야 하나 고민했다. 그리고 중국에 온 지 닷새 만에 아버지께서 돌아가셨다는 연락을 받았다. 항공편이 없어 간신히 한 장을 구해 나만 입관식 한 시간 전에 장례식장에 갈 수 있었다. 장남으로서 아버지 간호와 장례 등 아무런 역할을 하지 못해 아버지와 가족, 친지들께 너무나 죄송했다. 다시 중국으로 돌아올 때는 비자에 문제가 생겨 돌아갈 수 없어 발을 동동 굴러야만 했다. 왜 나간다고 했을까 후회가 되었다. 보름이 지나서야 어렵게 북경에 가서 교실에서 아이들을 만날 수 있었다. 학생들은 늦게 온 나를 따뜻하게 반겨 주었고, 사회 수업의 교육목표와 수업 방법에 대해 공감해 주었다. 모둠형으로 자리를 옮기라 해도 불평 없이 자리를 옮겼고, 모둠 안에서 토론을 하라고 하면 열심히 자기 생각을 이야기했다. 행복했다. 역시 내가 서 있을 곳은 여기라는 생각이 들었다.

교사가 행복해야
학생이 행복하다

낯설음, 깨짐, 성장

아내는 신혼여행으로 일본을 가고 싶어 했다. 고등학교 시절 친구들은 다들 소니 워크맨, 아이와, 파나소닉 등 일제 휴대용 오디오 플레이어를 가지고 다녔다. 나도 일본 제품이 가지고 싶었지만, 우리나라를 침략한 일본의 제품을 사는 것이 께름칙해서 국산을 샀다. 그런데 막상 일본에 가니 사람들은 정말로 친절했고, 음식은 맛있고, 볼 것도 많았다. 거리는 깨끗하고, 질서가 있었으며 호텔의 세면대, 변기도 모두 환경을 생각해서 만든 것처럼 보였다. 그 후 일본은 우리 가족이 사랑하는 여행지가 되었다. 물론 일본에 대한 반감도 줄어들었다. 일본인과 일본 정부를 나누어 봐야겠다는 생각도 하였다. 일본 극우 세력의 혐한 시위, 반도체 관련 수출 금지 조치 등을 보면 아직도 가까이하기엔 먼 나라처럼 느껴지기도 하지만, 우리 가족은 베트남 호치민에 살 때도 같은 아파트에 살던 일본인들과 친하게 지냈다. 그렇게 여행을 통해 집단과 개인을 동일시하는 오류에서 벗어날 수 있었다.

우리 가족은 태국, 말레이시아, 싱가포르를 다니며 동남아시아의 성장과 힘을 보았고, 홍콩과 대만을 다녀오고 중국에 대한 편견을 깰 수 있었다. 아내는 이렇게 좋고, 볼 게 많은데 일본 여행만 고집했던 것을 아쉬워했다. 우리 가족은 다른 국가와 그들의 문화에 대해 훨씬 더 관용적인 태도를 가질 수 있게 되었다.

나는 베트남, 일본, 중국에 대해 격한 혐오를 표현하는 신문 기사와 댓글을 보면 많은 슬픔을 느낀다. 다른 국가와 민족을 비하한다고 해서 우리 민족과 국가의 위상이 올라가는 것도 아니고, 개인이 더 행복해지는 것도 아니다. 그런데 특정 정치 세력의 유불리에 따라 총선을 한일전으로 만든다든가 중국과 베트남을 적대시하는 것이 매우 아쉽다.

얼마 전 샤오룽샤라는 작은 가재를 사와 마라룽샤를 해 먹었는데 아들은 가재는 이론적으로 노화가 없다는 말을 했다. 기존의 껍질을 깨 버리고 탈피를 하고 새로운 성장이 일어나기 때문이라고 했다. 사회 교사도 그러할 거 같다. 내가 가진 틀에 갇혀 세상의 변화를 받아들이지 못한다면 죽은 교육을 할 수밖에 없을 것이다. 여행은 내가 사회 교사로 젊음을 유지할 수 있는 길이다.

나는 배우는 것을 좋아하는 편이다. 배우지 않고 허송세월하는 것이 아까워 늘 무엇인가 새로운 것을 배우려고 시도한다. 한국에 있을 때는 아이들 키우느라 아무것도 못 했지만, 베트남에서는 테니스, 골프, 베트남어, 기타를 배우기 위해 노력했고, 서핑에 도전하기도 하였다. 그리고 가급적이면 베트남 현지 분들에게 배우려고 했다. 수업료가 저렴할 뿐만 아니라 현지인들과의 관계를 깊게 하고 싶었기 때문이다.

안 선생님은 우리 집 베트남어 과외를 5년간 해주신 분이셨다. 베트남어 과외 선생님이었지만 사실상 우리 집의 많은 것을 해결해 주신 분이셨다. 아이들 시험 및 베트남어 말하기 대회 때 도와주시기도 했고, 내가 베트남의 사회와 문화 교재를 만들 때 베트남 정치 구조에 대해 도움을 받기도 했다. 그때 선생님께서는 자신이 대학교 때 쓰신 논문을 보여 주셨는데 그 체계와 분량에 놀랐다. 선생님은 그림을 좋아하셔서 우리에게 베트남 화가에 대한 이야기를 해 주시기도 했고, 우리 가족들과 함께 갤러리에 가서 미술관 관장의 설명을 통역해 주시기도 했다. 지금도 선생님께서 비가 오는 저녁에 비를 맞고 오시던 모습, 새해라고 아이들에게 세뱃돈을 주셨던 일, 주인집 아주머니가 파는 고이 꾸온(월남쌈)을 먹어 보라고 가지고 오셨던 것, 베트남 전쟁 때 아이들의 모습을 담은 사진집을 선물했던 것, 딸아이 입어 보라고 전통 아오자이를 가지고 오던 것들이 모두 기억난다.

호치민을 떠나는 날 전날, 선생님은 뗏절(베트남 설날)이 끝나지 않았는데 우리 가족을 만나러 일부러 일찍 고향에서 호치민으로 오셨다. 손에는 베트

남을 기억할 수 있는 각종 커피, 과일 말린 것 등 선물을 가득 들고 오셨다.

Mr. Minh은 4년간 테니스 개인 지도를 해 주신 선생님이셨다. 베트남어 i는 발음이 어렵다. '이'도 아니고 '으'도 아니다. 2018년 봄 테니스를 배

가운데 파란옷이 Minh 선생님이다. 나 혼자 한국인이고 다른 사람들은 모두 베트남 사람들이다.

우고 싶어 무작정 집 주변 테니스 코트로 갔고, 선생님을 만났다. 꽤 영어로 소통이 되셨고 테니스 코트의 터줏대감인 것 같았다. '너 나한테 레슨 한번 받아 볼래?' 로 시작한 테니스 레슨이었다. 그렇게 4년을 배웠다. 워낙 살이 찌는 체질도 아니지만, 레슨이 없는 시간에는 언제나 각종 스트레칭과 근력 운동을 하는 성실한 사람으로 담배를 피우지도 않고, 술도 많이 마시지 않는 자기 관리에 철저하고, 테니스 지도자로서 자부심을 가지고 있는 분이었다. 언제나 새로운 레슨 도구를 가져와 지루하지 않게 진도를 나갔고, 효율적인 수업이 되도록 도와주었다. 운동에 썩 흥미가 없는 아들을 포기하지 않고, 잘한다는 칭찬으로 가르쳐 이제는 곧잘, 어쩌면 나보다 더 잘 치게 가르쳐 주신 고마운 분이다. 나는 베트남 사람들과 어울리고 싶었고, 그래서 베트남 사람들 테니스 클럽을 연결해 달라고 했다. 선생님은 베트남 사람들 테니스 클럽을 연결해 주었고 덕분에 재밌게 그들과 테니스를 칠 수 있었다.

매번 네트에 공을 처박고, 상대가 발리를 치기 위해 나와 있기만 하면 얼어붙어 꼼짝 못 하는 나에게 그가 해 준 말은 어려운 순간마다 힘이 되는 인생의 교훈이 되었다. "테니스 네트는 이만큼 높이밖에 안 돼. 너는 그냥 저렇게 많이 남은 공간으로 보내기만 하면 되는 거야. 상대편은 생각하지 마. 너는 이 코트에서 저 네트만 넘기면 되는 거야. 나머지는 상대 몫이야." 그와 토요일 아침 6시에 만나 레슨받던 시절이 그립기만 하다.

### 다시 배우고, 만나고, 깨지고

지금은 중국에 와서 중국어 공부를 하는 것이 재밌다. 아침 일찍 일어나 중국 초등학생용 노트에 만년필로 한문(간자체)을 쓰는 것이 즐겁다. 거리를 다니다가 간판을 읽을 수 있게 되면 그렇게 즐거울 수가 없다. 그렇게 배워서 재래시장 비슷한 곳에 가서 한마디라도 해 보려고 한다. 우리 집 배수관을 고치러 온 사람과도, 택배 기사와도, 아파트 주민들과도 한마디라도 해 보려고 한다. 그래서 중국어를 잘하는가? 그건 아니다. 내 생각에 결국은 생활 회화 정도는 하고 돌아갈 거 같다. 그런데 잘하고 못하고는 중요한 게 아닌 거 같다. 무엇이든 새로운 것을 배워 아는 영역이 늘어 가는 것이 핵심이다.

중국에서는 모든 지불 수단이 폰과 Q.R코드를 통해 이루어진다. 아직 어플 승인이 나지 않은 상황에서 버스를 타야 할 일이 생겼다. 어떤 버스를 타야 하는지, 얼마를 내야 하는지 허둥대는 우리 가족에게 어떤 중국인은 흔쾌히 버스비를 내주려고 했다. 중국의 첫인상이었다. 우리 집 배수관을 고치러 온 사람의 정직성, 정수기를 설치하러 온 기사의 친절함 등 좋은 중국인들을 만나는 경험이 늘어 가고 있다. 나는 앞으로 어떤 좋은 중국인들을 만날지, 그래서 그들과 어떤 관계를 맺으며 좋은 추억을 만들어 갈지 기대가 된다.

유튜브에서 중국에 관한 조영남 교수와 이욱연 교수의 중국 사회와 문화에 대한 강의를 듣는 것도, 전자책을 활용해 김명호 교수의 '중국인 이야기'를 읽는 것도 너무 재미있다. 나에게 중국 역사는 춘추 전국 시대, 삼국지에서 머물고 있었는데 베이징에 살다 보니 청나라 강희제, 건륭제, 서태후 등으로, 중국 근현대사 장제스, 마오쩌둥, 저우언라이, 덩샤오핑으로 확 올라와 버렸다. 또 서양을 중심으로 한 세계관이 한층 확대되어 가는 느낌이다. 그렇게 나는 또 내 틀을 깨고 성장할 것이다.

# 교사가 되려는 그대에게

카를 구스타프 융(1875~1961)은 자신의 인생을 돌이켜 보며 "나의 생애는 무의식이 그 자신을 실현한 역사이다. 무의식에 있는 모든 것은 사건이 되고 밖의 현상으로 나타나며, 인격 또한 그 무의식적인 여러 조건에 근거하여 발전하며 스스로를 전체로서 체험하게 된다."(아니엘라 야훼 엮음, 『C.G. Jung의 회상, 꿈 그리고 사상』(이부영, [자기와 자기실현]에서 재인용)고 하였다. 지나고 보니 내가 선택해서 인생을 살아온 거 같지만, 무의식인 선호대로 살아온 거 같다.

가끔 나는 어떤 씨앗으로 태어났을까 궁금할 때가 있다. 그런데 가만 생각해 보니 고등학교 때 집단 상담이라는 말도 모르면서 집단상담부에 들어갔고, 심리 상담을 놓지 않고 공부하고 있다. 중·고등학교 때 예비 신학생으로 사제의 꿈을 꾸었지만, 사제가 되지는 못했다. 그러나 크리스트교, 불교, 유교와 같은 종교에 대한 관심은 예수회 영신수련 10일 코스, 고엔카 위빠사나 9일 코스에 참여할 만큼 나를 끌어당긴다. 국어 교사가 되고 싶어 찾아간 문학 동아리에서 글을 못 쓴다고 구박받았지만, 동화책도 한 권 냈다. 그리고 세상을 바꾸고 싶어 가졌던 교사의 꿈은 이제 인생이 되었다. 그렇게 결국은 조금 하다가 만 거 같기도 하지만, 그것들이 모여 한 명의 인생이 되었다.

나는 세상을 바꾸고 싶었다. 그런데 세상은커녕 내 인생 하나, 아니 인생은커녕 생각 하나 바꾸기도 쉽지 않다는 것을 깨닫고 있다. 그래서 내가 해야 할 일은 좋은 시민을 키우는 것이다. 조금 더 욕심을 부리면 행복한 좋은 시민을 키우는 것이다. 좋은 시민이란 자신이 스스로 생각한 바에 따라 살 수 있고, 공동체에 관심을 가지고, 해야 할 의무를 할 수 있는 사람이다. 행복한 사람은 세상의 기준이 아니라 자신의 기준에 따라 행복을 찾고 주어진 조건을 변화시키기 위해 노력할 수 있는 사람이다. 그리고 이 둘의 공통점은 사유 능력을 필요로 한다는 것이다. 그래서 나는 수업 시간에 곤란한 질문을 자주 하려고 한다. 익숙하고 습관화된 사고에서 벗어나도록 하고 싶기 때문이다. 그것은 교과서의 내용을 잘 가르치는 것과는 조금 다른 것 같다. 그래서 나는 정말 잘 가르치는 사회 교육 전문가가 되고 싶다. 그리고 그것이 내가 할 수 있는 조금 더 좋은 세상을 만드는 것임을 이제는 알 것 같다.

# 번거롭고
# 귀찮지만 필요한
# 길을 가는 교사

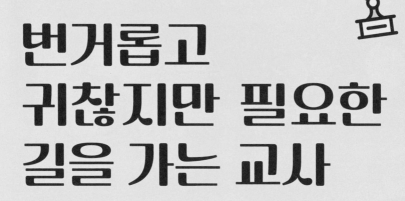

허진만

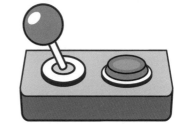

### IMF 외환 위기를 지나는 대학 졸업반

내가 군에서 제대한 1997년 1월은 우리나라 경제를 뒤흔든 큰 사건의 시작을 알린 때였다. 우리나라는 외국에서 빌린 돈을 갚지 못했다. 1997년 11월 당시 김영삼 대통령은 국제통화기금(IMF)에 '돈 좀 빌려주세요!' 하고 다급하게 요청했다. 말만 다급했지, 사실 예견된 상황이었다. 기업을 부채 없이 운영할 수 있다면 좋겠지만 그건 이상적이다. 일반 소비자도 신용카드를 잘 쓰고 잘 갚아야 신용점수가 늘어난다. 금융 거래에 있어 신용의 전제는 돈을 잘 빌리는 것과 돈을 잘 갚는 두 가지 행위가 함께 충족되어야 한다. 우리나라 기업과 금융투자사들은 당시 상환 능력을 고려하지 않고 외국 돈을 빌려다 동남아시아 등 돈 되는 곳에 대규모 투기를 했고, 이런 상황을 정부는 단속하지 못했다. 기업 순위 각각 3위와 7위였던 대우그룹과 쌍용그룹이 해체되었고, 다수 은행과 증권회사가 파산했다. 우리 부모님이 전 재산을 쏟아부었던 동화은행(1998년 해체), 보람은행(1999년 해체) 주식은 종잇조각이 되었다. 우리 집뿐만 아니라 많은 국민이 하루아침에 빈털터리가 되었다.

위기는 우리나라가 부채 상환을 다 한 2001년 8월 이후로도 계속되었다. 대학 4학년 때인 1998년 당시 졸업을 앞둔 동기 한 명은 현대전자에 취업이 되고도 일방적으로 취소 통보를 받았다. 나는 기자를 꿈꾸며 언론사 시험 준비를 하고 있었지만, 당시 기자를 뽑는 언론사는 거의 없었다. 채용 시장은 말라붙었고, 다른 일자리를 찾아야만 했다. 답이 없었다.

## 언론사 못 다니면 편집자라도

1990년대 중반까지 활발하던 학생 운동은 외환 위기를 지나며 침체하였고, 사람들은 서로 각자의 길을 갔다. 내가 다니던 대학교 앞에는 '논장'이라는 서점이 있었다. 서점 사정이 안 좋아 여러 명이 돈을 모아 인수했고, 인수를 이끌었던 선배의 제안에 나는 서점 소식지 편집을 맡게 되었다. 다양한 사상과 문화를 연결하는 책의 역할을 중요하게 생각하는 여덟 명의 대학생과 직장인이 함께했다. 매주 기획 회의를 했고 책 소개 등 좋은 글을 써줄 필자들을 섭외했다. 또 바쁘게 글을 썼다.

자금이 넉넉하지 않으니 편집 디자인은 한글 프로그램으로, 필자 섭외는 인맥에 따라 원고료 없이 집필 가능한 사람들로 이어 나갔다. 다들 어려운 시기를 지나고 있다는 공감대가 있어 가능한 일이었다. 당시 만났던 사람 중에는 시인인 불문학자 김정란 교수, 방송통신위원장을 역임한 이효성 교수, 사회적 이슈에 활발하게 참여해 토론을 즐기는 진중권 교수, 자신이 공부하고 있는 문학평론 분야의 거장을 작심하고 비판한 문학평론가 이명원 교수 등 쟁쟁한 인물들이 많았다. 나는 이들을 인터뷰하기도 하고 글을 청탁하며 대학 4학년을 보냈다.

대학 졸업 후 소식지는 계속 냈으나 편집자 생활을 이어갈 수는 없었다. 안정적인 생활을 하려면 돈을 받는 직업이 필요했다. 때마침 선배가 있던 학교에 두 달짜리 교사직이 나왔다. 경험 삼아 해 보라며 선배는 권했다. 교사를 생각한 적은 없었지만, 길어야 두 달이란 생각을 했다.

거처를 경기도 구리로 옮겨 짧은 교사 생활을 시작했다. 정식으로는 처음 교실에 들어간 나는 부끄러워 고개도 못 들었다. 어정쩡한 자세로 학생들 앞에서 '제가 처음이니 잘 부탁합니다.' 하고 솔직하게 말했다. 아이들은 스물일곱의 어설퍼 보이는 젊은이에게 따뜻한 박수를 보내 주었다. 그 시기는 8월 개학 직후라 2학기 수행평가를 시작하던 때였는데, '이번 평가 이렇게 하면 어떨까요?' 하는 제안은 아직 나오지 않았다.

나는 용기를 내어 '시민 단체 탐방 및 인터뷰 활동'을 수행평가 계획안으로 만들어 제출했다. 두 달짜리 기간제 교사가 내민 계획안이었지만 의외로 쉽게 받아들여졌다. 나는 학생들과 서울 강북에 있는 시민 단체의 활동 분야, 위치, 전화번호를 정리하고 한 곳 한 곳 방문 계획을 세워나갔다.

학교는 서울에 인접한 경기도 구리에 있었지만, 이동 거리와 시간의 한계로 시민 단체 탐방은 주말에 하기로 했다. 수행평가 기간인 한 달여 동안 매주 주말을 학생들과 함께했다. 인터뷰 질문에 대한 답변을 준비하도록 인터뷰 질의서를 사전에 보내드리게 했고, 인터뷰 예절을 가르쳤고, 인터뷰하며 기록하고 녹음하는 법을 알려 줬다. 녹음한 내용을 다시 정리하고, 그 내용에서 핵심을 찾아 발표자료로 만드는 것까지 모두 학생들은 처음 하는 것이었다. 인터뷰를 마치고 돌아온 다음 주, 교실에서 발표팀이 녹음한 인터뷰 육성을 학생들에게 들려주니 학교 밖에서의 경험이 거의 없는 학생들이 신기해했다. 현재의 학교에서는 대단한 일도 아니지만, 당시에 학교 밖을 연결하는 건 전무한 일이었다. 이 모든 과정에 고스란히 교사의 노동이 꾸준히 투입되어야 한다는 것을 새삼 느꼈다. 이십 대의 나는 '아, 이걸 계속해도 좋겠구나.' 하는 결심을 하게 된다.

## 뜬금없이 용감했던 면접

짧지만 강렬했던 임시 교사 생활의 여운도 교원 임용시험 준비에 묻혀 버렸다. 1999년 12월, 경기도 임용시험은 필기와 논술을 같은 날 함께 치렀다. 당시 논술로 '교실 붕괴의 원인과 대안'을 묻는 문제가 나왔는데, 이 논술을 쓰다 보니 감정이 북받쳐 그만 공교육에 대한 그간의 원망과 울분을 쏟아 감정적으로 답안을 작성했다. 당연히 낙방이었다. 바보 같았다는 자책도 사치였다. 바로 이어서 사립 학교 시험을 두 군데 보았다. 여주에 있는 여강중학교, 수원에 있는 삼일상업고등학교(현 삼일고등학교). 삼일상고 필기시험과 수업 시연을 하고, 면접을 들어갔다. 면접관은 교장 선생님이었는데, 질문 중 하나가 나를 괴롭혔다. "우리 학교는 교원노조 가입을 좋아하지 않는데, 만일 임용되면 노조 가입을 어쩔 건가요?"였다. "당연히 안 하겠습니다!"로 말하면 너무 밋밋하고 뻔한 대답이 될 게 분명했다. 문득, 면접은 사람됨을 보여 주는 자리라는 생각이 들었다. 그래서 이렇게 대답했다.

"사람마다 생각하는 바가 다릅니다. 자신의 뜻을 따르되, 구성원과 불화하지 않는 방식으로 한다면 문제없지 않을까 합니다. 교원노조가 잘못 한다면 사람들에게 외면받을 것이고, 교육에 도움되는 일을 한다면 학교가 싫어할 일도 없을 것으로 생각합니다."

교장 선생님 표정이 일그러졌다. 이어서 물으셨다. "그래서 들겠다는 겁니까, 안 들겠다는 겁니까?"

훅 들어 온 질문. 이렇게 된 이상 되돌아갈 수는 없었다!

"지금 이렇게 하는 대답은 제 본심이 아닐 수 있습니다. 제가 어떻게 근무하는지 보고 판단해 주시면 좋겠습니다."

왜 그렇게 말했을까. 가끔 나도 모르는 내가 나온다. 면접 후 돌아와 집에서 한 시간을 멍하니 있었다. 떨어졌겠지? 아냐, 혹시 몰라. 며칠이 지난 후, 합격 통지 전화를 받았다. 와, 합격이었다! 그렇게 답변한 게 오히려 득이 되었던 걸까. 그런데 난 그때 왜 질문자가 원하는 대답을 해 주지 않았을까. 퇴임하신 이후 만난 교장 선생님은 나를 '독특하지만 거부할 수 없는 존재'로 기억하고 계셨다. 그렇게 우여곡절 끝에 나는 학교에서 일하게 되었다.

젊은 남교사들의 첫 근무 부서는 으레 학생부다. 참고로 지금 하는 얘기는 이십 년 전 상황이다. 지금은 이렇지 않다. 교문 안쪽에 우뚝 서서 열중쉬어 자세로 학생들을 관찰한다. 교복 착용은 물론이고 넥타이를 매었는지, 바지통이나 치마 길이를 줄였는지를 집중해서 본다. 정해진 기준에서 벗어나는 소위 '문제 학생'은 바로 지적하여 교문 옆에 손들고 세운다. 반복하여 지적받는 학생들은 교무실로 따로 데리고 가 팔굽혀펴기(푸쉬업) 자세로 엎드리게 한 후 '빠따'를 때린다. 믿기 어렵겠지만 나도 그 악행을 시도했었다. 학생에게 허술하게 보이기 싫은 마음이었다. 스스로 실망스러운 마음을 금할 길 없지만, 그 몽둥이질은 내 머리에서 잊히지 않는다. 기회가 된다면 이십 년 전 학교에서 나에게 맞은 그 학생에게 진심 어린 사과를 하고 싶다. 아니, 찾아서 할 계획이다.

'학생부'의 지금 명칭은 '학생생활안전부'나 '생활인권부', '생활자치부' 등이다. 학생의 인권과 안전을 위해 학생들과 머리를 맞대는 느낌이 부서명에서 풍긴다. '맞을 만한 짓'이란 게 있을 수 없다는 경기도 학생인권조례는 2010년에 생겼고, 그 이후 광주(2011년), 서울(2012년), 전북(2013년), 충남(2020년) 등 각 시도로 퍼져 나갔다. 교사로서의 지향과 실제 생활이 어긋나면 안 된다는 생각, 나 같은 사람으로부터 반면교사로 삼아야 한다.

이런 얘기를 하면 많은 이들은 '당시 분위기가 다 체벌하고 그랬다.'로 흐른다. 사회적으로 때리는 것이 일반적이었으니 개인이 뭘 어쩔 수 있었겠느냐는 논리다. 그런데 그렇게 따지면 현실의 문제를 풀 수 없다. 많은 교사가 다른 사람에게는 존댓말을 쓰지만, 유독 학생에게는 반말을 한다. 대상에 따라 존중을 차별하는 셈이다. '그냥 분위기니까.'로 합리화될 수 없는 문제라고 생각한다. 예를 들면 '박정희 시절인 1960~70년대는 사회 분위기가 식당에서 대통령 욕하고 그러면 잡혀가고 그랬잖냐, 그때 그랬지.' 하게 된다. 엄격히 말하자면 못된 논리이다. 그러니까, 그때 내가 정말 몹쓸 짓을 했다는 사실은 변하지 않는다. 암튼 '어쩔 수 없는 당시의 분위기'론은 교사들이 함께 고민해서 풀어야 할 교사들의 이중적인 문화이다.

교사가 되고 나서야 고민이 들었다. 어떤 교사가 될 것인가? 2000년대 초반, 우리 학교엔 일반고에 비해 경제적으로 어려운 학생들이 많았다. 급식비 못 내는 학생들(무상급식은 경기도에서 2019년에야 시작했다.)은 매점에서 컵라면으로 끼니를 때웠다. 많은 수의 학생이 가정 형편이 어려워서 하루라도 빨리 취업해서 돈을 벌기 위해 특성화고에 왔다. 이들에게 배움이란 즐거운 것이 아니라 자격증을 따기 위해 후딱 외워야 하는 무엇이었다. 지식에 대한 갈증보다 생존의 문제가 더 컸다.

수업은 순조롭지 않았다. 수업 종이 치고 교실에 들어가면 한 학급 45명 중 15명은 엎드려 자고 있고, 15명은 소란스럽게 돌아다녔으며, 15명 정도만 내가 안쓰러워서 바라보고 앉아 있었다. 중학교에서 이리 밀리고 저리 소외된 학생들이 여기 어쩔 수 없이 온 것 같았다. 인정받지 못한 인생들의 모임. 교과서보다 현실을 먼저 깨우친 학생들. 아이들은 만만치 않았고 나는 길을 잃었다. 이런 나에게 선배 교사는 말했다.

"허 선생, 애들 초장에 잡아. 만만하게 보이면 1년 힘들어져."

과연 그러면 해결되는 건가. 내 고민은 선배의 꿀팁으로 손쉽게 해결할 수 있고, 그렇게 해야 하는 문제일까. 그날 오후의 상담 시간, 마주 앉은 학생의 신발이 보였다. 때가 꾀죄죄하고 듬성듬성 해어진 캔버스화. 신발은 생활 태도를 보여 주는 것이기도 하지만, 형편을 보여 주기도 한다. 또 짝퉁인지 브랜드인지, 브랜드라면 어떤 브랜드인지에 따라서도 신발은 정말 많은 걸 보여 준다. 상담한 학생은 아버지가 공사장 비계에서 발을 헛디뎌 추락해 허리를 다쳐 집에 누워 있었고, 어머니는 중학교 때 집을 나가 연락이 안 되는 상태였다. 그의 어쩔 수 없는 선택은 적으나마 안정적인 돈벌이가 되는 패스트푸드점 알바였다. 매장을 청소하고 바삐 패티를 굽느라 오물이 튀어 더러워진 신발. 나는 고민할 필요가 없었다. 내가 겪어보지 않았던 팍팍한 삶을 살아내는 그들에게 내가 '만만하지 않은 존재'임을 과시하는 건 의미가 없었다.

 **담임의 전략, 학급 문집으로 사회적 관계 만들기**

방학 때 연수에서 만난 선배 선생님으로부터 학급 운영 모임을 알게 되었다. 모임은 주 1회였다. 여기서 나와 같은 고민을 하는 다른 학교 선생님들을 많이 만났다. 이들과 모여 대화를 나눌 때는 공기가 달랐다. 학생들과 인간적인 관계를 맺고 싶다는 얘기는 학교에서 꺼내기 어려운 분위기였는데, 이들에게 하면 공감해 주고 방법도 알려 주니 신이 났다. 교실 자리 배치나 모둠 일기, 학급 문집 제작 등 다양한 아이디어도 나왔고, 더 큰 지역 교류 모임도 알게 되었다. 교실 자리 배치야 월 1회 제비뽑기를 기본으로 하고

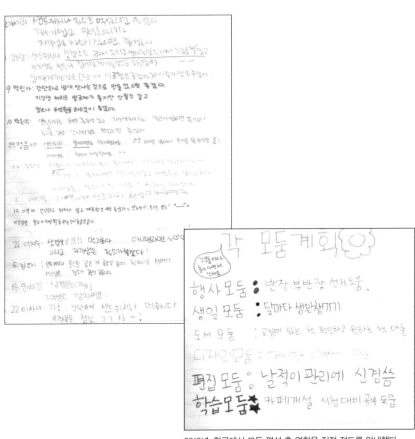

2010년, 학급에서 모둠 편성 후 역할을 직접 적도록 안내했다.

나서 시력이 안 좋은 학생들을 안배하여 조정하면 된다. 하지만 학급을 모둠으로 운영하는 건 좀 다르다. 학생들의 1년은 담임의 성향과 계획에 따라 많이 달라질 텐데, 나는 자존감이 구겨져 있는 학생들에게 자신감과 사회성을 살려 주고 싶었다. 모둠들의 작은 프로젝트성 행사들로 연간 학급 운영 계획을 짰다. 당시 학급 운영을 고민하는 교사들의 모임에서 낸 『빛깔이 있는 학급운영』을 상당 부분 참고했다. 내가 구성했던 모둠은 총 여섯 개였다.

- 현장체험학습, 요리 경연 대회, 학급 체육대회 등 학급 행사를 주도적으로 계획하는 '행사 모둠'
- 매월 1회 친구들의 생일잔치를 계획하고 편지와 선물을 준비하는 '생일 모둠'
- 교과 학습과 생활에 도움이 되는 책을 소개하고 읽도록 권장하는 '도서 모둠'
- 학급 게시판, 교실 환경, 학급 문집 표지 등을 아름답게 꾸미는 '디자인 모둠'
- 집요하게 쫓아다니며 날적이(학급 일기)를 쓰도록 권하고, 연말 학급 문집을 편집하는 '편집 모둠'
- 수행평가, 학교 시험에 관한 각종 정보를 안내하고 교과목별 정리 노트를 공유하는 '학습 모둠'

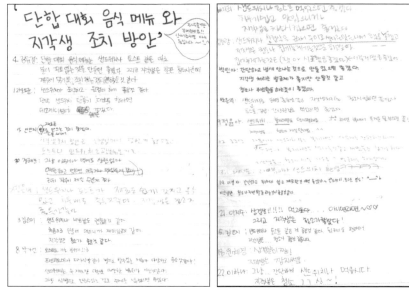

2010년의 날적이에 쓴 학생들의 이야기

가장 신경 쓴 건 날적이 쓰기와 모둠장 회의였다. 날적이는 우리 반의 역사다. 그게 기본이 되어야 우리 반 학생들의 생활 모습이 드러나고, 어디가 잘되고 잘못되고 있는지 감을 잡는 데 유용하다. 또, 학사 일정에 따라 학급에서 할 것들을 모둠장들이 함께 준비하는 모둠장 회의는 담임이 점점 바빠지는 지금의 학교에서 아주 필요한 작업이다. 학생들은 가고 싶은 소풍지를 의논했고, 때론 생활 지도의 부당성을 토로했으며, 지각생에 대한 조치를 함께 고민했다. 이렇게 모인 글들은 학년 말에 우리 반 학급 문집에 멋지게 들어간다. 함께했던 우리만 아는 이야기는 그렇게 졸업앨범보다 값진 책자로 내 방 책장을 하나하나 채우고 있다.

## 학생들의 삶을 알게 하는 학급 문집

학급 문집의 표지를 보면 알겠지만, 학생이 직접 마흔 명 가까운 친구들의 얼굴을 그렸다. 자세히 보면 하나같이 독특한 캐릭터가 있다. 그 캐릭터는 무수히 많은 행사와 억지로라도 쓴 생활 속 글쓰기로 만들어졌다. 45명이 넘는 학생들을 여섯 개 모둠으로 나눠 상담 주간이 되면 집으로 데리고 왔다. 학생들은 혼자 하는 상담은 긴장하지만, 대여섯 명이 함께 담임 집에 방문하는 건 상담으로 생각하지 않았다. 이들과 나는 라면을 끓여 먹고, 늦은 시각까지 소개팅에서 할 법한 얘기를 했다.

학생들은 나와 정말 다른 삶을 살고 있었다. 그래서 그런지 이들과의 대화는 아주 즐거웠다. 어떤 학생은 조부모 밑에서 성장했고, 어떤 학생은 군

2002년 학급 문집

2004년 학급 문집

2017년 학급 문집

2005년 학급 문집

인인 아버지를 따라 계속 이사 다니는 바람에 학교를 계속 옮겨서 오래 사권 친구가 없었다. 하지만, 경계심이 무너진 학생들은 서로 자기 모습을 과감하게 드러냈다.

아직 경직된 상담을 반복하고 있을, 곤혹스러운 교사들에게 전하고 싶다. 초기에는 일대일보다는 집단 상담을 하시라. 질문은 '중학교 시절 내가 본 어이없는 친구들의 행동은?', '외로움이 밀려올 때 들으면 좋은 나만의 추천곡은?' 등을 하면 좋다. 어색함을 깰 수 있는 몇 가지 재미있는 질문을 준비하자. 학생들은 고개를 들어 당신을 다시 한번 쳐다볼 것이다. '어, 이 사람은 좀 다른데?' 하는 표정으로.

사회는 '상고 출신 무식한 놈들'이라고 힘주어 말하진 않는다. 하지만 그런 손가락질을 학생들은 아직도 느낀다(많이 없어지긴 했다). 그런 게 반복될까 싶어 실수하거나 어설픈 학생들에게 "너희는 왜 스스로에게 무책임한 거야!"라며 화도 내고 그랬다. 상처받은 아이를 감싸고 매달 편지를 써서 함께 읽었다. 함께 이런저런 일들로 '지지고 볶아'야만 관계가 만들어진다는 걸 깨달으면서 교사 초년을 보냈다. 교육의 수준을 결정하는 건 결국 교사의 수준이라는 말처럼 관계 만들기의 중심에 있는 이는 어쩔 수 없이 교사다.

1년의 기록으로 학급 문집을 만드는 방식의 학급 운영은 담임을 맡게 되는 교사 대부분에게 권장할 만한 일이다. 기획, 일상 기록, 편집과 제작에 이르기까지 학생 주도로 진행하는 걸 추천한다. 나 역시 초창기에는 내가 직접 편집했지만, 나중에는 방법만 알려 주고 학생들에게 하게 했다. 결과는? 나보다 낫다!

나의 교직 생활은 결혼 이후 급격히 달라진다. 고정된 성 역할과 가사 노동의 불평등을 글자로만 배운 나는 배우자를 만나고 함께 살면서 정말 많이 다퉜다. 신혼여행부터 말다툼이 시작됐고, 답답해서 소리를 지르고 집을 나와 아파트 정자를 수십 바퀴 돌면서 기분을 가라앉힌 적도 많다.

아내가 요구한 건 대단한 게 아니었다. 집안일을 요일과 시간대별로 세분화하여 분담하기를 원했다. 나는 결혼 전부터 스스로 집안일을 해 왔으니 내가 양심적으로 알아서 한다고 말했다. 그러면서 가사 분담은 당연하니 시간을 나누는 일은 오히려 필요 없다고 일방적으로 단언했다.

당시 나는 첫째를 낳고 출산 휴가 중인 아내를 챙기고 아기도 돌봐야 했다. 그런데 내가 평상시처럼 일하면 아기 보는 일은 가능하지 않았다. 바로 퇴근하는 날을 정해서 미리 학교 부장 교사와 교감 선생님에게 양해를 구해야 했다. 그런데 분담 시간을 정하지 않았으니, 나는 조금씩 늦었고 어떤 날은 몇 시간씩 늦게 귀가했다. 게다가 그런 날들을 다 세어 보지도 않았으니 나는 양성평등을 철저하게 말로만 한 거다. 그런데도 당시 잔소리를 들으면 내 상황을 이해 못하는 아내를 오히려 야속하게 생각했다. 나는 남성 기득권을 공기처럼 마시고 생활해 왔던 거다. 지금 생각하면 내가 아내에게 섭섭했다는 게 정말 부끄럽고 미안하다.

아내는 잘 다니던 회사를 그만두고 계약직으로 전환했다. 끝내는 그마저도 갱신 계약을 안 하고 주부가 되었다. 뭐가 잘못됐을까. 이 미안함은 평생을 갈 것이다. 진보적인 교사네 하는 나의 이중성, 부끄럽지만 나와 비슷한 생각을 가진 이들에게 이렇게 고백한다. 우린 남성으로 태어난 것 자체가 권력이었음을 깨달아야 한다고. 말로만 양성평등을 중요하게 다룬 사회교사는 이렇게 뒤늦게 얼굴을 붉힌다.

## 교과서는 책으로 훌륭하게 보완된다

아내의 임신을 기점으로 내가 속했던 다양한 교사들의 연구 모임에 양해를 구하고 작별을 고했다. 이듬해 아내는 건강하게 출산을 했다. 아이는 쫙 펼친 어른 두 손바닥인 50cm 정도 크기로 태어나 1년 만에 무려 20cm 이상 컸다. 말을 배워 사물을 보고 그 단어를 말한다. 그런 과정을 직접 곁에서 보면 정말이지 소름이 끼친다! 교육으로 먹고사는 나는 특히나 이런 과정이 상당히 신기했다. 대학에서 배운 교육학은 머릿속에서만 일어나는 일이었는데 말이다.

당시 포털사이트에서 책 정보를 다루는 직업을 가진 아내 덕에 나는 여러 육아 서적과 그림책을 더 많이 알게 되었고, '왜 이런 세계를 이제야 발견했을까?' 하고 생각했다. 아이들이 좋아하는 그림책은 사람의 심리를 오랫동안 연구한 사람들이 만든 교구의 정수다. 특히 『달님 안녕』(하야시 아키코)이란 그림책은 1990년에 출간되어 30년이 훌쩍 지난 지금까지도 사랑받는, 국민 그림책이라고 할 만한 인기를 누리고 있다. 여기엔 지붕 위에 나타난 달님, 달님을 가린 구름 아저씨, 혓바닥을 내민 달님이 나오는데, 그 조그만 아이가 이 그림책을 유심히 보는 표정은 정말이지 인체의 신비 수준이다. 교육학을 전공한 나는 대학 때도 느끼지 못했던 사람의 인지, 주의를 끄는 데 대단한 역할을 하는 책으로 옮겨졌다.

나는 책에서 수업의 아이디어를 찾기 시작했다. 그때그때 사건을 사례로 설명하지 못하는 교과서의 한계를 넘는 매체로 단행본을 활용하는 방법을 찾았다. 2007년 당시 대입에서 논술이 강조되며 독서교육이 다시 주목받던 때였다. 수업에서 쉽게 따라 할 수 있는, 소위 '교사가 지치지 않는 독서교육'으로 주목을 받고 있던 송승훈 선생이 내게 전화를 했다. 논술 연수를 준비 중인데, 경기도 사회 교사 중 추천을 부탁한다고. 선생님이 직접 하셔도 좋다고 덧붙였다.

해 보고 싶었다. 근데 일반고에 근무하는 사람이 아니란 게 마음에 걸렸다. 수업 시간에 거창하지 않은 논술형 수행평가를 한 게 전부였다. 아내와 상의하니, 대입 논술 전략을 알려 주는 건 이미 사교육에서 더 잘 하니, 공교육에서 해야 할 논술에 초점을 맞추면 좋겠다고 응원했다. 그길로 나는 재미있는 원고를 만들어 내기 위해 정말이지 온 힘을 다했다. 그도 그럴 것이, 일반고에서 논술을 가르치는 훌륭한 교사들에게 도움이 안 되면 곤란하지 않겠나.

학교 수업을 더 흥미롭게 만들기 위해 진행했던 개고기 식용 찬반, 외계어 사용 찬반 등 대립 토론 논제를 정리했다. 토론 방송에 대한 비판적 의견을 담은 방송인 정관용님의 저작 『나는 당신의 말할 권리를 지지한다』, 각종 신문 기사와 통계 자료, 논문까지를 수집하여 재미있고 꼼꼼한 강의를 준비했다.

강의만 하고 실제 수업은 그렇지 않은 이율배반적인 강사가 되면 안 되니까 수업도 더 열심히 준비했다. 발표자료를 만들고 멘트까지 준비해서 시연을 몇 번이나 했는지 모른다. 드디어 우신고에서 교원 60명 대상 첫 강의를 했는데, 반응이 아주 좋았다. 마지막 멘트로 '감사합니다!' 인사를 했을 때 나온 엄청난 박수 소리에 심장이 터질 듯 기뻤다. 뭐든 할 수 있다는 자신감이 생겼다. 사실 공립 선생님들이 가진 사립 특성화고에 대한 편견도 무시할 수 없었는데, 미약하지만 일부라도 깨뜨린 것 같아 기분이 좋았다.

내가 그 연수에서 강조한 건 독서를 통한 문해력이 기반이 되어야 한다는 것과 사회에 대한 애정이 있는 사람이어야 좋은 논술이 가능하다는 것이었다. 뻔한 얘기일 수 있었지만, 격무에 시달려 초임 시절의 열정을 잃고 있는 다수의 능력 있는 선생님들께 격려와 지지를 보내 드리고 싶었다. 선생님들은 이미 훌륭하니 조금만 책을 더 가까이하고 아이들과 함께 책 속 이야기를 나누면 그걸로 돌파구가 보일 거라고. 나 역시 그러고 있다고.

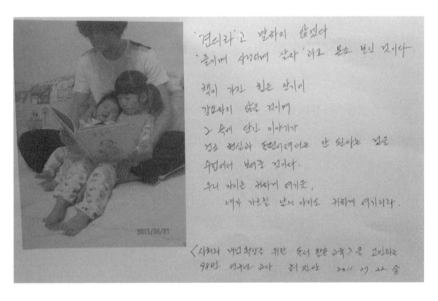

**독서교육은 국어 교사들 것이라는 관념**

논술 연수 강사로 나름의 데뷔를 한 나는 앞서 말한 국어과 송승훈 선생과 함께 2008년부터 3년간 교사들이 직접 책을 읽고 토론하는 연수를 함께 진행하게 됐다. 송 선생님의 제안은 이랬다.

"독서가 중요하다는 건 다들 아는데, 실제 선생님들이 수업 시간에 책을 읽고 무엇을 어떻게 할지 알려 주는 연수를 해 봤으면 좋겠어요. 글쓰기부터 편집 양식까지 다 지정해서 교사들이 해 봐야 자기 수업 시간에 감당할 만한 내용이 나올 수 있어요. 그리고 그걸 우리가 이끌어 보는 거죠."

당시 이명박 정부의 교육과학기술부에서는 독서교육에의 의지가 대단했다. 부산교육청에서 성공하고 있다는 독서교육종합지원시스템을 전국에 적용해 보려는 검토도 있었고, 독서교육 관련 교사 동아리 지원과 독서교육의 필요성은 이해하지만, 방법을 모르는 교사를 위한 독서교육 매뉴얼 제작 계획도 있었다. 일부는 실현되었고, 일부는 현명하게 판단하여 접기도 했다. 송승훈 선생과 나를 비롯한 십여 명의 교사들은 '교사가 지치지 않는 독서토론 실기 직무연수'를 함께 기획했고, 4개월간 2~3주에 한 번씩 모여 책을 읽고 토론하고, 그것을 수업에 적용한 결과를 나누도록 안내했다.

범위가 넓은 경기도의 특성상 10개 거점 학교에 모이도록 지역을 나눴다. 강사들은 먼저 책을 읽고 서평('발제문'이라고 불렀다.)을 써서 연수에 참여하는 교사들에게 안내했다. 발제문 등 양식 안내, 일정 잡기, 토론 운영, 평가까지 1인 다역을 맡아 연수를 이끌었다. 학교 수업과 업무에 추가로 하는 일들이 많았지만, 하고 싶은 일을 하니 큰 문제가 되진 않았다. 3년간 참고 도서를 포함, 책을 50권 정도 읽고 정리했다. 책을 읽은 것도 보람이지만, 책을 좋아하는 경기도의 많은 교사를 알게 된 것이 더 컸다. 당시 함께 활동했던 의정부 과학 교사 김태호 선생님과는 융합 수업 관련한 책도 출간했다. 게다가 이 경험으로 2011년 경기도교육청 학습 연구에 지원해 1년을 사회과 독서교육 연구에 매진했으니, 나로선 아무나 할 수 없는 소중한 경험을 한 셈이었다.

나는 내친김에 교장 선생님께 도서관 업무를 맡아 보겠다고 말씀드렸다. 내가 연구한 분야이고, 잘할 수 있으니 교과 수업과 연계한 독서교육을 확산해 보겠다고. 흔쾌히 허락하실 줄 알았던 교장 선생님의 대답은 이거였다.

"허 선생이 독서교육을 잘 하고 싶은 마음은 충분히 알겠어요. 맡기면 잘할 거라고 저는 충분히 예상할 수 있습니다. 하지만 도서관 업무는 지금까지 국어 선생들이 하던 업무인데, 사회 선생에게 맡기면 그 학교 국어 선생들에게 문제가 있다고 오해할 수 있어요."

때론 열정과 열의만으로 풀리지 않는 일들이 있다. 그걸 잘할 수 있는 사람에게 맡기는 게 합리적이지만, 명분도 있어야 한다. 나의 열의가 국어 교사를 무시한 셈이 된다면, 한발 물러서서 다른 방법을 찾는 것도 필요하다는 것. 그게 교장 선생님의 염려였다. 야, 비켜 봐, 내가 더 잘할 수 있어. 이런 식으로 보이지 않고, 더 세련된 방법을 찾는 연습도 필요했다. 아쉽지만 나도 더 넓게 보는 연습을 하는 것으로 정리했다. 교장 선생님도 그런 배려를 원하셨던 거라고 믿는다.

교직 연차가 쌓이며 생기는 변화는 좋은 것 하나, 나쁜 것 하나, 이렇게 두 가지다. 나쁜 건 떨어지는 시력과 체력이고, 좋은 건 조급하지 않고 차분히 살펴보게 된다는 것. 최근 나는 돋보기안경을 새로 맞췄다. 학습자료를 보다가 칠판이나 교실 모니터를 보면 단거리에서 장거리로 초점이 변하는데, 이게 바로 안 맞춰지고 3~4초 정도가 걸린다. 게다가 초점을 맞추려고 인상을 찌푸리니 표정도 무섭게 변한다. 찡그린 표정. 내가 싫어하는 선생님의 모습이다.

2021년부터 학생생활안전부장(이하 학생부장)을 맡아 학생들의 팍팍해지는 삶을 가까이에서 지켜본다. 학생부장은 이런저런 민원에 시달리는 보직으로, 인사 점수와 성과급 평정에도 가산점이 붙는다. 학교에서 일어나는 대부분 사건은 학생이 관련되기 때문에 시끄럽지 않은 날이 없다. 신입생 초반부터 성희롱 가까운 발언 때문에 학교폭력으로 제보가 있었다. 문제의 발언을 한 남학생은 수업 시간에 엎드린 자신을 건드린 교사에게 "고소할 거예요!"를 입에 자주 올렸다. 또 상황에 맞지 않는 부적절한 말투로 많은 여학생들이 남학생을 싫어하기도 했다. 하루는 그 남학생을 불러 얘기해 보았다.

"수업 때 재미가 없나 봐요? 잠을 잔다는 얘기가 많이 들리네요."

"네, 선생님들 하는 수업이 무슨 얘긴지 하나도 모르겠어요."

"언제부터 그랬어요? 수업 못 따라간 건?"

"초등학교 5학년인가? 그때 이후론 계속 그런 것 같아요."

그 학생은 입학 직후부터 다른 덩치 큰 남학생들에게 주기적인 폭행을 당해 왔으며, 마음을 나눌 친구가 없어 여학생들에게 접근하여 친해진답시고 어설픈 조언을 하다가 성희롱 신고를 당하기도 했다. 학교폭력의 피해자이면서 가해자는 이렇게 되어 버린다. 게다가 아버지의 폭력과 폭언에 가출도 했고, 보호자가 없는 친구 집에서 술을 마시고. 그 술병 사진을 인스타그램에 게시했다. 예측 능력도 떨어지고 사회성도 제대로 학습하지 못한 것이다. 급기야 종례 때까지 엎드려 자다가 교사가 깨우는 과정에서 싸우기까지 하여 출석 정지 처분을 받았다.

지칠대로 지친 표정의 학생 어머니와 마주 앉아 많은 얘기를 나눴다. 학생의 아버지에게는 ADHD 증세가 있으며, 분노를 조절하지 못했다. 같은 증세가 학생에게도 있으며, 향후 약물 처방과 상담으로 불안 증상을 완화하겠다고 했다. 또한 학생 본인이 학교생활을 잘 하겠다는 다짐을 했다. 사실 자기에게 선입견을 갖고 있다고 생각하는 담임 교사와의 관계를 제외하면 다른 선생님들의 지도는 잘 받아들이는 편이었다. 우리는 응원하는 마음으로 지켜보기로 했다. 다행히 학생은 현재 2학년 진급하여 큰 문제 없이 지내고 있다.

작년에 학생의 어머니와 했던 상담이 떠오른다. 어머니는 갑자기 화를 내고 폭력을 행사하는 남편의 증세가 아들에게 전해진 것이며, 이런 상황을 견디기 힘들어 자신도 집을 나왔었다고 했다. 하지만 아들이 눈에 밟혔고, 아들의 치료를 병행하면서 호전되는 걸 지켜보고 있어 자신도 다시 열심히 살기로 했다고 말했다.

"우리도 잘 하고 싶어요. 선생님, 한 번만 더 기회를 주세요. 많이 기다려 주신 거 압니다. 애가 지금 치료 중이니까 그런 부분을 조금 배려해 주세요."

'경계선 지능', 'ADHD'에 대해 우리 교육계는 어떤 대처를 하고 있을까. 목소리 큰 보호자가 '저딴 학생들과 내 아이가 같은 교실에 있는 걸 원치 않는다.'고 하면 그렇게 분리해 주어야 할까. 그게 배려를 못 한 그 문제 학생을 격리하고 배제하면 끝나는 문제는 아닐 텐데. 계속 생겨나는 낙오자 학생은 어떻게 해야 할까. 징계 같은 처분 절차가 대안이 아니라면 특수교육의 영역일까?

경기도는 2022년 '학생 인권과 교권의 균형 지원'이라는 토론회를 개최하는 등 학생 인권과 교권을 제로섬 게임으로 인식하는 듯 보인다. 그러나 권리 간 충돌로 보이는 문제 상황과 맥락은 결국 사회적이다. 앞서 언급한 우리 학교 학생에게 만일 적절한 학습 보충의 기회, 성취 능력을 보완할 수 있는 체계가 있었다면 상황은 달라지지 않았을까 한다. 많은 문제는 그래서 유기적이다. 한쪽 면만 보고 온전한 대안을 내놓을 수 없다는 걸 이미 우리다 알고 있다.

### 학교는 어떤 첫인상을 준비해야 할까?

고등학교에 입학한 학생 A는 첫 주는 학교가 재미있다고 하더니 다음 주엔 펑펑 울었다. 애들이 공부를 다 잘하는 것 같은데, 자기만 아닌 것 같아서란다. 얼마든지 바뀌는 감정이야 그렇다 치자. 여전히 우리 학생들에게 공부는 경쟁이다. 우리와 중국 정도를 제외한 많은 교육 선진국에서 상대평가는 생소하다(「고교학점제 해외 사례 연구」, 경기도교육연구원, 2018).

내가 공부를 못 하는 게 다른 학생에게는 유리하다는 신호를 주는 구조를 지속시킬 이유가 없다.

| | 미국 | 핀란드 | 영국 | 캐나다 | 프랑스 | 싱가포르 | 한국 |
|---|---|---|---|---|---|---|---|
| **졸업요건** | 학점이수 졸업시험 | 학점이수 졸업시험 | 졸업시험 | 학점이수 졸업시험 | 졸업시험 | 학점이수 졸업시험 | 출석일수 |
| **내신** | 절대평가 | 절대평가 | 절대평가 | 절대평가 | 절대평가 | 절대평가 | 상대평가 |
| **대입** | SAT 고교내신 | 고교내신 졸업시험 대학별 시험 | 고교내신 졸업시험 | 고교내신 졸업시험 | 고교내신 졸업시험 | 고교내신 졸업시험 | 수능시험 고교내신 대학별 시험 |

표에서 고교 내신성적과 수능을 상대평가 체제로 운영하는 국가는 우리나라이다.

'우리 모두의' 아이로 키우는 건 구호가 아니라 제도적 환경으로 가능한 일이다. 이제 나는 조금 더 학생들의 고충을 관찰하고, 하지 않아도 될 경쟁 구조를 개선하는 데 남은 시간을 쏟아야 하지 않을까 생각해 본다.

# 수업이 즐거워지는 이야기

**사회 교사 허진만은 책이 중요해!**

### 1) 나는 책 이야기를 할 때 행복하다

당연한 얘기지만 교사는 똑똑해야 한다. 지식이 많아야 하고, 그 지식을 자신의 방식으로 전달하거나 지식의 습득이 편한 방법을 잘 알려 줘야 한다. 그래서 교사는, 특히 사회 교사는 항상 사회 이슈와 최신 지식에 민감해야 한다. 와우, 부담스럽다. 하지만 다행스럽게 '책'이 있다. 당신은 책보다 유튜브를 먼저 떠올릴 수 있지만, 유튜브 영상은 존재 자체가 시시각각 변하며, 출연자가 직접 밝히지 않는 이상 내용의 사실 여부를 알기 어렵다. 본인이 얘기한 것과 관련한 참고문헌을 영상 맨 끝에 넣는 유튜브가 있다면 다행이지만 말이다. 암튼, 그에 반해 책은 언제든 꺼내 볼 수 있고, 어딘가로 도망가지 않는다.

## 2) 그의 자유로움이 부러워 - 『Banksy Wall and Piece』

나는 결혼하며 서재도 함께 결혼시켰다. 그런데 세상에! 서로 다른 세상에서 살았나 할 정도로 각자 읽는 책이 너무나 달랐다. 아내는 프랑스 문학과 미술 관련 서적을 많이 갖고 있었고, 나는 한국 소설과 사회과학에 편중되어 있었다. 고백하자면, 아내는 나를 능가하는, 아니 수준이 다른 독서광이었다. 모든 새로운 사실을 책을 통해 알게 되는 사람이라고 하면 이해가 될 것이다. 현재 모 포털의 책 콘텐츠 기획을 하는 아내는 감성이 남다른 사람이다. 내가 그의 책장에서 뽑아 든 책은 공공미술에 관한 책이었다.

영국의 예술가 뱅크시(Banksy)의 작품과 글을 모은 『Banksy Wall and Piece』(2009년 출간됐고 2023년 현재 절판됐으니 공공도서관에서 확인할 수 있다.)는 우리나라에서는 하류 예술로 치부되는 그래피티와 설치 예술 작품 사진을 모은 책이다. 뱅크시는 벽에 손으로 낙서를 하면서 1993년 세상에 알려지게 되었다. 2000년 이후 작품 제작의 속도를 높이기 위해 스텐실 기법을 사용하면서, 그는 쥐와 경찰관 같은 쉽게 알아볼 수 있는 이미지들에 대한 독특한 도상학(iconography)을 개발했다. 그는 미술관에 도둑 전시를 하거나 거리에서 흔히 볼 수 있는 공공기물을 흉내 낸 작품을 버젓이 설치하는 등 예술계의 권위주의에 도전하는 메시지를 아주 효과적으로 전달했다. 우리도 그렇지만 영국에서 벽에 낙서화를 그리는 것이 불법이므로 그는 여전히 익명을 사용하고, 정보를 공개하지 않는다.

책의 부제는 '거리로 뛰쳐나간 예술가, 벽을 통해 세상에 말을 건네다.'이다. 간행물윤리위원회가 선정하는 청소년 권장도서이기도 하다. 세상의 부조리한 자들을 주로 쥐로 묘사하는 뱅크시의 작품집은 권장도서가 되면서, 2010년에 있었던 G20 정상회의 때 포스터에 쥐 그림을 그려 넣어 기소된 이른바 '쥐 벽서' 사건의 당사자인 예술가는 법정 구속까지 구형되는 세상은 얼마나 모순적인가. 결혼은 이래서 나에게 결핍되어 있던 감성을 일깨워 주었다.

또 하나, 이런 책들이 나에게 도움이 되는 것은 사고가 유연해진다는 것이다. 사회문제를 사회과학적으로 풀려면 관련 자료를 통해 증명하는 것이 일반적이다. 하지만 이 방식은 건조하다. 공부를 싫어하는 아이들은 공부는 지루하다는 선입견이 생긴 것이지, 결코 알아 나가는 지혜를 거부한 건 아니다. 이른바 위기지학의 경험을 우리가 가로막는 꼴이다. 논리적이 아닌 다른 방식으로 접근하는 지식이 효과적인 경우가 많다. 우리는 논리를 배워야 논리적으로 이해할 수 있다. 하지만, 사람이 느끼는 직관이나 감성, 소위 정의적 영역은 이미지나 음(音), 촉감 등 논리 이외의 다양한 방식을 통해 표현된다. 무엇을 말하고 싶은가를 정했다면 다음은 '어떻게 말하고 싶은가.'일 것이다. 뱅크시는 자기 생각을 유쾌하게 표현하고 있다. 그런 능력, 배우고 싶다.


### 3) 나는 학생에게 어떤 영향을 끼치는가?
– 『이것은 왜 청춘이 아니란 말인가』, 『교실이 돌아왔다』

교직 10년을 지나면서 많이 생각했던 것은 '교학상장'이란 말이다. 아이들과 교사가 함께 커 나갈 수 있는 것이 서로 보람 있고 좋은 일이고, 이것을 가능하게 하는 사례들이 바로 교사와 학생이 함께한 것들을 책으로 엮어 내는 일이다. 대학 강사인 엄기호 선생이 쓴 인터뷰와 강의 사례집인 『이것은 왜 청춘이 아니란 말인가』, 그를 대학 시절 가르친 연세대 조한혜정 교수가 강의한 것과 학생들이 쓴 글을 모은 『교실이 돌아왔다』가 눈에 띈다.

엄기호의 책을 주목한 것은 우리가 졸업시킨 아이들에 관한 이야기이기 때문이다. 고려대를 자퇴한 김예슬의 '선언'에 대해 '그래서 어쩌라고?' 하는 지방대생의 이야기는 모른 척 외면한 현실을 기록한다. 만약 명문대 출신이 아닌 학생이 같은 선언을 했다면? '실력도 없는 것들이….'라는 냉소가 돌아올 것이라고 많은 대학생은 답할 것이다. 일단 간 대학, 뭘 할지 몰라 방황하는 수많은 젊은이를 향한 나이든 양반들의 혀 차는 소리는 안타깝다. 우리가 가르치고 있는 과거의 이 친구들은 우리에게 어떤 기대를 할까. 학생들을 가르치고 있는 교사는 반드시 이 문제를 고민해야 한다. 그만큼 이 책은 나에게 어떤 '자세'를 취할 것을 요구한다.

소설가 박민규는 최근에 출간된 소설집 『더블』에서 자신의 프로필을 딱 한 줄 썼다. '1968년生. 소설가.' 그리고 그는 '작가의 말'에 이렇게 덧붙였다.

약력이며 추천사, 또 해설 같은 것을 모두 걷어낸다.

이런 나와도

그런 그와도 무관한 일들이기 때문이다.

그의 자세를 지지하지만 포털에 인물 검색을 하면 학력이 먼저 뜬다. 씁쓸하지만 조금씩 바꿔 나가야 하지 않을까 생각한다.

그리고 『교실이 돌아왔다』. 공장에서 만든 것처럼 이렇다 할 특징이 없는 대학생들이 양산되는 건 중·고등학교를 거치며 내면화되는 가치가 몰개성적이기 때문이리라. 그런 의미에서 여전히, 그리고 꾸준히 시도하고 있는 교수 조한혜정의 강의실 속 삶에 대한 이야기는 중요하다.

책은 조한혜정 교수의 수업 이야기다. 강의보다는 학생의 발표와 토론, 온라인 글쓰기로 진행이 되었고, 교수가 쓴 수업 일지, 학생이 온라인에서 쓴 내용 등을 편집하여 담았다. 한 학생의 말이다.

"'지구촌 시대의 문화인류학 수업을 통해 몸에 소름이 돋는 충격을 받았다. 처음에는 '이게 어떻게 수업일 수 있는가, 등록금도 비싼데 조금이라도 더 배워야 할 판국에 웬 잡담을 듣고 있어야 하나.' 하는 생각이 들었다. 그러나 하나둘씩 다른 사람들의 인생 이야기를 들을수록 내가 모르던 세상, 나는 생각지도 못했던 다른 형태의 삶을 배워 가고 있었다. 그 것은 지식의 습득과는 다른 형태의 배움이었다. 아직은 '이것이 어떤 앎이구나.'라고 정의하긴 어렵지만 분명 나의 뇌를 강하게 자극하는 배움임에는 틀림없었다. 그리고 이 수업에 점점 더 매료되어 가는 나를 발견할 수 있었다. 그 어떤 배움보다 재미있는 배움이자 성숙해 가는 과정임을 느낀다."

교수는 강의하지 않는다. 둥글게 자리를 배치하여 서로 마주보게 한다. 무엇을 얘기해야 할지 고민하고 서로 어색해 하는 과정 역시 수업의 일부로 계획한다. 수업 내용 중에는 저출산 정책에 대한 얘기가 나오고, 한 학생은 이 문제를 해결하기 위해서 이상적인 상황을 먼저 그려 본다. 그리고 그 길로 가는 방법을 고민한다.

"현재를 생각하지 않고 이상만을 그려 본다면 문제 자체는 그리 어렵지 않다. 직장을 그만두고 아이를 돌보는 것이 여성에게든 남성에게든 패배감을 부르지 않고, 사회적으로 고립하지 않고 공동으로 아이를 키우면서 시너지 효과를 가질 수 있으며, 육아에 충분한 수입이 보장되고, 아이가 자랐을 때 재취업의 기회도 보장되면 굳이 아이를 낳지 않으려

하는 사람은 없을 것이다. 이를 위해서는 사회적 지위가 없어져야 하고, 기업에 얼마나 도움이 되느냐가 수입을 결정하지 않아야 하고, 내 아이만 잘나길 바라는 부모들 간의 경쟁심도 없어져야 한다. 나는 이것이 내가, 한국이, 지구촌이 지향해야 할 방향이라고 생각하지만, '어떻게 나와 한국과 지구촌의 삶으로 연결할까?'의 문제는 쪽글을 쓰는 동안뿐 아니라 평생 고민해야 할 것이라는 생각이 든다."

나는 어떤가? 내 경우는 '얘들아, 이 문제는 이것이 복지임을 말하는 스웨덴의 사례 영상이 있단다. 답은 이런 거지.'하는 식이었다. 이 방식, 문제가 있다. 이젠 생각하는 힘을 기르는 것은 생각하는 시간을 주고, 그 생소한 경험을 익숙한 것으로 받아들이는 것부터 시작해야 한다. 우리는 그런 수업을 받아본 적도, 상상해 본 적도 없다. 결국 베끼고 시도해 봐야 안다.

저자는 이 책을 원래 교수들을 염두에 두고 썼다. 세월이 흘러도 변하지 않는 교수들의 지식 전달 방식을 예의 바르게 지적하고 싶었던 거다. 하지만, 그 역시 학생들의 글을 받아 보고 구성하면서 이것이 단지 교수들의 교수 방식의 문제가 아님을 깨달았다고 고백한다. 그가 다양하게 시도하는 마을 학교나 공동체의 복원은 그 속에서 살아갈 필요를 느끼는 '인간다운 시민'을 길러내야 가능한 것이니 말이다.(2007년에 펴낸 칼럼집「다시, 마을이다」(조한혜정, 또하나의문화)를 보면 다방면에서 공동체 복원의 중요성을 역설하는 그의 생각과 활동을 알 수 있다. 공공 영역과 정치, 일과 놀이와 배움이 어우러진 창조적 삶을 말하는 그의 생각은 과격하지도, 이상적이지도 않다.

대학의 수업이지만 우리가 분명히 배울 점이 있다. 온라인을 이용한 소통이나 수업 일지를 쓰는 것은 학생을 인격체로 생각하는 적극적 행위이다. 교사의 수업이 자신의 기분이나 기획에 따라 일방적으로 구성되고 진행되는 것이 아니라 학생과 함께 배우며 성장하는 배움의 공동체란 얘기다.

### 4) 수업이란 무엇인가 – 『천천히 깊게 읽는 즐거움』

인간성을 회복하자는 구호는 많지만, 실제 그것을 교육 현장에서 꾸준하게 실천하고 있는 사례는 드물다. 다행히 그런 사람이 조 교수 말고도 일본에도 있었다. 하시모토 다케시. 이 사람은 학생들과 『은수저』라는 소설책 한 권을 3년 동안 미독(味讀)하며 딴 얘기를 자주 한 것으로 수많은 걸출한 제자를 배출했다. 한 학년 200명을 각 과목 별로 교사 한 명이 입학부터 졸업까지 6년 동안 전담한다. 독특한 시스템이다. 하시모토의 제자들은 고속 성장의 사회에서 느리고 착실하게 '배우는 힘'을 익혔다. 1968년에 졸업한 『은수저』 수업 3기 학생들은 사립 학교 사상 동경대학 최다 합격이라는 위업을 달성하기까지 한다.

책의 제목은 『천천히 깊게 읽는 즐거움』이다. 제목만 봐서는 독서법이나 독서의 즐거움에 관한 책이려니 하는 선입견에서 벗어나기 힘들다. 그러나 수업 때 딴 길로 자주 새는 교사들에게 죄책감을 덜어 줄 아주 반가운 책이다. '은수저 졸업생' 중 메이지대학의 사이토 다카시 교수는 한 가지 질 좋고 가치 있는 것을 집중해서 철저하게 흡수하면 그것이 향후 모든 일의 바탕이 된다는 '대물일점호화주의(大物一點豪華主義) 공부법'을 말한다. 축구를 모르는 사람도 메시나 호나우두를 보면 '멋지다! 잘 한다!'라고 생각한다. 그러나 어중간한 선수가 축구하는 모습을 보면 왜 축구가 재미있는지 이해하지 못한다. 재미를 알려면 제대로 된 것 하나를 철저하게 파고드는 공부법이 낫다는 말이다.

하시모토는 『은수저』를 교재로 작가의 내면에 철저하게 다가갔다. 미독, 즉 음미하는 방법으로 작가의 세계에 깊숙하게 들어갔다. 왜 이런 표현을 썼을까, 그 때 상황은 어떤 걸까 등 다양한 생각들을 함께 추적하고 나누었다. 교사가 먼저 열의를 갖고 몰두하는 것이라면 틀림없이 좋은 책이라고 학생들도 느낄 것. 그래서 고전이나 대작을 선별하는 것이 중요하다.

그는 『은수저』를 교재로 쓰기로 다짐한 첫 시간, 이렇게 얘기한다.

"교과서는 어제 나눠 준 이 『은수저』뿐입니다. 이 책으로 3년 동안 공부할 테니 잘 읽어 보기 바랍니다. 그리고 내 수업 시간에는 노트를 준비하지 않아도 됩니다. 내가 매 시간 인쇄물을 나눠 주겠습니다. 이것이 여러분의 노트가 될 것입니다."

학생들은 걱정한다. 여러 가지를 폭넓게 다루는 향연을 기대했는데, 딸랑 이 소설 하나로 뭘 하겠다는 것인가. 하지만 2주 쯤 지나자 그것이 기우였음을 깨닫는다. 선생님이 정성 들여 만든 인쇄물(책에 그 인쇄물에 대한 언급이 대단하다. 본문 87쪽에는 손으로 쓴 글씨, 레이아웃, 딴 길로 샐 수 있도록 알려 주는 단어 설명, 단의 크기와 도표의 위치까지 섬세하다고 기술되어 있다. 아쉽게도 그 인쇄물의 정보는 하나도 없다. 그나마 하시모토 선생이 직접 쓴 『슬로리딩』(하시모토 다케시, 조선북스, 2012)을 보면 내용을 '아주 조금' 더 알 수 있다.)과 수업 중 힌트를 접하며 진짜 공부의 즐거움에 빠진다. 나쓰메 소세키는 정답이 없는 공부, 스스로 찾아내고 느끼고 생각한 것을 자유롭게 써 넣고 다 같이 발표함으로써 자기 자신의 생각을 넓게 하는 공부를 했다고 말한다. 그는 런던 유학 시절, 도서관에 가는 대신 유학 비용의 1/3 가량 되는 금액만큼 책을 샀다. 빌린 책에는 뭔가 써 넣을 수 없기 때문이었다. 그는 책에 조사한 내용, 의문점, 반론, 자신의 새로운 생각을 적었다. 이런 과정이 미디어 리터러시(media literacy)를 가능하게 한다. 포트폴리오나 창의성 등은 알고 보면 다 이런 주목받지 않던 옛 방식인 것이다.

돌아보면 우리가 교과서를 갖고 씨름하는 것은 참 애처로운 고군분투이다. 교사 자신이 별 신뢰를 하지 않는 것을 교재로 삼아 책을 펼치게 하다니. 그러면서 교사들은 교과서 이외의 교재 사용을 겁낸다. 미국, 영국에서는 교재가 없다. 교사가 자신의 수업 기획에 맞게 유인물을 '핸드 아웃'한다. 그것이 주제에 집중할 수 있는 핵심일 수 있다. 교과서를 보고 학생들은 역시나 하는 한숨을 쉬던지 '어? 의외로 재밌네?' 하는 기대의 표정을 할 것이다.

### 5) 무얼 알고 무얼 모르는가 – 『현실, 그 가슴 뛰는 마법』, 『통하는 공부』

사회 교과를 가르치다 보면 지리 영역도 만나고 과학 영역도 만난다. 하지만 그걸 설명할 도리가 없다. 아이들은 그런 교사를 보고 구획을 짓는다. '아, 이건 다른 교과니까 저 선생님은 모를 거야.' 하고 말이다. 교사는 이 상황에서 어떤 사람이어야 할까.

미국의 물리학자 파인만이 깨달았다는 교수법은 '그것을 쉽게 설명할 수 없다는 것은, 내가 그 개념을 분명하게 이해하고 있지 못한 것이다.'로 요약할 수 있다. 가르친다는 것은 그것에 대해 온전하게 알고 있을 때 가능한 것이다. 안다는 것은 문과 이과의 구분 이전의 문제이다. 나는 얼마나 그걸 알고 있는가?

리처드 도킨스의 책 『현실 그 가슴 뛰는 마법』은 과학을 두려워하는 모든 이들을 위한 설명서이다. 현실 세계를 설명하지 못하는 과학자는 의외로 많다. 학문이 서로 담을 쌓고 너무 멀리 나아가 버린 탓일까. 모든 학문은 현실을 설명할 의무가 있다. 경제학이 물리학과 만나고 심리학이 뇌과학과 만나는 것은 순서가 잘못되었다. 그것들은 단지 인간이 편의상 구분했을 뿐 원래 구분되지 않았다. 데이브 매킨이라는 영국의 저명한 디자이너가 참여해 주목을 받은 이 책은 시원한 편집과 친절한 어투로 초등학생도 쉽게 읽을 수 있는 과학적 사고 입문서이다. 학문이 만나야 한다는 걸 더욱 강하게 느끼게 한다.

학문의 통섭은 에드워드 윌슨이라는 미국의 생물학자가 처음으로 말했다. 과학적 사고가 없는 사람은 태평양을 헤엄쳐 가려 하고 고속도로를 무조건 달리려 한다. 반면 인문적 사고가 없는 사람은 해답을 찾기 위해서라면 어린 생명이라도 마구 해할 수 있다. 정답 찾기 시스템의 노예가 되는 것이다. 앞으로의 사회는 이를 조화시킨 사람이 살아갈 사회이다. 우리에게 필요한 가치와 제도, 체계가 무엇일지 지혜롭게 멀리 내다 볼 줄 알아야 한다. 그런 교육을 위해 고민하는 것이 교사이고, 그들이 알아야 할 것이 바로 통섭이다. 책은 통섭을 직접 얘기하고 있진 않지만, 뭘 알아야 하고 왜 그런지 설명한다. 그걸로 충분하다.

그런 의문에서 나온 실천이 『통하는 공부』이다. 교과 통섭의 필요성을 과학 교사 김태호 선생님이 제안했고, 우여곡절 끝에 다섯 교사(나도 그중 하나다.)가 모였다. 이런 시도는 교육계에서 처음인지라 우리 모두 오랜 시간을 헤맸다. 여러 차례 망설이다 자기 방식으로 수업 내용을 구성해 보았고, 그것을 교차 검토하며 이야기를 풀어냈다. 우리는 각 과목별 수업 내용을 다 펼쳐 놓고 과목별로 유사한 내용, 함께 배우면 더 효과가 높은 내용을 다시 배열해 수업 시간을 변경하는 작업이 필요하다는 결론에 이르렀다. 통섭을 고민하는 다섯 교사들의 공통된 지향점이었다.

이런 실천은 교사들이 겸손해 할 영역이 아니다. 교사 먼저 자기가 뜻 있는 일에 열의를 보여 실행하는 것은 남다른 의미이다. 아이들은 그런 교사를 보고 존경하게 된다. 마찬가지로 학생들에게 열심히 할 수 있는 활동과 경험을 제공하고, 그것을 가시적인 성과물로 만드는 기회를 마련하는 것은 정말 유익한 경험이다. 교사 자신도 보람 있고, 학생들은 뿌듯해 한다. 자신감을 키우고 자기 스스로 생각하도록 하는 것, 그게 '교육'이다. 이런 이유로 보잘 것 없지만 담임을 맡을 때마다 학급 문집을 매년 만들었다. 잠깐 고생이 평생의 추억이 되는 일이니 게을리 할 수 없다.

### 6) 아는 것을 실천해 보기 - 『이원재의 5분 경영학』

공기업이나 공공기관에 고졸 취업의 문호가 넓어지니 상업 계열 특성화고에 지원하는 학생이 꾸준히 있다. 각박해진 채용 시장을 중학생들부터 감지하고 현실적인 판단을 하는 것이다. 중요한 것은 대학생이건 고등학생이건 청소년기에 형성해야 할 가치 판단 능력을 학교에서 키워 줘야 한다는 것이다. 이 문제의식에서 나는 3학년 경제 시간에 『이원재의 5분 경영학』을 나눠 읽고 발표하게 했으며 현실과 조합한 33가지 질문의 대답을 발표하게 했다.

독서 발표는 지금까지 말한 독서의 장점을 학생들에게 경험해 보게 하는 수행평가이다. 완벽하진 않으나 열심히 한다. 교과서 이외의 것을 교재로 삼으니 좋다. 독서 발표 수업은 경제 과목에서 또 다른 『은수저』를 잘 찾아내는 게 관건이다. 또한 내가 지루하거나 흥미가 떨어지면 바로 다른 도서로 바꿀 것이다. 아마도 결국엔 경제학 고전으로 가던지 소설 속의 경제학으로 갈 수도 있겠다.

33가지 질문(뒤에 질문은 32개임, 저자문의)은 실제 회사의 입사 면접에서 나오는 질문들을 모은 것이다. 왜 서른 세 개냐고? 당시 학생 수에 맞췄다.(참고로 2023년 우리 학교 학급당 학생 수는 20~26명이다.) 학생들에게 선택권을 주고 자신이 답해 보고 싶은 것을 글로 써서 발표하게 한다. 발표 태도에서 묻어나는 자신감도 보고, 어떤 가치관을 갖고 있는지 확인도 할 수 있다. 내용이 책과 직접 연관되는 것은 아니지만, 대체로 책을 많이 읽은 학생들의 발표가 그렇지 않은 아이들보다 더 자신감 있고 가치관도 뚜렷한 경향이 있다.

## 7) 법적 판단을 보다 넓게 이해하기 – 『판결 Vs 판결』

뉴스에서 나오는 사건을 우리는 얼마나 알 수 있을까. 기자들이 보도하는 딱 거기까지만 알 뿐이다. 재판까지 간다면 배심원이나 판사가 아닌 이상 잘잘못을 따질 정보가 부족하다. 그럼에도 '올해의 판결'이나 '사회적으로 의미 있는 판결' 등 중요한 사례를 놓치지 않으려면? 내겐 『판결 VS 판결』이 적합했다. 이 책은 현실의 사건을 각각 다른 시각에서 다룬 상반된 두 재판을 해설한다. '용의자는 있는데 증거가 없다 – 산낙지 질식 사망 사건 VS 시체 없는 살인 사건' 같은 목차를 보면 이 책이 어떤 유용성을 가졌는지 알 수 있다. 나는 이 책으로 발표도 하게 했고, 토론 수업의 텍스트로도 활용했다. 사회 교사는 특히 다양한 학습자료를 제공하여 학생들에게 균형 잡힌 시각을 가지게끔 하는 것이 중요한데, 이런 방식으로 양쪽 판결이 내려진 사례를 제공한 사례는 내가 아는 선에서는 이 책이 유일했다. 참고로, 저자는 법원 공무원으로 일하며 미국 ABC 방송에서 선정한 '전문적 글쓰기를 하는 시민 기자의 모델'로 인터뷰한 경험이 있다.

이런 방식의 독서 발표를 한번 하고 나니, 교과서의 개념과 단행본의 구체적 사례를 연결하여 이해한 학생들이 많아졌고, '선생님 수업을 하고 나면 제가 똑똑해진 기분이에요.'라는 교원평가 글을 다수 발견하게 되었다. 이에 고무되어 이후 지속적으로 독서 발표 수행평가를 하고 있다.

지금도 자랑스럽고 뿌듯한 방식의 수업은 위의 책을 읽고 모의재판 수업까지 연결한 것이다. 이 수업의 주제는 '전체 학급 28명을 판사 5명, 검사 8명, 변호인 8명, 배심원 7명으로 역할을 구분하여 나눴다. 검사 측 학생들은 '그루밍 성폭력'이라는 개념을 적용해 실제 법원 사이트에 가서 판결문을 내려 받아 분석까지 했다. 검사와 변호인의 논리 경쟁이 붙자, 판사는 판결문을 작성하기 위해 양측 논리를 정말 꼼꼼하게 분석하느라 많은 시간을 투자했고, 논리를 튼튼히 세우기 위해 다섯 명이 따로 여러 차례 회의를 하는 등 열성을 다했다. 학생들이 유독 열심히 한 이유는 현실의 문제였기 때문이다. 양측의 자료 수집 흔적과 제출한 기록지를 보면 알 수 있다.

## 8) [사례] 사회 독서교육: 하나의 책을 분담하여 읽고 발표하기

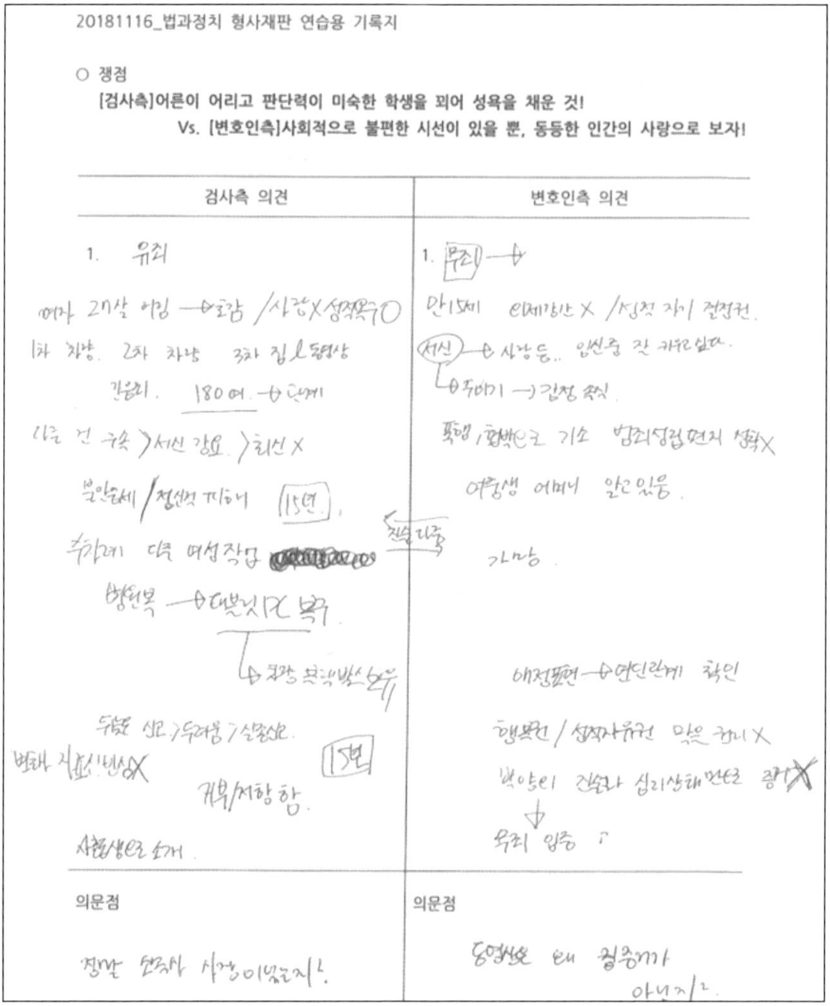

20181116_법과정치 형사재판 연습용 기록지

○ 쟁점

[검사측]어른이 어리고 판단력이 미숙한 학생을 꾀어 성욕을 채운 것!

Vs. [변호인측]사회적으로 불편한 시선이 있을 뿐, 동등한 인간의 사랑으로 보자!

| 검사측 의견 | 변호인측 의견 |
|---|---|
| 1. 유죄<br>여자 27살 어림 → 호감 / 사랑X 성적욕구O<br>1차 차량. 2차 차량 3차 집 & 동영상<br>간음죄. 180여 → 단계<br>다른 건 구속 > 서신 강요 > 회신 X<br>불안증세 / 정신적 피해 15년.<br>추가례 다른 여성작品 [redacted] 진술 다름<br>방원복 → 대본있는 복구<br>→ 원칙 보다는 방식<br>두려움 신고 > 두려움 > 신뢰신고.<br>변태 신고시 변상X 15년<br>거부/저항 함.<br>사춘생으로 소개. | 1. 무죄 →<br>만15세 이해가능 X / 성적 자기 결정권.<br>서신 → 사랑 등.. 입선중 잘 키우고 싶다.<br>→ 죽이기 → 감정 축적<br>폭행/협박으로 기소 법리성립 면지 성폭X<br>여중생 어머니 알고 있음.<br>가능.<br>애정표현 → 연인관계 확인<br>행복권 / 성적자유권 막은 권리 X<br>박양의 진술과 심리상태면으로 증거X<br>↓<br>유죄 입증 ? |
| 의문점<br>정말 연인 사랑이었는지? | 의문점<br>동영상은 왜 찍은거지 아닌지?. |

수업 시간에 활용한 재판을 위한 연습용 기록지

모의재판 수업에서 판사 역할을 하는 학생들이 판결문을 쓰기 위해 회의를 하는 모습

모의재판 수업 모습. 왼쪽이 변호인(8명), 그 오른쪽이 검사(8명), 그리고 검사 오른쪽에서 발언을 바라보는 배심원단(7명)이 있다. 교실 앞에는 판사들(5명)이 위치한다. 실제 재판과는 조금 다르지만, 전체 학생들의 참여를 위해 적절하게 인원을 배치했다.

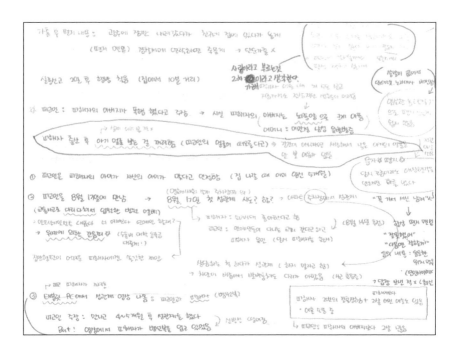

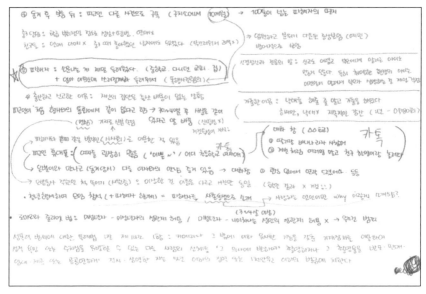

재판에서 밀리지 않기 위해 인터넷 등 자료를 찾아 이것저것 적어 놓은 학생의 메모

어른이 어리고 판단력이 미숙한 학생을 꾀어 성욕을 채운 것!

**Vs.** 사회적으로 불편한 시선이 있을 뿐, 서로 동등한 인간으로서 사랑한 것으로 보자!

○ 나의 위치 : (판사) / 검사 / 변호인 / 배심원 (○표시)

○ 나의 의견　　　　　　　　　　※ 기본점수 6점, 1~5번 항목 각 1점씩 가점

---

**1. 검사 측 주장**

피고인 나씨는 유괴죄에 의한 감금죄, 약취유인죄, 성추행죄, 강간죄등이 해당한다.
때리나 폭력는 피고 나씨의 강요로 인해 강제적으로 진행된 것이다.

**2. 변호인 측 주장**

때때마다 박씨가 처음 만났을때는 친혐상 여의 상황너라 자리되
청소년이기 때문에 강제로 보기행동기 때문에 두 사람은 사랑했다고 말할수에 있다.

**3. 내가 가진 의문점**

때때마다 아이를 가질때 여성 피해자가 집에 돌아갈수 있는 상황이었나?
피해자와 여러가 강제였다는 증거가 있나?

**4. 나의 생각**

때때인 나씨는 죄가 있다고 생각하고 여성 자들이 가볍다고 생각보다기
않기때문에 징역 20년을 받아야한다고 생각한다.

**5. 그렇게 판단한 근거**

피고인 나씨가 피해자 박씨에게 연예인을 시켜주겠다며, 계속우리단사에 있는 연예인을 만나게
해주겠다는 방법을 한 것으로 보아 약취유인죄를 인정했고, 당시 교황신고로 인해 다리가 부편해졌던건
피해자의 저항나, 외면등에도 불구하고 강제로 성관계를 맺는 등의 상황으로 보아 강간죄나
죽음법죄에 해당한다고 본다. 또한 이러한 모든 상황이 위기에 의한 감금죄나 청소년에게
해당하고 강요로 인한 여러터나 폭력. 그리고 피해자의 사건 이후나 상황들을 보아 두 사랑 사이에
사랑을 인정할수 없으므로 때문인　－3－ 나씨에게 징역 20년을 선고한다.

---

○ 나의 위치 : 판사 / 검사 / (변호인) / 배심원 (○표시)

○ 나의 의견　　　　　　　　　　※ 기본점수 6점, 1~5번 항목 각 1점씩 가점

---

**1. 검사 측 주장**

나씨는 A에게 연예인을 시켜준다는 걸로 육인을 해고 흔히 볼 래가 될 붙으 이니고
약취유인죄, 강간죄, 추행죄 징역 15년 러시오.

**2. 변호인 측 주장**

나씨는 A에게 별으로 문제 될 행동을 하지 않았습니다.
강간 죄가 되려면 폭행으는 협박이 있어야하는데 그거는 없고 A씨는 그당시 좋았다며 편지에
적었습니다. 그후 A씨는 동거시 흔히 다 로에 가슴 안 있지만 스스로 그에 남았습니다.

**3. 나의 주장**

저는 나씨는 무죄를 받아야 마땅하다 생각합니다. 그는 사랑을 표를 받입니다.
매일 100개이 넘는 SNS 을 올리며 행복까지 올거가 있습니다.
흔히 다로에 갇혀있으리면 스스로 그에 머물기도 했습니다.

**4. 나의 근거**

그는 성추행 한것이 아닙니다. A씨의 그 첫만남의 기대를 좋게 생각하고 하늘에 반갑다는
마을 했습니다. 본인 아니고 그러는 제대로 된 증거도 없이 심증으로는 그러가로
행동을 받아서 그런거 다그는 죽증 받이 없습니다.

**5. 나의 결론**

저는 나씨가 어른스럽지는 못하고는 범으로 문제 될 행동을 하지 않았습니다.
나씨는 무죄여야 마땅합니다.

---

수행평가로 치러진 재판 기록지. 위는 재판부 역할을 한 학생의 기록, 아래는 변호인 역할을 한 학생의 기록이다.

| 수업 형태 | 개별 발표, 청중 평가 | 적용 대상 | 중2 ~ 고3 |
|---|---|---|---|
| 관련 단원 | 사회 관련 전 단원 | 평가 방식 | 수행평가 혹은 수업 규칙 |

| 수업 개요 | ○ 다양한 상황에 대한 저자의 의견이 담긴 도서를 선정하여 한 사람이 한 꼭지씩 미리 읽고 발표 자료를 슬라이드로 준비<br>○ 슬라이드는 책 정보, 내용 요약, 퀴즈 3개와 답, 해설로 구성<br>○ 한 차시 당 한 사람씩 발표, 청중은 발표 기록지 작성<br>○ 프리젠테이션 툴 등을 사용하여 청중 이해가 쉽게 제작하도록 지도 |
|---|---|
| 수업 과정 | 1. 교사가 도서를 수업 전 준비, 목차와 함께 꼼꼼히 소개<br>2. 해당 도서의 목차 별로 학급 구성원 수에 맞게 배분<br>3. 발표 분량, 방식, 제출 기한 등 시작 2주 전 안내<br>4. 수업 전반 5~10분 발표. 청중은 발표 내용 기록 및 평가<br>5. 발표 직후 다음 발표자에 대한 소개를 하면 준비도가 높아짐 |
| 평가 방법 | ○ 수행 평가로 기획, 평가 비율은 10%~20%<br>○ 발표 내용은 발표 시나리오로 작성토록 지도<br>○ 발표 태도 등을 평가하고자 하면 청중 평가(동료 평가)지 작성 지도<br>○ 발표 시 토론할 문제를 만들어 오게 하여 청중이 작성하도록 하는 방법도 있음. 이 경우 학습지 등을 따로 준비하는 방법 검토 |
| 수업 기획의 유의점 | ○ 도서의 목차를 살펴 보고 학생들이 읽고 발표하기에 적합한 꼭지가 여러 개 있는 것으로 선택<br>○ 지필 평가에도 일정 부분 반영하면 집중도는 훨씬 높아짐<br>○ 도서는 주로 법, 정치, 경제, 역사, 문화 등 다양한 지식의 습득과 이해가 함께 필요한 과목에서 선택 |
| 비슷한 유형의<br>추천 도서 | ○ **(법)**『생활법률 상식사전』(김용국, 위즈덤하우스, 2023)<br>○ **(법)**『판결 Vs. 판결』(김용국, 개마고원, 2015)<br>○ **(통합사회,세계사,세계지리)**『가루전쟁』(도현신, 이다북스, 2020)<br>○ **(통합사회,한국지리)**『내일의 도시를 생각해』(최성용, 북트리거, 2021)<br>○ **(통합사회,경제)**『청소년을 위한 경제학 에세이』(한진수, 해냄에듀, 2016)<br>○ **(역사)**『친절한 한국사』(심용환, 사계절, 2022)<br>○ **(미디어,경제)**『경제 뉴스가 그렇게 어렵습니까?』(이상민, 빨간소금, 2022) |

도서 유형별 독서 수업 예시

내가 근무하는 학교는 상업계 특성화고다. 2023년부턴 '상업'을 떼어 내어 명칭을 '삼일고등학교'로 바꿨다. 외식 전공이나 IT 전공 등 상업 이외의 교육 비중이 커져서 그런 것도 있다. 중요한 건 어떤 교육을 할 것인가이다. 다양한 방식으로 학생 중심의 수업을 계속 시도하는 학교들이 많아졌다지만, 결국 중심을 잡고 있어야 하는 존재는 교사다.

교직은 호봉제를 택하고 있어 연차가 쌓이면 연봉도 따라 오른다. 그러나 그 연봉에 맞는 수준의 실천을 알아서 하는 교사는 생각보다 많지 않다. 어느 조직이나 마찬가지라고? 그게 사실이라면 우리의 미래는 어둡다. 교사는 행한 업무에 따라 적절하게 주어질 강화 수단도, 제재 수단도 변변한 게 없다. 그저 교사들이 자발적으로 잘할 수 있는 환경을 만드는 게 빠를 것이다. 제재 수단을 치밀하게 하는 것이 교육계에는 실패 가능성이 높다. 제재가 중심인 평가는 부작용이 심하기 때문이다. 특히 교육 분야는 더 하다.

미국은 2006년부터 아동낙오방지법(NCLB: No Child Left Behind)을 시행했다. 학력평가 결과 하위 그룹인 학교는 연방정부의 재정 지원이 삭감된다. 학교들은 학력평가 점수를 높이기 위해 수업 개선에 힘을 쓸까? 편법을 쓰는 쪽으로 간다면 평균점수 깎아 먹는 학생들에게 시험을 치르지 않게 하는 방법도 있다. 많은 문제점을 가진 이 정책은 결국 2015년 '모든학생성공법(ESSA)'으로 바뀌었다. 하지만 여전히 실적과 결과 위주의 전시 행정을 가져올 위험이 상존한다는 비판을 받고 있다. 그럼 교육을 평가할 대안은 없을까?

십여 년 전, 경기도에서 혁신 학교 운동이 일어났을 때 주목받던 분야가 수업 비평이었다. 수업은 교사가 자신의 능력을 보여 줄 거의 유일한 평가의 장이기도 한데, 이게 학생들과의 한정된 공간에서 실시간으로 일어나는 특성상 교사 스스로의 의지에 달려 있다. 그래서 수업 비평은 소수의 자발적 성장을 기획하는 교사에 의해 이루어졌다. 수업 비평의 선구자인 이혁규 교수는 『한국의 교사와 교사 되기』에서 이렇게 말한다.

*교사 효능감 국제 비교 결과, 한국 교사가 자기 효능감이 비교 대상국에 비해 낮다. 교사들은 그 이유를 정부의 관료적 통제, 수업 외의 과중한 잡무, 학부모의 민원 제기, 사교육 시장과의 경쟁 등으로 말한다. 그러나 일부 교사는 교사 개인의 노력 부족이나 개인주의적 교사 문화를 언급한다. '좁은 벽장에 갇힌 거인' 은유를 통해 열거한 모든 것들이 거인을 가두는 벽이라고 나는 묘사했다. 그런데 타자가 쌓은 벽만 허물면 거인의 탈출이 가능할까? 나는 그렇게 생각하지 않는다. 교사 집단 스스로 쌓은 벽까지 허물지 않으면 탈출을 위한 공간이 확보되지 않는다. (317쪽)*

여기서 '교사 집단이 스스로 쌓은 벽'은 교사 전문성에 대한 자신감 결여로 볼 수 있다. 인강 일타 강사와의 경쟁을 자신의 전문성이라고 생각하면 당연히 우리는 효능감 제로 수준이 된다. 그럼 우리의 효능감은 무엇인가? 세상을 살아가는 데 사회 교과가 굉장히 쓸모 있다는 걸 다양한 방식으로 학생에게 깨우쳐 주는 능력이기도 하고, 소심한 학생들에게 제일 필요한 위로와 격려를 적절한 방식으로 주는 능력이기도 할 것이다. 우리는 수많은 임상을 거치며 단단해지고, 폭넓어지며, 소위 '케바케'를 빅 데이터로 갖고 있다. 또 새로운 인간관계를 매년 맞이하며 선배건 후배건 서로 영향을 주고받으며 배우고 있다. 교직은 세대와 성별을 초월한 평등하고 민주적인 능력자들의 공간이다.

교사들이 대개 그렇겠지만 나는 특히나 학생들에게 '허진만 선생님과의 수업 후 자신이 똑똑해진 것 같다.'는 평가를 받을 때 가장 기쁘다. 퇴직까지의 기간이 길지 않지만, 계속 연구하는 교사로 살 것이다. 매일 뉴스를 읽고 책을 읽으며 내가 만나는 학생들에게 가장 적절한 텍스트와 영상을 스크랩해서 제공할 것이다. 그렇게 공부하며 살 것이다. 그런 교사들이 많았으면 좋겠다.

그래서 제안은 이렇다. 학교 교육을 평가하려면 교사의 전문성 기준을 세밀하게 만들고 국가가 이에 합당한 교사 교육 시간을 보장하자. 암기 위주의 교원 임용시험도 개선하자. 그리고 교원 생애주기를 고려한 승진 제도를 재설계하자. 그렇게 한다면 능력 있고 자발성 뛰어난 교사 집단은(이미 그러고 있지만) 학생을 위해 더욱 최선을 다할 거다.

## 교사가 행복해야 학생이 행복하다

### 몸을 움직일 때 행복하다

나는 결혼 전 많은 스포츠를 경험했다. 볼링, 스쿠버다이빙, 축구, 합기도를 했다. 특히 결혼 직전 1년 남짓 했던 합기도는 참 즐거웠다. 관장님이 합기도에 대한 애정이 크고 자부심이 있어 평소 우리는 운동을 매개로 여러 얘기를 나누었다. 합기도는 유(流), 원(圓), 화(和)를 속성으로 하는데, 스포츠 이전에 타인의 힘을 이용한 물리적인 반응이 핵심이다. 상대방이 힘이 센 사람이라도 이 속성을 이해한다면 충분히 제압할 수 있다고 말한다. 항상 공부하고 배우러 온 수련생들의 상태를 봐 가며 적절하게 교육하는 관장님의 방식이 마음에 들어 도장에 가는 길이 즐거웠다.

결혼 후 첫째 아이를 낳고 나서 한동안 야구에 빠졌다. TV 중계를 보는 것보다 직접 하는 걸 좋아했는데, 당시 초등학교 동창이 새로 만들어지는 사회인 야구팀에 같이 할 수 있냐는 제안을 했다. 당연히 할 수 있다고 했는데, 문제는 아이가 어려 시간 내기가 쉽지 않았다는 거다.

같은 아파트에 사는 동네 주민과 그 지인까지 끌어들여 주말마다 야구를 하러 간다고 하는 모습에 아내는 내가 집안일을 아무리 다 해 놓아도 맘에 들어 하지 않았다. 나는 나대로 빨래, 설거지, 밥짓기까지 다 하고 운동하러 나가는 거라 이 정도면 되겠지 하면서도 마음은 편치 않았다. 그래도 나가면 집안일 싹 잊고 몸을 움직일 수 있어 좋았다. 술을 많이 즐기는 편은 아니었지만 밥은 먹고 들어가야 했기에 한번 나가면 매번 4시간은 걸렸다. 아내는 많이 참아 줬다.

학교에도 야구를 좋아하는 동료가 있어 그가 참여하는 충남서산리그에도 함께한 적이 있다. 서해대교를 타고 당진 지나 서산까지. 하지만 뛸 곳이 있다는 사실 자체가 즐거웠다. 내 포지션은 포수 혹은 외야수였다. 어렵게 집에서 나온 만큼 열심히 뛰었다. 그러던 어느 날, 비 온 뒤 젖은 땅에서 무리한 도루를 했다 슬라이딩하며 오른발을 뻗었는데 스파이크가 땅에 박혀 발목이 꺾였다. 그 길로 한동안 병원 신세를 졌다.

그 뒤로도 야구를 1~2년 더 했다. 야구는 재미있었지만 반복적인 기술 훈련이 필요해서 꾸준히 하지 않으면 실력이 나아질 수 없다. 게다가 혼자 단련하기 어려운 운동이다. 나의 야구 짝사랑은 거기에서 멈췄다. 지금 옷장에 당시 유니폼 바지만 남아 있을 뿐이다. 그래도 위안이 있다면 둘째 아이가 야구를 좋아한다는 것. 글러브도 새로 장만해 놓았다. 날이 풀리기만 바랄 뿐이다.

대부분의 스포츠는 날씨에 구애를 받는다. 그래서 첫째 아이 운동은 실내에서도 얼마든지 할 수 있는 걸 찾았다. 그러다 만난 것이 실내 암벽 등반(클라이밍)이다. 이 운동은 라켓 스포츠나 야구 같은 비대칭 운동이 아니기도 하고, 무게를 들거나 근육에 무리가 가는 형태를 취할 일이 없다. 오로지 자신의 몸으로 정직하게 승부하는 운동이다. 딸아이는 줄을 매달고 인공 암벽 5m를 올라가 본 뒤 겁을 먹고 두어 달 만에 그만 두었지만, 나는 오히려 클라이밍의 매력에 빠져 지금까지 햇수로 7년째 하고 있다. 학교 일에 스트레스를 받으면 몸도 마음도 지치는데, 체력이 조금 남아 있으면 밤 10시라도 운동을 하러 간다. 그래 봐야 주 1~2회이지만 몸은 자극을 주면 정직하게 반응한다. 운동하는 분들은 알 것이다. 근육이 자극 받은 후 느껴지는 기분 좋은 뻐근함, 그거 중독된다. 그 행복을 느끼기 위해 지친 하루라도 몸을 조금씩 움직인다. 살아 있음을 느끼는 뻐근함을 잊어버리지 않으려고.

## 1) 자기계발 – 휴대폰 기본 언어 설정을 영어로

뭐 사실 이런 게 무슨 자기계발과 상관이 있을까 싶지만, 나는 잠깐 회사를 다닐 때 다루는 전자기기 환경을 영어로 설정한 것이 큰 도움이 되었다. 내비게이션이나 지도도 영어로 본다. 오래 되니 불편하지 않다. 오히려 익숙하다. 십여 년 전, 영어 몰입 교육을 한다고 학교에 원어민 교사가 한 명씩 배치되었을 때 우리 학교를 거쳐 간 원어민 교사가 세 명이었다. 그들과 이런저런 얘기를 나눴고, 생각보다 내가 언어에 관한 기억력이 좋다는 것에 나 자신도 놀랐던 기억이 있다.

2016년에는 가족 여행을 유럽으로 가서 숙소 예약부터 대중교통 이용,

학회 참석까지 한 번에 해결한 적도 있다. 사실 이런 사례는 일상과는 관련이 없다. 일시적으로 했던 준비였으니까. 아이 영어 교육을 위해 아내가 운영하는 서점에서 원서 소설 읽기를 간간이 한다. 그런 거라도 기회가 될 때 참여하려고 한다.

### 2) 자기계발 – 웬만하면 수업 공개

아이패드 활용 수업이나 수업 연구, 사례 발표 이런 기회가 있으면 한다. 마치 새해 결심과도 같고, 헬스장 등록과도 같다. 그렇게 정해 놓지 않으면 밀려가는 학교생활의 파도 속에 길을 잃고 살아 내기 바쁘다. 수업의 내실화를 위해 주기적으로 집합 연수 하나씩은 신청하고 직접 가서 좋은 사례를 듣자. 통계청, 법무부, 금융감독원, 민주화운동기념사업회, 한국언론재단, 한국은행 등등 수많은 공공기관이나 국립 대학에서 하는 사회 교사 대상 무료 연수는 내용도 꽤 괜찮은데다가 연수 마지막 날 주는 기념품도 좋다. 이런 연수를 듣고 유용한 것 중심으로 수업에 써 먹는다. 학생들에게도 도움이 되는 건 물론이다.

### 3) 사회 교사 허진만이 권하는 책/영화/음악

① 『한국의 교사와 교사 되기(이혁규, 교육공동체벗, 2022)』

본문에서도 언급한 수업 비평의 선구자 이혁규 청주교대 총장의 인생 책이다. 자서전이 아니고 저자가 평소 말하고 싶었던 내용을 작심하고 써 내려갔다. 외부 전문가가 학교에서 학생들 가르치는 것을 인정해 줘야 한다는 얘기가 나왔을 때 침묵한 교사 집단. 이들은 전문성이 없어서가 아니라 효능감을 못 느끼게 하는 지금의 교사 성장 시스템의 문제라는 것. 수십 년간 학생 교육과 더불어 교원 대상 연수 운영을 통해 교장 교감을 비롯한 교원들의 뛰어난 능력이 그들의 자발적이며 호혜적인 성장욕 때문임을 따뜻한 시선으로 해석해 낸다. 뒷부분에 담긴 교원 정책 제안은 필생의 신념으로 읽힌다. 나 역시 그 제안에 상당 부분 동의한다.

②『경제 뉴스가 그렇게 어렵습니까?(이상민, 빨간소금, 2022)』

디지털 미디어 리터러시가 유행인 세상이다. 디지털까지 안 가더라도 미디어만이라도 제대로 해석하기 어렵다. 그 이유는 우리가 무식해서일까? 아니다. 기자들이 모두 기레기는 아니겠지만 상당히 무책임하거나, 무식하거나, 의도적으로 못됐거나이다. 기자들이 모르고 관용적으로 쓰는 용어의 오류, 바이라인에 숨겨진 비밀, 통계 조작은 조금만 신경 쓰면 알 수 있다. 하지만 정작 수백조를 쓰는 국가 예산은 기자도 모르고 정부 발표를 베끼기 바쁘다. 사회 교사로서 지금의 경제 뉴스를 읽어내기 버겁다면 꼭 한번 탐독할 것을 권한다.

③『김치공장 블루스(김원재, 알에이치코리아, 2023)』

국내 최고의 광고대행사 제일기획 카피라이터가 김치공장으로 이직했다면? 십중팔구 그 좋은 직장 버리고 왜? 타박의 대열에 당신도 동승할 것이다. 항상 책을 읽을 때 학생들을 생각하지만, 이번 책은 교사들에게 더 권하고 싶다. 자신보다 젊은이들의 현명함이 자신의 깊이보다 더할 때 나는 훨씬 더 겸손해져야 함을 느낀다. 저자가 김치공장에서 몸으로 부딪치며 만들어 가는 관계, 노동의 의미, 회사에서 만드는 제품의 사회적 의미 이런 것들이 잘 익은 김치처럼 맛있게 버무려 있다. 기업가 정신을 잘 드러낸 책을 찾고 있다면 두말없이 이 책을 권한다.

④ 영화「그린북(피터 패럴리, 2018)」

어이없는 바보 이야기『덤 앤 더머』를 안다면 놀랄 것이다. 바로 그 영화를 만든 감독 작품이다. 인종차별이 문화였던 1960년대 미국, 천재 피아니스트는 흠모의 대상이지만 흑인이기에 차별의 대상이었다. 배우들의 연기가 너무 훌륭해 대사 없이도 상황 전달이 훌륭하다. 시험 후 남는 기간에 보지 말고, 차라리 진도 나갈 수업 시간을 과감히 할애해서 집중력 있게 보길 권한다. 인권에 대한 10차시 수업보다 이 영화 감상으로 2~3차시만 할애해 보길.

⑤ 음악「Tears In Heaven(에릭 클랩튼, 1991)」

불행한 유년기를 보낸 에릭 클랩튼, 사생아 아들 코너에게 관심도 없던 그가 코너가 '아빠 같은 가수가 되겠다'며 노래를 부르는 영상을 보게 된다. 에릭 클랩튼은 그 직후 재활원에 제 발로 들어가 마약 치료를 받고 좋은 아빠로 거듭난다. 하지만 그 순간은 잠시. 절친인 스티비 레이본이 헬기 사고로 죽고, 뒤이어 아들 코너가 뉴욕의 아파트 53층에서 떨어져 목숨을 잃는다. 에릭 클랩튼은 황망한 가슴을 안고 코너에게 보답하듯 이 노래를 만들었고 그는 두 번째 전성기를 맞이한다. 그는 말한다. "코너의 탄생과 성장은 제 인생의 가장 암울한 시기에 절 살아 있게 만들어 주었습니다. 저는 무의식적으로 이 음악을 치유제로 사용했으며 효과를 보았습니다." 사람은 어떻게 자신을 스스로 회복시키는지. 당신도 음악으로 회복되길!

교사가 되려는
그대에게

외부 연수 중 동료 교사들과 함께 카페에 들렀다. 우리 대화를 엿들은 사장님은 "아이고, 선생님들이신가 보네요. 요즘 애들 때문에 많이 힘드시지요?" 사장님은 안쓰럽다는 표정으로 진심 어린 위로의 말을 건넸다. 카페의 넓은 창 너머 바다가 보이는 정원에는 퀸의 프레디 머큐리 동상이 멋진 포즈로 서 있다. 카페를 찾는 손님을 위해, 그리고 자신의 카페에 의미를 부여하기 위해 여러 노력을 하고 있으리라. 그런 사장님을 보며 나는 잠시 상상에 빠졌다.

사장님 선생님, 카페에서 10대들은 발도 아무데나 올리고, 말도 좀 험하고, 세상일에 전혀 관심 없다는 듯이 셀카놀이를 하거나 인스타 게시물을 쉴 새 없이 손가락으로 밀어 올려요. 마치 부모의 잔소리를 아랑곳 않는 어중간한 나이의 자녀들처럼, 내 뜻대로 안 되는 거 있죠? 그런 아이들을 매일 같이 마주하는 선생님들이 정말(존경스럽다기보다는) 안쓰러워요.

나  하하, 그런 생각을 하시는군요. 저는 우리 존재 이유가 바로 거기 있다고 생각합니다. 교육학에서 아이들, 아니 사람은 '가소성'을 가진 존재라고 배웁니다. '변화 가능한' 성질을 갖고 있단 거죠. 목표 추구, 미래 계획, 감정 조절, 의사결정을 하는 전두엽은 20대 중반에야 성숙된다고 하니, 우리가 학생들에게 심신의 안정을 바라는 건 불가능할지도요.

사장님  그렇군요. 어쨌든 사람의 특성을 잘 알고 기다려 주는 그런 일은 참 어려운 것 같아요. 특히나 요즘처럼 뭐 하나만 잘못 해도 무섭게 비난이 돌아오는 세상에선 더욱이요.

나  네, 그래요. 잘 알고 계시군요. 그럴수록 학생들에게 교사의 진심을 전하는 게 중요해졌다고 봐요. 아이들이 관계 맺음에 깊이가 없는 건 오히려 그런 깊은 관계를 맺어 본 경험이 없기 때문이 아닐까요? 이리저리 마음도 상해 보고 괴로워해 봐야 더 끈끈해지죠. 우리 학교는 다음 달에 소풍을 가는데 벌써부터 어딜 갈지 서로 싸우다가 토라졌어요. 그런 상황을 피하려고 갈등을 아예 만들지 않으면 결국 우리는 문제를 해결하려는 의지도 없어지고 방법도 모르게 될 겁니다. 저희는 그런 문제 상황을 풀어갈 수 있게 돕는 사람들이라고 할 수 있겠네요. 하하.

사장님  선생님처럼 생각하시는 분이 많았으면 좋겠어요. 지식 전달이 주가 아니라 삶의 지혜를 스스로 얻을 수 있게 지켜 보시는 분들이군요.
오늘 드신 커피는 기분 좋아서 공짜로 드립니다.

나    아이고, 감사합니다.

아, 쓰고 보니 꼰대스런 상상의 대화였다. 후배 교사들은 이보다는 더 재미있게 말씀 나누시기를. 현장에서 만나요!

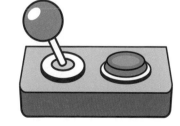

# 가치 있는 삶을
# 가르치는 교사

박소은

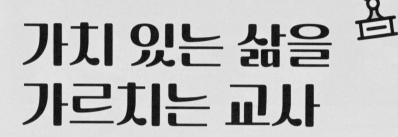

# 나의 교사 이야기

**꿈을 준비한 시간**

### 1) 귀뚜라미가 우는 계절

귀뚜라미 우는 소리가 싫었다. 가을이 왔다고 알려 주는 그 소리가 나에겐 이제 시험이 얼마 남지 않았다는 경고의 소리로 들렸다. 그래서 매미가 더 오래 울기를 바랐다. 불안감에 가슴이 답답해지기 시작했다. 임용시험과 관계없이 산 지 오래되었지만, 지금도 가을바람을 타고 들려오는 그 소리가 나를 긴장하게 만든다.

누군가 20대의 젊음으로 다시 돌아갈 수 있게 해 준다고 한다면, 나는 절대로 돌아가기 싫다고 대답할 것이다. 내 20대는 임용시험 최종 합격을 확인한 27세 이전까지 온통 임용시험 준비로 가득했기 때문이다. 늘 불안하

278

고 초조했고 자존감은 바닥이었다. 4년제 대학을 졸업하고도 무직인 상태를 고시생이란 명분으로 포장하고 있었을 뿐이었다. 시험을 치고 나서 결과 발표일까지 그 시간은 긴장되기보단 차라리 마음이 편했다. 누군가 이번 시험 결과를 물어보면 '발표 기다리고 있어요.'라고 가능성에 기대어 대답할 수 있었기 때문이다. 최소한 시험에 불합격한 사람은 아닌 시간이었다. 그런 시간을 네 번 보내고서야 비로소 나는 교사가 될 수 있었다.

### 2) 네 번의 시험

대학 시절 성적은 좋은 편이었다. 장학금을 학기마다 받았고, 과 수석으로 조기 졸업도 했다. 자신감이라기보단 자만심으로 가득 찼었다. 그 당시 나는 시험에 몇 번째 도전하는 선배들을 보며 '공부 좀 하지, 왜 저러고 있나.'라는 생각을 했었다. 그것이 나의 미래일 것이라고는 절대 생각하지 않았다. 첫 시험은 대학을 졸업한 해, 2009년이었다. 1차 시험 합격 커트라인 점수에서 2점 정도 차이가 났다. 공부 방향이 잘못된 것은 아니구나 확인할 수 있었고 내년엔 더 좋은 결과를 낼 수 있겠다는 확신을 얻기도 했다. 사실 한 번에 합격하는 것이 쉽지 않은 시험이기에 상실감이 크지 않았다. 문제는 재수하며 치른 두 번째 시험이었다. 지리 교과 임용시험 시행 공고가 났는데 주변에 시험을 함께 준비하던 사람들 모두 절망에 빠졌다. 선발 예정 인원이 서울, 인천은 없으며 경기도에서만 3명을 선발한다는 내용이었다. 당시 노량진 학원에 있었는데 우는 수험생도 있었고 나도 매우 혼란스러웠다. 1년을 준비했는데 서울, 경기, 인천을 합쳐 고작 3명을 뽑는다니. 전국을 합쳐도 채 20명이 되지 않는 인원이었다. 물론 선발 인원이 적다는 것은 핑계일 수도 있다. 누군가는 반드시 붙기 때문이다. 두 번째 시험은 '그래, 그 3명 안에 내가 들어갈 수도 있어.'라는 막연한 기대감으로 치른 시험이기도 했다. 당시에는 여러 지역 중복 지원이 가능했기 때문에 경기도 경쟁률이 263:1에 달했다. 결과적으로 나는 그 세 명에 안에 들지 못했다. 적은 인원을 뽑아서 그렇다고 합리화하면서 두 번째 시험은 끝이 났다. 그렇게 세 번째 시험 준비에 들어갔다.

2010년 시험 이후 주변에서 지리 과목 임용시험 준비를 그만두는 사람들이 많아졌다. 동기들도 하나둘 취업했고 다른 공무원 시험으로 방향을 바꾸기도 했다. 앞으로도 선발 인원이 적을 것이라는 의견이 지배적이었고 나도 많이 불안했다. 과연 내가 또 시험을 준비하는 것이 맞는 것일까. 이렇게 쌓아놓은 스펙도 없이 나이만 들어가는 것은 아닐까 하는 불안감이 시험을 준비하는 내내 따라붙었다.

그 날도 미래에 대한 불안감과 오늘 하루도 공부에 집중하지 못했다는 죄책감이 함께 나를 짓누르는 느낌을 받으며 독서실 책상에 앉아 있었다. 엄마에게 전화를 걸어 이제 임용시험에 미련을 그만두고 취업 준비하라는 이야기를 해 달라고 부탁했다. 나이 스물다섯 살이나 먹은 딸이 엄마에게 울면서 하는 말치고는 참 철이 없었지만, 그때는 타의로라도 이 임용시험의 그늘에서 벗어나고 싶었다. 이제는 고시생이 직업이 되어 버렸고, 나의 백수 생활을 포장하는 일종의 방패가 되어 있었다. 한번 수험생의 길로 들어서면 빠져나가기가 힘들다. 근소한 차이로 불합격하게 되니 아쉬운 마음에 재도전하고, 그렇게 두 번 세 번 시험을 치다 보면 취업하기에는 이미 늦어버리고, 돌아갈 길이 없으니 다시 시험 준비를 하게 된다. 필요한 용돈, 학원비 등은 부모님께 지원받았다. 대학까지 졸업한 자식을 계속 뒷바라지하고 계시니 내가 한심하게 느껴지시진 않을까, 그래서 이제 그만하고 취업하라는 이야기를 해 주신다면 이 굴레를 벗어나 다른 일을 찾아볼 용기를 억지로라도 내보지 않을까 생각했었다. 하지만 나의 부모님은 후회 없이 끝까지 해 보라고 응원하셨다. 돈이야 언제든 벌 수 있지만 무엇을 해서 버느냐가 중요한 것 아니겠냐고, 하고 싶은 일이 있는데 왜 그만두냐는 말씀이셨다. 그때 깨달았다. 나는 이 말이 듣고 싶었던 거구나. 너는 아직 실패한 것이 아니고 조금 천천히 가고 있다는 뻔한 말. 그 뻔한 말이 다시 내일을 준비하는 힘이 되어 주었다.

세 번째, 네 번째 시험도 크게 다르지 않았다. 늘 보던 책과 자료로 공부하고 준비해서 시험을 치렀다. 연고도 없는 지방으로 가서 시험 친 것이 다르다면 달랐을까 나는 새로울 것 없이 또 탈락했다. 이제 불합격에 익숙해질 지경이었다.

네 번째 시험을 끝으로 임용시험 방법이 바뀌면서 공부 방법을 바꿔야 했다. 기존 시험 구성은 1차 선택형 문항, 2차 서 · 논술형 문항, 3차 수업 실연 및 심층 면접으로 나뉘어 있었다. 바뀐 시험은 1차, 2차로 간소화되며 1차에 선택형 문항 대신 교육학은 논술형 문항, 전공 과목은 기입형, 서술형, 논술형 문항으로 출제된다고 했다. 바뀌는 이 시험이 나의 마지막 기회일 것이란 느낌이 들었다. 시험 방법이 바뀐 만큼 원래 하던 방식으로 해서는 안 되겠다고 생각했다. 몇 년간 만들어서 반복해서 봤던 자료들을 과감하게 버렸다. 두껍게 만들어서 보던 자료들 대신에 내 스타일에 맞는 교재를 사서 그 책 하나면 모든 내용이 정리될 수 있도록 단권화 작업을 했다. 시험이 일주일 남았을 때 마지막으로 볼 자료라는 생각으로 정리했다. 이제껏 혼자 공부하는 스타일이었지만, 이번에는 스터디를 제대로 해 보려고 마음 맞는 과 선배와 동기 몇 명이 그룹을 만들어 예상 문제를 만들고 함께 정리하고 공유했다. 그러면서 그동안 내가 우물 안의 개구리였다는 사실을 깨달았다. 몇 년을 혼자 공부하며 나는 정말 많이 알고 있다고 자만했었는데, 그런 자만심이 무너져 내렸다. 문제를 다른 시각에서 볼 수 있게 되었고 몰랐던 책이나 정보도 알 수 있었다. 그리고 나와 같은 목표, 같은 고민을 가진 사람들과 스터디가 끝난 후 함께 점심을 먹고 커피 한 잔하는 것이 일주일을 버티는 원동력이 되기도 했다. 어떤 날은 함께 스트레스를 푸는 시간을 갖기도 했다. 지금도 그 스터디 멤버들을 만나면 그때 참 잘 놀았다는 얘기를 하곤 한다. 에너지를 많이 뺏기지 않는 범위 내에서 스타일이 맞는 사람이 있다면 함께 공부해 보라고 꼭 추천하고 싶다.

### 3) 처음이자 마지막 2차 시험

다섯 번째 시험은 서울로 응시했다. 몇 년 만에 서울시교육청 지리 교과 선발예정 인원이 10명이 되었다. 마지막 시험이란 생각으로 응시했고 1차 시험에 합격했다. 그동안 내내 1차에서 고배를 마신 터라 2차 시험을 제대로 준비해 본 적이 없었다. 2차 시험 준비는 생각보다 힘들었다. 1차 시험 합격자는 최종 선발 인원 10명의 1.5배수인 15명이었다. 15명 중 내가 몇 등인지 알 수 없는 상황에서 2차 시험을 준비해야 했다. 내가 만약 15등이라면 2차에서 뒤집을 수 있을까, 의미 없는 싸움을 준비하고 있는 것은 아닐까 하는 막연한 두려움, 초조함과 싸우면서 매일매일을 보냈다.

2차 시험을 준비하면서 가장 중점을 둔 부분은 나만의 수업 시나리오를 만드는 것이었다. 시험에서 어떤 학년의 어떤 단원이 제시되더라도 교수학습지도안을 바로 작성할 수 있도록 하되 나만의 수업 스타일을 반영할 수 있도록 하는 작업이었다. 먼저 지리와 관련한 모든 단원의 학습목표와 핵심 개념을 정리하고 가장 효과적인 수업 방법을 도식화하였다. 스터디 원들과 함께여서 더욱 효율적으로 정리할 수 있었다. 수업의 도입-전개-정리 과정에서 도입부는 학생의 흥미를 유발하는 가장 중요한 단계이고, 2차 시험의 수업 실연에서 심사위원들이 내 수업에 갖는 첫 이미지라는 생각이 들었다. 그래서 각 단원의 흥미 유발 방법을 가장 고심하여 정리하였다. 임용시험을 준비하면서 만들어진 이 습관은 교사가 된 이후 수업 준비에도 그대로 적용되었다.

매일 스터디 원들과 두 단원 분량 정도의 지도안을 작성하고 실제 수업 실연하는 것을 반복했다. 처음에는 연기하는 사람처럼 익숙하지가 않아 어색한 말투나 동작이 나오기도 했다. 교사가 된 선배에게 수업 실연을 보고 평가를 부탁드렸다. 남에게 내 수업을 보이는 것이 부끄럽기도 했지만, 선배에게도 보여 주지 못할 수업으로 합격한다는 건 불가능하단 생각으로 모든 걸 내려놓았다. 지도안을 시나리오로 정리해서 연습하지만, 이것은 연극이 아니고 수업이다. 편안한 발성과 편안한 자세로 수업해야 보는 사람도 부담스럽지 않다는 선배의 조언이 많은 도움이 되었다. 반복해서 연습하다 보니 나중에는 조금은 자연스럽게 수업을 진행할 수 있었다.

드디어 2차 시험 날이 되었다. 2차 시험은 이틀에 걸쳐서 진행된다. 하루는 지도안 작성과 수업 실연, 나머지 하루는 심층 면접이었다. 이날을 위해

까만 정장과 구두를 새로 샀다. 구두는 또각또각 소리 나는 것이 듣기 거슬릴 것 같아 밑창 보강까지 맡겼고, 헤어와 메이크업도 신경 썼다. 보여지는 것들이 뭐가 그렇게 중요할까 싶기도 했지만, 그것이 내 마음가짐과 각오를 보여 줄 수 있을 것이란 생각에 만반의 준비를 마쳤다.

　시험장 안으로 들어갔을 때 나를 포함한 15명이 교실에 앉아 있었다. 이 중에 누군가 합격하고 누군가는 내년을 기약하겠지라고 생각하니 마음이 무거워지기도 했다. 시험이 시작되고 단원이 공개되었는데 하필 내가 제일 자신 없는 단원이었다. 자신은 없었지만, 왠지 나올 것 같아서 준비는 했었다. 다행히도 연습을 많이 했었기 때문에 준비한 대로 거침없이 작성했다. 작성한 지도안을 제출하고 잊어버리지 않으려고 복기했다. 번호 추첨으로 내 수업 실연 순서가 정해지고 초조하게 기다리다가 차례를 맞았다. 복도에서 대기하며 내가 작성해 제출한 지도안과 수업 실연 때 직접 실연해야 할 수업 단계가 제시된 시험지를 받았다. 나는 습관처럼 도입부의 동기부여와 전개1을 중점으로 보며 연습했다. 그런데 뭔가 느낌이 좋지 않았다. 연습할수록 편안하지 않고 불안해졌다. 뭔가를 놓치고 있는 기분이었다. 한참 뒤에야 그 이유를 알았다. 조건지에 전개1이 아닌 전개2를 시연하라고 적혀 있었던 것이다. 부랴부랴 전개2를 다시 봤다. 지금이라도 알아서 얼마나 다행이냐고 스스로 다독이면서 당황으로 물든 긴장된 얼굴을 풀고 시험장으로 들어섰다. 추운 겨울 시험이 시행된 까닭에 교실에는 히터가 강하게 가동 중이었고, 교탁 정중앙에 서 있는 나에게 히터 바람이 직접적으로 와닿았다. 긴장으로 입술은 바싹 말라 있었고 히터의 더운 바람까지 더해지니까 목이 말라붙으며 마른기침이 나오기 시작했다. 물 한 모금이 간절했다. 말이 잘 나오지 않는 지경에 이르렀을 때 심사위원석에 있는 생수가 눈에 보였다. 이 기침이 멈추지 않으면 시험을 망치게 된다. 미친 척하고 물 한 잔만 달라고 해 볼까 고민하고 있던 차에 다행히 기침이 멈추고 수업을 진행할 수 있었다. 이 에피소드는 지금도 학생들이 졸려 하면 연기를 섞어 가며 들려주곤 한다. 지금은 에피소드라고 이야기하지만, 그때는 정말 절박했다. 그렇게 수업 실연을 끝내고 다음 날 면접에 임했다. 나는 말이 빠른 편이고 긴장하면 더 빨라지는 사람이라 천천히 여유 있는 척 말하는 연습을 참 많이 했다. 시험을 치른 그해 서울은 즉답형이 없었으나 나는 주어진 시간 내에 질문지에 대한 답을 다 정리하지 못해 마지막 질문은 본의 아니게 즉답형으로 답했다. 그렇게 나의 시험은 마무리되었다. 이상하게 마음이 편안했다. 예감이 좋다기보다는 모든 걸 쏟아부었다는 만족감이 있었다. 후회되는 부분이 있긴 했지만 나름 위기 상황에 잘 대처했다고 생각했다.

그렇게 최종합격자 발표 날이 되었다. 잠이 오지 않았다. 같이 2차 시험을 치른 사람들은 전날 저녁을 금식했다고 했다. 합격 여부를 확인하고 바로 채용 신체검사를 받으러 병원에 가야 하기 때문이라고 했다. 그런 자신감이 부러웠다. 나는 잠이 오지 않았고 발표 이후의 상황에 대해선 생각조차 들지 않았다. 차라리 발표가 나지 않았으면 하고 바라기까지 했다.

대학 입학 이후 부모님과 떨어져 친언니 둘과 생활하고 있었다. 아침 일찍 일어나 컴퓨터 앞에 앉았지만 정작 컴퓨터를 켜지 못하고 있었다. 발표 시간이 지나고 엄마로부터 전화가 왔다. 엄마는 지금 절에서 기도를 드리고 있다고 하며 조심스럽게 아직 발표가 안 났냐고 물어왔다. 엄마의 목소리가 떨리고 있었다. 그제야 나도 용기를 내고 결과 발표 사이트에 접속했다. 심장이 터질 것 같았다. 이렇게 나의 노력이 한 줄의 문장으로 확인되는 건가. 길다면 길었던 나의 수험생 생활이 계속될 것인가 여기서 해피엔딩을 맞을 것인가. '최종합격을 축하합니다!' 화면에 작은 글씨가 떴다. 처음에는 현실로 느껴지지 않았다. 지금 무슨 일이 일어났지. '이게 꿈은 아니겠지.'하는 상투적인 표현이 떠올랐다. 추운 법당에서 잔뜩 긴장한 채 기도를 올리고 있을 엄마에게 다시 전화를 걸었다. "엄마, 나 합격했어." 말하며 주르륵 눈물이 났다. 전화 저편에서는 그동안 고생했다, 장하다는 엄마의 말이 계속 들렸고, 나는 한동안 계속 울었다. 그리고 차례차례 아빠에게, 출근해 있는 언니들에게 전화를 걸었다. 언니들은 전화를 받고 회사 화장실에 가서 울었다고 나중에 말해 줬다. 그동안 옆에서 수험생 스트레스를 받아주느라 고생이 많았으니 합격하면 다 갚아주겠다고 큰소리쳤었는데 정작 지금까지 고맙다는 인사조차 제대로 하지 못했다.

## 꿈이 다 이루어지리

### 1) 첫 발령, 담임이 아니라고?

나를 포함하여 총 6명이 같은 학교로 신규 발령을 받았다. 어색한 인사를 시작으로 우리의 인연이 시작되었고 지금까지 절친한 사이를 유지하고 있다. 6명 중 4명은 담임으로 배정되었고 나와 한 명은 담임이 아니었다. 지금 생각하면 일종의 혜택에 가까웠지만, 그 당시 나는 담임이 아니라는 것에 실망했었다. 담임이 진정한 선생님이란 생각이 들었다. 담임이 아니어서

2반과 함께한 체육대회　　　　　　눈물의 종업식

업무량은 확실히 적었지만, 우리 애들이라 부를 수 있는 학생이 없어서 아쉬운 첫해였다.

　두 번째 해 담임을 맡은 2학년 2반, 아직도 그 아이들을 잊을 수가 없다. 첫 담임이라 나의 첫사랑 같은 애틋한 감정도 있지만, 아이들 모두가 밝고 순수했다. 이런 아이들의 담임을 맡을 수 있어서 행운이라고 생각했다. 그 아이들과 무엇을 해도 재밌고 좋았다. 체육대회 날 우스꽝스러운 반티를 맞춰 입고 함께 응원하는 것도 좋았고, 늦은 시간까지 학교에 남아 공포영화를 보는 것도 재밌었다. 지금은 훌쩍 어른이 되어 버린 그 아이들과 그때 그 시절로 다시 돌아간다면 더 열심히 놀 수 있을 것 같다.

## 2) 중학교에서 사회 과목을 가르칩니다

"무슨 일 하세요?"

"중학교 교사입니다."

"요즘 애들 말 안 듣죠? 무슨 과목 가르치세요?"

"사회 가르쳐요."

직업에 대한 질문을 받으면 보통 이런 순서로 대화가 진행된다. 사회 과목을 가르친다고 대답하는 이 부분에서 나의 전공인 지리를 이야기할 수 없다는 것이 항상 아쉽다. 중학교로 발령받으면서 가장 큰 고민은 지리 교과를 가르치는 것이 아니고 사회라는 과목을 담당해야 한다는 점이었다. 때에 따라서는 역사 교과를 맡는 경우도 있다(역사 교사가 사회를 가르쳐야 하는 반대 상황도 종종 있다). 중학교 사회는 지리와 법, 경제, 정치 등 일반사회 내용으로 구성되어 있다. 지리 전공자가 갑자기 법이나 경제를 가르치려니 수업이 준비 과정부터 힘들었다. EBS 인터넷 강의를 시청하며 교사용 지도서를 최대로 참고해서 수업 내용을 준비했다. 준비가 철저하더라도, 막상 수업하려니 학문에 대한 깊이가 부족하다 보니 자신이 없었고 학생들에게 오개념을 가르치는 것은 아닐지 싶어 겁이 나기도 했다. 그래서 있는 그대로 전달하는 것에 그치는 수업을 하곤 했다. 이럴 때 동료 교사의 도움이 절실히 필요했다. 일반사회 전공 교사와 힘을 합치거나 경력이 많은 선배와 수업 내용을 교차 확인하는 것이다. 내 능력의 한계를 내보이는 것 같아 창피한 마음이 들기도 했지만, 나의 성장과 수업의 질적 향상을 위해서 꼭 필요한 시간이었다.

동 교과 교사들과 수업을 나눌 때 일명 반 띄기와 단원 띄기 방법이 있다. 반 띄기는 1~5반 수업은 A교사, 6반~10반 수업은 B교사 이런 식으로 학급별로 분배하는 방법이다. 장점은 한 학급을 온전히 한 명의 교사가 담당하며 자기만의 방식으로 수업하고 평가하는 것이 가능하다는 점이다. 단원 띄기는 한 학년의 수업에서 1~3단원은 A교사, 4~6단원은 B교사가 담당하는 방식이다. 사회 교과의 경우 학교 내 사회 교사 중 지리 전공자와 일반사회 전공자 비율이 맞다면 지리와 일반사회 단원을 나누어 담당할 수 있다. 장점은 전공 내용을 전문적으로 가르칠 수 있고 한 차시 분량의 수업을 여러 학급에 적용할 수 있어서 수업 준비에 드는 에너지를 줄일 수 있다. 나는 아직 단원 띄기로 수업을 나누어 본 적이 없지만, 언젠가는 해 보고 싶은 방법이기도 하다. 처음 발령받은 학교에서는 우연히도 사회 교사 4명이 모두 지리 전공자였다. 그중 2명은 대학교 선배님들이셨다. 학번 차이가 나서 같이 대학교를 다닌 추억은 없는 사이였지만 같이 근무한다는 점이 든든했다. 나와 같은 학년을 담당한 선생님은 당시 학교 연구부장님이셨다. 연구부장님답게 능력이 대단하신 분이었다. 수업 참관 기회가 있었는데 학생들도 즐거워했지만 보는 나도 참 재밌었다. 어떻게 하면 쉽고 재미있게 가르칠까에 대한 아이디어가 매우 많은 선생님이셨다. 신규 교사가 이런 대단한 선생님과 수업 준비를 함께할 수 있다는 것은 굉장한 행운이었다.

1학기 중간고사 첫 시험 출제 기간이 다가왔다. 나는 학생들이 헷갈리는 포인트를 찾아 문제를 만들고자 했다. '거봐, 이 부분에 집중하라고 했지. 그러니까 수업 잘 들어.' 일종의 경고를 담아 시험 문항을 작성했다. 하지만 부장님은 쉽고 단순한 형식으로 문제를 만드셨다. 이렇게 하면 전 문항의 정답률이 80%가 넘을 것 같았다. '적당히 어려워야 공부를 한 학생과 안 한 학생의 점수가 차이 나지 않을까?', '이렇게 하면 사회 수업 안 들어도 시험 잘 칠 수 있다고 생각하면 어쩌지.' 그때의 나는 그런 걱정을 했었다. 하지만 부장님은 사회가 쉬운 과목이라고 생각하는 것은 좋은 일이고, 학생들의 정답률이 높다는 것은 우리 학습목표를 이룬 것 아니냐며 반문하셨다. 나는 뒤통수를 한 대 맞은 느낌이었다. 나는 평가를 위한 평가를 하려고 했었다.

학생들을 함정에 빠뜨리는 문제를 만들며 혼자 뿌듯해한 나 자신이 창피했다. 지금까지 내가 시험 문항을 만들 때 쉽고 단순하면서 핵심 개념을 확인하는 문제, 재치 있는 문제를 만들려고 노력하는 계기가 된 사건이었다.

### 3) 엄마는 선생님이야

이제 막 말문이 트인 18개월 첫째 아이와 낱말 카드놀이를 하다가 '선생님'이란 단어가 나왔다. 갑자기 가슴이 뭉클해졌다.

"엄마는 학교에서 학생들 가르치는 선생님이야."라고 말했다. 아이가 물끄러미 바라보다가 나를 손가락으로 가리키며 "엄마"라고 말한다. 나는 선생님이 아니고 엄마라는 뜻인가 보다. "맞아. 엄마는 집에서는 엄마고, 학교에 나가면 선생님이야." 오랜만에 내가 선생님이란 사실을 깨달은 날이었다.

인생에는 여러 개의 문이 있는데 20대에는 대학 입학과 임용시험 합격이 내가 열고 나온 큰 문이었다. 30대가 되면서 결혼과 출산이라는 또 다른 문을 열고 나오게 되었다. 출산은 나의 직업에도 큰 영향을 주는 일이었다. 출산 후 휴직을 할 수밖에 없는 상황이 되었기 때문이다. 물론 이것은 소중한 나의 아이가 커가는 모습을 오롯이 바라보고 싶은 나의 선택이었다. 공무원이 되어서 가장 감사하다 생각한 때는 출산 준비와 육아 휴직을 하는 순간이었다. 비교적 다른 직업보다는 자유롭게 임신, 출산과 관련한 휴가를 활용할 수 있다. 임신 기간 동안 모성 보호 시간, 임신 검진 휴일이란 제도를 활용하였다. 사실 임신 전 기간에 걸쳐 이 두 가지 휴가 시간을 모두 사용하기란 힘들다. 특히 담임을 맡고 있다면 더더욱 힘들어진다. 수업이 7교시까지 다 있는 날은 종례 시간도 늦어지기 때문에 종례를 부담임 교사에게 맡기고 일찍 퇴근하는 것이 당연히 힘들어지고, 1일 검진 휴일을 받겠다고 학생들이나 다른 교사의 시간표를 다 이동시키는 것도 큰 민폐이기 때문이다.

많은 여성이 육아 휴직을 하고 자녀를 양육하게 되면 경력 단절의 불안감에 시달리게 된다. 또한 짧은 육아 휴직 후에 퇴사하는 경우들도 많다. 이런 사회 분위기 속에서 아이를 낳는 것이 꺼려지는 것은 어쩌면 당연할지도 모르겠다. 나에게 휴직 후에 돌아갈 직장이 있다는 것이 육아하는 동안 큰 위안이 되었다.

첫째 아이를 낳고 육아 휴직을 1년 이상 하면서 내가 교사였는지 까마득하게 느껴졌다. 나라는 존재가 사라지고 사회에서 잊히는 것 같아 두렵기도 했다. 내가 다시 학교에 나가서 수업이란 것을 할 수 있을까 문득 불안한 마음이 들기도 하고, 학교에서 힘들었던 때가 떠오르며 다시 복직하기 두려운 마음이 들기도 한다. 복직하게 된다면 일과 육아를 병행하며 또 정신없이 살게 되겠지만 내가 다시 일할 수 있고 교실에서 아이들을 만날 수 있다고 생각하니 육아 휴직의 시간이 더욱 소중하게 느껴진다.

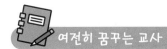

## 여전히 꿈꾸는 교사

### 1) 시골 약방의 의사 같은 교사

사범대학을 다니던 학부생 시절부터 어떤 교사가 되고 싶냐는 질문에 대한 답을 수도 없이 준비했었다. 수업을 잘하는 교사, 공감 능력이 있는 교사, 친절한 교사 등 여러 답을 생각해 봤지만, 나의 직업적 가치관에 딱 맞는 답을 찾지 못했다. 어느 날 병원 진료를 하러 갔다가 문득 의사와 교사는 비슷한 과정을 거쳐 문제를 해결하고 있다는 생각이 들었다. 의사는 환자에게 어디가 아파서 오셨는지를 묻고 증상에 따라 필요한 경우 다른 추가 검사를 하기도 한다. 단순 감기일 수도 있고 수술이 필요한 큰 병일 수도 있다. 의사는 환자의 질환에 따라 처방전을 제시한다. 교사와 학생 사이에서도 이런 과정이 이루어진다. 교사는 학생에게 어떤 문제 때문에 찾아왔는지 묻고 학생이 하는 질문에 따라 즉시 답을 주기도 하지만, 그 문제의 정도에 따라 추가적인 상담 시간을 더 갖기도 한다. 차이점이라면 의사는 수술을 통해 직접 환부를 도려내 바로 병이 낫도록 해줄 수도 있지만, 교사가 해결해야 할 우리 학생들의 문제는 대부분 표면에 드러나지 않은 부분이 많아 조금 더 천천히 깊게 접근해야 한다. 1분 단위로 진료를 봐야 할 정도로 환자가 많은 대학병원 의사가 아니라 시골 약방의 느긋한 의사가 되어야 한다. 강아지가 새끼를 몇 마리 낳았는지, 감나무에 감이 얼마나 열렸는지 그런 시시콜콜 한 사실들을 다 얘기할 수 있는 온기가 넘치는 시골 약방 말이다. 아파서만 가는 곳이 아니라, 이야기를 나누는 장소. 그곳의 의사는 직업적 권위보다는 이야기를 들어 주는 사람이다. 진료는 바로 그런 이야기에서부터 시작된다. 교사도 마찬가지다. 학생들이 풀어놓는 이야기를 잘 들어주고 작은 사실들을 공감해 주는 것에서 관계가 시작된다. 잘 들어야 잘 말해줄 수 있다. 그런 면에서 나는 오지랖이 넓은 시골 약방의 의사 같은 교사가되고 싶다.

## 국가공무원복무규정 제20조(특별휴가)

② 행정기관의 장은 임신 중인 공무원에게 출산 전과 출산 후를 통하여 90일(한 번에 둘 이상의 자녀를 임신한 경우에는 120일)의 출산휴가를 승인하되, 출산 후의 휴가기간이 45일(한 번 에 둘 이상의 자녀를 임신한 경우에는 60일) 이상이 되도록 해야 한다.

④ 임신 중인 여성공무원은 1일 2시간의 범위에서 휴식이나 병원 진료 등을 위한 모성보호시간을 받을 수 있다. 이 경우 모성보호시간의 사용 기준 및 절차 등에 관하여 필요한 사항은 인사혁신처장이 정한다. 〈신설 2013. 5. 31., 2018. 7. 2.〉

⑤ 5세 이하의 자녀가 있는 공무원은 자녀를 돌보기 위하여 24개월의 범위에서 1일 최대 2시간의 육아시간을 받을 수 있다. 이 경우 육아시간의 사용 기준 및 절차 등에 관하여 필요한 사항은 인사혁신처장이 정한다. 〈개정 2018. 7. 2.〉

⑥ 여성공무원은 임신기간 중 검진을 위해 10일의 범위에서 임신검진휴가를 받을 수 있다. 〈신설 2019. 12. 31., 2020. 10. 20.〉

## 교육공무원법 제44조(휴직)

① 교육공무원이 다음 각 호의 어느 하나에 해당하는 사유로 휴직을 원하면 임용권자는 휴직을 명할 수 있다. 제7호, 제7호의2 및 제7호의3의 경우에는 본인이 원하면 휴직을 명하여야 한다.

7. 만 8세 이하 또는 초등학교 2학년 이하의 자녀를 양육하기 위하여 필요하거나 여성 교육공무원이 임신 또는 출산하게 된 경우

7의2. 만 19세 미만의 아동(제7호에 따른 육아휴직의 대상이 되는 아동은 제외한다)을 입양(入養)하는 경우

7의3. 불임·난임으로 인하여 장기간의 치료가 필요한 경우

## 2) 수업을 홍보하는 교사

나를 소개하는 시간은 학창시절이나 교사가 된 지금이나 마찬가지로 가슴이 두근두근한다. 첫인상만큼 중요한 것이 없기 때문이다. 그래서 매해 수업 첫 오리엔테이션 시간을 공들여 준비한다. 내 수업이 얼마나 재미있는지, 내가 얼마나 열심히 준비한 수업인지 알려 줘야지 하는 마음에서 수업을 홍보하고 있다.

수업을 함께 준비할 수업운영단 모집도 첫 시간에 이루어진다. 학생들이 스스로 수업을 이끌어 나간다고 느끼면 조금 더 적극적으로 참여할 수 있기 때문이다. 수업운영단은 과제 알림 및 제출을 도와주는 학습팀장, 수업 분위기를 조성해 주는 분위기팀장, 멀티미디어를 담당해 주는 멀티팀장 등으로 이루어진다. 학기가 바뀌면 다른 학생들에게 기회를 준다. 많은 학생에게 역할을 나눠 주기 위해서이다.

처음엔 나도 '내 수업이 재미있다면 듣지 말라고 해도 열심히 들을 텐데 이렇게까지 수업을 소개하며 잘 들으라고 얘기해야 하나?'하는 생각에 씁쓸하기도 했다. 모든 학생이 내 수업을 좋아할 수는 없다. 하지만 첫 수업부터 '관심'을 가지게 된다면, 이것이 곧 '행동'으로 이어지며 수업 참여율을 올릴 수 있지 않을까? 조금의 가능성이 있다면 노력하는 것이 맞다고 생각한다. 앞으로도 적극적으로 내 수업을 홍보하는 교사로 남을 것이다.

어떻게 가르치면 좋을까?

1) 삶은 계란보다 더 맛있는 것은?

1학기 첫 수업이 진행되는 교실 안이다. 나는 이런 질문을 한다.

"여러분, 삶은 계란보다 더 맛있는 것이 무엇인지 아세요?"

"???"

"바로 삶은 지리입니다."

"에이~" 하며 여기저기서 야유가 쏟아진다.

지리 교사들이 흔히 하는 농담이다. 지리라는 단어에 익숙하지 않고, 어렵게 느끼는 학생들에게 친근하게 다가가기 위한 접근이다. 실제로 지리가 무엇이냐고 묻는다면 나는 삶 그 자체라고 말할 것이다. 사전적 정의라면 지표상에서 이루어지는 인간과 관련한 모든 현상 및 특성을 연구하는 학문이라고 할 수 있다. 인간의 활동에 영향을 주는 자연적인 현상, 인문적인 현상을 모두 포함하기 때문에 학문적 스펙트럼이 넓다. "이것도 지리라구요?"라는 질문을 많이 받는다. 그럴 때마다 나는 "그래, 우리 삶 전체가 다 지리야."라고 대답해 준다.

수업할 때 학생들의 일상에서 친근한 소재로 시작하려고 노력한다. 대부분 학문적 용어는 어렵고 익숙하지 않기 때문에 거부감이 들고 이해하는데도 다소 시간이 걸린다. 그리고 오늘 배운 내용이 단지 교과서 내용에 그치는 것이 아니라 나의 일상의 관심사와 연결되어 있다는 사실은 매력적인 학습 유입 요인이 된다. 이 일상의 소재를 수업 전반을 끌고 가는 주요 흐름으로 구성하면 수업이 끝날 때까지 집중도를 유지할 수 있다.

일상의 소재를 찾는 것은 쉽게 보이지만 또 그렇게 간단한 작업은 아니다. 지리학의 특성상 우리의 다양한 삶의 모습과 지리가 필연적으로 연결되어 있지만, 이것이 학생들의 일상이나 흥미에 부합하는 내용인가 하는 부분에서 고민이 필요하다. 그리고 그 소재를 학생들에게 제시하는 방법 또한 중요하다.

나는 주로 학생들의 호기심을 자극하는 방식으로 주제들을 던져 주려고 노력한다. '산업공동화'라는 개념을 학습하는 단원이었다. 교과서에는 산업 공동화의 대표적인 사례 지역으로 미국의 디트로이트를 제시하고 있다. 디트로이트의 폐허가 된 사진이나 다큐멘터리 자료는 교과서 자료실에서 쉽게 구할 수 있지만 재미있지는 않다. 그래서 몇 가지 키워드들을 이용해서 학생들이 디트로이트라는 지역에 관심을 가질 수 있도록 구성했다. 한 화면에 래퍼 에미넴 사진, 영화 로보캅 포스터, 포드 자동차 마크를 한꺼번에 보여 준다. 학생들은 교과서에 없는 각각의 이미지에 흥미로워하고 이 세 가지 키워드의 연관성에 대해 생각하기 시작한다. 눈치가 빠른 학생들은 오늘 학습할 단원의 내용에서 유추하여 교과서에 제시된 디트로이트란 답을 내놓기 시작한다. 공통점이 디트로이트 지역이란 것을 맞췄다고 해도 학생들의 호기심은 아직 충족되지 않는다. 각 키워드들이 디트로이트와 어떤 관련이 있는지 교과서에는 나오지 않기 때문이다. 그럼 그때 본격적인 내용을 제시하며 디트로이트로 학생들을 초대해 간다.

지역 학습을 할 때는 지도에서 위치부터 확인시킨다. 위치가 가지고 있는 많은 이야기들이 있기 때문이다. 디트로이트는 미국 5대호 연안의 심장부로 미시간주에서 가장 큰 도시이다. 수륙 교통이 발달한 우수한 입지 조건으로 1800년대 후반부터 공업도시로 성장하기 시작하였다. 특히 '포드 자동차'의 창업주인 헨리 포드가 자동차의 대중화를 선언하며 이곳에 자리 잡으면서 제너럴모터스, 크라이슬러 등 3대 자동차회사의 주력 공장이 집결한 세계 자동차의 중심 도시로 발돋움했다.

하지만 자동차 산업은 경기 변동에 민감하고 강경한 노조가 발달하면서 공장들이 많이 빠져나가 자동차 생산량의 급감, 실업률 증가 등의 문제로 시의 재정이 파산 직전에 이르게 되었다. 폐허가 된 건물들이 많이 생겨나고 살인, 강도, 폭력 등 범죄율이 현저히 높은 가장 위험한 도시가 되었다. 이러한 디트로이트의 암울한 상황을 반영한 영화가 바로 '로보캅'이다. 1987년 개봉한 영화 '로보캅'은 미래 사회를 배경으로 하고 있음에도 디트로이트를 무법자들이 판치는 범죄 도시로 묘사하고 있다. 당시 실제 디트로

이트의 상황이 이와 크게 다르지 않았기 때문에 관객들은 크게 위화감 없이 영화를 받아들일 수 있었을 것이다. 무법천지 디트로이트를 지키기 위해 만들어진 사이보그 경찰관 로보캅이 임무를 수행하는 과정을 긴장감 있게 표현한 영화로 시리즈물로 제작되었을 만큼 큰 흥행을 하였다. 2014년에 리메이크되어 개봉되기도 하였다.

마지막으로 대중에게 가장 잘 알려진 힙합 아티스트 중 한 명인 '에미넴' 키워드를 공개한다. 그는 디트로이트 빈민가 출신으로 마약중독자인 홀어머니 밑에서 아주 불우한 유년 시절을 보냈다. 영화 「8마일」은 그의 유년 시절을 담은 자전적 영화로 2003년 개봉했다. 영화 속에서 에미넴은 지미라는 주인공으로 등장한다. 디트로이트는 과거 세계 최고의 자동차 생산 도시였지만 지금은 쇠락하여 빈민가들이 즐비한 곳이다. 지미는 자동차 공장에서 생산직 노동자로 일하며 홀어머니와 여동생을 부양하면서 래퍼의 꿈을 꾸는 청년으로 나온다. 영화 속 랩 배틀 장면이나 OST로 삽입된 곡인 「Lose yourself」는 에미넴을 잘 모르는 요즘 세대의 중학생들에게도 흥미롭게 다가갔다.

세 가지 키워드를 가지고 디트로이트라는 지역과 산업공동화 현상을 연결하여 생각할 수 있게 되고 지역의 기반을 이루던 산업이 이전해 나가 지역 경제가 쇠락해 가는 현상인 산업공동화의 의미를 자연스럽게 이해할 수 있다.

## 2) 지리적 주제 선택 수업

처음 중학교 1학년 수업을 담당하고 가장 당황스럽고 힘든 부분이 바로 주제 선택 수업을 해야 한다는 것이었다. 중학교 교육과정 중 자유학기제, 자유학년제란 것이 있다. 자유학기제는 중학교 수업 과정 중 한 학기를 지필평가 시험을 치르지 않고 학업의 부담에서 벗어나 학생의 진로 탐색을 위한 체험, 활동 위주의 참여형 수업으로 구성하는 제도이다. 이를 한 학기가 아니라 한 학년으로 확장 운영하는 것이 자유학년제이다. 자유학기제나 자유학년제나 주로 학업의 부담이 비교적 적은 중학교 1학년에 적용하는 것이 보통이다. 학생의 소질과 적성을 키워 주는 다양한 참여형 수업으로 진로 탐색 활동, 주제 선택 활동, 예술·체육활동, 동아리 활동 등으로 구성된다. 특히 주제 선택 활동은 교과와 관련되지 않은 다양한 주제로 구성하여 학생들이 자신의 흥미에 따라 자율적으로 선택할 수 있게 한다. 나는 이 주제 선택 수업을 기회로 학생들이 지리라는 학문에 흥미를 가질 수 있게 되길 바라며 지리와 관련한 수업을 주로 개설하였다. 그중 한 가지는 '스스로 만드는 세계여행'이었다. 자신이 원하는 도시나 국가를 하나 정하여 8주차 수업이 진행되는 동안 자신만의 여행 책자를 완성할 수 있도록 활동을 구성하였다.

첫 수업에는 오리엔테이션 겸 교사의 여행 경험을 소개하고 학생들이 지역을 선택할 수 있는 시간을 준다. 학생들은 개인의 경험과 관심사를 바탕으로 지역을 선택하는데 자신이 다녀온 곳이어도 좋고 가고 싶은 곳이어도 좋다. 사회과 부도를 활용하거나 필요하면 교사의 컴퓨터로 검색하도록 했다. 다음 시간부터 선택한 지역과 관련한 자료를 조사하고 정보를 수집하는 활동을 시작한다. 지도에서 정확한 위치를 확인하고 표시하는 것을 기본으로 언어, 인구, 화폐 등 기본 자료를 정리하고 관광을 위해 필요한 랜드마크, 맛집 등 대표적 관광지 정보를 수집한다. 이를 바탕으로 3박 4일의 여행코스를 직접 짜 본다. 수업을 진행하면서 살펴본 결과 여행 코스를 짜는 것에 학생들이 어려움을 많이 느꼈다. 이동하는 데 걸리는 시간, 이동 수단 등을 고려하여 효율적인 동선을 파악하는 것이 중학교 1학년 학생들에겐 다소 어려운 작업이었을 것으로 생각된다. 그래서 집에 소장하고 있거나 학교 도서관에 비치된 여행 안내서를 참고해 보는 시간을 추가로 주기도 하였다. 이외에도 미술 융합적 활동으로 지역 명칭으로 하는 타이포그라피, 랜드마크나 국기 그림에 컬러링 작업하기 등을 했다. 지금까지 조사한 자료들을 바탕으로 다양한 정보를 가독성 있게 한 장의 종이 위에 정리하는 작업도 추가했다. 교사가 소장한 지역 홍보지나 관광지 안내문 등을 예시로 보여 주고 학생들도 자신들이 선택한 지역의 홍보지를 만들어 보는 시간을 가졌다. 교실 한쪽에 학생들이 만든 홍보물을 게시하고 가장 가 보고 싶은 여행지를 뽑아 보는 것으로 동료평가를 한다. 이러한 8주간의 작업물을 개인 파일에 정리하여 포트폴리오를 완성하며 수업을 마무리한다.

내가 실제 해외여행을 할 때도 그렇지만 요즘 두꺼운 책자를 들고 다니는 여행자는 거의 없다. 대부분 핸드폰으로 빨리 검색하고 구글맵을 이용하여 미리 가볼 곳을 체크 해 두고 길 찾기 기능을 이용해 최적의 교통수단과 최단 이동 경로를 검색한다. 이런 세상에서 직접 종이 지도에 위치를 표시하고 여행 동선을 직접 짜는 아날로그 활동이 학생들에게 어떤 의미를 줄 수 있을까 고민이 많았다. 비슷한 예로 핸드폰에 세계의 시간이 자동으로 표시되는 세상에 살면서도 지리 수업에서 여전히 시차를 계산하는 방법을 가르친다. 나는 학생이 필요한 내용 그 자체뿐만 아니라 그 원리를 알기 위한 수업도 가치 있다고 생각한다. 필요를 충족시켜주되 그 필요한 내용을 얻기까지의 과정을 학문적 이야기로 풀어 주는 것도 교사의 역할이다. 다만 그 학문적 이야기를 학생들의 지적 수준에 맞게 적절하게 흥미를 끌 수 있도록 재구조화하는 것이 교사의 자질이고, 이를 위해서는 수업 준비를 철저히 할 수밖에 없다.

### 3) 시각자료 활용 수업

지리학은 크게 자연지리와 인문지리로 나눌 수 있다. 마치 두 가지 학문처럼 자연지리와 인문지리는 매우 다른 특성이 있다. 따라서 가르칠 때도 이런 특성을 잘 파악하여 수업을 구성해야 한다. 특히 자연지리를 수업할 때 시각자료가 차지하는 비중은 매우 크다. 현상을 설명하는 것만으로 이해가 불가능한 것이 많기 때문이다. 전공 서적에서도 지형학 파트는 사진이나 그림과 같은 이미지 자료가 상당히 많이 포함되어 있다. 지형 현장 답사에서도 사진 촬영은 매우 중요한 부분을 차지한다.

2015개정 교육과정 사회1에 지형 단원이 포함되어 있다. 학교에서 사회1은 주로 중1이나 중2에 편성한다. 어떻게 하면 재미있고 쉽게 지형 단원을 가르칠까 고민을 하다가 영상자료를 제작해 거꾸로 수업을 해 보기로 했다. 코로나로 인해 온라인 수업을 병행하고 있기도 한 상황이라 더욱 효율적인 방법이었다. 수업 아이디어는 교과 연수나 미래 수업 연구 카페 등에서 다른 선생님이 공유해 주신 내용을 통해 얻었다. 파란 바탕의 종이 위에 모래를 뿌려 해안을 표현하고 내 손이 파랑이 되어 그 힘으로 침식, 운반, 퇴적이 이루어지는 과정을 보여 주었다. 그 결과 사빈, 사주, 사취, 석호 등의 지형이 형성되는 것을 촬영해서 온라인 학습터에 업로드했다. 학생들은 그 영상을 확인하고 학교에 와서 수업 시간에 워크시트로 다시 그 과정을 스스로 표현해 보는 활동을 했다.

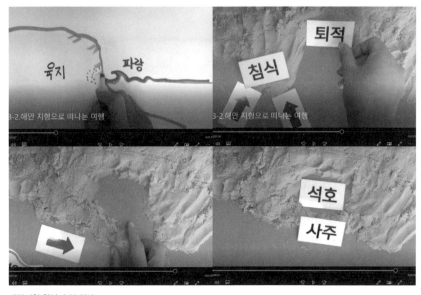

해안지형 형성 수업 영상

### 4) 동기 유발과 주의 환기

임용 2차 시험 수업 실연을 준비할 때부터 내가 중점을 둔 부분은 도입부를 어떻게 구성하느냐 하는 것이었다. 도입부에서 학생들을 사로잡지 못하면 학생들은 금방 시들해지고 45분간을 딴생각으로 보내게 될 수도 있다. 그런 고민에서 동기 유발, 흥미 유도와 관련한 여러 연수를 찾아 듣고, 다양한 책도 읽어 보게 되었다.

동기 유발에 대해 내가 가지고 있던 잘못된 생각 중 하나는 동기 유발을 수업 도입부에서만 적용하는 활동으로 생각해 왔다는 것이다. 학생들의 집중 지속 시간은 아주 짧다. 학년이 올라갈수록 조금씩 늘어나긴 하지만 40분 이상을 오롯이 집중하기란 여간 어려운 일이 아니다. 그래서 전개 단계에서도 동기 유발을 위한 전략을 사용해야 한다.

동기 유발 할 때 주의할 점은 의도가 잘 전달되도록 적절한 전략을 세워야 한다는 것이다. 도입부에서 그날 수업의 핵심 개념과 관련한 스무고개 게임을 준비하였다. 스무 번의 질문은 너무 많은 것 같아 열 고개로 줄여 10개의 질문을 받겠으며 교사인 나는 '네, 아니요'라고만 답하겠다고 설명했다. 수업에서 꼭 전달해야 하는 핵심 개념 중 한 가지를 종이에 쓰고 뒤집어 놓은 후 열 고개 게임을 시작하였다. 먼저 손을 든 학생에게 질문의 기회를 주었고 학생들은 열정적으로 손을 들고 질문하기 시작했다. 문제는 열 번으로 질문 기회가 한정되어 있다 보니 서로 질문하려고 경쟁하였고 불필요한 질문을 한 학생에게 그런 질문을 왜 하냐며 비난을 하기도 했다. 이런 분위기는 결코 내가 의도하고 준비한 상황이 아니었다. 학생들이 함께 협력하여 교사를 상대로 답을 얻어 내고 그 답을 실마리로 수업에 돌입하게 하려고 한 나의 의도는 철저히 무너져 내렸다. 순식간에 교실 분위기는 얼어붙었다. 그야말로 그날 수업은 완전히 망했다. 교무실로 돌아와 그날 수업에 대해 반성해 보니 학생들이 협의해서 질문지를 함께 정리할 시간을 주었으면 어떨까 하는 생각이 들었다. 서로 경쟁하기보다는 협력했을 때 더 긍정적인 동기 유발이 이루어지기 때문이다.

신규 교사 연수 때 동기 유발에 대한 강의를 들을 기회가 있었다. 활용할 수 있는 다양한 영상자료들과 실제 강사분께서 활용하신 방법들을 소개해 주셨는데, 그중 나에게 가장 인상 깊었던 것이 일명 분위기반장을 활용하는 것이었다. 분위기반장은 이름 그대로 수업의 분위기를 이끌어 주는 역할을 하는 수업도우미이다. 담임이 아닌 이상 교실의 상황이나 미묘한 분위기를 자세히 알기 어렵다. 하지만 그런 부분이 수업에 민감하게 영향을 주기도 한다. 분위기반장은 수업 전에 미리 이런 교실 상황을 전달해 주고 학생들의 의견을 모아 건의하기도 한다. 분위기반장의 특권이라 할 수 있는 것은 수업 중 쉬는 시간을 제안할 수 있다는 것이다. 수업이 진행되는 동안 학생들의 분위기를 파악해서 교사에게 5분의 쉬는 시간을 건의하고 교사는 이를 수용하여 5분 동안 학생들에게 주의 환기 시간을 준다. 수업의 주도권을 학생에게 주는 일인 만큼 학생들은 수업에 적극적인 자세로 임할 수 있다. 분위기반장의 역할이 크다 보니 수업 첫 시간에 역할 정하기를 할 때 서로 분위기반장을 하려고 했다. 형평성에 맞게 한 명의 분위기반장이 정해지고 한 학기 동안 이 역할을 부여받는다. 처음에 의도한 대로 역할을 잘해 주는 친구들도 있었다. 전 시간인 체육 수업 때 줄넘기 수행평가를 하느라 반 친구들이 많이 지쳐있다거나, 학급에서 공식적인 커플이 헤어졌으니 언급하지 않는 것이 좋겠다는 등 이런 상황을 미리 알 수 있어서 수업을 진행하는 데 도움이 되었다. 하지만 모든 학급에서 이런 모범적인 사례들만 있는 것은 아니었다. "너희 이렇게 하면 오늘 쉬는 시간 없어."라며 권력 아닌 권력을 휘두르는 분위기반장들이 있는가 하면, 수업을 시작하자마자 바로 5분 쉬자며 맥 빠지게 하는 일도 있었다. 또 학생들도 대부분 집중하고 있고 중요한 내용이 한창 진행 중인 것을 알면서 손을 번쩍 들어 수업의 흐름을 일부러 끊는 황당한 일도 있었다.

2년간 유지하다가 역할을 수정했다. 수업 전 미리 교실 상황을 전달해 주는 역할은 유지하되 수업 중 쉬는 시간을 제안하는 역할은 삭제했다. 학생들에게 주었던 쉬는 시간 주도권을 회수한 것이다. 지금도 이 부분은 아쉽다. 어떻게 하면 수업의 흐름을 끊지 않으면서도 학생의 입장에서 쉬는 시간을 갖도록 할 수 있을까 하는 고민은 여전히 나의 숙제로 남아 있다.

---

### 수업 중 주의 환기 방법 및 주의할 점　Tip

수업 시간 내내 집중하는 것은 사실상 불가능하다. 교사도 수업 시간 내내 혼자 진행해 나가는 것은 힘들다. 수업이 전개되는 중간이나 학생들의 분위기가 가라앉았음을 느낄 때 교사는 분위기 전환을 위한 다양한 방법을 쓸 수 있다.

간단하게 스트레칭을 함께해 본다거나 음악을 함께 들을 수도 있다. 간단한 영상을 함께 볼 때는 교사가 미리 확인한 영상이어야 한다. 학생들이 볼 수 없는 자극적인 내용을 포함하고 있을 수도 있다. 광고를 포함한 영상인 경우 광고가 지나가고 난 다음 영상을 공유하여 함께 보는 것이 좋다. 시간을 허비하게 되는 문제도 있지만 광고야말로 짧은 시간에 자극적인 화면이 송출되는 경우가 많기 때문이다. 돌발적인 광고를 교사가 미리 체크하기 어렵다는 문제도 있다.

---

### 5) 학급 운영 – 월간 학급 신문, 월간 알리미, 생일카드

학생들은 많은 시간을 학교에서 보낸다. 나에겐 일터이지만 학생들에겐 생활 공간이나 마찬가지인 셈이다. 처음 담임을 맡은 해부터 학생들이 학급에서 소소한 행복이 함께했으면 하는 마음으로 계속 진행하는 몇 가지 이벤트가 있다. 처음에는 내가 혼자 이벤트를 만들어 학생들에게 공개했을 때

"오~"하는 반응을 즐겼다. 하지만 한계가 있었다. 시간이 부족하기도 했고 학급의 주인은 결국 학생들이기 때문에 학급 운영은 함께해 나가야 한다는 깨달음을 얻었다. 실제로도 함께했을 때 교사인 나도 즐거웠고 학생들도 즐거워했다. 그리고 학생들의 아이디어가 내가 생각한 것보다 좋은 경우도 많았다. 무엇보다 학급 운영에 참여하는 것은 학생들에게 귀중한 경험이 되었고, 이는 생활기록부에 행동발달사항으로 기록되었다. 우리 반에만 있는 역할이 몇 가지 있는데 월간 생활 알리미와 월간 학급 신문편집부가 그것이다. '월간 학급 생활'은 매월 초에 교실 게시판에 게시한다. 달력 형태로 제작한 이것은 교사가 기본적인 학사 일정과 그달에 생일을 맞는 친구들을 기록하여 게시판에 걸어둔다. 그리고 월간 생활 알리미 담당 친구가 수행평가나 과목별 과제 제출일, 회신서 제출 마감일 등을 기록하여 누락되지 않고 제출할 수 있도록 안내해 준다. 이를 통해 과목별로 다양한 과제와 제출일들을 담임 교사도 알 수 있고 학생들도 다시 한번 체크 할 수 있어서 우리 반이 다른 반보다 제출일도 빨라지고 제출하지 않는 학생들도 줄어들었다.

월말에는 '월간 학급 신문'을 만들어 학생, 학부모와 공유한다. 이 학급 신문에 특별한 내용이 들어가는 것은 아니다. 매월 학급에 있었던 소소한 일들을 담는다. 학기 초에 학급 운영진을 구성할 때 신문편집부 2명을 뽑는데 이 학생들이 신문에 들어갈 소재들을 찾고, 학생들과 소소한 인터뷰를 진행하는 등 기사 내용 일부를 정리해준다. 여기에 교사가 학부모나 학생에게 알릴 기본적인 내용을 포함하여 완성하게 된다. 교사 입장에서는 학부모와 소통할 수 있고 학생들과 함께 매월 결과물을 만들어 낸다는 성취감을 함께 느낄 수 있어서 좋았다.

학생들의 기본 신상을 알게 되면 나의 학사 달력에 제일 처음 표시하는 것이 학생들의 생일이다. 큰 선물을 준비하진 못하지만, 학생들의 생일을 빠짐없이 챙겨 주기 위해서다. 내가 직접 여행지에서 찍은 사진을 인쇄해서 엽서를 만들고 간단한 생일 축하 카드를 쓴다. 그리고 작은 간식들을 포장하여 함께 준다. 만드는 데 많은 시간이 필요하지는 않지만, 가끔 때를 놓쳐 당일에 주지 못할 때는 미안함이 크다.

이 모든 학급 이벤트에 있어서 가장 중요한 것은 빠뜨리지 않고 '꾸준히' 하는 것이다. 가끔 예전에 담임을 맡았던 학생들이 "선생님이 주신 편지 아직도 가지고 있어요."라며 생일카드를 찍어서 보내 주기도 한다. 그럴 때는 학생들의 추억에 자리 잡고 있다는 것에 감사한 마음이 든다.

## 1) 나의 세계를 넓히는 여행

교사란 직업의 장점 중 하나는 1년의 일정이 미리 정해진다는 점이다. 학사 일정이 나오면 이에 맞춰 수업 진도를 계획하거나 담임으로서 해야 할 일을 때에 맞춰서 할 수 있도록 체크한다. 그다음 내가 하는 일은 여행 일정을 정하는 것이다. 방학식과 개학식을 고려하여 항공권을 예약한다. 제주도일 때도 있고 해외일 때도 있다. 힘든 일이 생겨도 다음 방학을 미리 준비하며 한 학기를 견디는 힘을 얻을 수 있었다.

여행은 누구에게나 설렘을 준다. 처음 가 보는 곳이든 한 번 이상 가 보고 또 가고 싶어서 선택한 여행지이든 기대를 안고 떠날 준비를 한다. 처음

피렌체 여행

에 나에게 여행이란 내가 있는 현실을 벗어나서 다른 세계로 가 보는 것으로 생각했다. 교사가 진심으로 되고 싶어 오랜 시간 준비했고 학교에서 일하게 돼서 정말 행복하지만 언제나 감사의 마음으로 충만한 것은 아니었다. 어떤 날은 화가 나기도 하고, 어떤 날은 슬프기도 했다. 그래서 여행을 가면 학교와 학생은 잊고 오롯이 나를 느낄 수 있었고 그것이 흔히 말하는 힐링이라고 생각했다. 하지만 점점 교사로서 연차가 쌓이고 새로운 가족이 생기면서 여행의 의미가 달라졌다. 여행은 현실을 벗어나는 것이 아니라 내가 사는 현실 세계를 더 넓히기 위한 시간이 되었다. 나의 현실 세계에는 가정이 있고 또 학교가 있다. 사랑하는 가족과 함께 여행을 떠나고 그 여행에서 학교 수업 시간에 활용할 수 있는 자료들을 모은다. 그러니 여행은 내 세계가 더 풍부해지는 것이고, 내 세계 밖으로 벗어나는 것일 수가 없다.

지리 교사에게 여행은 단순한 여가 이상의 의미를 가진다. 여행지에서 촬영한 사진자료를 수업 소재로 활용하거나 여행지에서 있었던 에피소드를 흥미 유발 소재로 사용하여 학생들에게 웃음을 주기도 한다.

세계화와 지역화 단원을 수업할 때 세계화로 대표되는 브랜드 중 학생들에게 가장 친숙한 패스트푸드점 M사와 커피전문점 S사 간판 사진을 활용했다. 햄버거와 커피를 마시는 문화가 전 세계적으로 대중화되었지만, 각 지역만의 고유한 문화를 담아 간판이나 메뉴들은 조금씩 바뀐다. 세계화와

함께 지역화가 동시에 진행되고 있는 셈이다. 여행 중에 이 단원을 생각하고 더 열심히 찾아가서 사진을 찍어 왔었다. 커피전문점 S사 안국역점은 한국어 간판으로 되어 있다고 소개하자 학생들이 직접 찾아가 확인해 보고 인증 사진을 찍어 오기도 했다. 평소에 무심코 지나쳤던 것들이 수업을 통해 새로운 의미가 되었다는 사실에 뿌듯했다.

포르투갈 포르투 맥도날드 간판

## 2) 나의 삶에 영향을 준 책

① 『비교하지 않는 삶-다른 이의 삶에 당신을 맞추지 마십시오(오구라 히로시, 케이디북스출판)』

세 번째 시험을 준비할 때였다. 주변에서 취업에 성공한 지인들이 점점 많아졌다. 대학을 졸업하고 직장을 가지는, 어찌 보면 순리라고 할 수 있는 과정들이 나에겐 아득히 먼 남의 일이었다. 그즈음이었던 것 같다. 내가 모든 SNS를 탈퇴하고 보지 않게 된 것은. 원래도 자존감이 높은 사람은 아니었지만, 임용시험을 준비하며 일명 고시생으로 사는 시절에 나는 누구보다 주눅이 들어 있었다. 특히 SNS를 본다는 것은 자신의 행복한 일면을 기록하는 사람들로 가득한 공간에서 나의 불행을 확인하는 것만 같았다. 나는 독서실 좁은 칸막이 책상에 앉아 이미 몇십 번을 넘게 봐 너덜너덜해진 전공책을 보고 있는데, 지인은 취업 후 첫 휴가라며 방콕의 어느 호텔 수영장 인증사진을 게시했다. 또 어떤 친구는 직장에서 고생한 자신에게 주는 선물이라며 명품가방 구매 인증사진을 게시했다. 지금이라면 '좋아요'를 누르고 부럽다는 댓글을 남길 수도 있지만, 당시에 나는 남의 행복에서 내 불행의 크기만을 확인했다. 그때 우연히 알게 된 책이 『비교하지 않는 삶』이다. 이 책을 통해 나는 내가 가진 불행의 원인을 알 수 있었다. 내 불행은 타인과의 비교에서 시작되었다. 나는 남의 시선을 기준으로 나의 삶의 가치를 측정하고 있었다. 나는 내 목표가 분명했고 꿈이 있었다. 그 과정이 조금 고단하고 예상보다 더 오랜 시간이 걸리고 있었지만 가는 방향이 분명했다. 분명 SNS 탈퇴만이 답은 아니었다. 하지만 당시 내 멘탈은 매우 약했고 타인의 행복을 진심으로 축하해 주기에는 마음의 그릇이 작았다. 그래서 비교하면서 내 기분이 흔들리는 것을 막을 수 있는 방법으로 타인의 행복을 보지 않는 것을 택했던 셈이다.

② 『불합격을 피하는 법(최규호, 법률저널출판)』

대학 시절 사법고시를 준비하던 한 살 위의 다른 과 지인이 있었다. 그 지인에게 수험생으로 지내며 매일 같은 생활이라 느슨해진 마음을 다잡기 힘들다는 고민을 얘기했다. 그때 사시 준비생들이 많이 보는 책이라며 추천해 준 책이 바로 이 책이다.

작가는 현직 변호사로 고시 공부를 하면서 자신이 직접 경험한 내용을 소개했다. 공부 계획부터 생활, 마음가짐, 시험 요령까지 실제적인 이야기들을 생생하게 기록하고 있어서 마치 학교 선배가 들려주는 성공담 같이 느껴졌다. 단순히 뻔하게 '열심히 즐기면서 해라.' 정도의 이야기가 아니라 아주 사실적이고 실생활과 관련된 이야기들이 많았다. 작가는 고시생 시절 새 옷을 입고 도서관에 가지 않았다고 했다. 익숙하지 않은 옷으로 인해 피부가 피로함을 느끼고 미세하게 컨디션에 영향을 줄 수 있다는 이유였다. 색상이 화려한 옷도 마찬가지로 피로감을 줄 수 있어 자제해야 한다고 한다. 그 외에 아침에 화장실 사용 시간, 하루 세끼 먹는 메뉴 같은 아주 개인적이고 사소한 일들에 대해서도 나열되어 있다. 이런 것들이 내 몸에 영향을 주어 그것이 공부에 집중하는 것을 방해할 수도 있기에 계획적이고 규칙적으로 내 일상을 컨트롤해야 한다. 사실 읽으면서 이렇게까지 해야 하나 싶은 내용도 있었다.

하지만 '그래. 이렇게 자기 관리를 철저히 했기 때문에 단시간에 목표한 시험에 합격할 수 있었겠지. 나도 이런 마음가짐을 가져야겠다.'라고 나 자신을 바로잡을 수 있는 계기가 되었다. 꼭 사법시험이 아니더라도 모든 시험을 준비하는 사람들의 마음가짐에 영향을 줄 수 있고 공부 계획이나 공부 방법 등 노하우를 전수받을 수 있어 우리 학생들에게도 매년 추천하고 있는 책이다.

③ 『최성애 · 조벽 교수의 청소년 감정코칭(조벽 · 최성애, 해냄출판사)』

2014년 발령받은 첫 학교에는 나를 포함해 신규 교사 6명이 배정되었다. 우리 모두 처음이어서 첫인 사조차 어색했다. 하지만 이내 발령 동기라는 이름 으로 뭉쳤고, 일상을 함께했다. 교사는 자기 발전, 실적평가 등 다양한 목적에서 연수를 듣는다. 우리 는 함께 온라인 연수를 들어보기로 했다. 단체 연수 를 들으면 연수 비용을 할인받을 수 있고 커피 쿠폰 같은 소소한 선물도 받 을 수 있었다. 그때 고른 연수가 이것이다. 최성애 박사는 심리 치유 전문가 로 세계적인 교수법 전문가인 조벽 교수와 부부 사이이다. 위기 청소년들의 인성 회복을 위해 어떻게 다가가면 좋을지 그 노하우를 교사와 학부모에게 전달하는 강의의 교재가 바로 이 책이다.

이 책에서 말하는 감정 코칭이란 '학생의 마음은 공감하지만, 행동에는 분명한 한계를 주어 바람직한 방향으로 이끌어 주는 관계의 기술'이다. 불 안정한 청소년기에 감정 코칭을 받은 아이들은 자신의 감정을 조절하고 스 트레스를 낮추며, 긍정적인 방향의 문제해결력을 기를 수 있다고 한다. 또 한 감정 코칭을 통해 긍정성과 자존감을 회복한 아이는 집중력이 높아져 학업성적이 좋아지고, 진정한 자아를 형성하여 사회생활을 원활히 할 수 있다.

교사가 되고 나서 수업 내용을 전달하는 것보다 감정 기복이 큰 중학생 들의 심리를 이해하고, 학생들이 긍정적인 자세로 학교생활을 할 수 있도록 이끌어내는 것이 더 큰 숙제로 다가왔다. 교과 수업을 하거나 담임 교사로서 학생들을 대할 때 가장 당황했던 순간을 꼽자면 학생의 눈에서 '당신이 뭔데, 뭐라고 하나 보자.' 이런 눈빛이 스칠 때이다. 당황스럽기도 하지만 화가 나기도 한다. 이런 불안정한 마음을 다스리고 행동해야 학생과의 관계를 망치지 않을 수 있다. 이 책에서 가장 인상깊은 부분이 바로 아이의 마음을 보기 전에 자신의 마음부터 살피라는 내용이었다. 나는 어떤 유형의 교사인지, 내 감정의 뿌리를 먼저 확인해 보고 학생을 대해야 어떤 순간에도 내 감정과 타인의 감정을 함께 다스릴 수 있다.

우리 동기 6명은 이 연수를 계기로 우리 모임의 이름을 감정 코칭으로 정했다. 학생들의 감정 코칭을 제대로 해 보고 싶다는 생각도 있지만 바로 우리들의 감정 코칭을 해 보자는 의미도 있었다. 나는 우리 모임이 참 좋았다. 퇴근 후에 모여 학교에서 있었던 힘든 일에 대해 이야기하고 혼자서는 해결 못할 고민에 다양한 해결책을 제시해 주기도 했다. 무엇보다 나와 같은 입장에 있는 '같은 편'이 있다는 것 자체가 참 든든했다. 같이 여행을 다닌 일이나 퇴근 후 모여서 밤늦게까지 학교 축제를 준비했던 일도 지금은 추억으로 남아있다. 학교를 옮겨 이제 모두 다른 학교에서 근무하고 있지만 우리는 모임을 지속하고 있다. 자주 만나지 못해도 고민을 공유하고 함께 웃고 즐거운 것은 여전하다. 교사 생활을 하면서 얻은 가장 큰 수확을 묻는다면 나는 주저 없이 이 모임을 이야기할 것이다.

④ 『수업 시작 5분을 잡아라[동기유발, 주의집중 노하우](허승환, 테크빌교육출판)』

이 책의 저자는 현직 초등학교 교사이다. 시행착오를 통해 얻은 경험을 바탕으로 실제 수업에서 좀 더 효과적인 동기 유발을 하려면 어떻게 해야 할지 답을 제시해 준다. 이 책에서 좋았던 것은 동기 유발과 주의 집중 방법에 대하여 기본 이론을 소개하고, 저자의 풍부한 현장 경험을 바탕으로 실제 활동을 통해 실습할 수 있도록 내용이 구성되어 있다는 점이었다. 현직 교사답게 구체적인 상황 설명과 더불어 실제 수업에서 활용할 수 있는 다양한 조언들이 담겨있다. 초등생들을 대상으로 한 전략들이라 중, 고등학교 교실에는 안 맞을 수도 있겠다는 생각을 하고 살펴보았는데 방법만 잘 차용하면, 그 대상이 누구이든 간에 쓸 수 있는 전략들이 많았고 실제로 수업에 많이 활용하였다.

흥미 유발과 동기 유발은 다르다. 동기 유발 전략을 쓰는 이유는 결국 수업에 대한 집중도를 높이기 위해서이다. 수업에 집중해야 학습 효과가 높아지고 학습목표에 도달할 수 있다. 여기서 말하는 집중이란 단순히 교사를 바라보게 하는 집중이 아니라 수업 과정 전체와 내용에 대한 집중도를 유지하게 하는 것이다. 저자는 흥미 유발이 단순한 주의 끌기라고 한다면, 동기 유발은 실제로 학습하고자 하는 마음을 먹게 하는 것이라고 설명한다. 진정한 수업 집중도를 높이기 위한 전략이 동기 유발이라고 할 수 있다. 흥미 유발이 수업에 대한 동기 유발로 이어졌는지는 별개의 문제이다.

⑤ 『바람이 분다 당신이 좋다 이병률 여행 산문집(이병률, 달출판)』

신규 교사로 발령받은 첫해 알 수 없는 불안감에 시달렸다. 몇 년간 임용시험이라는 목표를 향해 전력 질주를 했는데 그 목표를 이루고 나자 행복하기도 했지만, 한편으로는 그 목표가 사라지고 느껴지는 무력감과 불안감이 나를 덮쳐 왔다. 공부를 또 해야 할 것만 같은데, 퇴근 후에 이렇게 쉬어도 되는 걸까, 주말에 텔레비전을 보는 이런 여유를 내가 누려도 되는 걸까, 무언가 새로운 목표를 만들어 달려야만 할 것 같았다. 지금 생각하면 아마 발령받은 첫해에 담임을 맡지 않아 여유가 있어서 이런 고민을 할 시간이 있었던 것이 아닐까 싶다. 실제로 그다음 해부터는 다른 목표를 떠올릴 시간적 여유가 없었다.

선배 교사에게 이런 고민을 이야기하며 대학원을 바로 진학하는 것이 좋을까 조언을 구한 적이 있었다. 그리고 얼마 후 선배 교사가 선물해 주신 책이 바로 이 책이다. 이 책은 작가가 여행을 하며 느꼈던 사진과 글들을 담은 감성적 산문집이다. 작가는 여행지에 대한 정보나 소감보다는 여행지에서 만난 사람에 집중하고 있었다. 사람에 대한 따뜻한 시선과 애틋한 마음, 감사한 마음들이 잘 녹아 있었다. 그리고 이 책의 특이한 점은 목차나 페이지 순서가 없이 구성되어 있다. 마치 여행을 떠났다 돌아오는 듯한 느낌으로 여행을 하면서 딸려 오는 다양한 감정들이 일기처럼 기록되어 있다. 블로그 글을 보듯 편한 마음으로 출퇴근길에 지하철에서 꺼내 보았다. 선배 교사가 나에게 특히 이 책을 선물해 주신 이유가 무엇이었을까. 이걸 해 볼까요? 저걸 해 볼까요? 다급하게 물어오는 나에게 이 책이 담고 있는 따뜻한 여유를 선물해 주고 싶으셨으리라 생각한다. 나는 여행을 할 때 철저한 계획하에 하루를 빈틈없이 일정을 짜서 움직이는 스타일이다. 최대한 많이 걷고, 많이 봐야 뿌듯하게 하루를 마무리할 수 있다고 다소 무리하는 편인데, 그래서 여행 중에 코피가 난 적도 있었다. 이런 나에게 이 책은 '이것도 여행이야.'라며 '여유를 가져 봐!'라고 이야기하는 것 같았다. 작가는 낯선 여행지에 도착하면 제일 먼저 '물'이라는 말과 그다음 '고맙다'라는 말을 배운다고 한다. '물'은 목이 엄청나게 말라서 힘든 상태일 때 자신을 위해 필요한 말이라면 '고맙다'라는 말은 상대방을 위한 말이다. 여행자지만 누군가와 눈빛을 나누는 여유가 필요하기 때문이라고 한다. 나는 이런 여유를 가진 여행자였나 생각해 보게 되었다.

좋은 교사가 아니어도 좋다

나의 20대는 온통 시험 준비로 가득했고 암울했으며 끝이 보이지 않는 긴 터널 속에 있는 것처럼 답답했다. 이 터널이 끝나기는 할까 답답하고 또 두려웠다. 인생에서 가장 꽃다운 시기를 좁은 독서실 한 칸에 앉아서 보냈다. 누가 시켜서 한 일도 아니었고 나 스스로 선택한 길이었다. 다행히 그 터널에도 끝은 있었고 마침내 꿈을 이루었다. 다시 그 시간을 겪어야 교사를 할 수 있다고 한다면 조금은 망설여진다. 그 시간이 나에게는 큰 고통이었기 때문이다. 하지만 한 가지 확실한 사실은 나는 나를 교사로 소개할 때 매우 행복하다는 것이다. 지금의 이 행복은 그 고통의 시간이 내게 선물해 준 것이란 것을 잊지 않으려 한다.

학생들과 직업 탐구 시간에 미래에 없어질 직업과 새로 생길 직업을 찾아보았다. 과연 교사는 미래에 없어질 직업일까. 학생들 사이에서 여러 의견이 있었지만 나는 확실히 아니라는 편에 섰다. 지식을 전달하고 가르치는 부분은 AI가 대체할 수 있다. AI가 더 방대한 자료와 데이터를 가지고 있는 것은 어쩌면 당연하다. 하지만 교사는 단순한 지식 전달자가 아니고 내면의 성장을 끌어내는 사람이다. 이는 학생과 깊은 교감을 통해서 이루어진다. 영화 「아바타」의 명대사 "I see you."는 영화 속 나비족이 상대를 존중하며 건네는 인사말이다. 상대를 바라보는 것은 교감에서 매우 중요한 부분이다. 내가 진심으로 학생을 바라보며 그가 가진 고민과 문제들에 대해 공감했을 때 나와 그 학생을 둘러싼 주위의 온도가 바뀌는 느낌을 받은 적 있다.

교사를 꿈꾸고 있는 후배들에게 처음부터 거창한 소명 의식이 필요하지 않다고 이야기해 주고 싶다. 교실에서 학생들을 가르치다 보면 그들은 내가 조금 더 좋은 교사가 되고 싶게 만든다. 더 잘 가르치고 싶고 더 재밌는 이야기를 해 주고 싶게 한다. 이것은 꼭 좋은 교사여서가 아니라 단지 교사이기 때문에 드는 자연스러운 생각이다. 나는 비록 불타는 열정을 가진 뜨거운 교사는 아니지만 매해 조금씩 그들 속에서 성장하고 있다. 학생들이 나를 자라게 하고 있다.

# 지리해서
# 행복한 교사

이명준

1) 교사의 꿈, 지리로 꽃 피다!

화가에서 작가로, 또 기자로. 자고 일어나면 바뀌던 꿈은 초등학교 2학년 때 현정옥 선생님을 만나면서 '교사'로 고정되었습니다. 선생님께서는 달마다 독서왕을 선정하셨는데, 집에서 혼자 있는 시간이 많아 독서를 좋아했던 저는 매달 독서왕으로 선정되었습니다. 지금 생각해 보면 한 학생이 모든 달의 독서왕을 독식하는 걸 바라지는 않으셨을 텐데. 선생님의 교육적 의도를 짐작하기에 전 너무 어렸고, 달마다 찾아오는 칭찬은 너무 달달했어요. 충분한 칭찬과 인정 속에서, 학교라는 공간이 친근하게 느껴졌죠. 게다가 4학년 때 다시 한번 현정옥 선생님을 담임 선생님으로 만나게 되었습니다. 독서를 싫어했던 친구들은 선생님이 무섭다고 이야기하기도 했지만, 전 나이가 많으신데도 제가 작성한 독서기록장에 답글을 적어 주시며 소통하시는 선생님이 좋기만 했죠.

한 번 이거다는 생각을 하니, 교사라는 직업은 무척이나 장점이 많았습니다. 방학이 있다는 점도 그렇고, 방학에 월급이 나온다는 것도 매력적이었어요. 여유 있는 삶, 내가 원하는 이야기를 학생들에게 들려줄 수 있는 삶. 고민할 필요가 없다고 느꼈습니다. 어떤 상황에서 누가 물어보든 간에, 장래 희망이 뭐냐는 질문을 받으면 주저하지 않고 교사가 되겠다고 대답하며 중학생이 되었습니다.

초등학생에게 "왜 교사가 되고 싶냐?"는 질문은 크게 부담스럽지 않았어요. 무슨 말이든 적당히 덧붙이기만 하면, 고개를 끄덕이며 "그렇구나."하고 머리를 쓰다듬어 주셨거든요. 하지만 중학생이 된 후로는 고민이 생겼습니다. 초등학교 생활에 대한 기억이 좋긴 했지만, 그 기억만으로 "이것 때문에 교사가 되고 싶어요."라고 말하기에는 왠지 자존심이 상했거든요. 순서가 바뀐 것 같지만, 이때부터 저는 제가 교사가 되고 싶은 이유를 찾기 시작했어요. 그때 저에게 깨달음을 준 두 분의 선생님이 계셨습니다. 일본 만화 『GTO(Great Teacher Onizuka)』의 오니즈카, 그리고 영화『죽은 시인의 사회』의 키팅 선생님이었어요.

먼저 『GTO』 이야기부터 해 볼까요? 오니즈카는 중, 고등학교 시절을 파란만장하게 보냈던 폭주족이었어요. 나름의 정의감을 갖고 주먹을 휘두르긴 했지만, 우리나라로 치면 도(道) 단위에서 이름을 떨친 깡패였던거죠. 어찌어찌 대학에 진학해서 졸업장을 받았지만, 취업이 어려워 방황하던 중이었어요. 그러다 기대하지 않고 원서를 넣었던 명문 사립 중학교에 덜컥, 채용됩니다. 겉모습에도 화려했을 과거가 충분히 묻어 있는 오니즈카를 채용한 데에는 나름 사정이 있었습니다. 학생들이 똘똘 뭉쳐 수단과 방법을 가리지 않고 담임으로 부임하는 사람들을 괴롭혀 쫓아내는 학급이 있었고, 이런저런 사람들을 채용해 봤지만 통하지 않아 극단적인(!) 선택도 해 보자는 심정으로 오니즈카를 뽑은 것입니다.

오니즈카는 교과를 가르치기에 충분한 지식을 갖고 있지는 않지만, 학생들을 진심으로 대하고 또 학생들의 사정과 상황에 공감하려 노력합니다. 담임 죽이기에 여념이 없던 학생들은 하나둘씩 오니즈카에게 마음을 열고, 즐거운 추억을 함께 만들어 가며 학교를 좋아하게 되죠. 지금 생각해 보면 개연성이란 전혀 존재하지 않는 전개였지만, "1년에 40명씩 10년이면 400명인데, 한 명 한 명에게 너무 마음 쓰지 말아라."라고 현실적인 조언을 해주는 교감 선생님에게 "담임에게 학생은 400명 중 1명일지 몰라도, 학생에게 담임은 단 한 명뿐이다."라고 일침을 가하는 오니즈카의 모습은 중학생이었던 제 마음을 뜨겁게 만들었습니다.

『GTO』의 오니즈카 선생님과 교감 선생님, 『죽은 시인의 사회』의 키팅 선생님

다음은 『죽은 시인의 사회』였어요. 왜 꿈이 교사냐는 질문을 받았을 때마다 일본 만화책인 『GTO』를 갖고 답변을 하기에는 가오가 살지 않는다(?)는 고민이 있던 차에, 이 책과 영화를 접하게 되었습니다. 부임하자마자 교탁을 밟고 올라서고, 교과서를 찢어서 쓰레기통에 버리는 퍼포먼스를 선보이는 키팅의 모습은 인상적이었어요. 시는 연애를 위해 필요한 것이라고 가르치고, 부끄럽더라도 다르게 보기 위해 노력하라는 키팅의 말은 그 정확한 의미를 짐작할 수 없었던 중학생 시절 저에게 여운을 남겼습니다. 정확한 의미를 짐작할 수 없었기 때문에 더 깊게 남았을지도 모르겠어요. 여하튼, 한동안 '카르페 디엠(Carpe Diem – 현재를 즐겨라).'을 좌우명으로 달고 살기도 할 정도로 『죽은 시인의 사회』에 빠져들었습니다. 아들이 의사가 되길 바라는 마음에, 연극을 향한 아들의 열정을 외면했던 닉(Nick)의 아버지가 미웠고, 닉의 자살로 인해 교단을 떠나게 되는 키팅의 뒷모습이 유난히 쓸쓸하게 느껴졌어요. 떠나는 키팅의 뒷모습에, 교실에서 가장 내향적이었던 토드가 책상을 밟으며 벌떡 일어나 "오오. 캡틴, 마이 캡틴!"을 외치는 모습에서는 눈물을 감출 수 없었습니다.

지금 생각해 보면, 교사와의 상담 이후에 의사라는 안정적 진로를 놓치고 갈팡질팡하던 아들이 자살했다면 부모 입장에서 충분히 학교에 문제를 제기할 수 있겠다는 생각이 들어요. 또 학생이 저와의 상담 이후 부모와의 갈등이 더 커져서 자살했다고 하면, 맥락과 사정에 관계없이 저 역시 교단이 남아 있기 어렵지 않을까 싶기도 합니다. 나중에 영화를 다시 보니, 토드를 따라 많은 학생들이 "캡틴, 마이 캡틴!"을 외치며 책상을 밟고 서서 키팅을 배웅하지만, 학생 중 일부는 책상을 밟고 일어서지 않고 있더라구요. 교실의 모든 학생들이 '일반적이지 않은' 키팅의 교육 방침에 공감했던 건 아니었나 봅니다.

나이가 들고 다시 살펴보니 중학생 때는 보이지 않던 부분들도 눈에 띄지만, 그럼에도 불구하고 오니즈카와 키팅은 제 '초심' 같은 존재들입니다. 교사로서의 삶을 잘 살아가고 있는 건지 스스로에 대한 의문이 생길 때, 이 사람들이 한때 교사가 되고팠던 중학생의 나에게 롤 모델이 되어 줬다는 것을 떠올리기만 해도 생각이 정리될 때가 있어요.

고등학생이 되면서 초등학교 교사는 하기 어려울 것 같다는 생각이 들었습니다. 교과의 지식에서 출발해서, 학생들이 경험할 사회에 대해 폭넓게 말해 주는 선생님이 되고 싶다는 생각을 가지게 되었어요. 그때 1학년 공통사회와 2학년 세계지리 과목 담당으로, 그리고 2학년 담임으로 윤신원 선생님을 만나게 되었습니다.

지리라는 과목을 고등학교에서 처음 접했던 저에게 '지구'라는 공간 스케일을 알려 준 세계지리는 정말 재미있는 과목이었어요. 수업을 통해 교과를 넘어서는 답사, 독서 활동 경험을 만들어 주셨을 뿐 아니라 사회 참여에 관심을 가질 수 있게 해 주셨습니다. 학생부종합전형이 없었던 그 시기에도 의미 있는 배움을 전달하기 위한 열정으로 학생들과 답사를 가거나 특강, 캠프를 진행하셨던 윤신원 선생님의 모습은 저에게 부담이자 지향점이 되었습니다. 교과를 통해 진행하는 여러 활동 수업의 모티브를 얻었을 뿐만 아니라, 학급 야영, 모둠 일기 쓰기, 모둠 상담 등, 지금 제가 교단에서 실천하고 있는, 혹은 아직도 실천해 보지 못한 학급 활동들을 선생님께 배웠고, 그대로 적용하려 노력하고 있어요.

생각해 보면 고등학생 때의 저는, 교사가 되어 학생들에게 주목을 받으면서 제 자존감을 높이고 싶었던 욕망이 있었던 것 같아요. 하지만 윤신원 선생님께서는 학생들의 인기를 생각하기보다, 유의미한 자극을 위해 필요하다면 학생들과의 갈등 국면을 조성하는 것도 서슴지 않으셨죠. 상황에 따라서는 정해진 규칙 속에서 학생들과 갈등 상황을 이어나가는 악역을 자처해야 할 수도 있지만, 학생들의 성장을 위해 감내해야 하는 부분이 있다는 가르침은 지금도 큰 울림으로 남아 있습니다. 선생님께서는 '교사는 자극을 제공하고, 학생들의 울타리가 되어 준다.'는 생각을 가지고, 울타리 안에서는 학생들이 자율적으로 관계를 만들면서 배움을 형성해 가길 바라셨던 것 같아요. 그 과정에서 학생들이 학업뿐만 아니라 여러 방면에서 나름의 성취를 경험하고, 이를 통해 자존감을 높일 수 있도록 도우려 한다는 말씀은 동료 교사가 된 뒤에 듣게 되었습니다.

제가 가진 교육적 경험에 비추어 생각해 봤을 때, 사회를 바라보는 관점을 제공하고 삶과 연결되는 가장 다양한 이야기를 끌어올 수 있었던 과목이 지리였기에, 대학에 진학할 때에도 큰 고민 없이 사회교육 계열 지리교육과를 선택했습니다.

고등학생일 때의 제 마음속에는 거대한 교만함이 자리 잡았습니다. '지리는 이만하면 됐다.'는 생각이었어요. 수능 세계지리, 한국지리에서 좋은 성적을 받았고, 교육과정이 크게 변화하지 않는 한 추가적인 준비 없이도 교단에 서서 학생들을 가르칠 수 있으리라는 생각이 들었어요. 참 철이 없었죠. 그래서 전공 공부는 대학 때보다, 교육 현장에 나오고 나서 오히려 더 많이 하게 된 것 같아요. 대학 때 제가 관심을 가졌던 학문은, 지리보다는 심리학이었습니다.

고등학교 – 집 – 교회를 반복했고 취미라고 해 봐야 독서와 농구밖에 없던 제가, 학교에서 만나게 될 개성 넘치는 학생들을 모두 공감할 수 있을까. 현장에 나올 생각을 하자 걱정이 앞섰습니다. 중, 고등학교 시절의 극단적인 인생 경험을 통해 학생들과 눈높이를 맞출 수 있었던 오니즈카의 모습이 마음 한구석에 항상 남아 있기도 했구요. 인간관계의 폭도 그리 넓지 않았던 터라, 대학 때는 과감하게 고등학교에서의 모습과는 다른 방식으로 살아보려는 생각으로 다양한 경험에 도전했습니다. 대학 때 MBTI 검사를 몇 번 했었는데, 항상 ENFP가 나왔었어요. 지금은 INFJ로, 태어난 대로 살고 있습니다. 여하튼 나를 바꾸려고 하는 과정에서 자연스럽게 심리학에 관심을 가지게 되었고, 학생들을 이해하는 데에도 도움이 되리라는 생각에 더욱 몰입할 수 있었어요. 이 과정에서 불안과 스트레스를 다루는 방법에 대해서도 관심을 가지게 되었어요. 주변에 그 사람을 지지해 주는 사람이 소수라도 있다면, 힘든 상황을 극복해 낼 수 있다는 가르침은 당연한 말이지만 인상적이었어요. 불확실한 미래, 마음 쓰이는 상황과 환경으로 속상해 하는 학생들에게 힘을 주고, 괜찮다고 말해 줄 수 있는 교사가 되어야겠다는 생각을 하게 되었습니다.

사범대에 진학했지만, 대학 동기 중에 교사를 희망하는 친구들은 많지 않았어요. 교육에 대해, 지리에 대해 친구들과 진지한 대화를 할 분위기가 형성되어 있지 않다는 점은 대학 생활에서 아쉬웠던 부분 중 하나였습니다. 하지만, 친구들과의 대화 중 한 가지 정도는 확실히 알 수 있었어요. 입시의 성공을 위해 고등학교 시절 최선을 다했던 친구들이고, 선생님들께 관심과 칭찬을 많이 받았을 텐데, 정작 학교를 '즐거운 공간'으로 추억하는 친구들은 많지 않았습니다. 물론 친구들과 즐거웠던 추억을 가지고 있지만, 그것과 별개로 무엇인가를 배우고 깨닫는 과정에서 즐거움을 느낀 친구들은 별로 없는 것 같았어요. 이게 전달식 교육의 문제일 수 있겠다는 생각이 들었습니다. 감사하게도 저는 윤신원 선생님 덕분에 지리 교과와 연계한 답사도가 보고, 독서 토론, 탐구보고서 활동 등을 통해 암기 이상의 고민을 해 볼 기회가 있었거든요. 하지만 그게 보편적인 경험은 아니었단 사실을 알게 된겁니다. 어떤 교사가 되어야 할지에 대한 윤곽이 그려지기 시작했어요. 교과를 통해, 아니면 나를 통해 학교를 즐거운 공간으로, 즐겁기가 어려우면 최소한 의미 있는 공간으로 만들어 보자. 그리고, 경쟁과 불확실한 미래로 인해 걱정하는 학생들에게 "괜찮다."라고 말해줄 수 있는 교사가 되어야겠다라는 결심을 하게 되었어요.

교사에 대한 생각의 흐름을 정리해 보면, 교사가 되겠다 → 지리 교사가 되겠다 → 괜찮다고 말해줄 수 있는 교사, 학교를 즐거운 공간으로 만들어 줄 수 있는 교사가 되겠다는 식으로 초중고, 대학을 거치며 그래도 나름은 교사로서의 목표를 정할 수 있었습니다.

### 2) 지리 교사라서 할 수 있는 것들

고등학생일 때, 그런 생각을 한 적이 있어요. 제가 배웠던 7차 교육과정의 [국사] 과목은 대단원명이 통치 구조와 정치 활동, 경제 구조와 경제 생활, 사회 구조와 사회생활로 되어 있었어요. 정치, 경제, 사회문화라는 과목이 따로 있는데, 왜 역사 과목의 대단원명이 저렇게 구성되어 있는지 의문이었습니다. 시간적 관점에 기반해서 풀어낼 수 있는 소재라면 무엇이든 역사가 될 수 있다는 게 역사교육계의 입장이지 않을까, 하는 나름의 결론을 내렸습니다.

지리도 마찬가지라고 생각해요. 공간의 관점으로 바라볼 수 있는 모든 것을 지리 영역 안으로 끌고 들어올 수 있지 않을까요? 지금 한국지리나 세계지리에서 다뤄지는 지형, 기후, 인구, 도시, 산업, 자원뿐만 아니라 여가 생활, 문화, 역사, 기술, 생물학, 미래학 등 훨씬 더 다양한 이야기들을 소재로 수업을 풀어 나갈 수 있다고 생각합니다. 실제로 2015 개정 교육과정 [여행지리] 교육과정 문서에서 이미 여행을 통해 다양한 주제를 지리의 영역으로 끌어올 수 있다는 내용이 다뤄졌고, 2022 개정 교육과정의 일반 선택 과목인 [세계시민과 지리]뿐만 아니라 진로 선택 과목인 [한국지리 탐구], [도시의 미래 탐구], 융합 선택 과목인 [여행지리], [기후변화와 지속가능한 세계]의 교육과정 문서에도 지리를 중심으로 여러 주제를 융합적으로 학습해야 한다는 내용이 담겨 있습니다. 또 [세계시민과 지리]는 기본 교양의 수준을 넘어 세계의 이슈, 변화를 다루고 세계시민으로서의 가치관을 함양하도록 돕는 과목입니다. 공간의 관점으로 풀어낼 수 있는 사회의 현안 이슈들을 설명하고 있어요. 지리, 교육을 넘어 시대의 이슈라 할 수 있는 기후변화에 대한 내용을 담은 [기후변화와 지속가능한 세계]는 말할 것도 없고, 한국을 둘러싼 여러 이슈를 통계 데이터 및 현지 조사 방법을 활용해 탐구하는 방향으로 개편된 [한국지리 탐구]는 데이터 사이언스가 중요해지고 있는 사회과학 계열의 진로에 도움을 줄 수 있는 과목이라 생각합니다. 여가의 핵심 중 하나인 여행을 통해 일상을 지리적으로 풀어내는 [여행지리],

일상의 공간인 도시를 다각도로 살펴보며 도시, 행정, 부동산, 교통, 건축 등의 내용을 담아내는 [도시의 미래 탐구] 역시 지리의 영역에는 한계가 없다는 것을 보여 주는 과목이 되지 않을까, 기대하고 있습니다.

학생들이 자주 접할 만한 미디어에서도 지리적 개념들을 추출할 수 있는 경우가 많다고 생각해요. 2019 칸 영화제 황금종려상을 비롯해 그해의 여러 상을 휩쓸었던 봉준호 감독의 영화 『기생충』은 '공간 불평등'이라는 이슈를 적나라하게 보여 주는 영화라고 생각해요. 같은 도시 안에 김기택(송강호)의 반지하 주택과 박동익(이선균)의 호화 주택이 함께 존재하고 있죠. 또 폭우 속에 물난리를 겪는 김기택 가족의 열악한 주거 환경은 기후변화로 인한 이상 기상 현상이 약자에게 더욱 치명적이라는 걸 보여 줄 수 있겠죠. 고(故) 김광석 님의 노래 「서른 즈음에」를 그 시대의 중위 연령과 연계해 서른 살이 인생의 중간 지점을 의미했었다는 인구학적 설명을 풀어 가시거나, 「악마는 프라다를 입는다」와 같이 패션을 다룬 영화에서 도시의 위치와 기후, 의상과 계절의 이야기에 더해 서비스 산업의 발달과 연계한 이야기로 수업을 구성하시는 선생님도 계시더라구요. 여행 관련 콘텐츠들은 별다른 가공이나 의미 부여 없이도 수업 시간에 충분히 활용할 수 있고, 인구나 도시 관련 강의 콘텐츠들은 넘쳐나고 있어요. 지리 교사이기 때문에 활용할 수 있는 수업자료, 그리고 그 자료를 통해 담아낼 수 있는 메시지는 어느 교과 못지않게 풍성하다고 생각합니다.

## ① 지리 하면 답사! 야외 체험 활동

수학여행, 학급별 체험활동을 여행지리 수업과 연계해서 진행한 적이 있습니다. 수행평가로 수학여행 사전 답사 자료집을 제작해서 참여 학생들의 이름이 박힌 수학여행 안내 책자를 들고 수학여행을 간다거나, 학급별 체험학습 기획안을 조별로 제작해서 가장 좋은 동료평가를 받은 기획안대로 체험학습을 진행하는 등의 방식이었어요. 학생들뿐만 아니라 학년부의 선생님들께서도 업무를 덜어낼 수 있어서 좋아하시더라구요. 수학여행 코스 기획, 사전 답사 같은 부분을 지리 교사가 주도적으로 맡아 주길 기대하시는 경우도 있었구요. 아마 지리학과나 지리교육과 학부생의 경우, 대학 시절 중 가장 기억에 남는 활동 중 하나가 답사이지 않을까 하는 생각도 들어요. 지리 교사가 배움과 연계되는 외부 체험활동을 교과와 연계하여 맡아 준다고 하면, 교사 개인뿐만 아니라 지리 교과에 대한 평가도 조금은 좋아지지 않을까 싶습니다.

공식적인 학년부 행사 외에, 신청 학생들, 혹은 동아리 학생들 대상 창체 활동의 일환으로 답사를 진행하고 있습니다. 서울성남고등학교의 [수도권 테마 답사] 프로그램, 그리고 전국지리교사모임 선생님들과 공저한 『지리쌤과 함께하는 우리나라 도시여행 1~3』 책의 수도권 지역 관련 내용을 참고해서, 성남, 철원, 인천, 안산, 서울 이태원, 강화 매화마름군락지 등을 학생들과 다녀왔습니다. 코로나19 발생 직전에는 한 학기에 한 번씩 답사 지역을 달리하는 것으로 6개 지역을 선정, 야심차게 3년치 프로그램을 만들었는데 바로 펜데믹 상황이 닥쳐오면서 답사를 온라인 형태로 바꾸게 되었어요. 온라인 답사도 나름의 의미가 있었지만, 학생들의 평은 아무래도 오프라인 답사가 훨씬 좋았습니다. **"생활기록부 기록과 무관하게 참여하고 싶으니 제발 다음에도 이런 답사를 진행해 주세요."**라는 건의가 있을 정도였어요. 입시에 대한 부담과 상대평가로 인한 피로 속에서, 익숙하지 않은 장소를 친구들과 함께 경험하며 배움과 추억을 함께 얻을 수 있는 답사는 지리과의 매력을 넘어 고등학생들이 학교에서 경험할 수 있는 가장 의미 있는 시간 중 하나일 수 있다고 생각해요. 물론 답사 준비를 위한 자료 준비나 답사를 위한 행정적 절차들, 안전 관련 유의사항 체크, 답사 진행 및 생활기록부 기록 등 신경 쓸 부분이 많긴 합니다. 하지만 상황에 따라서, 답사 준비 및 진행 관련 업무를 줄일 방법은 있을 것 같아요!

왼쪽 상단부터 시계 방향으로 동강 제장마을, 철원 고석정, 인천 차이나타운, 인천 송도센트럴파크 답사 사진.

학교 사회과 선생님들의 아이디어로 [야외 답사 기획안 공모전]를 교내 대회로 진행한 뒤, 최우수 기획안으로 선정된 기획안대로 답사를 진행한 적이 있어요. 장소 예약, 답사 관련 학습지 제작, 답사 진행 및 답사 장소에서 필요한 설명까지 모두 학생에게 일임하고, 진행 상태를 중간중간 점검하기만 했습니다. 답사 코스와 학습지, 답사지에서 설명할 대본을 검토해서 피드백 의견을 주고, 필요한 경우에 참고할 만한 자료를 알려 줬어요. 제 일을 넘겼지만, 고맙게도 답사를 준비해 준 학생들은 (최소한 겉으로는) 자기주도적 능력을 기르고 생활기록부에 도움이 될 스펙을 쌓는 걸로 받아들이더라구요. 지리 교사 둘이 답사에 따라갔다가 사진만 찍어 주고 왔을 정도로, 수월하게 진행했습니다. 적절한 피드백을 제공할 수 있다면, 창체활동의 기획과 진행을 학생들에게 맡길 수 있겠다는 생각을 합니다.

### 3) 내가 하는 것이 곧 지리!

'지리'라는 학문이 무엇인지를 구조화되어 있는 지식의 체계로 논리와 함께 풀어내는 건 교수님들을 중심으로 하는 학계의 역할이라 생각합니다. 교사는 학계에서 정의된 내용 중 교육적으로 의미 있기 때문에 교육과정 성취기준으로 정해진 내용을 수업하게 되겠죠. 따라서, '지리'가 무엇인지를 정확하게 정의하는 것은 교사의 역할이 아닐 것 같아요.

그런데 이제 속에 숨겨 뒀던 오만한 생각을 다시 한번 풀어내야 할 것 같습니다. 대학교에 진학하는 학생 중 지리학과나 지리교육과를 선택하는 학생들은 극히 소수이죠. 그러니까, 학문적으로 정의 내려진 지리에 대해 배울 기회를 가진 사람은 사회적으로 봤을 때 많지 않아요. 그럼 일반적으로 사람들이 '지리'라는 단어에 대해 가진 통념은 어디에서 형성되었을까요? 초등학교, 중학교에서 지리의 내용 요소들을 배우긴 하지만, 지리라는 과목 명칭은 없는 상황입니다. 안타깝지만, 어떤 전문가나 명사들에 의해 지리라는 단어가 언론에 자주 언급되고 있는 상황도 아닙니다. 따라서, 대부분의 한국 사람들은 본인이 고등학교 때 배운 지리 수업 시간을 통해 지리에 대한 통념, 내지는 인식을 갖게 됩니다. 결국 저에게 지리를 배운 학생들은 제 수업을 통해, 학교에서 저와 함께했던 활동들을 통해 지리가 무엇인지 생각하게 되겠죠.

그래서 저는 지리학계에서 지리 교사의 역할이 대단히 중요하다고 생각합니다. 지리라는 단어의 사회적 이미지를 만드는데 가장 크게 기여하는 집단이니까요. 이전 교육과정 개정 상황에 비해, 2022 개정 교육과정 속 지리과 과목들을 개발하는 과정에서는 지리 교사들의 목소리가 많이 반영되었다고 해요. 참 다행이고, 감사한 일이지만 또 한편으로는 당연히 그래야 한다고 생각합니다. 학계가 교육을 끌고 갈 수도 있지만, 거꾸로 교육, 또 학생들의 필요와 요구가 학계에 영향을 미칠 수도 있어야 한다고 생각해요.

전국지리교사모임 활동을 하면서 2015 교육과정 개정 작업을 먼발치에서 지켜보고, 2022 교육과정 개정 작업에는 개발 중인 과목에 대한 개인적 의견을 전달할 기회도 있었습니다. 고교학점제 등, 눈앞으로 다가온 구조적인 문제에 대한 고민이 생기면서 교육과정에 관심을 갖게 되던 중이라 힘 닿는 대로 동참했습니다. 스스로 부족함도 많이 느끼게 되었지만, 그 과정에서 과목에 대한 애착이 더 커졌을 뿐만 아니라 지리 교사로서의 자존감도 더 높아지게 되었어요. 이후 지리 과목을 선택하는 학생들이 줄어들었다는 현장 선생님들의 소식을 종종 듣게 되었고, 이에 자극받아 수업 장면을 재미있게 만들 방법에 대해서도 끊임없이 궁리해 보고 있습니다.

앞서 말한 것처럼 지리는 일상의 삶과 가장 폭넓게 연결되는 과목 중 하나이고, 지리 교사인 내 역할이 학생의 삶뿐만 아니라 지리학계, 지리교육계에 있어서도 미미하지 않다는 생각이 강해졌어요. 이 책을 접하시는 현재의, 혹은 미래의 지리 선생님들! 선생님께서 바로 지리교육, 지리학계의 현재이자 미래이십니다.

지적 호기심을 심어 주는 교실 속 지리 이야기

### 1) 지리 중심의 교과 융합 지역 탐구 프로젝트

지리에서 다루고 있는 많은 테마 중, '도시'를 다룰 때 특히 흥미를 보이는 학생들이 많습니다. 도시의 형성 과정을 통해 역사를 다루고, 도시의 성장과 변화 이야기는 정치, 경제 및 행정적 요소와 연결될 수 있습니다. 도시계획은 공학, 건축과 연결되는 측면이 있고, 도시 형성 과정에서의 환경 파괴나 친환경을 위한 도시의 노력을 다룰 때는 환경뿐만 아니라 친환경을 위한 첨단 기술과 관련된 이야기를 할 수도 있습니다. 물론 이런 내용을 한국지리 교과 안에서 모두 담아내긴 어렵죠. 그래서 전 창체활동의 일환으로 학생 주도 답사 및 지역 탐구 프로젝트를 기획했습니다. 2019년 처음으로 기획했던 활동이라, 온라인으로 진행했어요.

3개 도시가 있으면 학년마다 1개 도시를 번갈아 진행할 수 있을 것 같아서 근 · 현대의 나이테가 담겨 있는 인천, 우리나라 최초의 계획도시 안산, 학생들의 거주지이자 1, 2기 신도시를 모두 가진 성남을 선정했어요. 해마다 세 도시 중 한 곳을 깊이 있게 탐구해 보기로 하고, 역사, 정치, 건축 등 그 도시와 관련한 테마를 몇 가지 선정했습니다. 테마를 선정하기 위해 제가 그 도시에 대해 어느 정도는 알고 있어야 했고, 그럴 때 『지리쌤과 함께하는 우리나라 도시여행 1~3』책을 참고했습니다.

도시와 연결된 테마가 선정되면, 해당 테마를 담당해 주실 타교과 선생님을 교사 멘토로 모셨습니다. 도시에 따라, 그리고 프로젝트에 참여할 만한 3학년 학생들의 진로에 따라 테마가 조금씩 달라졌죠. 역사는 당연히 역사 선생님께 부탁드렸습니다, 정치, 경제는 일반사회 선생님께 부탁을 드렸어요. 환경은 환경이나 생물 선생님, 도시 계획이나 다문화 분야는 학교에 계시는 다른 지리 선생님께서 맡아 주셨습니다. 지역과 연계된 문학 작품을 테마로 선정할 때도 있었는데, 그럴 땐 국어 선생님께 도움을 받았어요. 멘토로 모신 선생님들께 도시를 여러 가지 테마로 탐구할 생각이니, 학생들의 탐구 과정에서 참고할 만한 자료를 알려 주시거나 학생들이 만들어 오는 결과물에 대해 보완할 점을 알려 주시면 좋겠다고 말씀드렸습니다.

이후에 3학년 학생 중 자원하는 친구들을 학생 멘토를 모집했어요. 모집된 멘토들은 진로와 연계된 테마를 골라, 지역과 테마를 연계해 탐구할 수 있는 주제는 제가 어느 정도 틀을 잡아 주었습니다. 그리고 탐구 주제와 연결될 만한 답사 장소는 학생들이 직접 선정하게 했어요. 세 도시 각각에 활용했던 답사의 틀은 이런 내용이었습니다.

참고로 같은 장소를 다룬 내용이거나 흐름이 이어지면 가로로 이동하고, 장소가 바뀔 경우, 세로 혹은 대각선 방향의 이동으로 표현했습니다.

활동에 자원한 3학년 멘토 학생들에게 해당 그림과 같이 발표 주제 및 순서의 흐름을 설명하고, 도움글로『지리쌤과 함께하는 우리나라 도시여행 1~3』의 해당 도시편 일부를 제공했어요. 그리고 다음의 내용을 전달했습니다.

1. 오프라인에서 현실과 맞닿은 배움 활동을 이어 나가기 어려워진 상황에도 불구하고, 학생들이 주도적으로 교과 융합적 온라인 답사 활동을 기획하고 진행한다는 것은 크게 성장할(매력적인 생활기록부 기록을 얻을) 기회다.

2. 가상으로 답사를 진행한다. 팀별 발표 주제 및 순서를 확인하고,『지리쌤과 함께하는 우리나라 도시여행 1~3』의 해당 도시 관련 내용을 기본으로 해서 맡은 부분에 대한 추가 조사를 진행한다. 이후 발표할 때는 조사한 내용을 도시의 구체적인 장소와 연결해야 한다. 따라서 발

표 자료에는 반드시 장소의 위치를 표시한 지도와 장소의 경관(사진이나 영상)이 포함되어야 한다.

3. 각 팀에 도움을 주실 멘토 선생님이 계신다. 오늘로부터 2일 안에 자료를 조사해서 멘토 선생님께 보여 드리고, 제공해주시는 참고자료를 활용해 발표 내용을 보완해라. 다음날 다시 온라인으로 회의를 진행할 예정이고, 그때는 준비한 자료를 발표해야 한다.

4. 분야별로 깊이 있는 내용을 연구하는 것도 좋지만, 이번 활동은 도시라는 현실 공간 속에서 각각의 요소들이 어떻게 융합되어 있는지를 드러내는 것이 핵심이다. 발표할 때는 팀별 발표 내용이 유기적으로 연결되는지 확인할 예정이다.

5. 최종 발표 리허설을 1회 진행한 뒤, 멘티로 모집한 1, 2학년 학생들에게 온라인 발표를 선보인다.

6. 공동의 공간으로 구글 클래스룸을 활용한다. 팀 내부적으로 서로 연락할 방법은 알아서 찾아라.

코로나19 상황 속에서 생활기록부에 적을 만한 활동이 부족할까 봐 걱정하던 학생들은 기대했던 것 이상의 열의를 보였습니다. 학생들이 결과들을 만들어 오니 처음에는 진행이 잘 될지 반신반의하셨던 멘토 선생님들께서도 학생들의 결과물을 검토해 주셨고, 또 추가로 참고할 만한 자료들을 찾아서 알려 주셨어요.

다른 한편으로는 1, 2학년을 대상으로 온라인 답사에 참여할 학생들을 모집했습니다. 3학년들은 [온라인 지역 탐구 프로젝트]에 참여해 진로 연계 발표를 온라인 답사 형태로 진행하고, 1, 2학년 멘티들은 그 발표를 들으며

[온라인 답사]에 참여하는 형식이었어요. 3학년들만큼 열정적이진 않았지만, 답사 내지는 창체활동에 관심을 가진 학생들이 지원했습니다.

온라인으로 진행되는 활동이다 보니, 발표만 듣고 있으면 금방 지루해지겠다는 생각이 들었어요. 그래서 3학년 학생 멘토들에게 발표를 들으면서 적을 수 있는 학습지를 제작하라고 했습니다. 간단하게 O/X나 객관식, 단답형 등으로 한 주제당 2~3문제 정도면 될 것 같다고 이야기했어요. 첫해에는 저도 학생들도 의욕이 넘쳤고, 십자말풀이 퍼즐을 준비하거나 약술, 논술 형태의 질문을 준비하는 학생 멘토들이 있었습니다. 탐구하도록 돕는 질문 같아 그대로 진행했는데, 나중에 피드백을 받아 보니 문제에 대한 답을 쓰느라 온라인 답사에 집중할 수 없었다는 멘티 학생들의 의견이 있었어요. 온라인 답사를 두 번째로 진행할 때부터는 간단하게 해결할 수 있는 문제를 준비하고, 고민을 요구하는 탐구 주제 내지는 질문은 답사가 끝날 때 제시하면 좋겠다고 이야기했습니다.

이후에, 다시 한번 멘토 선생님들께 피드백을 받으라고 했습니다. 그리고 이번에는 멘토 선생님들께 미리 부탁을 드렸어요. 준비한 발표 내용과 학습지가 연결되는지, 발표하는 내용이 선정한 구체적 장소와 연결되는지 확인해 달라고 했습니다. 그리고, 멘토 학생들이 준비한 연구 주제가 적절한지 검토해 달라고 부탁드렸어요.

그리고 최종적으로 리허설을 해 봤어요. 멘토 학생들이 내실 있게 발표 내용을 준비했습니다. 주제별 답사 장소의 전경을 사진이나 영상 등으로 다양하게 보여 주면서, 팀별로 준비한 내용을 ZOOM에서 발표했어요. 공지했던 것처럼 각각 주제들의 연계를 보여 주는 것에 초점을 맞추기 위해, 서로의 발표를 들으면서 자기 조의 발표 내용과 연결되는 부분을 체크하고, 연계를 위해 추가하면 좋을 내용이나 내용이 완전히 겹쳐 빼야 하는 자료가 있다면 서로 말해 줘야 한다고 했습니다. 그리고, 저는 제한된 시간 동안 진행되는 발표에서 전체적인 흐름을 해치는 내용이 있는지를 확인했어요.

멘토 학생들이 열심히 준비했지만, 온라인이라 어려운 부분도 분명 존재했어요. 경관에 대한 시각자료를 제공하기 위해 카카오맵 로드뷰를 활용하는 학생들이 많았는데, 이 경우 PPT와 로드뷰 화면을 넘나드는 과정에서 발표의 공백이 생겼습니다. 그래서, 로드뷰를 사용할 때는 로드뷰만 사용하거나, 로드뷰의 경관을 캡처해서 PPT로 옮기라고 했습니다. 영상을 보여줄 때도 PPT 안에 영상을 담아 둬야 한다고 알려 줬습니다.

반복적으로 피드백을 진행하다 보니, 확실히 발표가 점점 매끄럽게 연결되는 것이 느껴졌습니다. 멘토 학생들도 피드백과 내용 보완의 과정이 반복되면서, 활동에 대해 욕심을 내고 있다는 게 보이더라구요.

온라인 지역 탐구 프로젝트의 결과물을 발표하는 온라인 답사 활동은 2~3시간 정도 진행됐습니다. 발표도 듣고, 질문에 대한 답도 적다 보면 순식간에 지나가는 시간이죠. 멘토 학생과 멘티 학생 모두, 활동에 대한 만족도가 높았습니다. 특히 멘토 학생들은 활동 과정에서 깨닫게 된 진로 및 타교과 연계가 가능하다는 점을 높게 평가했어요. 지리가 융합 학문이라고 교사가 수업 시간에 이야기하는 것보다, 이런 융합 주제 활동에 교과 선생님들을 모시고 제가 전체적인 조율을 해 나가는 모습을 보여 주면 되겠다는 생각이 들었습니다. 그러면 학생들은 자연스럽게 지리는 서로 다른 교과들을 연결할 수 있는 위치에 있는 과목이라는 것을 깨닫는 것 같았습니다.

## 2) 멘토의 소감문

안산이란 도시가 계획도시라는 것을 처음 알게 되었고, 도로의 구조가 바둑판식, 직교 방사형 구조로 이루어져 있다는 사실을 알게 되었다. 작년에 직접 방문해 보았던 시화호에서 조수 간만의 차를 이용하여 발전한다는 사실을 알게 되었다. 코로나19 때문에 직접 방문할 수 없었던 안산을, 컴퓨터를 통해서 실제 거리를 봄으로써 가 본 것처럼 느낄 수 있어서 이번 활동이 더욱 기억에 남는다. 또 위성 사진으로 도시의 도로 구조를 파악하면서 실제 거리로 갔다면 한눈에 바라보지 못했을 도로를 더욱 잘 이해할 수 있었다. 앞으로 안산의 방사형 도로 구조처럼 효율성이 낮거나 혹은 반대로 효율적인 도로들을 찾아보고 싶다. 또 다른 나라의 계획도시들과 안산을 비교하는 연구도 해 보고 싶다.

## 3) 멘티의 소감문

도시, 환경, 법, 역사, 다문화까지 한 도시에 대해 5가지의 테마로 나눠 3학년 선배들이 발표해 주셨습니다. 환경과 도시, 역사까지는 보통 나올 수 있는 테마라고 생각하지만, 안산이 다문화도시인만큼 다문화를 테마로 추가했다는 점, 계획도시로서 만들어졌을 법, 시화호나 공업 단지의 수질, 대기질에 제재를 거는 법을 조사했다는 점에서 그 도시에 대해 알 수 있는 방법은 다양하다는 생각을 할 수 있었습니다. 그리고 역시 어떤 발표, 혹은 무엇이 되었든 간에 지도는 정말 다양하게 쓰인다는 것을 알 수 있었습니다. 직교 방사형 도로 구조를 확인할 때도, 미세먼지 농도를 색으로 표현한 단계구분도에서도, 거리뷰에서도 지도가 활용되는 것을 보며 공간을 시각적으로 표현하는 지도의 힘을 느꼈습니다.

고등학교는 자율활동 관련해서 의무적으로 해야만 하는 교육들이 있습니다. 학교폭력, 가정폭력, 성폭력 예방교육, 화재 및 지진 대피 훈련 같은 것들이죠. 학교에 따라 다르겠지만, 우리 학교 같은 경우는 그 외에도 자율활동이 가능한 시간이 어느 정도 확보되어 있었어요. 학년 말에 담당 부서와 협의해서, 그 남는 자율활동 시간을 다음 해에는 학년부가 자체적으로 운영하겠다고 했습니다. 그리고, 3월에 자신의 진로와 연계하여 3학년 전체 학생을 대상으로 진행할 교육자료를 제작하고 싶은 학생들을 모집했어요. 기후변화, 미디어 리터러시, NFT의 제작 및 활용 등 여러 주제에 대해서 학생들이 직접 2시간 분량의 수업자료를 제작하고, 교실을 돌며 직접 활동을 안내, 진행하게 했습니다. 참여 학생들 입장에서는 3학년 전체 학생들에게 자신의 탐구 활동 결과물을 발표하고 교육할 기회가 생기고, 다른 학생들 입장에서는 틀에 박힌 듯 반복되는 자율활동이 아니라 자신과 비슷한 눈높이에서 바라본 진로 연계 학습자료를 접할 수 있어서 모두가 환영하는 시간이었어요.

### 4) 전국지리교사모임 수업 교재를 활용한 수업

제가 고등학생일 때에도 전국지리교사모임(이하 전지모)에서 제작한 세계 지리, 한국지리 교재를 활용해 지리를 배웠습니다. 지금도 전지모의 노트를 잘 활용하고 있어요. 이 부분에서는 전지모 수업 교재를 소개하면서, 전체적인 수업 진행에 대한 생각을 정리해 보려 합니다. 한국지리 수업 교재와 세계지리 수업 교재의 틀이 거의 비슷한 상황이라, 한국지리 수업 교재를 중심으로 이야기를 해 보겠습니다.

우선, 중단원별로 교재 앞부분에는 수업 도입부에 활용할 만한 영상 연계 활동이 제시됩니다. 한글 문서의 메모에는 유튜브 링크가 있어서, 링크를 활용해 학생들과 함께 영상을 시청할 수 있습니다. 또, 교재에는 영상을 보면 해결할 수 있는 간단한 질문이 두 개 정도 제시되어 있어요. 열려 있는 질문의 경우 답이 적혀 있지 않지만, 정해진 답이 있는 경우에는 교재의 한글 파일에 답이 흰색으로 적혀 있어요. 출력해서 학생들에게 나눠줄 때는 그냥 출력하고, 수업을 준비할 때는 블록 설정 후 글자색을 변경하면 답이 보이게 되어 있습니다.

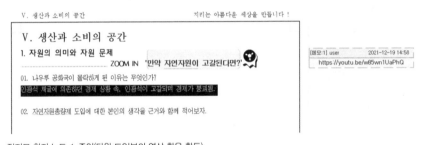

전지모 한지 노트_1. 줌인(단원 도입부의 영상 활용 활동)

영상 시청 이후에는 수업 주제와 연결되는 신문 기사를 제시하고 있습니다. 주제와 관련된 최근의 이슈를 살펴보고, 질문을 통해 주제에 대해 고민해 볼 기회를 제공하고 있어요. 영상을 통해 학생들의 흥미를 유발했다고 하면, 이 단원을 학습하는 것이 실제의 삶과 어떻게 연결되는지 알려 주면서 이 부분과 관련된 현실의 이슈가 어떤 것인지를 살펴보는 부분입니다.

이후에는 개조식으로 서술된 내용 정리 부분이 등장합니다. 중요한 개념어에는 빈칸이 뚫려 있어요. 마찬가지로, 한글 문서에는 빈칸 부분에 흰색

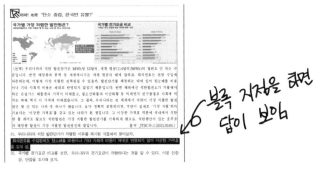

블록 저장을 켜면
답이 보임

전지모 한지 노트_2. 아하 지리(신문 기사를 통해 교과와 세계를 연계해 보는 부분)

으로 글씨가 쓰여 있는 상태라 답을 확인하려면 블록 지정 후 글자색을 바꾸면 됩니다. 현 교육과정의 3종 교과서와 EBS 교재를 참고한 내용이 정리되어 있어요. 그리고, 내용 정리 사이사이에는 탐구 활동이 제시되어 있습니다. 배운 내용을 기반으로 학생이 직접 자료를 분석하고, 답해 볼 수 있는 질문들이 포함되어 있습니다. 3~5분 정도 학생들에게 시간을 주고 풀어

전지모 한지 노트_3. 본문 구성

보라고 하면, 학생들은 학습한 부분들을 정리할 수 있고 교사는 잠깐 쉬어 가는 시간을 가질 수 있습니다.

중단원이 끝날 때마다 수능 및 모의고사 기출문제 중 대표 유형이라고 할 수 있는 것들을 두 문제씩 제시합니다. 대학수학능력시험 대비도 해야 하기에, 교육과정평가원에서 출제하는 수능, 6월과 9월 모의고사 중심으로 최근 문제들을 다루고 있습니다.

전지모 한지 노트_4. 단원 마무리 기출문제

대단원이 마무리될 때는, 학생들이 능동적으로 참여할 수 있는 활동형 수업의 활동지가 제시되어 있습니다. 이런 활동지는 수행평가 자료로 활용할 수도 있고, 생활기록부의 과목별 세부능력 및 특기사항을 적을 때 참고할 자료가 되기도 합니다. 전지모 공유하드에 실제로 이 활동을 진행한 학교의 학생 활동 사례가 올라와 있는 경우도 있어서, 참고해서 수업을 진행하면 조금 더 수월하게 학생들의 활동을 인도할 수 있습니다.

전지모 한국지리 수업 교재의 가장 큰 매력 중 하나는 대단원별로 참고할 수 있는 도서를 소개하고 있다는 점입니다. 관련 단원에 대한 이해를 심화하고, 해당 내용을 일반 교양서적에서는 어떤 관점으로 풀어냈는지 살펴보면서 학생들이 수업 내용에 대한 이해를 심화할 수 있습니다. 교과와 연계

전지모 한지 노트_5. 대단원 마무리 활동과 대단원별 책 소개 마무리 기출문제

된 독서 활동을 진행할 때도 큰 도움이 됩니다.

전지모 수업 교재는 그 자체로 활용도가 높은 교재입니다. 하지만, 그보다 이 교재가 어떤 방식으로 구성되었는지를 살펴보는 게 중요하다고 생각했어요. 일반계 고등학교의 경우, 다양한 학생들이 한 학급에서 수업을 듣습니다. 심화 내용을 충분히 소화해 낼 역량이 있거나 인터넷 강의 등을 통해 이미 기본적인 내용을 숙지하고 있는 학생들도 있을 수 있지만, 학습하고 있는 내용의 쓸모를 끊임없이 알려 주고 흥미로운 자극을 제공해야만 수업에 겨우겨우 참여하는 학생들도 있을 수 있어요. 따라서, 교사의 수업은 다양한 방식을 통해 전체를 아우를 수 있어야 한다는 것이 개인적인 생각입니다. 기본적으로 전달해야 하는 학습 내용을 가르칠 뿐만 아니라 신문 기사를 통해 교과와 삶이 연계되는 지점을 알려 주고, 독서를 통해 깊이 있는 내용을 제시할 필요도 있습니다. 하지만 활동을 통해 학생들이 직접 참여하고 고민할 기회를 열어 주는 것도 중요하고, 영상 등을 통해 흥미를 유발할 필요도 있을 것 같습니다. 수업에서 활용할 수 있는, 또 수업에서 제시해야 하는 다양한 자료와 방식들이 정리되어 있다는 점에서, 전지모의 수업 교재를 참고하는 것은 의미가 있다고 생각합니다. 물론 수업 교재에 대한 학생들의 만족도도 높은 편입니다. 교과서나 EBS 수능특강, 수능완성 등의 교재에 비해 말랑말랑하고 일상과 연결되어 있다고 느끼는 것 같아요.

### 5) 여행지리의 매력, 여행과 연계한 삶의 이야기

2015 개정 교육과정에서 새로 만들어져 2022 개정 교육과정까지 이어진 [여행지리] 과목은, 과목 개발 과정에서 쏟아졌던 수많은 우려에 반해 많은

학생의 선택을 받으며 현장에 성공적으로 안착했습니다.

'여행'이라는 테마로 지리 수업을 풀어낼 수 있다는 건, 많은 매력을 갖고 있습니다. 수많은 예능이 여행을 소재로 구성되어 있고, 콘텐츠 크리에이터 중에도 여행을 소재로 활동하는 분들이 많죠. 학생들의 흥미를 불러일으킬 시청각 콘텐츠가 굉장히 풍성합니다. 게다가 교사의 개인적 여행 경험을 통해 수업을 구성하기에도 좋죠. 마냥 가벼운 이야기만 가능한 건 아닙니다. 여행을 통해 개인은 삶의 변화와 성장을 경험할 수 있고, 이러한 개인의 사회와 세계에 영향을 미친 사례도 많이 있더라구요. 그야말로 재미와 의미를 함께 전달할 수 있는 과목이 아닌가 하는 생각이 듭니다.

여행지리 과목이 처음 나왔을 때, 선생님들께 여행지리가 어떤 과목인지 알려 드리기 위해 2015 개정 교육과정 속 여행지리 관련 내용을 분석한 적이 있었는데요, 그중 눈에 띄었던 몇 부분만 정리해 보겠습니다.

여행지리가 '여행'과 '지리'의 합성어라 했을 때, 둘 중 어느 부분에 강조점을 둔 수업을 해야 하는지 고민하는 선생님이 많이 계셨어요. 저는 이 문제에 대한 답을 교육과정 문서에서 찾았습니다. 우선 교육과정 문서의 [과목의 성격]에는 '여행을 중심으로 지리의 영역을 확장'한 과목이라는 표현이 등장하는데, 이 내용은 교육과정 문서의 교수, 학습 방법 부분과 연결됩니다. "학습 범위를 지리 영역에 한정하지 않고, 역사, 과학, 기술, 예술, 언어, 미래학 등 다양한 영역의 지식과 기능을 창의적으로 융합하도록 한다."

연결 지어 생각해 보면, 기존에 지리에서 다루지 않던 내용이라고 하더라도, 여행을 테마로 공간적 시선을 갖고 풀어내면 된다는 의미로 받아들일 수 있을 것 같아요. '지리'라는 학문은 기존에 연구된 지역, 혹은 계통 중심의 학문에 국한되는 것이 아니라 시간 축을 중심으로 사고하는 방법을 가르치는 역사처럼 공간 중심의 관점, 내지는 세계관을 다뤄야 한다고 생각합니다. 여행지리는 이러한 지리학의 취지에 잘 어울리는 과목이라고 생각해요. 여행을 중심으로 지리의 영역을 확장하려는 시도가 이루어졌다고 평가할 수 있을 것 같습니다.

내용 체계를 살펴보면 이러한 의도가 조금 더 명확하게 드러납니다. 기존의 지형, 기후라는 방대한 내용을 중단원 하나에 몰아넣고, 기존의 한국지리, 세계지리에서는 잘 다뤄지지 않던 내용을 추가했습니다. 자연지리와 관련된 구조화된 지식을 가르치는 것도 의미가 있지만, 그런 부분이 여행지리 과목에 있어서만큼은 제1의 목적이 아닐 수 있다는 생각을 가지고 있는 것입니다. 오히려 [인류의 성찰과 공존], [여행자와 여행지 주민의 행복]과 같은 내용이 대단원 하나씩을 차지하고 있어요. 여행을 통해 나를 성찰하고, 다름을 포용하고, 소비자로서의 여행을 넘어 여행지와 여행지 주민에게 어떤 영향을 미치는지를 고민하길 원하는 거죠.

각각의 성취 기준을 살펴보면 여행지리 과목의 방향성이 조금 더 선명하게 드러납니다. "탐구한다.", "이해한다."라는 서술어로 표현되기도 하지만, "체험한다.", "소개한다."라는 서술어를 통해 제시된 성취 기준도 있어요. 수업을 통해 지식, 정보를 얻는 것도 중요하지만, 활동과 체험에 기반한 삶과 세계에 대해 고민해 볼 계기를 제공하길 바라는 과목으로 기획되었기 때문이라고 생각해요. 특히, [12여지04-01] 성취 기준에는 "시민의식을 고취한다."는 표현이 있어요. 기존의 지리 과목의 교육과정 문서에서는 찾아보기 어려웠던 '시민의식'이라는 단어를 성취 기준 전면에 내세운 거죠. 과목에서 의도하는 바를 잘 보여 주는 표현이라 생각합니다.

저는 여행지리 과목만큼은 교육과정을 재구성하여 최대한 활동 중심으로 진행했어요. 학생들과 함께했던 수업 중 평이 좋았던 수업을 두 가지만 소개해 보겠습니다.


① 젠트리피케이션 탐구

**젠트리피케이션 탐구**
[12여지05-01] 여행 산업이 여행지에 미치는 경제적·환경적·문화적 영향을 파악하고 책임 있고 바람직한 여행을 위한 실천 방법을 모색한다.

| 1차시<br>카카오<br>로드뷰를<br>활용한<br>사례지역 조사 | 2차시<br>사례지역의<br>신문기사를<br>시기별로<br>스크랩 | 3차시<br>젠트리피케이션<br>탐구 | 4차시<br>우리 지역에<br>젠트리피케이션이<br>발생한다면? |
|---|---|---|---|

젠트리피케이션 탐구 수업 관련 성취 기준과 차시별 수업 진행


[12여지05-01] 성취 기준과 연계해 4시간에 걸쳐서 진행한 젠트리피케이션 탐구는, 학생들이 가장 기억에 남는 활동으로 꼽았던 수업입니다. 여행자의 방문과 소비 활동이 지역에 어떤 변화를 가져오는지 살펴보고 싶었고, 마침 사회적으로 이슈 키워드였던 젠트리피케이션을 학생들과 깊숙하게 들여다보려고 했어요.

첫 시간에는 인터넷 거리 지도를 활용해서, 젠트리피케이션이 발생한 것으로 알려진 공간들을 살펴보는 활동을 진행했습니다. 로드뷰, 스트리트뷰 등을 활용하여 전반적으로 살펴보는 것입니다. 그리고 어떤 상점들이 분포하고 있는지, 그 장소를 어떤 사람들이 이용할 것이라고 생각하는지, 그렇게 생각한 이유가 무엇인지를 질문합니다. 이어서 해당 경관의 과거를 살펴

보게 했어요. 1, 2년마다 점포가 바뀌고, 지역 주민들이 이용할 만한 상업 공간들이 외부인을 대상으로 하는 공간으로 변화하는 과정을 살펴보며 학생들의 흥미를 유발하고, 현실의 상황을 인식하게 했습니다.

카카오맵 로드뷰로 살펴본 2011년과 2020년의 경리단길 초입부 경관. 교회, 철물점, 학원 등, 지역 주민들이 주로 이용할 상점들이 커피전문점, 음식점, 술집 등으로 변화함.

두 번째 시간에는 첫 시간에 살펴봤던 지역을 다룬 신문 기사를 스크랩해 보라고 했습니다. 다만 인터넷 지도를 활용해 해당 지역의 변화를 살펴봤던 것처럼, 신문 기사 역시 기간을 달리해 가면서 스크랩하고 내용을 요약하라고 했어요. 신문 기사들을 눈으로 살펴보고, 장소의 실제적 변화 동향을 알아보는 식으로 진행을 한 거죠. 예를 들어, 2011년 경리단길 관련 기사를 검색해 보면 아직 관련 신문 기사 자체가 많지 않습니다. 하지만 2013년에는 여행 명소로 경리단길을 언급하는 신문 기사들이 급격하게 많아져 있어요. 2015년에는 경리단길을 모방한 '**리단길'이 전국 곳곳에 생기고 있다는 신문 기사가 눈에 띄는 한편, '뜨는 동네의 역설'과 같은 제목으로 젠트리피케이션 관련 내용을 다루는 신문 기사들도 등장하기 시작합니다. 2018년에는 "뜨는 게 무서워요.", "경리단길 살려 주세요." 등 여행지로 주목받는 경리단길의 모습보다 젠트리피케이션으로 인해 생긴 변화 상황을 다룬 신문 기사들을 볼 수 있구요.

2011, 2013, 2015, 2018년 "경리단길"을 키워드로 신문 기사를 검색한 화면.
경리단길을 둘러싼 이슈의 변화를 살펴볼 수 있음.

세 번째 시간에는 젠트리피케이션이 무엇인지 개념을 설명하고, 젠트리피케이션으로 인해 생기는 문제를 해결하기 위해 제시되고 있는 정책적 노력을 조사해 보게 했습니다. 이어 마지막 시간에는 우리 지역에서 내가 이용하는 상권에 젠트리피케이션이 발생하면 어떤 변화가 생길지를 상상하고, 이에 대한 해결책 및 자신의 생각을 세 번째 시간에 조사한 내용과 연계해서 적어 보라고 했어요. 교과에서 배우는 내용이 내 삶과 연결될 수 있다는 생각으로 학생들은 기대 이상으로 수업에 진지하게 참여했습니다. 우리 지역에도 변화가 생길 수 있다는 깨달음은 학생들이 '소비자'의 입장에서 하는 여행을 넘어 여행지에 대한 연대와 책임을 느끼게 해 주었습니다.

## ② 여행 앱 기획하기

### 여행 앱 기획 활동

[12여지01-03] 다양한 지도 및 지리 정보 시스템을 활용하여 여행지 및 여행 경로에 대한 정보를 수집·정리·조직한다.

| 1차시 기존 여행 관련앱 분석 | 2차시 여행 관련 앱 기획 | 3차시 여행 관련 앱 화면 디자인 | 4차시 발표 및 동료 평가 |
| --- | --- | --- | --- |

여행 앱 기획 활동 수업 관련 성취 기준과 차시별 수업 진행

자연 계열 학생들에게 관심을 받지 않을까 생각하며 기획했던 것이지만, 인문 계열 학생들과도 재미있게 진행할 수 있었던 수업입니다. [12여지01-03] 성취 기준과 연계해 4시간에 걸쳐 진행했어요.

첫 번째 시간에는 여행 앱과 관련된 통계들을 제시했습니다. 여행 관련 앱으로 분류되는 앱들이 다운로드 된 수에 비해 실제 사용되는 비율이 매우 낮고, 고령 인구들의 앱 활용 비율은 생각보다 높다는 이야기를 해 주며 '여행 앱 시장이 블루오션이라는', (검증되지 않은) 동기부여 시간을 가졌습니다. 이후에는 여행 전중후(前中後) 어떤 단계에 활용하는 앱을 개발할지, 어떤 기능을 수행하는 앱을 개발할지에 대해 조원들끼리 이야기를 나눠 보라고 했어요. 다음으로 조에서 논의했던 기능을 담고 있는 실제 앱을 다운받아서 장·단점을 분석해 보라고 했습니다.

1차시 학습지 양식

두 번째 시간과 세 번째 시간에는 자기 조가 기획할 앱의 실제 화면과 그 기능을 표현해 보라고 했어요. 태블릿 PC를 활용해 진행했고, 학생들이 특히 집중해서 참여하는 시간이었습니다.

2, 3차시 학생 활동 결과물

나름의 고민을 담아 조별로 기획할 여행 앱의 이름과 아이콘 디자인을 만들고, 실제 앱 화면을 8개 이상 그려본 뒤 해당 앱 화면에 담길 기능을 서술하라고 했어요. 조별로 진행하더라도 앱의 방향성 및 앱에 담길 기능들을 토의하면서 2시간 안에 구체적인 화면을 디자인하기가 쉽지는 않아 보였습니다. 하지만 학생들은 그 과정에서 나름의 재미를 느끼기도 하고, 기존 앱의 단점을 보완해 낼 기능들을 토의해 보기도 했습니다. 사실, 처음에는 앱의 아이콘을 만들 생각은 하지 못하고 앱 화면 기획에 대한 과제만 제시했다가 앱의 아이콘이 중요하다는 학생들의 의견을 받아들여서 수업을 수정, 보완하게 되었습니다.

마지막, 네 번째 시간에는 각 조가 기획한 앱에 대해 발표하는 시간을 가졌습니다. 스타트업 기업의 입장이 되어서 우리가 이런 앱을 기획하려 한다고 소개하면 발표를 듣는 친구들은 투자자의 입장에서 앱이 정말 유용할지, 소비자들에게 환영받을 수 있을지 고민해 보라고 했어요. 이 시간도 학생들이 좋아했습니다. 결국은 동료평가를 진행한 것이지만, 투자자라는 진정한

갑(!)의 입장이 되어 발표를 듣게 되자 조금 더 세밀하게 듣고 장·단점을 분석하더라구요. 이 수업 시간에 학생들이 적어준 문장들은 수행평가의 근거가 되는 동시에 과목별 세부능력 및 특기사항을 적을 소재가 되기도 했습니다.

이렇게 수업을 진행하고 나면, 전 학년에서 1~2팀 정도는 실제로 비슷한 화면에 기획했던 기능 중 일부를 담아낸 앱을 제작해 오기도 하더라구요. 그런 경우, 수행평가에 반영하지는 않았지만, 과목별 세부능력 및 특기사항을 적을 때는 꼭 반영해 주었습니다.

여행지리 수업은 부담 없이, 가볍게 배울 수 있는 과목입니다. 말씀드렸던 것처럼, 구조화된 지식을 배워야 하는 과목은 아니에요. 하지만, 여행지리를 통해 접할 수 있는 고민의 깊이가 얕지는 않다고 생각합니다. 시민의식을 갖고, 여행자의 책임감과 영향력을 인식하면서 자연과 여행지를 바라봐야 한다는 것을 배워야 하는 과목이라고 생각해요. 재미와 의미를 동시에 잡을 수 있는 과목이 바로 여행지리이지 않을까요?

### 6) 통계를 활용하는 지리 중심 탐구 활동

공식적으로는 구분이 없어졌다고 하지만, 현장 학교에서는 아직 편의상 문·이과를 나눠서 학급을 구성하거나 수업을 진행하는 경우가 남아 있습니다. "문송합니다(문과여서 죄송합니다)."라는 말이 있을 정도로, 사회 전반적으로 이과를 선택하는 것이 입시 및 진로 선택에 유리하다는 인식이 많습니다. 인근 학교들의 상황을 살펴보면, 자연스럽게 학생들 사이에서도 이과에 대한 선호도가 높아지고 있는 것 같습니다. 하지만 다년간의 고3 담

1. 통계지리정보서비스 홈페이지에 접속해서, 우측 상단에 관심있는 키워드를 입력한다.

2. 해당 키워드를 포함하고 있는 통계 지도들 중, 확인하고 싶은 지도를 클릭!

3. 원하는 방식으로 통계 지도의 표현 방식을 변경하여 통계 지도를 제작한다.

임 경험에 비추어 생각했을 때, 수학적 감각, 특히 확률과 통계에 대한 이해도가 높은 학생이 사회과학 계열을 선택할 경우 진학 상황에서 굉장히 경쟁력이 있습니다. 이과의 학생들 속에서는 그리 특출나지 않은 수학 실력이라 하더라도, 문과 학생들 속에서는 두드러질 수 있거든요. 상위권 대학일수록 학과의 구분 없이 사회과학 대학 커리큘럼에 데이터 리터러시, 내지는 데이터 사이언스가 포함되어 있는 경우가 많더라구요. 데이터를 의미 있는 자료로 표현하고, 데이터를 오해 없이 분석해 의미를 발견해 낼 수 있다면 기업 경영뿐만 아니라 정책 개발, 도시 계획 등 다양한 분야에서 역량을 뽐낼 수 있을 것 같아요.

2023년 기준, 전지모의 한지 노트 1단원 단원 정리 활동이 [통계 지도 제작] 활동으로 제시되어 있습니다. 관련 내용을 참고해서 학생들과 통계를 활용한 진로 연계 보고서 작성 활동을 진행한 적이 있는데, 과목별 세부능력 및 특기사항을 작성할 때 굉장히 유용했을 뿐만 아니라 학생들에게 통계 해석의 중요성을 알려 줄 수 있었던 수업이었어요.

통계청에서는 통계지리정보서비스(https://sgis.kostat.go.kr)를 제공하고 있어요. 간단한 조작을 통해 통계청의 통계 자료들을 단계구분도, 도형 표현도 등으로 제작할 수 있게 되어 있습니다.

통계 지도는 통계 자료의 가독성을 높여 주는 수단입니다. 통계 자료와 관련된 지역의 특성을 쉽게 짐작할 수 있도록 도와주죠. 하지만, 수업을 진행하면서 통계 자료를 해석할 때 주의할 부분들을 학생들에게 꼭 알려 줘야겠다고 생각했어요.

예를 들어, 체육 지도자가 되기를 희망하는 학생이 체육 시설 1개당 인구

현황에 대한 통계 지도를 제작했다고 가정해 보겠습니다. 시, 군, 구 단위까지 통계를 제공하는 경우도 있지만, 시, 도 범위까지의 통계만 제시하는 경우도 많습니다. 시, 도 단위에서 체육 시설 1개당 인구 현황에 대한 단계구분도를 제작하면 어떤 결과가 나올까요? 체육 시설과 관련하여, 서울이 가장 열악한 환경인 것으로 표현됩니다. 인구수가 많다 보니, 좁은 공간 범위에 다른 단위 지역에 비해 더 많은 체육 시설을 갖고 있음에도 불구하고, 체육 시설 1개를 이용하는 인구수가 많다고 표현되는 거죠. 이 지도를 보면, 학생들은 인구 밀도를 고려하여 서울에 체육 시설을 더 지어야 한다는 결론을 내립니다.

여기에서 '데이터 리터러시'가 개입해야 할 필요성이 발생합니다. 서울은 다른 지역에 비해 체육 시설이 정말 부족할까요? 오히려 강원도 같은 곳은 면적이 크기 때문에, 체육 시설을 이용하기 위해 장거리를 이동해야 하는 경우가 있음에도 불구하고 인구수를 기준으로 하는 통계 지도에서는 그런 부분들이 표현되지 않는 거죠. 그래서 이 수업을 진행하는 과정에서 학생들에게 인구수만큼이나 공간 범위, 면적에 대한 고려도 통계 자료 해석 과정에서 꼭 필요한 내용이라고 이야기했습니다. 만약 정책 입안자가 체육 시설의 추가 입지를 고려할 때 학생들과 같은 사고의 과정을 겪어 서울에 추가로 체육 시설을 짓는다면? 서울 및 수도권과 비수도권 지역의 공간 불평등 현상은 더욱 심화될 수밖에 없겠죠.

통계를 공간적으로 표현하고, 표현된 통계 지도를 해석해 내는 경험은 학생들이 사회과학적 역량을 키우는데 꼭 필요할 뿐만 아니라, 지리 교과에서만 다룰 수 있는 매력적인 소재라고 생각합니다.

## 교사의 행복을 위한 처방전

### 1) 추천하고픈 미디어

#### ① 『REAL(이노우에 타케히코)』

2023년 2월 기준, 15권까지 발매된
이노우에 타케히코의 REAL

사립 학교 채용 과정에서 자기소개서에 인상 깊게 읽은 책을 쓰라는 부분이 있다면, 항상 이 책을 적었습니다. 만화책을 적는 것에 대한 부담이 있었지만, 제가 정말 인상적으로 읽었던 책이었기 때문에 쓰지 않을 수 없었어요. 한편으로 만화책을 자기소개서에 적었다는 이유로 불합격하게 된다면, 그 학교에는 미련을 두지 않을 수 있겠다는 생각도 했었습니다. 편견 없이 읽으면, 누구나 감동할 수밖에 없는 책이라고 지금도 생각하고 있습니다. 이 책은 청소년을 대상으로 한 만화로는 매우 희귀한 장르를 다루고 있습니다. 바로, '휠체어 농구'입니다.

육상 선수의 꿈을 키워가다가 희귀병으로 인해 다리를 잘라야 했던 키요하루, 오토바이에 여자친구를 태우고 달리다가 사고가 나는 바람에 여자친구가 평생 휠체어를 타게 되어 엄청난 죄책감 속에서 살아가는 노미야, 공부도, 운동도 곧잘 하는 편이라 마음속으로 친구들의 등급을 매기며 상대적 우월감 속에서 살아가다가 사고로 하반신불수가 된 타카하시. 세 명의 주인공을 통해 이노우에 타케히코는 인생의 목표, 노력과 열정, 그리고 장애에 대한 깊이 있는 통찰을 흥미롭게 그려냅니다. 특히, 만화 곳곳에는 이노우에 타케히코가 중요하게 생각하는 가치들이 드러납니다. 어떻게 하면 농구를 잘할 수 있냐는 질문에 "수를 세며 슛을 던진다. 이걸 반복한다. 지름길 따윈 없어."라는 답을 들려준다거나, 다른 꿈을 가진 청년이 편의점 아르바이트에 최선을 다하지 않는 모습을 보면서 "나의 길은 지금의 땅과 하나로 이어져 있다는 것. 지금 이 땅에 발붙이지 못하는 사람은 자신의 길을 논할 수 없다."라는 말로 현재의 삶에 최선을 다해야 한다는 메시지를 전합니다.

또한, 장애인에 대한 편견을 돌아보게 하기도 합니다. 휠체어 농구에 열을 내는 키요하루를 통해 장애인도 승부욕이 있고 열정이 있는, 똑같은 인간이라는 메시지를 반복적으로 전달합니다. 그 과정에서 '나와 다른 사람들을 어떻게 대할 것인가.'라는 고민이 생기게 되죠.

무엇보다, 고등학생을 주인공으로 세워 이런 진지하고 무거운 이야기들을 학생들이 재미있게 읽고 공감할 수 있도록 풀어내고 있다는 점이 매력입니다. 본인의 적성이나 진로, 대인관계에 대하여 고민하는 학생들에게 추천해 주고 싶은 책입니다.

② 『원피스(오다 에이치로)』

2023년 8월 기준 105권까지 발매된 오다 에이치로의 원피스

어릴 때, 부모님께서 60권짜리 세계문학전집을 선물로 받아 오셔서 한동안 책에 빠져 살았던 기억이 있는데요, 조금 더 시간이 흐른 뒤의 언젠가는 세계문학전집을 선물하듯이 원피스 전집을 선물하는 시대가 오지 않을까, 하는 생각을 했습니다. 단일 작가의 만화로는 전 세계적으로 가장 많이 팔려 기네스북에도 오른 책이죠.

소년 만화답게 성장과 액션이 핵심이지만, 대결에서 패배한 인물을 죽이지 않는 불살주의를 표방하고 있습니다. 외모나 종족뿐만 아니라 성별에 있어서도 다양성을 보여 주며 다문화에 대한 포용력을 길러 주기도 합니다. 만화의 등장하는 각각의 섬이 특정 국가와 기후 지역을 모티브로 삼았고 (알라바스타 – 중동 사막 지역, 하늘섬은 페루 등 안데스 산맥 인근 지역, 워터 세븐은 베네치아, 드레스로자는 에스파냐, 와노쿠니는 일본), 모티브로 삼은 지역의 기후와 역사, 특산물 등이 등장하기 때문에, 세계지리와 연계하여 수업에 활용할 여지도 많습니다.

하지만 무엇보다 개인적으로 생각하기에 원피스의 가장 큰 매력은 감동적인 장면들을 통해 꿈을 좇는 존재가 얼마나 매력적인지 알려 준다는 점입니다. 마음이 병든 이들을 치료하기 위해 불치병에 걸린 상태에서 벚꽃 빛깔의 눈을 만드는 연구에 매진하는 돌팔이 의사, 등의 상처는 검사의 수치라며 일부러 등이 아닌 가슴에 공격을 당하는 전사 등, 신념이라는 '뱃속에 품은 한 자루의 창'이 '수십 대의 군함과 수백의 무기'를 이겨 내는 모습들은 처음 그 장면들을 접한 뒤로 10여 년의 세월이 흐른 지금의 저에게도 여전히 먹먹한 감동을 선사합니다.

### ③『지리쌤과 함께하는 우리나라 도시여행 1~3(전국지리교사모임)』

제가 공동 집필진 중 한 명으로 참여한 책을 소개한다는 게 민망한 일이지만, 그럼에도 불구하고 이 책은 나름의 매력을 갖고 있습니다. 한국지리, 여행지리 등의 과목에서 활용도가 높다는 것은 당연한 일이니 제쳐 두더라도, 저는 앞에서 이야기했던 것처럼 이 책을 답사와 체험학습, 그리고 여행 과정에서 많이 활용했습니다. 맛집이나 사진 명소에 대한 정보도 담겨 있지만, 그보다 자연과 역사, 문화와 특산물을 전반적으로 다루면서 도시의 개성과 다양성, 변화와 미래를 이야기하고 있어요. 또 여행자의 입장에서 지역을 바라보는데 그치지 않고 지역 주민의 입장을 생각해 볼 수 있도록 돕는 책입니다. 덕분에 아내, 자녀들과 여행 갔을 때 "지리 선생님은 경관을 보고 이런 걸 읽어낼 수 있어."라고 그럴듯한 아는 척을 할 수 있기도 했죠.

각각의 도시들이 짧은 호흡으로, 여행을 목적으로 쓰여 있기에 읽을 때 큰 부담 없이 수월하게 읽히기도 합니다.

④ 『전지적 독자 시점 1~8(싱송)』

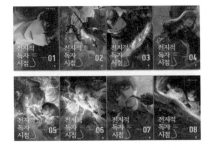

2023년 기준, 웹소설 플랫폼 중 하나인 네이버 시리즈에서는 조회 수가 거의 2억이 넘을 정도로 인기를 끌었던 소설입니다. 그저 양산형 웹소설 중 하나라고 평가하기엔 이 책을 읽으면서 자주 울었습니다. 이제 보니 책이나 드라마, 영화를 보면서 종종 울었던 것 같네요. 리얼, 원피스 같은 작품들은 특히 저를 많이 울렸습니다. 웹툰으로 먼저 접한 뒤 호기심이 생겨 가벼운 마음으로 읽기 시작했다가, 학기 중에 8권에 해당하는 분량을 3일 만에 읽느라 일상이 망가졌지만, 후회되지 않았던 책입니다.

일상이 붕괴되고 절망적인 상황에 처한 인류가 생존을 위해 인간성을 잃어가는 과정에서, 그런 상황을 인터넷 소설을 통해 이미 접했던 한 명의 "독자"가 그 이야기의 결말을 향해 나아가는 과정을 담고 있어요. 소설의 팬들 사이에서는 "구원튀(구원하고 튀어버림)"라는 별명으로 불릴 정도로, 주인공이 반복적으로 자신을 희생하면서 동료들과 세상을 수호해 내는데 그 과정이 진부하게 느껴지지 않습니다. 역사 속 인물들과 여러 신화, 설화를 활용해서 이야기를 전개하기 때문에 약간의 배경지식이 있으면 더욱 재밌게 읽을 수 있어요. '개연성'이 작품의 내용 전개 과정에서 굉장히 중요한 부분을 차지하고 있고, 또 그만큼 시나리오의 전개가 납득할 수 있는 단계를 밟아 나가기 때문에 몰입도가 높습니다. 킬링타임용 이야기치고 몰입도가 너무 높다는 게 단점이라면 단점일 수 있겠어요.

⑤ 「무한도전(MBC)」

제가 06학번이니까, 2006년 5월에 시작해서 2018년 종영한 무한도전에 제 모든 20대가 담겨 있다고 해도 과언이 아닐 것 같아요. 대학을 졸업한 뒤 ROTC로 군 복무를 했었고, 장교 숙소에서 밥을 먹을 때면 항상 무한도전을 보면서 밥을 먹었습니다. 제가 군대 갈 때에 맞춰 유학을 갔던 여자친구(지금의 아내)의 빈자리를 채워 주는 역할(!)이기도 했죠. 무한도전에 대한 제 열정을 익히 알았던 아내는 유학 중이던 독일에서 저를 위해 달력과 다이어리를 주문해 주기도 했었죠.

대한민국 평균 이하의 남자들이 모여 매번 새로운 도전을 하고, 이를 성공시키기 위해 노력하는 모습은 예능이라기보다 성장 드라마를 보는 느낌이 강했어요. 물론 지금은 종영을 했지만, 지금도 마냥 웃고 싶을 때면 '죄와 길'편이나 '무인도 특집'을, 매너리즘에 빠져 일상에 충실하지 않은 것 같다는 생각이 들 때면 '프로레슬링 특집'이나 '조정 특집'을 보면서 스스로를 챙겨 봅니다.

## 2) 교사 공동체의 역할

학급 수에 따라, 학교의 상황에 따라 다를 수 있지만, 보통 한 학교에 지리 교사는 적으면 1명, 많으면 3명입니다. 중·고를 가리지 않고 비슷한 상황이죠. 수업은 어떻게 할지, 교과와 연계한 동아리 활동이나 자율, 진로 관련 프로젝트는 어떤 걸 해야 하는지, 교내 대회는 어떤 걸 운영해야 하는지, 평가 문항은 어떻게 출제하고 생활기록부는 또 어떻게 작성해야 하는지 등등. 현장에서 실제로 맞닥뜨리게 되는 고민스러운 상황들에 대한 답은 사범대학에서 제출했던 과제들, 임용고시 준비 과정에서 외웠던 내용과 분명 차이가 있습니다. 하지만 내가 우리 학교 유일의 지리 교사라 하면, 질문할 곳이 마땅치 않아요. 지리 교사로 근무하는 상황이 외롭게 느껴진다는 선생님들도 종종 계시더라구요.

물론, 지리 교사는 단위 학교 내 최고의 지리 전문가입니다. 다른 교과 선생님들께서 지리를 우리보다 더 잘 이해하고 가르치시긴 어려울 거예요. 하지만, 그렇더라도 다른 학교의 지리 선생님들은 어떤 수업과 활동을 하실지 궁금한 순간이 자주 생깁니다. 특히 과목에 대한 학생들의 수요와 선택이 교사의 시수 및 TO와 직결되면서, 인근 학교의 상황은 어떤지, 어떻게 하면 학생들에게 지리를 매력적으로 어필할 수 있을지에 대한 노하우를 배우고 싶었어요. 고교학점제가 본격적으로 시행되면, 이런 것들이 단순한 호기심을 넘어 지리 교사로서의 생존을 위해 반드시 필요한 상황이 찾아올 수도 있을 것이라고 생각했기 때문입니다.

다행히 전국지리교사모임에 은사이셨던 윤신원 선생님이 계셨고, 자연스럽게 교사 공동체 활동에 참여하게 되었습니다. 전국지리교사모임 같은 경우는 지리의 대중화 및 교육과정 목표에 맞는 다채로운 교육자료 제작, 교사를 위한 답사 개발, 교육과정 개정 과정에서 교사의 의견을 학계와 교육부, 교육과정평가원에 전달하는 역할 등을 수행하고 있어요. 그 과정에서 배우고 성장할 기회가 굉장히 많았습니다. 하지만 한편으로는, 교실 현장과는 조금 거리가 있는 활동에 열을 올리고 있다는 생각이 들기도 했었어요. 그럴 때는 지역 단위 연구회 활동을 통해서도 큰 도움을 얻었습니다. 지리 교육 전반의 흐름이 어떻게 흘러갈지 궁금하기도 하지만, 바로 옆에 있는 학교는 한국지리를 몇 개 학급에서 수업하는지, 수업 시수는 일주일에 몇 시간인지, 중학생들은 인근 지역에서 어떤 고등학교를 선호하는지가 궁금할 때도 있잖아요. 또, 옆 학교는 시험 기간 중 업무가 일찍 끝났을 때 교사들이 조퇴를 할 수 있는지 없는지 알아보고 싶을 때도 있으니까요.

교사 공동체에 참여하는 건, 상당한 시간과 노력을 필요로 하는 일입니다. 하루하루가 바쁜 상황에서 당장 수업에 쓰지 않을 무엇인가를 위해 정기적으로 모임에 참여한다는 게 쉬운 일은 아니죠. 하지만, 공동체에 나의 것을 나누기 위해 준비하다 보면 스스로 돌아보게 되기도 하고, 또 모임에서의 활동이나 모임에서 만난 선생님들을 통해 교양서 집필, 연수 강사 초빙 등 새로운 기회가 만들어지기도 했어요. 수업이나 평가 자료를 공유받는 실질적 도움을 받을 수 있던 경우도 많았죠. 다른 선생님들이 노력하시는 모습을 지켜보면서 새로운 자극과 도전 의식이 생기기도 했구요. 무엇보다 나와 비슷한 고민을 하는 사람들이 주변에 있다는 것을 알고 함께 소통하는 과정에서, 지리 교사이기 때문에 느낄 수밖에 없었던 현장에서의 외로움이 조금씩 옅어지곤 했습니다.

소진되지 않기 위해 자신만의 취미를 즐기고 안정적인 인간관계를 구축하는 것도 중요하지만, 공동체에서 새로운 자극을 받으며 새로운 배움을 위해 노력하는 것이 자신을 매너리즘으로부터 구해내는 방법이 될 수 있으리라 생각합니다.

## 전국지리교사모임의 교사모임 지원 활용하기 Tip

전국이나 시·도 단위의 교사 공동체는 너무 많은 수의 선생님들이 모이시기 때문에, 아는 사람이 많지 않은 저경력 교사의 입장에서는 모임에 참여하기 부담스러울 수 있습니다. 하지만 시·군·구 단위의 교과 교사모임이 모든 지역에 다 있는 것도 아니라서, 교사모임에 참여하고 싶어도 여건이 조성되지 않는 선생님들도 계실 것 같아요. 전국지리교사모임에서는 선생님들의 지역 모임을 재정적으로 지원하는 제도를 운영하고 있고, 또 전국지리교사모임에서 발간하는 [아우라지]에 교사들의 지역 모임 이야기가 실리기도 합니다. 다른 지역 선생님들은 교사모임에서 어떤 활동을 진행하시는지 참고하면서 비용을 지원받아 모임을 운영할 수 있다고 하면, 지역 모임을 시작하는데 드는 부담이 상대적으로 줄어들 수 있을 것 같아요.

### 3) 1년의 결과물 만들기

고등학교 2학년 때 문집을 만들었습니다. 당시 모둠 친구들과 함께 돌려가며 적었던 모둠 일기의 일부에 더해 1년간 있었던 학급의 사건·사고를 기사 형식으로 정리했고, 친구들끼리 재미로 앙케이트도 진행했었어요. "제일 결혼을 빨리 할 것 같은 친구는?" "제일 자녀를 많이 낳을 것 같은 친구는?" 같은 질문이었죠. 이런 작업이 처음이었기 때문에 과정이 수월했다고 말할 순 없지만, 거의 20년 가까이 시간이 흐른 지금도 같은 반이었던 친구

2004년, 고 2때 만들었던 문집

들을 만날 일이 있으면 문집 이야기를 하곤 합니다. 기록과 사진이 있으면 기억이 확실히 더 오래, 더 소중하게 남는 것 같아요.

저도 문집 제작을 위해 자원한 학생들을 중심으로 해마다 문집을 제작하고 있습니다. 학기 초반에 문집을 만들지 말지 물어보고, 만들기로 의견 일치를 본 경우에는 문집 제작을 위해 사진도 미리 모아 두고, 글도 틈틈이 적게 합니다. 학년 말, 지필평가가 모두 끝난 뒤에 특별한 교육 활동이 진행되지 않는 모든 시간을 문집 제작에 활용해요. 문집 위원들을 중심으로 문집의 제목을 정하고, 문집에 들어갈 사건들을 정리하다 보면 한 해 동안 어떤 일이 있었는지 새록새록 기억이 떠오릅니다. 미술을 전공하는 친구들에게 일러스트나 표지 디자인을 부탁하기도 하고, 의도에 맞춰 사진을 새로 찍거나 선생님들께 인터뷰를 부탁하기도 합니다. 저는 몰랐지만, 학생들 사이에서는 이슈가 됐던 사건들이 문집을 통해 수면 위로 드러나는 경우도 있어요.

역대 문집 표지들

1. 문집 제작을 위한 비용을 학년 초반에 미리 신청합니다.
2. 문집 위원을 선발합니다.
   - 교사가 처음부터 끝까지 문집을 제작하려고 하면 한 해만 작업을 해도 지칠 것 같아요. 1학기 종료 시점 쯤, 학생들을 어느 정도 파악한 상태에서 문집 위원을 뽑습니다.
   - 글을 잘 쓰는 친구, 디자인을 잘하는 친구, 책임감이 있는 친구들이 포함되면 수월하게 진행할 수 있습니다.
3. 학생들의 의견을 수렴하여 다양한 내용을 문집에 담아냅니다.
   - 자기소개, 친구 소개(첫인상과 현 인상 비교, 다섯 글자로 표현하기, 이름 삼행시 등)
   - 학급에서 있었던 1년간의 사건, 사고에 대한 글과 및 사진, 사진에 대한 댓글과 대댓글 등
   - 우리 반 앙케이트
   - 선생님들께 한마디, 선생님들의 한마디
   - 롤링 페이퍼 / 미처 전하지 못한 말 (익명 게시판) 등
4. 학생들이 제작하더라도, 최종 검수는 교사가 진행합니다.
   - 누락된 학생이나 사건, 사고가 있는지, 읽었을 때 불쾌하거나 상처가 될 만한 내용이 있는지 확인해야 합니다.

　문집뿐만 아니라, 조금 더 가볍게 사진첩 내지는 앨범을 만들거나 1년의 기록을 담은 영상을 제작할 수도 있어요. 물론 이것들 역시, 지속가능성을 유지하려면 제작 과정이 학생 중심으로 이루어져야 하겠죠. 학생 입장에서는 문집을 만드는 시간을 통해 1년을 더욱 특별하게 기억할 수 있고, 결과물을 만들어 내는 역량을 기를 수도 있습니다.

이런 결과물은 학생을 위한 것이기도 하지만, 교사를 위한 것이기도 합니다. 문집을 제작하고 제작된 문집을 읽다 보면 힘들었던 순간에는 나름의 의미를 부여하게 되고, 즐거웠던 기억들은 더욱 미화되면서 다시 새로운 1년을 준비할 에너지가 충전되는 것을 느낄 수 있어요.

 **교단에서 만날 미래의 후배 선생님들께**

　친구들과 만나 이런저런 이야기를 나누다 보면, 놀랄 때가 많아요. 일반 기업에 취업하거나 자영업을 하고 있는 친구들은 씀씀이가 다르다는 것이 대화 중에 자연스럽게 느껴져요. 주식이나 부동산 등 재테크에 대한 이야기를 나누는 걸 보면, 아직 나는 어른이 덜된 건가 싶은 생각이 들기도 하구요. 하지만 부럽다는 생각이 많이 들지는 않습니다(아예 들지 않는 건 또 아니구요). 하루하루의 일상에 대한 이야기를 하다 보면, 일반화시켜 이야기하긴 어렵지만 기업에 다니고 있는 친구들은 확실히 직장 생활의 목적이 경제적 보상이라는 느낌이 들더라구요. 물론 저도 경제적 보상이 없이 일을 하는 건 아니지만, 그것 때문에 일을 한다는 생각으로 출근을 하지는 않는 것 같아요. 교사는 경제적 보상이 큰 직업은 아닙니다. 교권의 위기에 대한 언론 보도도 점점 잦아지고 있습니다. 그럼에도 불구하고, 교사는 매력적인 직업입니다. 내 이야기를 통해 고민을 해결하고, 성장하고, 인생의 방향을 잡는 학생들을 볼 때 느낄 수 있는 성취감은 무엇과도 바꿀 수 없거든요.

또, 답사를 포함해서 다양한 활동과 연계해 수업을 진행할 수 있는 지리는 마음먹기에 따라 1년을 풍성하게 채워 낼 수 있는 교과이기도 합니다. 교사 공동체에서 새로운 것들을 배우고, 그것들을 교실에 적용하면서 해마다 나름의 결과물들을 정리하다 보면 매너리즘에 빠질 틈이 없을 것 같아요. 특히 도시, 기후, 여행, 지리 조사 및 통계 활용 등으로 알차게 구성될 2022 개정 교육과정에서의 고등학교 지리는 더더욱 교사와 학생 모두에게 흥미로운 과목으로 자리 잡을 수 있지 않을까 하는 기대가 생깁니다.

교사이기에, 지리를 가르치고 있기에 느낄 수 있는 성취감과 만족도가 굉장히 높습니다. 임용을 준비하는 과정에서 고생했던 것들을 충분히 보상받을 수 있을 만큼 가치 있는 일상이라고 생각해요. 미래의 후배 선생님들을 응원합니다.

# 지리를 통해 세상을 보여 주는 교사

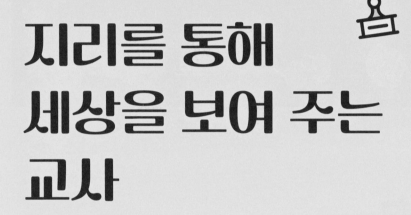

이용훈

  '나는 좋은 선생님이 되고 싶다.' 임용 공부하며 공부가 잘 안될 때 여기저기 끄적였던 글귀이다. 학부 1학년 전공 수업 교수님께서 첫 수업 때 칠판에 적어 주시며 항상 이 문장을 되뇌고, 좋은 선생님이 되고 싶다는 다짐과 함께 공부하라고 하셨다. 자신이 되고 싶은 선생님의 모습에서 자신의 기억 속 나쁜 선생님에 대한 요소 하나하나를 지워 나가야 한다고 덧붙이셨다. '나쁘다'라는 것은 추상적이고 지극히 개인적이지만, 내가 기억하는 나쁜 선생님에 대한 기억, 문제집 해설지가 없으면 수업을 안 하신, 아니 못 하신 선생님? 그 정도를 빼면 딱히 나빴던 기억은 없었다. 그리고 보면 지금까지 좋은 선생님들을 많이 만난 것 같다. 그래서 자연스레 선생님이 되고 싶다는 확신이 들었나 보다.

나는 남중, 남고를 나왔는데, 모두 사립 학교여서인지 남자 선생님들이 많았다. 지금의 교사 문화와 비교해 보면, 당시 선생님들과 학생들 사이의 관계는 조금은 투박했었다. 그러나 고등학교 때는 야자 때문에 주말에도 학교에 나왔고, 고3 때는 설날과 추석 당일만 빼고 모두 학교에 나왔으니 알게 모르게 선생님들과 끈끈한 정이 형성되었다. 특히 담임 선생님은 뭔가 뭉클한 느낌도 있는데, 졸업식 전 담임 선생님께서 우리 반 모두를 앉혀 놓고 하신 말씀이 생각난다. "대학 등록금이 없으면 선생님한테 말해라. 그럼 내가 바로 내주겠다." 지금 생각해 보면, 동네도 그렇고 그때는 지금보다 어려운 친구들이 훨씬 더 많았었기에 쉽지 않은 말씀이었다. 선생님 말씀이 감동적이었는지 집에 가서 어머니께 우리 담임 선생님이 이렇게 말씀하시더라며 자랑하듯 말씀드린 기억이 있다. 세월이 흘러 벌써 교사 경력이 10년이 훌쩍 넘은 지금, 졸업하는 우리 아이들에게 그때 나의 담임 선생님께서 말씀하셨던 것처럼 선뜻 대학 등록금을 내주겠다는 마음이 나에게도 있길 바란다.

교생 실습으로 다시 찾은 모교에서 여전히 땀 흘리시며 열심히 수업하시는 담임 선생님을 뵙고, 또 이야기를 나누다 보니 선생님은 늘 진심이셨다는 것을 다시 한번 깨닫게 되었다.

나는 지금 어떤 선생님일까? 처음 집필 의뢰를 받았을 때, 도전해 보고 싶다는 욕심이 났다. 훌륭하신 선생님들이 많이 계시는데, 부끄럽지만 나의 이야기를 책을 통해 전할 수 있다는 것은 다시 못 올 기회인 것 같아서 용기를 냈다. 그러나 막상 글을 쓰려고 하니 무게감이 키보드를 짓누르지만, 최

학생이 그려 준 그림으로, 각종 프사로 쓰고 있다.

선을 다해 나의 이야기가 누군가의 희망이 되었으면 좋겠다는 마음을 담아 보려 한다.

고등학교 때는 학원을 가거나 과외를 받아 본 적이 없다. 학교에서 야자만 했다. 학교 수업 말고 또 강의를 들으면 내가 정리하고 공부할 수 있는 시간이 부족해서 그랬는데, 초등학교 때부터 중학교 때까지는 학원을 줄곧 다녔다. 학원에서 상담하면 가장 어려운 과목이 '사회'라고 말했다. 지금 사회과 교사이니 참 아이러니가 아닐 수 없다. 어려운 과목이라고 하긴 했지만 실은 가장 공부하기 싫은 과목이었다. 후에 생각해 보니 내가 어려워한 과목은 정확히 세계사였다. 6차 교육과정 때였으니까 중학교 사회 안에 세계사 내용이 포함되어 있었다. 세계사뿐만 아니라 국사도 못했는데, 용어가 어렵고 시대 구분에 따라 정리를 못한 탓이다. 무엇보다 문해력이 가장 큰 문제였다. 고등학교 때는 세계지리 수업이 가장 재밌었다. 선생님께서 수업 때 사진을 많이 보여 주셨는데, 사진에 거의 선생님이 계셨다. 우리 선생님이 사진에 나오니 좀 더 흥미를 갖고 봤었다. 지리의 이미지는 가 보지 못한 곳에 대한 가 보고 싶은 호기심, 설렘이었다.

나는 안정적인 직업을 갖고 싶었다. IMF 시기에 학교를 다니고, 넉넉한 가정 형편이 아니었기에 그런 생각을 했었던 것 같다. 그리고 학교에 있는 시간이 길다 보니 자주 보고, 잘 안다고 생각하게 된 직업이 교사였다. 호기심, 설렘의 지리에 대한 기억과 함께 나는 지리 교사가 되고자 지리교육과로 진학했다.

대학 생활은 재밌었다. 공부도, 답사도 즐거웠다. 전공 서적을 펴는 것이 즐거웠다. 공부를 억지로 하는 것이 아니라 하고 싶은 공부를 한다는 것이 이런 건가 싶고 학교에 다니는 게 그저 좋았다. 친구들은 싫다는 교직 과목도 재밌게 공부하고, 학점도 제법 잘 나왔다. 특히 교육사회 공부가 흥미로웠는데, 학교를 사회 구조 속에서 바라보게 되어 학기 내내 '학교란 무엇인가?'라며 학교의 의미에 대해 혼자 심각하게 생각해 보기도 했다.

우리 아이들에게 다양한 경험을 주고 싶어 학교에서 현장체험학습을 가능한 한 많이 해 보려 노력하고 있는데, 계획할 때 모티브가 된 것은 학부 때 역사지리 전공 수업이다. 역사지리 시간에는 공부하고 연구한 내용을 실제 답사를 이끌며 현장에서 발표한다. 지하철 타지 말고, 버스 타고 걸어 다니라는 교수님의 잔소리가 교사가 되어서 보니 절절히 이해가 되었다. 지하철을 타고 매일 이곳저곳을 다닌들 정작 학교 근처에 무엇이 있는지도 잘 모른다. 한 학기 동안 교수님과 서울 여기저기를 다니며 공간적으로 해석하는 눈을 배워 갔다. 그때 나의 연구는 지금 읽어 보면 주제부터가 잘못됐지만, 교수님의 철학을 배우고 느낀 시간이었다. 주입식 수업이 주류였던 당시, 그것도 교수법에 보수적인 대학에서 직접 발로 걸으며 함께 참여하는 수업은 분명 앞서 나간 것이었다. 평가 또한 출석과 시험 외에도 보고서, 발표, 감상문 등 다양한 방법을 활용하셨다. 어떤 학생은 외워서 보는 시험을 잘 볼 수도 있고, 어떤 학생은 자기 생각을 표현하는 것을 더 잘할 수도 있기 때문이라고 하셨다. 그리고 항상 피드백을 해 주셨는데 하나하나 코멘트를 꼼꼼하게 달아 주시고, 도장도 찍어 주셨다. 배움의 과정에서 교수님과

당시 '역사지리' 수업 이야기로 명강의 공모전에서 수상하였다.

의 사이에 라포(rapport)가 형성되어 갔다. 보고서 또한 자신이 무엇을 배우고 느꼈는지를 중요시하셨다. 둘 중의 하나라는 흑백 논리의 답이 아니라 어떤 답을 갖고 있든지 그에 대한 이론적 근거를 갖는 것이 더 중요하다고 하셨다. 교수님이 쓰신 글에서 '나는 교육자이기 때문에 포기하지 않는다.'라는 문장을 보았다. 학교에 와서 보니 기다려 주는 교육은 너무나 어렵다. 뭐 한 장 받는 것도 아이들을 쫓아다니다 보면 쉽게 지친다. 하지만 나도 교사니까 기다리고, 포기하지 않기로 매일 마음을 다져 본다.

군대를 강원도 양구로 갔다 왔다. 지뢰병이었는데, 선임들이 무슨 과 다니다 왔냐 물어서 대답하면 "지뢰교육과가 있냐?"라며 경이롭게 쳐다보았다. 지리교육과라고 바로잡아 주면 바로 풍수지리 어쩌고저쩌고해서 일반인들의 지리에 대한 인식을 다시 한번 느낄 수 있었다. 남들은 군대에서 엄청나게 고생을 해서 전역하면 다시는 그 근처도 안 간다고 하지만, 나는 양구에서 2년 가까운 생활이 참 좋았다. 무엇보다 공기가 좋았고, 거리도 깨끗하고 체육 시설들이 잘 되어 있었다. 펀치볼, 파로호, 박수근미술관 등뿐만 아니라 고된 행군 중 길가에 널브러져 봤던 밤하늘의 쏟아질 듯한 별들은 낭만이 되어 기억 속 추억으로 자리 잡았다. 양구에 들어설 때 보이는 '국토의 정중앙' 문구를 온전히 느낀 시간이었다. 교사가 된 후 양구를 다시 찾았다. 시골이라 변화가 느린 편이지만 군데군데 변하지 않은 것과 변한 것을 찾는 재미가 있었다. 그때의 어렸던 '나'가 된 기분에 부대 위병소까지도 가 보고, 외박이나 휴가를 나갈 때 걸었던 길도 걸어 보았다. 이것이 장소가 가진 힘이다. 지리는 역사에 비해 스토리텔링이 부족하다는 평가를 받기도 하지만, 개별적인 경험이 쌓여 각자의 장소가 된다.

군대를 갔다 온 이후에는 집에서 등록금만 지원을 받고, 나머지는 아르바이트로 충당했다. 제대 후 복학 때까지 약 한 학기 동안의 공백 시간이 있었는데, 이때 학원에서 중학교 수학을 가르치게 되었다. 동네 보습학원이라 초등학생도 한 학년 맡고, 중학교 1~3학년 전체를 담당했다. 다른 학원 강사와 비교하면 적은 돈이지만, 군대에서 먹고 싶은 것도 못 먹고 가난했다가 받은 돈이었기 때문에 지금까지 중 가장 풍요로운 시기였던 것 같다. 후에 중학교 대상으로 수학이나 영어 과외도 했었는데, 과외는 이따금 생기는 것이라 학원을 알아보았다. 복학 후 학교 근처에서 알아보다 창신동의 작은 학원에서 중학교 사회를 가르칠 기회를 얻었다. 이때부터 전공을 가르쳐 볼 수 있게 되었다. 경력이 좀 생기다 보니 졸업 후 동네 학원에서 사회 강사 자리를 조금이나마 수월하게 구할 수 있었다. 학교를 다니거나, 임용 공부를 할 때 매일 일을 하면 공부 시간이 부족한데, 보습학원에서 사회는 일주일에 이틀 정도만 수업이 있어서 일하며 공부하기 좋았다. 학원은 분명 학교와는 다르지만, 아이들과 만나는 것이 좋았고 뿌듯함도 느꼈다. 아무래도 소수 인원이다 보니까 좀 더 라포가 형성되기 쉬웠다. 그러나 잘못 가르친 것도 많고, 교사로서 부족한 모습을 많이 보인 것 같아 그때 우리 아이들에게 미안하다. 학원에서의 경험은 앞으로 어떤 선생님이 되어야 하는지 긴 호흡을 갖고 생각해 보는 시간이 되었다. 수업 발성이나 자세를 고칠 수도 있었다. 애들이 떠들고, 공부를 안 하고, 왜 저러는지 모르겠다고 어느 날

원장님에게 하소연한 적이 있었는데, 아이들이니까 그렇다는 말씀을 하셨다. 아! 맞네, 왜 당연한 것을 투덜댔을까 반성이 되었다.

### 현재: 교사의 무게

  학부 공부와 임용 공부는 학교에서 가르치는 내용과는 같은 듯 다르다. 2010년 학교에서 처음 한국지리와 세계지리를 가르쳐야 하는데, 무엇을 어느 정도까지 가르쳐야 하는지 감이 잘 잡히질 않았다. 어떻게 가르칠 것인가까지 생각하는 것은 사치였다. 그때만 하더라도 수능에서 탐구 과목을 4개까지 선택할 정도로 수능이 중요했기 때문에 나의 목표는 우리 아이들이 수능에서 한 문제라도 더 맞히는 것이었다. 고등학교 때 많은 도움을 받았던 『누드교과서』로 수업 준비를 했다. 이 책은 당시 다른 참고서와는 다르게 선배가 후배들을 가르쳐 주듯 구어체로 쉽게 서술되어 있었다. 학생들이 교과서에 밑줄 그을 부분, 교과서 자료, 필기할 내용 등을 정리하고, PPT로 만들었다. 퇴근하고 집에 오면 너무 피곤했지만, 집에서도 매일 수업 준비하기 바빴다. 수업 준비에 업무까지, 학기 초에는 이 닦으러 갈 시간도 없었다. 학기 초니까 비는 시간에 쿨 메신저를 열어 보면 평가계획서부터 학급 급식 등 조사하거나 해서 작성해야 할 것들이 계속 쌓여 갔다. 수업 시간에는 준비했던 것들을 다 말하지도 못했다. 시간 배분도 잘 안되고 주먹구구식으로 진도를 나가 반마다 진도가 천차만별이 되었다.
  처음 맡은 업무가 창의적 체험 활동이었기 때문에 업무도 상당히 많았는데, 교감 선생님께서는 늘 내게 교재 연구를 강조하셨다. 업무도 업무지만 수업 준비만 되어도 여유가 있을 것 같았다. 수업이 잘 되는 것 같지 않고, 뭔가 만족스럽지 않은 기분이 이어졌다. 궁리 끝에 EBS, 메가스터디 등 유명한 강의들을 듣기 시작했다. 고등학교 때도 안 들었던, 소위 이 바닥에서 최고라는 선생님의 강의를 연간 커리큘럼을 따라 모조리 들었다. 이렇게 공부하다 보니 뭔가 보였다.

아이들이 많이 듣는 수업들을 들으니 어떤 개념을 설명할 때 어떻게 설명해야 잘 이해가 갈 수 있을지에 대해 좀 더 고민해 보게 되었다. 처음에는 내가 본 강사들을 이것저것 막 따라 했었던 것 같다. 모방은 창조의 어머니라더니 시간이 지나자 조금씩 내 것이 추가되고, 또 수정되고, 이제는 원래 있던 순서도 나의 지식 구조에 따라 바꿔서 재구성도 하게 되었다. 이렇게 하다 보니 수업 준비가 더는 부담스럽지 않았다.

수업 내용과 사이클이 어느 정도 익숙해질 때 즈음 다른 선생님의 수업이 궁금했다. 수업 종이 치고 애들을 어떻게 앉히는지, 어떻게 수업을 시작하는지, 아이스 브레이킹은 어떻게 하는지 등등 궁금한 것들이 많았다. 물론 학교에 공개수업이라는 기회가 있지만, 내가 있었던 학교에서 공개수업은 내가 궁금했던 평상시 수업이 아니라 특별한 수업이었다. 매일 칠판에 필기만 하는 선생님도 공개수업 때는 모둠 수업을 하려고 애를 썼다. 궁금한 수업은 무엇보다 선배 선생님들의 수업이었다. 선배 선생님들의 평소 노하우를 배우고 싶었다. 하지만 10여 년 전에는 공개수업이 형식적으로 이뤄지던 때였다. 아침에 메신저를 통해 선배 선생님의 공개수업 시간을 확인하고, 쉬는 시간 미리 해당 교실 앞에 가 있었다. 혼자였다. 교실 안을 들여다보니 모둠 활동을 위한 책상 배열이 되어 있지 않았다. 뭔가 평상시 수업을 볼 수 있을 것 같아서 두근거렸다. 곧 종이 치고 이윽고 선생님과 마주쳤는데, 무심한 얼굴의 선생님께서는 나에게 "내려가세요."라고 하셨다. 너무 무안해져 교무실로 터덜터덜 걸어왔다. 이해할 수는 있었다. 교사들이 자신의 수업을 여는 것은 어려운 일이다. 차라리 경력이 짧은 교사라면 배우는 입장이라 부족한 것이 당연하니 부담이 덜할 것이다. 그러나 연차가 쌓이고 후배 교사들이 많아지면서 자기 수업의 민낯을 굳이 보여 주고 싶지 않을 것이다.

지나가다 선배 선생님의 교실을 보고 실망한 적이 몇 번 있다. 교무부장님이시고 곧 교감으로 나갈 분이시라 나름 아우라도 좀 있으셨는데, 교실에서 혼자 수업하시고 애들은 한두 명 빼고 죄다 엎드려 자고 있었다. 또 장학사 준비 때문인지 교실에 교육학 책을 들고 들어가 애들은 자습시키고 공부하는 선생님도 보았다. 중요한 것은 내가 되고 싶은 '좋은 선생님'의 모습에서 그런 모습들을 지워 나가는 것이었다. 나도 연차가 쌓이니 학교에서 후배 지리 선생님이 생기기도 했다. 예전 생각이 나서 내 수업은 언제든지 활짝 열어 놨다. 거꾸로 내 수업에 초대하기도 했다. 수업은 서로 열고 얘기를 많이 나눠야 함께 성장할 수 있다. 막상 서로 수업을 열고 보면 별 것 아니다. 좀 부족해도 괜찮다. 수업 준비가 확실히 된 다음에 열어야지라고 하면 못 열고, 결국 공개수업 때나 억지로 겨우 열게 된다. 그러니 먼저 열고 봐야 한다. 처음이 좀 힘들 뿐이다. 용기를 가지자!

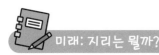
　학부 때 술자리에서 동기나 후배들은 지리교육과에 오긴 했지만, 지리를 왜 배워야 하는지 잘 모르겠다는 말을 많이 했다. 현직 지리 교사 중에도 있을지 모르겠다. '무엇을', '어떻게' 가르칠 것인가 보다 '왜' 가르칠 것인가가 더 중요한 것 같다. '왜'는 결국 방향성이기 때문이다. 그러나 나도 명확한 답은 없었다. 그럼에도 어디에, 무엇이, 왜 있는지 공부하는 것은 그냥 재미있다. 그런데 지리는 정말 뭘까? 산맥을 외우고, 하천을 외우고, 또 지도를 외우는 것이 전부일까? 처음 학원에서부터 시작해 지금 학교에 와서도 가만히 앉아 있는 아이들에게 그런 것들을 외우는 것이 지리가 아니라고 열변을 토했다. 다른 선생님들이 지리를 암기 과목이라고 말할 때마다 나는 아니라고 적극 반박했다. 아니, 지리가 하나부터 열까지 다 외우기만 하면 진정 100점을 맞을 수 있다는 말인가? 지리는 '관계'에 대한 이해가 필요하다. '암기 과목'이라고 하는 것은 과거 학력고사의 잔재가 아닐까? 스마트폰 시대, 간단한 인터넷 검색으로 쉽게 찾아 알 수 있는 정보들을 달달 외워야 하는 것은 이제 의미가 없다. 물론 암기가 중요하지 않은 것은 아니다. 암기한 내용만을 평가하면 낮은 수준의 평가가 되겠지만, 암기가 되어야 이것을 가지고 활용할 수 있으므로 암기 자체가 평가 절하되어서는 안 된다.

　지리 교사는 수업 첫 시간에 지리가 무엇인지 정성을 들여 설명해야 한다. 지리(地理)는 땅의 이치에 대한 학문으로 땅 위의 자연 및 인문 환경과 사람과의 상호작용 어쩌고저쩌고…. 그러나 자칫 지루한 설명으로 이어지기 쉽다. 일상에서 '지리'라는 말은 길을 찾을 때 쓰일까 잘 들을 수 없다. 우리가 학교에서 가르치고 배우는 '지리'가 일상에서 잘 안 쓰는 '지리' 용어에 종속될 때 앎과 실재의 간극으로 지리 교사의 자존감은 낮아진다.

지리는 철학과 같이 거대 담론이다. 자연지리와 인문지리뿐만 아니라 경제지리, 정치지리, 역사지리 등등 세부적이고 광범위한 분야는 다른 학문 분야와 제휴하는 간(間)학문적 특성이 잘 드러난다. 하름 데 블레이의『분노의 지리학』이 대중적으로 히트를 치며 도서 분야에서 일반인들의 지리에 대한 인식이 조금씩 바뀌기 시작한 것 같다. 이후『총, 균, 쇠(재레드 다이아몬드)』,『지리의 힘(팀 마샬)』등과 같은 책과 김이재 교수님과 같은 분들의 활약은 지리의 대중화에 큰 도움이 되고 있다. 혹자는 지리의 기술이라고 부르는 GIS 분야의 경우 실제 지리 전공자가 많이 없는 것을 보고 지리의 것을 빼앗겼다고 하지만, 우리도 하는 것이니까 참여하면 되는 것이다. 우리나라에서 융합 논의에 불붙였던 최재천 교수의 '통섭' 개념이 한국에 어떻게 적용될 수 있는지는 이견이 있다고 하더라도, 사회는 하나의 창만으로는 이해할 수 없다.

지리가 사회과학으로서 세상을 바라보는 눈, 그 자체로 의미가 있고 재미있지만, 고등학교 교육 방향이 대학의 학생부종합전형(이하 '학종')과 함께 진로교육으로 흐르면서 우리 지리도 진로와 연결지어야 했다. 일반사회를 구성하고 있는 정치, 법, 경제 등이 대학에 단일 학과로 거의 모든 대학에 있는 것과 비교하여 지리는 지리학과나 지리교육과로만 연결시켜 고등학교에서 지리의 설 자리는 좁아지고, 함께 위상도 낮아진 측면이 있다. 지리는 지리 교사들만 좋아한다는 과거를 반성하고 새 교육과정인 2022 개정 교육과정에서 그 어느 교과보다 변화와 혁신을 시도했다. '세계시민과 지리', '한국지리 탐구', '도시의 미래 탐구', '여행지리', '기후변화와 지속가능한 세계' 과목의 개발은 이것도 모두 지리라는 확장성을 보여 주고, 진로교육으로서의 가능성을 기대하게 한다. 그동안의 관성을 극복하고 다시, 지리를 시작할 때이다.

공존은 지리에서 가르쳐야 할 중요한 가치이다. 지리가 함께 살아가는, 그 공간에 관한 이야기이기 때문이다. 과거에는 우리 사회가 공동의 목표를 설정하고 달성하기 위해 공동체가 중시되어 동질성, 동감의 가치와 집단적 사고력이 강조되었지만, 삶의 모습이 다양해지면서 시민성이 중시되고, 다양성, 공감의 가치와 비판적 사고력이 강조되고 있다. 자신이 사는 지역에 대한 이해와 관심을 가지고 참여하는 시민성의 공간이 요구되는 것이다.

내가 살고 있는 평택은 '주한미군기지 이전에 따른 평택시 등의 지원 등에 관한 특별법'으로 삼성전자 반도체 공장이 들어서면서 각종 개발과 함께 인구가 급증하고 있는 지역이다. 이에 따라 도시의 공간 변화가 활발하게 이뤄지고 있다. 나는 성남에서 태어나 평택에는 연고가 없었지만, 학교 때문에 이사를 와 살게 되면서 평택의 변화를 몸소 느끼고 있다. 새로운 공원, 도서관이 생기고, 도로가 뚫리며 나의 삶에도 밀접하게 영향을 미친다. '나'의 삶에 직간접적으로 영향을 미치는 도시 계획에 참여할 수 있는 창구들은 여럿 있다. 나는 평택역 광장 조성, 평택 도시 기본 계획 시민참여단에 지원하여 활동할 기회를 가지게 되었다. 참여하며 지역에 대한 소속감이 강화되었고, 다양한 분야의 시민들과 의견을 나누며 우리가 원하는 도시의 미래를 그려볼 수 있었다. 내가 참여했던 공간의 변화를 눈으로 확인할 때 이렇게 반영이 되었구나 확인하는 재미도 느꼈다. 살기 좋은 도시를 만들어 가는 주체로서 나는 무엇을 할 수 있을까 생각하고 고민하며 시민참여의 중요성을 체험한 값진 경험이 되었다. 우리가 살아가는 공간에서의 공간적 시민역량은 지리를 통해 함양할 수 있는 것이다.

　수업을 잘하고 싶다. 수업을 잘한다는 것을 우리 아이들이 수능에서 한 문제라도 더 맞히도록 내용을 알기 쉽게 잘 설명하는 것이라고 생각한 때가 있었다. 그러다 보니 스스로 인터넷 강의(이하 '인강')와 비교하게 되고, 우리 아이들이 점수가 잘 안 나오면 교사로서의 자존감도 낮아졌다. 굳이 아이들이 인강 말고 내 수업을 들을 필요가 있을까? 학교는 교육과정의 기관일까, 평가의 기관일까? 흥미로운 점은 교사들은 학교를 교육과정으로 보는 쪽의 비중이 훨씬 높지만, 학생이나 학부모님들은 평가로 보는 쪽의 비중이 훨씬 높다는 것이다. 우리가 수능에 초점을 맞추고 수업을 하려고 하면 할수록 학생들은 학교에서 수업보다 평가가 더 중요해지는 상황이 반복되는 것이다. 우리가 수업을 통해 학생들에게 가르치고자 하는 것과 평가가 일치해야 하는 이유이다. 내가 수업에 대한 관점이 바뀌게 된 계기는 통합사회 핵심 교원 연수에 참여하면서부터였다. 이 연수는 통합사회 과목이 처음 교육과정으로 들어오면서 통합사회를 가르치는 선생님들을 위한 연수를 준비하는 강사 양성 연수로 약 1년 동안 이어졌다. 지리, 역사, 일반사회, 윤리과에서 유명한 선생님들이 많이 모여 계셨다. 물론 나는 우연한 기회에 막연한 용기로 운이 좋게 참여한 경우다. 학회의 단체 메일을 받아 보고 무작정 하겠다고 했다. 교육에 한창 제4차 산업혁명 이야기가 시작될 때였다. 미래 우리 아이들이 교실로 꼭 나와야 할까? 교사의 상당수가 필요 없게 되지 않을까? 이러한 미래 학교에 대한 위기감과 개인적인 수업에 대한 고민이 합쳐진 혼란스러운 시기에 통합사회 연수는 시의적절한 터닝 포인트가 되었다. 전국의 훌륭한 선생님들과 함께 공부하고 서로의 수업을 공유하며 수업에 대한 인식이 바뀌었다. AI가 외우고 문제 풀고 하는 수업은 할 수 있지만, 함께 느끼고 생각하는 수업은 할 수 없다. 그럼 지리에서 가르쳐야 하는 것은 무엇일까?

### 1) 감수성 수업: 난민 문제에 대해 어떻게 생각하는가? – 그림책 활용 프로젝트 수업

난민을 신청하는 외국인은 급증하고 있지만 우리나라는 외국인이 난민 인정을 받기 대단히 어려운 나라이다. 우리나라에서 난민 문제에 대한 많은 관심을 불러일으키게 된 사건은 2015년 터키 해안가에서 모래에 얼굴을 묻고 숨진 채 발견된 아이의 사진이다. 시리아의 내전과 위협을 피해 사람들을 가득 태우고 유럽으로 향하던, 작고 낡은 배가 지중해에서 전복된 것이다.

난민들이 무사히 바다를 건넜다고 하더라도 난민을 받아야 한다는 국가와 받지 않겠다는 국가가 있기에 난민들은 또 다른 난관에 부딪히게 된다. 이란 출신 난민 친구와 그의 아버지까지 난민으로 인정받을 수 있도록 도왔던 어린 학생들이 있다. 난민 문제의 해결 방안은 무엇일까? 교사는 학교에서 무엇을 가르쳐야 할까? 이러한 질문으로부터 그림책 활용 프로젝트 수업을 기획해 보았다. 그림책 수업을 통해 난민 인권에 대한 감수성을 함양하고, 프로젝트 수업으로 이어 나가 우리가 할 수 있는 일을 찾아보는 것이다. 그림책은 프란체스카 산나의 『긴 여행』으로, 평화로운 삶을 찾아 자기나라를 떠날 수밖에 없었던 난민 가족의 이야기이다.

전체를 대표하여 한 학생이 그림책을 처음부터 끝까지 읽도록 한다. 다읽으면 모둠별로 그림책을 다시 읽어 보며 가장 인상 깊은 페이지를 찾으라고 한다. 그런 다음 해당 페이지에 대한 핵심 질문을 만들어야 하는데, 핵심질문은 그 페이지에서 말하고자 하는 바를 대답할 수 있는 질문이다. 핵심질문을 만들면 그림책 속 상황에 대해 더 잘 이해할 수 있다. 전쟁을 통해아빠를 잃고 정든 마을을 떠나야만 했던 엄마와 아이들, 사람들의 눈을 피해 밤에 이동해야 했고, 이동 거리가 늘어날수록 계속 줄여야 했던 짐, 국경에서 가로막힌 엄마와 아이들의 한없이 나약한 모습, 발 디딜 틈도 없는 작

그림책을 함께 읽고, 가장 인상 깊은 페이지에 대해 발표하고 있다.

은 보트에 몸을 싣는 사람들 등을 파악하고 공감하고 깨달으며 난민에 대해 알아 가는 과정이다.

다음으로 모둠별 그림책에서 엄마와 아이들의 이동 경로를 알 수 있는 단서를 찾게 한다. 그리고 실제 난민의 이동 경로와 비교해 보며 백(白)지도에 표현한다. 이와 함께 학생들에게 전쟁이 났다고 가정하고, 집에서 나올 때 가져갈 물건을 챙기게 한다. 긴박한 상황을 만들어 주고, 정해진 시간 내에 챙겨 나갈 물건들을 적게 하는 것이다. 먼저 포스트잇에 30초 동안 집에서 챙겨 나갈 10개 품목을 적게 한다. 시간 안에 10개를 다 못 적었어도 적은 것만 가지고 그대로 진행한다. 이번에는 남길 품목에 동그라미 표시해서 20초 동안 5개 품목만 남긴다. 마지막으로 버릴 품목에 가위표 하여 10초 동안 2개 품목만 남긴다. 학생들은 전쟁으로 급히 집을 떠나며 계속 짐을 줄여야 했던 그림책 속 상황을 간접 경험해 볼 수 있다.

그림책 수업은 개인별 느낀 점을 쓰며 마무리하는데, 이때 느낀 점을 쓰며 뭔가 난민을 돕고 싶다는 마음이 들었다면 그 마음으로 자신이 무엇을 할 수 있을지 생각해 보도록 한다. 자연스레 난민을 위해 우리가 할 수 있는 일이 무엇인지 프로젝트 수업으로 이어지게 된다. 프로젝트 수업은 교사가 주도하는 수업이 아니라 학생들 스스로가 문제의식을 가지고 주제를 선정하는 단계에서부터 과제를 해결해 나가거나 연구, 발표 및 평가에 이르기까지 학습의 전 과정에 걸쳐 스스로 참여하는 수업 모형이기 때문에 교사가 대주제를 정해 주고, 학생들이 대주제 안에서 소주제를 정할 수 있도록 한다. 무엇보다 난민에 대해 제대로 알아야 한다는 공감대가 형성된 모둠에서는 난민 인권 알리기 SNS 게시물을 만들어 교실에 전시하기도 했다.

## 2) 로컬시민성 수업: 살기 좋은 마을을 만들기 위해 무엇을 할 수 있는가?

### – 마을 신문 만들기 수업

일상생활에서 접하게 되는 다양한 지리 정보를 활용하여 자신이 사는 지역에 대한 이해를 높이고, 지리적 기능 및 사고력, 분석력 그리고 의사결정 능력 역량을 함양하고자 마을 신문 만들기 활동을 기획하였다. 이를 통해 어디에서 어떤 문제가 발생하고 있는지 조사하고 이에 대한 해결 방안을 찾아보며 살기 좋은 마을을 만들기 위해 스스로 행동할 수 있는 능력을 기르고자 한다.

---

1. 우리 마을 이해하기: 간단한 퀴즈를 풀며('카훗' 활용) 지도와 함께 자신이 살고 있는 지역을 이해함('카카오맵' 활용).
2. 우리 마을 문제점 파악하기: 자신이 생각하는 '우리 마을'의 문제점을 생각해 보고, 이를 급우들과 공유함('패들렛' 및 '워드 클라우드' 활용).
3. 마을 신문 만들기: 모둠별 우리 마을의 문제점을 취재하고, 이와 함께 해결 방안('주민 의견 제안서' 포함)까지 제시하여 마을 신문을 완성함('구글 미트' 및 '구글 문서' 활용).
4. 발표하기: 모둠별 제작한 마을 신문 내용을 토대로 발표자료를 정리하고 발표함('구글 내 지도' 활용).
5. 공유 및 정리하기: 모둠별 완성된 마을 신문을 구글 클래스룸에 게시하여 공유하고('구글 클래스룸' 활용), 각자 배느실(배운 점, 느낀 점, 실천할 점 공유) 활동을 통해 마을 신문 만들기 활동을 정리함('구글 클래스룸' 과제 제출 활용).

---

수업 후 학교생활기록부(이하 '학생부' 또는 '생기부') 기록은 매우 중요하다. 생기부에 무엇을 기록할 것인지 미리 계획을 세워 보고 수업 시간에 관찰해야 학생 활동을 놓치지 않고 기록할 수 있다. 덧붙여, 생기부는 관찰자(교사)의 시선에서 기록한다.

---

### 〈활동 · 배움 · 성장(및 실천)이 있는 생기부〉

마을 신문 만들기 활동에서 평소 자신이 살고 있는 지역의 문제라고 생각한 불법주차 및 등굣길 교통안전 문제를 주제로 주민 의견제안서를 포함한 인터넷 신문을 제작함. **활동**

인터넷, 지도, 답사, 인터뷰 등을 통해 지리 정보를 수집하고 수업 시간에 배운 지역 조사 방법을 적용하여 우리 마을에서 나타나는 문제점을 커뮤니티 매핑으로 표현하며 문제의 양상을 공간적으로 파악함. **배움**

오래된 주택가의 좁은 골목에서 쓰레기 무단배출, 담배꽁초 무단투기, 불법주차 문제가 공통적으로 발생하고 있는 현상을 통하여 지역에 적절한 해결 방안을 모색해 봄. 모둠의 해결 방안이 학생 차원을 넘어서는 쓰레기통, 흡연부스, 공영주차장 등의 설치에 치우치게 되자 모둠 및 교사의 피드백을 통해 학생 차원에서 실현가능한 것들을 다시 찾아보며 문제해결 및 의사결정 역량을 드러냄. **성장**

모둠에서 모둠장 역할을 맡아 소통의 리더십을 발휘해 모둠원들의 역할별 할 일을 정리하고, 신문 제작 단계별 우선순위를 정해 진행 상태를 꼼꼼하게 확인함. **활동**

함께 문제를 분석하고 실현 가능성을 비교해 보며 해결 방안을 마련하는 과정에서 사회 참여의 중요성을 깨달았다고 활동 소감을 공유함. **배움**

활동을 마무리하며 시청에 등교 시간 불법주차 집중 단속을 요청하고, 학교에서 선생님들과 학생들이 등굣길 교통안전 봉사단을 조직하여 운영하는 것을 제안하며 살기 좋은 우리 마을을 만들기 위해 자신이 할 수 있는 일을 찾게 됨. **성장 및 실천**

### 3) 세계시민성 수업: 평화롭게 공존하기 위한 방안은 무엇인가?

– 한반도 세계시민 수업

한반도는 유라시아 대륙의 동쪽 끝에 위치하여 대륙과 해양 양방향으로 교류하고 진출할 수 있는 지리적 이점에도 불구하고 분단으로 인해 남북한의 길이 단절되어 우리의 공간적 사고를 제한해 왔다. 긴장이 매우 높은 적대적인 경계는 우리 스스로를 닫힌 공간에 가둔다. 또한 그 안에서 불필요한 갈등으로 많은 에너지를 소모케 한다. 이러한 문제의식과 고민 속 유네스코 한반도 세계시민 워크숍의 도움을 받아 수업을 구상해 보았다.

총 4차시로, 전반 2차시는 한반도 세계시민 놀이터, 후반 2차시는 북한이탈주민과 다문화 공간 수업으로 계획하였다. 활동 후에는 배움 일기를 쓰는 시간을 가졌는데, 배움 일기에는 '배느실'이라고 해서 배운 점, 느낀 점, 실천할 점을 공유하는 활동을 포함했다.

| 1차시 | 2차시 | 3차시 | 4차시 |
| --- | --- | --- | --- |
| • '경계'를 비주얼 싱킹으로 표현해 보기<br>• 후아유(Who are you?)<br>• 훌라후프 협동 활동<br>• 가까운 숫자 찾기 | • 선 워크숍<br>• 입장 게임<br>• 배움 일기 쓰기 | • 북한이탈주민과 다문화 공간 | • 함께 생각해 보고 공유하기<br>• '경계'를 비주얼 싱킹으로 표현해 보기<br>• 배움 일기 쓰기 |

**비주얼 싱킹: 어떤 생각이나 대상을 간단한 그림과 글로 표현하는 것임.**

본 수업에 앞서 '경계'를 비주얼 싱킹 방법으로 표현해 보기를 하였다. 사전에 아무런 정보도 주지 않고 그냥 '경계'라는 단어만 주고 표현하게 하였다. 이 활동은 수업 후에 다시 이루어졌는데, 수업 전과 후 학생들의 경계에 대한 생각이 어떻게 바뀌었는지 알 수 있다. 학생들은 '경계'라고 하면 역시 휴전선이 생각나나 보다. 휴전선을 가장 많이 그렸고, 물과 기름의 경계, 그리고 우리 학생들이 배드민턴을 좋아해서인지 배드민턴 네트도 보였고, 낯선 것에 대한 경계도 있었다. 낯선 것은 경계의 대상이 되기 쉽다.

책상을 교실 양쪽 벽으로 붙이고 의자만 빼서 큰 원을 만들어 앉았다. 그리고 후아유, 자기소개와 자신의 기분 점수(1~10점) 말하기를 시작했다. 컨디션이 안 좋은 친구는 3점, 고맙게도 그냥 세계지리 수업이 좋다는 친구는 10점 등등 3점부터 10점 만점까지 다양한 점수가 나왔다. 다음으로 생일 순서대로 앉아 둘씩 짝을 지어 다시 자기소개를 했는데, 이번에는 자신을 설명하는 3개의 키워드로 자기소개를 하는 것이다. 둘씩 자기소개가 끝나면 둘씩 둘씩 합쳐 넷씩 모여 이번에는 돌아가며 짝꿍을 소개한다. 배움 일기를 보니 학생들은 자신을 설명하는 키워드를 정할 때 많이 어려워했지만, 자신에 대해 생각해 보고 좀 더 자신을 알게 되었으며 이해할 수 있게 되었다고 했다.

다음으로 훌라후프를 이용한 협동 활동을 진행했다. 6명씩 모둠을 만들어 둘러서서 각자 한 손의 검지 손톱 위에 손톱보다 좀 더 큰 종이를 올리고 그 위에 6명이 균형을 이루어 하나의 훌라후프를 얹은 뒤 종이가 날리지 않게 이 훌라후프를 바닥에 내려놓는 활동이다. 이 활동은 웬만해선 성공하기 힘든 미션이다. 역시 시작한 지 5분이 지나도록 성공하는 모둠은 없었다. 그러나 학생들의 얼굴에는 웃음이 끊이지 않았고, 초반에 비해 서로 대화를 많이 나누기 시작했다. 배움 일기에서 한 학생은 이 활동의 실패 요인으로 '나'에게만 집중한 것을 꼽으며, 어떤 목적을 향해 함께 나아갈 때 협력의 자세가 중요하다는 것을 배웠다고 했다.

훌라후프 협동 활동

가까운 숫자 찾기는 먼저 1부터 50까지 숫자를 적은 종이를 섞어 학생들이 하나씩 뽑게 한 뒤 가장 정적인 취미를 1, 가장 역동적인 취미를 50이라 할 때 자신이 뽑은 숫자에 대응하는 취미를 생각하도록 한다. 그리고 자신의 숫자는 비밀로 한 채 교실을 돌아다니며 다른 친구들의 취미가 무엇인지 알아보고, 자신과 가장 가까운 숫자를 뽑았을 것 같은 친구를 찾아 짝을 지어 함께 자리에 앉는다. 모두 자리에 앉으면 함께 앉은 두 사람씩 자신이 뽑은 숫자와 취미를 공개함으로써 같은 대상도 서로 얼마나 다르게 생각할 수 있는지 다시 한번 깨달을 수 있도록 한다.

선 워크숍에서는 모둠별 '선'이 들어간 단어가 들어간 질문을 최대한 많이 만들도록 하고, 그중 가장 의미 있는 질문 한 가지를 골라 모둠원이 함께 해당 질문을 몸으로 표현하도록 한다. 모둠별로 질문을 표현하고 다른 모둠은 질문이 무엇인지 맞힌다. 그리고 재일동포 사와 토모에의 노래 「The Line」을 들으며 일상 속에서 우리와 그들을 구분 짓는 선의 의미에 대해 다시 한번 생각해 볼 수 있는 시간을 가진다.

입장 게임은 학생들이 가장 좋아한 활동이었는데, 1910년 서울에서 태어난 가상의 인물들을 설정하고, 그들이 격동의 세월을 살아가며 마주했던 어쩔 수 없는 선택의 순간으로 돌아가 자신이 그들의 입장이었다면 어떤 선택을 했을지 교실 앞뒤, 좌우를 오가며 결정한다. 중요한 규칙은 학생들이 서로의 선택을 평가하지 않는 것이다. 각자 왜 그런 선택을 했는지 묻고 서로의 이야기를 경청할 수 있도록 한다.

다문화 공간에 대한 설명에 앞서 재일교포, 사할린교포, 고려인, 조선족, 재미교포, 그리고 농업 등의 노동 이주를 세계 지도에 표현해 보며 한민족이 초국가적으로 연결되어 있다는 것을 한눈에 볼 수 있게 하였다. 그리고 초국가적 한민족 중 북한이탈주민을 사례로 다문화 공간에 대한 수업을 이어 나갔다. 시작하며 '우리 몸의 중심은 어디인가?' 질문을 던졌다. 학생들은 뇌, 폐, 심장 등 다양한 답변을 하는데, 정세운 시인의 「몸의 중심」을 들려주고, 몸의 중심을 '아픈 곳'이라고 한다면 '우리 사회의 아픈 곳은 어디일까?' 물어본다.

북한이탈주민의 현황 통계를 보여 주며 북한이탈주민 중 70% 이상이 여성이라는 점에 주목하게 하고 생계를 위해 탈북한 '마담 B'를 소개한다. 마담 B의 이주 과정을 따라가며 북한이탈주민에 대해 알고 이해하며, 다문화 공간에서 '우리'가 되어 공존하기 위한 노력에 대해 함께 생각해 보고 공유하는 시간을 가진다. 그리고 맨 처음에 했던 '경계'를 다시 비주얼 싱킹으로 표현해 보게 한다.

사례: 왼쪽은 수업 전, 오른쪽은 수업 후의 '경계'를 비주얼 싱킹으로 표현한 것이다.

무지는 편견을 낳고, 편견은 오해를 낳는다. 그 대상은 북한이 될 수도 있고 가까이는 같은 반 친구가 될 수도 있다. 우리는 시민이고 국민인 동시에 세계시민이다. 코로나 위기를 겪으며 한 나라의 위기가 곧 주변으로 퍼져 점차 전 세계에 미치는 영향을 직접 경험하였다. 교실에서부터 평화를 유지하고 창조하는 주체적인 역할이 필요하다. 자신이 살고 있는 공간에 대한 관심이 곧 세상과 소통하고 함께 살고 있다는 공감으로 이어진다. 배움 일기에서 학생들이 가장 많이 강조했던 서로 소통하고 이해하며 나를 되돌아보는 태도인 것이다. 그러기 위해서는 만남이 중요하다. 경계는 단절이 아니라 서로 만남이 이루어지는 소통과 교류의 공간이 되어야 한다. 휴전선이 놀고, 이해하고, 터놓고 이야기하는 놀이터가 되기를 간절히 소망한다.

### 4) 독서 기반 수업: 기후변화 시대 삶의 공간은 지속가능한가?
#### – '평택을 살리는 지도' 수업

학생들에게 잘 가르치는 선생님은 요점을 잘 정리해 주시는 선생님이다. 그래서 교과서는 인기가 없다. 학원이나 인터넷 강의는 교과서 내용이 요약된 교재를 사용한다. 인터넷, 스마트폰에서 단편적인 정보가 쏟아지고 있고 인기를 얻고 있는 직관의 시대, 우리 아이들의 문해력은 점점 떨어질 수밖에 없는 것이다.

과거에는 똑똑한 사람을 원했다. 그러나 똑똑하기만 한 선생님은 인기가 없다. 교사로서 매력이 있어야 한다. 매력은 역량을 통해 드러나는데, 역량은 능력을 관리하고 실행하는 힘으로 무엇을 할 수 있느냐의 문제이다. 그러므로 교실에서 역량교육이 이루어져야 한다. 보유한 지식을 상황과 맥락에 적절하게 활용하고, 그것을 통하여 새로운 지식을 창출할 수 있는 능력 말이다. 이에 교실에서는 생각하는 힘을 키우고 내적 근육을 만들어야 한다. 여기서 학생의 능동적 참여를 유도할 수 있는 매개가 바로 독서이다. 독서는 낯설음을 경험하고 낯선 영역을 자신의 익숙한 공간으로 만든다. 또한 인고의 자세를 길러 주며, 생각의 지도로 저장된다.

이와 같은 이유로 수업 시간에 책을 다양하게, 많이 활용하려고 한다. 『지리의 힘(팀 마샬)』과 같은 지리 관련 도서들은 챕터가 단편적이고 내용이 많지 않아 수업에 활용하기 적절하다. 함께 책을 읽으며 탐구 질문을 만들어 보고, 토의 및 토론을 통해 서로의 생각을 공유할 수 있다. 이와 함께 학생 스스로 탐구 주제를 찾아 학생 주도 탐구 활동으로 진행해 나갈 수도 있다. 지난 학기 한국지리 수업에서는 『석탄아틀라스(하인리히 뵐 재단 외)』를 함께 읽고 '평택을 살리는 지도' 수업을 진행하였다. 『석탄아틀라스』는 기후위기의 21세기, 세계를 태우는 연료, 석탄에 대한 데이터와 사실을 글과 통계, 그래픽으로 한눈에 담아낸 지구 환경 보고서이다.

# 〈평택을 살리는 지도〉 수업

[사전 활동] 『석탄아틀라스』 읽기
[활동 1] 책 서평 및 감상하기
① 기후변화 문제 파악: 책을 읽게 된 동기를 자신이 살고 있는 지역의 기후변화 문제와 관련지어 설득력 있게 제시한다.
② 기후변화 양상 표현: 지역의 기후변화 양상을 비주얼 싱킹(간단한 그림과 글로 표현하는 방법)으로 알기 쉽게 표현한다.
③ 느낀 점 공유: 느낀 점과 함께 자신이 실천할 수 있는 계획을 공유한다.

[활동 2] '평택을 살리는 지도' 제작하기
＊ 인터넷 지도에 해당 지역을 찍고 내용을 작성하는 커뮤니티 매핑 방식으로 제작한다.
① 기후변화 취약 공간 파악: 자신이 살고 있는 지역에서 기후변화에 취약한 공간의 지리적 특징을 인과 관계에 따라 설명한다.
② 기후변화 취약 공간 조사: 기후변화에 취약한 공간의 사진을 찍고, 문제점을 파악하여 구체적으로 신문 기사를 작성한다.
③ 공간적 문제해결능력: 기후변화 취약 공간의 문제점에 대한 해결 방안을 공간적 측면에서 설득력 있게 제시한다.

[활동 3] '기후변화와 지속가능한 평택' 발표하기
① 기후변화 영향 표현: 기후변화로 나타난 지역의 변화를 인간과 상호관계 측면에서 표현한다.
② 지속가능성 발표: 기후변화와 관련하여 지역의 지속가능성에 대해 구체적인 방안을 들어 논리적으로 제시한다.

인터넷 지도에 커뮤니티 매핑 방식으로 제작한 신문 기사

## 1) 쉼 끼워 넣기

워라밸은 우리 사회에서 직장 선택의 필수 기준이 되었다. 그러나 나는 행복한 삶이란 퇴근 이후뿐만 아니라 직장에서도 행복할 수 있어야 된다고 생각한다. 그렇지 않으면 퇴근 시간만 기다리게 될 것이다. 퇴근 이후만 진짜 자신의 삶인 것처럼 생각할 것이다. 물론 워라밸을 부정하는 것은 아니다. 하루 중 많은 시간을 보내는 학교에서도 행복하자는 말이다. 학교에서 퇴근 시간만 기다렸다면 얼마나 불행한 삶이겠는가? 학부 때 교육학과 교수님께서는 사대를 다니면서 교사가 자신과 맞지 않는다는 것을 깨달았다면 가장 큰 수확이라고 말씀하셨다. 이미 교사로서 학교에 와 있으니 교사가 된 이유야 어떻든 학교에서도 행복했으면 좋겠다. 교사는 아이들을 좋아해야 한다. 아이들을 싫어하는 사람은 교사가 되면 불행해진다. 헨리 반 다이크는 『무명교사 예찬』에서 지식은 책에서 배울 수 있으나, 지식을 사랑하는 마음은 오직 따뜻한 인간적 접촉으로써만 얻을 수 있다고 했다. 나에게 가르칠 수 있는 기회가 주어졌다는 것은 참으로 행복한 일이 아닐 수 없다. 수업뿐만 아니라 아이들과 함께 놀 기회인 체육대회, 축제에도 적극적으로 참여하면 좋다. 내가 잘 모르는 아이들과도 라포가 형성될 수 있기 때문이다. 우리 반 학생이 될 수도, 수업 시간에 볼 수도, 그렇지 않을 수도 있지만, 학교라는 한 공간에서 함께 생활하며 서로 공감대가 형성된다. 그래서 나는 잘하지 못하지만, 아이들과 체육대회든 축제든 뭐든 적극적으로 참여한다.

교사는 워라밸의 대표격이다. 밖에서 보는 교사들은 저녁이 있는 삶을 누리고, 방학 때마다 해외여행을 나간다. 게다가 방학 때는 노는 데도 또박또박 월급을 준다. 교사들은 정말 다양한 여가 생활을 영위하겠다고 생각할 것이다. 그런데 여가(餘暇)는 말 그대로 일이 없어 남는 시간이라는데, 실제

청와대 현장체험학습

는 저녁에도, 방학에도 녹록지 않은 삶이 기다리고 있다. 퇴근 시간 이후에도 방과 후 수업, 야자, 업무, 수업 준비, 각종 행사 등과 개인적인 연수 일정까지 더하면 남는 시간이 별로 없다. 또 그 시간 쪼개 가며 개인적으로 자기계발을 위해 독서도 해야 하고, 교사모임이라든지, 집필이라든지 등의 활동도 하게 되면 거의 욱여넣는 수준이다. 교사들은 회사처럼 학기 중에 연가를 쓰고 여행을 못 가다 보니 여행은 방학 때 성수기에나 시도하게 되는데, 당연히 여행 경비가 최고로 비쌀 때라 포기하는 일이 빈번하다.

따라서 학사 일정대로 바쁘게 돌아가는 와중에 알아서 잘 쉬어야 한다. 나는 쉴 때 집에만 있어야 쉰 것 같다. 딱 집돌이라고 할 수 있다. 일주일 중에 하루는 온종일 집에만 있는다. 쉬는 게 사람마다 스타일이 참 다른데, 나처럼 집에서 쉬는 사람이 있고, 밖에 나가서 친구들을 만나는 것이 휴식이 되는 사람도 있다. 요즘 드는 생각은 뭐든 적당히 해야 한다. '아무것도 하지 않으면 아무 일도 일어나지 않는다.'는 말이 있듯이 집에서 가만히 있으면 정말 아무 일도 일어나지 않는다. 히키코모리가 될 순 없지 않은가.

교실에 피곤한 상태로 들어갔더니 학생이 그려준 그림. 북촌한옥마을 답사

집에서 배달음식을 시켜 먹고, 누워서 넷플릭스나 유튜브 따위를 보는 게 더할 나위 없이 행복하지만, 막상 나가면 누구보다 재밌고 집에 최대한 늦게 들어가려고 한다. 음악회나 뮤지컬을 가면 교사들이 참 많다. 공연이 시작되기 전에 말소리가 들리는데, 교사들의 학교, 학생, 인사 이야기 등 익숙한 단어들이 여기저기서 들려온다. 우리 집은 이런 공연을 찾아다니는 문화가 아니어서 이런 취미는 나와 거리가 멀었다. 중학교 때 음악회를 보고 오라는 숙제를 하러 친구들과 간 것이 유일했다. 그때는 너무나도 가기 싫었다. 봐도 졸리고, 우아하고 웅장한 분위기는 나에게 맞지 않다고 생각했다. 그런데 교사가 되고 가본 예술의 전당에는 교사들이 참 많았다. 티켓 한 장에 기본 십만 원이 훨씬 넘는 가격인데, 교사들뿐만 아니라 사람들이 많은 것을 보고 문화적 차이를 느꼈다. 뭐 때문에 사람들이 이렇게 많을까 궁금해하며 일 년에 한 번은 보자는 마음으로 연말마다 음악회든 뮤지컬이든 보러 다니기 시작하니 자연스레 취향이라는 게 생기고, 그 매력에 빠져들었다. 예술은 사람을 즐겁게 하고 영감을 준다. 경이로운 세계에 잠깐이나마 함께하게 되어 공연이 끝나고 나면 여운이 길게 남는다. 음악회를 보고 오는 숙제와 같은, 어렸을 때 그런 경험이 나중에 제힘으로 다시 볼 힘이 된다. 그러나 그마저도 지역마다 문화 인프라의 차이로 힘들 수도 있다. 문화적 자산이 풍족한 가정이야 상관없겠지만, 그렇지 않으면 평생을 경험해 보지 못하거나 한두 번의 경험으로 졸리기만 한, 볼 것도 없는, 자신에게는 가치 없는 것들로 기억될 수 있다. 작년 여름 방학에는 학교 기숙사 학생들을 데리고 서울에 있는 한 미술관에 다녀왔다. 미술관이 처음인 아이들도 있었는데 꽤 만족스러워했다. 꼭 클래식을 즐겨야만 하는 것도 아니고 취향의

연말 콘서트

차이일 뿐이지만, 다양한 문화를 접하는 것은 나와 다른 사람에 대한 이해를 높일 수 있고, 사고가 확장된다. 새로운 곳에 가고, 새로운 것을 봐야 새로운 생각, 아이디어가 떠오르는 것이다.

끝으로, 건강 관리를 강조하고 싶다. 어릴 때는 건강에 대한 생각도 별로 없으면서 건강을 자신한다. 먹는 것이나 운동, 건강 관리를 꾸준하게 하면 괜찮지만, 그렇지 않은 데도 건강을 자만하는 것은 몸이 망가지고 있는데 그냥 젊어서 티가 안 났을 뿐이다. 내 경험이기도 한데, 몸이 아파 보니 문득 나는 다른 사람에게 어떤 사람일까, 나도 좋은 사람이고 싶다는 생각들이 들었다. 건강한 하루가 그저 감사한 삶이다.

## 2) 자기계발: 도전할 용기

고등학교 때 독서실에서 학교 선생님을 봤다. 지금 나는 스터디 카페(이하 '스카')에서 우리 아이들과 마주치고 있다. 스카에 앉아 있으면, 아이들이 그렇게 인사를 하러 온다. 선생님인 내가 자기들이 공부하는 공간에 같이 앉아 있으니 신기한가 보다. 고등학교 때 독서실에서 본 선생님은 학생처럼 배낭을 메고 오셔서 한참 책을 보다 가셨다. 선생님도 공부하는 그 모습이 나는 멋있고, 존경스러웠다. 물론, 지금 나는 자기계발이라는 이름으로 앉아 있지만, 원고 마감 일정에 쫓기고 있는데 집에서는 자꾸 눕게 돼서 무작정 밖으로 나온 것이라 존경하는 선생님의 모습과는 거리가 있다.

사실 학교에만 있으면 내가 잘하고 있는지 잘 알 수 없다. 교실은 교사의 전문성이라는 방패 안에서 교사의 역량을 숨긴다. 계속해서 좋은 선생님, 좋은 수업, 좋은 것들을 경험해야 한다. 그래서 나는 하나둘 도전을 시작했다. EBSi에서 학습 Q&A의 답변을 달아 주는 온라인 교사로 활동하며 한국지리와 세계지리 수능 공부를 제일 열심히 했던 것 같다. 하루에도 수십 개, 시험 기간 때는 수백 개의 질문이 올라왔고, 수능 수준에서 몰라도 되는 질문들도 많이 올라왔기에 답변을 달아 주려면 공부를 안 할 수가 없었다. 덕분에 우리 아이들이 어느 부분을 어려워하고 헷갈리는지 알 수 있어서 수업때 그 부분을 고려할 수 있었고, 출제 때도 원하는 난이도에 조금 더 가까이 다가갈 수 있었다. EBS 교재나 기출문제집을 검토하게 되면서는 자연스레 문제에서 발문, 자료 제시, 선지 구성하는 방법 등을 익히게 되었다. 처음에 내가 할 수 있을까 머뭇거렸던 일들을 도전해 보며 성장하는 기분이 좋았다. 이와 함께 수업 내용의 오류를 바로잡고, 출제에 자신감이 생겼다.

학부 교양 수업 때 나의 꿈을 발표하는 PPT를 만들었었는데, 거기에 단순하게도 교사 되기, EBS 강의하기, 책 쓰기 세 가지를 적었었다. 지금 보면 정말 막연한 꿈이 아닐 수 없는데, EBS 강의에 대한 꿈은 방송고 강의로 대체가 된 것 같다. 강의 원고와 교재를 쓰고, 영상을 찍는 일련의 과정들은 막연한 꿈으로 감당하기에는 너무나 고되긴 했다. 매일 마감이었고, 한국교육개발원의 피드백이 계속 이어졌다. 힘든 만큼 당연히 배우는 것도 많았다. 아직도 잘못 가르치고 있었던 내용을 발견하기도 했고, 교재를 쓰며 출판사의 피드백도 받으니 문장력도 좋아지고 문제의 완성도도 높아졌다. 생전 안 하던 발음 연습도 열심히 했다.

연차가 쌓일수록 부족했던 밑천이 드러나는 것 같았다. 공부를 더 하고 싶었다. 대학을 졸업한 지도 오래되었고, 무엇보다 문득 전문성을 높이고 싶은 욕심이 났다. 무턱대고 북한학과 대학원에 입학했다. 분단의 공간은 우리의 지리적 상상력을 제한한다. 통일 담론도 중요하지만, 북한 지리에 대해서도 잘 알아야 한다고 생각했다. 한반도를 얘기하는데 북한을 빼고 얘기할 수 없다. 북한은 인접해 있고, 미국과 중국의 지정학이 충돌하는 지대이다. 북한을 터부시만 해서는 발전적인 담론이 형성되기 어렵다. 이러한 문제의식을 가지고 학교 수업이 끝나면 서울행 기차에 피곤한 몸을 실어 2년 동안 여차저차 수료는 했다. 수료한 지 1년이 훌쩍 넘었지만 아직까지 논문은 쓰지 못하고 있어 마음이 무겁다. 교사로서 학문의 토대를 다시금 다지는 과정으로 삼아 도전해야 할 때이다.

나의 꿈 PPT 마지막 목표였던 '책 쓰기'는 한동안 이뤄지지 못하고 있다가 교사모임 활동을 하며 도전할 수 있게 되었다. 같이 근무했던 이명준 선생님의 소개로 전국지리교사모임(이하 '전지모') 집행부에 덜컥 들어갔다. 어떻게, 바로 용기를 냈다. 처음 교직 생활을 시작했을 때 사수 선생님은 책꽂

방송고 한국지리 강의 장면

이에서 『아우라지』라는 책을 꺼내 주셨다. 『아우라지』는 전지모의 지리교육 전문지이다. 거기에는 수업 아이디어, 연수 정보, 책 소개 등 알찬 내용도 내용이지만 지리 선생님들의 지리에 대한 열정이 가득 차 있어 가슴이 벅차 올랐다. 그런 전지모에 집행부로 활동하게 된다니 마다할 이유가 없었다. 어떻게 보면 기다렸는지도 모르겠다. 전지모에서 집행부 활동을 하며 『아우라지』에 글도 써 보고, 답사도 진행해 볼 정도로 전국의 지리 선생님들을 만나며 많이 배우고 있다. 지리 교사로서 정체성이 선명해지고, 소속감은 자부심이 되었다. 참 과분하게도 현재는 전지모의 공동회장으로 활동하고 있다. 이런저런 과정에서 몇 권의 단행본과 교과서 집필 기회가 생겼다. 용기를 내 도전했다. 전지모의 여러 훌륭하신 선생님들과 함께여서 해 나가고 있는 것 같다.

학교에서 지리 교사는 거의 한두 분, 지리를 가르치는 사람으로서 외롭다. 게다가 나는 게으른 사람이라 외부 자극이 없으면 뭘 하기가 힘들다. 이때 교사모임은 함께 공부하며 수업자료를 만들 수도, 답사를 갈 수도, 그리고 고민을 나눌 수도 있다. 나에게 자기계발은 바로 전지모 그 자체이다.

### 3) 추천하고 싶은 책과 영화

가장 큰 위로는 '나도 그랬다.'는 것이다. 나도 너처럼 떨어졌었는데, 아팠었는데, 섭섭했었는데, 나도 그랬다는 것은 깊은 공감으로 큰 위로가 된다. '다른 사람들은 어떤 생각을 하고, 어떻게 살까?' 궁금할 때 책이나 영화를 보면 다른 사람들의 생각, 삶을 경험하며 공감과 위로를 받는다. 여기, 당시 나에게 위로가 되었던 책과 영화 몇 편을 소개하고자 한다.

① 『에디톨로지(김정운)』: "모방은 창조의 어머니가 맞다는 확신!!"

『에디톨로지』는 경기도교육청 평가 연수 때 강사셨던 최종현 선생님께서 추천해 주신 책이다. 우리가 학교에서 가장 어려워하는 것 중의 하나가 출제인데, 출제할 때 기존에 없었던, 아이들의 사고력을 향상해 줄 수 있는 문제를 내고 싶지만, 번번이 실패하여 좌절할 때 큰 도움이 된 책이라고 하셨다.

'에디톨로지(Editology)'라는 용어는 '편집학'으로 직역할 수 있겠지만 기존에는 없는 단어로 이 책의 저자인 김정운 교수님이 만드신 개념이다. '창조는 편집이다', '해 아래 새로운 것은 없다' 등의 글은 컨트롤 C, 컨트롤 V가 아닐까 하는 내 문제에 대한 죄책감을 조금은 덜어 주었다. 물론, 저자의 주장은 단순히 복사하는 차원이 아니다. 내가 이해한 대로 간단히 설명해 보면, 대상을 편집 가능한 형태로 나누고 재구성하는 것을 말한다. 자신만의 데이터베이스를 구축하고 편집 가능성을 높여 편집하는 역량이 중요한 것이고, 이러한 역량을 길러야만 한다.

더불어 4차 산업혁명을 변화에 대한 막연한 불안감을 효과적으로 구체화한 것이라고 한 평가는 평소 대단히 추상적이라고 생각했던 4차 산업혁명에 대해 뭐라 설명하지 못한 나의 갈증을 해소해 주었다.

② 『상실의 시대(로버트 루트번스타인 외)』 : "지금 우리에게 필요한 것은!"

　　『상실의 시대』는 2016년에 열렸던 그랜드 마스터 클래스, 빅 퀘스천 강연을 정리한 책이다. 우리나라에 『생각의 탄생』으로 유명한 창의성 연구의 대가 로버트 루트번스타인과 정여울, 정관용, 표창원, 김정훈, 서민, 이진우 등 다양한 분야를 넘나드는 지식인들이 '상실의 시대'를 테마로 이야기를 펼친다. 한 끼만 먹어도 각종 쓰레기가 한가득 나오는 풍요의 시대를 살아가고 있지만, 동시에 4차 산업혁명이라는 미래 변화에 대한 막연한 불안감, 그리고 치솟는 물가, 롤러코스터 집값 등의 현실 속 혼란과 함께 세상의 격류에 휩쓸리며 우리는 무언가 모를 상실의 시대를 살아가고 있다. 이 상실감을 정여울은 인간의 마음이 세상의 변화 속도를 따라가지 못하기 때문이라고 했다.

　　사라진 것들은 많다. 이 책을 통해 무엇이 사라졌는지 알 수 있었던 것은 가장 큰 수확이다. 세상의 정말 다양한 무지(無知) 중에서 '지금 나에게 필요한 것은?' 물음을 던지고, 답을 고민해 보자!

### ③ 『공감 수업(김홍탁, 강영아)』: "좋은 수업을 하고 싶다는 진심!"

2017년 통합사회 핵심 교원 연수 때부터 2~3년 동안 함께 활동했던 오현고 강영아 선생님과 그 남편분께서 쓰신 책이다. 내외분은 모두 제주도의 일반사회 교사로, 김홍탁 선생님은 중학교에 계신다. 두 분은 제주도에서 여러 교사모임을 함께하고, 집에서도 수업에 대해 많은 이야기를 나눈다고 하신다. 강영아 선생님은 수능에서 한 문제라도 더 맞힐 수 있는 수업이 목표였던 나의 수업을 변화시켰다. 배움이 삶과 분리되지 않는 선생님의 교육철학이 반영된 수업은 주제와 감수성이 살아난다. 선생님의 수업 이야기를 듣고, 학생 입장에서 모둠 활동을 해보며 학교, 교사의 역할에 대해 다시 생각해 보게 되었다. 느껴야 행할 수 있다. 난민을 도와야 한다고 백날 강조하는 것보다 난민에 대해 알게 되고, 돕고 싶다는 감수성이 필요하다. 직접 선생님의 수업을 경험해 보며 매해 같은 교안을 쓰고 싶어하는 나에 대해 진심으로 반성하게 되었다. 교사는 계속 성장해야 한다. 아이들은 빠르게 성장하고, 세상은 빠르게 변화해 가기 때문이다. 스스로 성장하는 것은 힘들다. 지속적인 외부 자극이 필요하다. 이에 많은 선생님들이 추천하듯 교사모임이 중요하다. 강영아 선생님 내외분은 가정에서도 이러한 대화가 가능하다. 더 좋은 수업에 대해 함께 고민하고 조언해 줄 수 있는 사람이 부부라는 것은 보기만 해도 경이롭다. 나의 수업이 아이들의 삶과 연결되기를 바란다면 이 책이 따뜻한 안내자가 되어 줄 것으로 확신한다.

④ 「파수꾼 2011(윤성현)」: "너와 친해지고 싶어!"

「파수꾼」은 윤성현 감독, 이제훈, 박정민 배우 주연의 영화이다. 이 영화를 한마디로 소개하자면, 남자아이들의 소통에 관한 이야기이다. 그 자체로도 불안정한 10대, 늘 함께였던 남자아이들은 암묵적인 권력관계 속에서 방황한다. 셋이 친군데, 두 친구는 같은 중학교를 나오고 나는 아니라면? 지금 생각하면 별것도 아니지만, 그때의 나라면, 나만 신경 쓰는 친구들과의 사이에 커다란 벽이 있었을 것이다. MZ세대건 뭐건, 아무리 시대가 변했어도 세 친구 사이의 묘한 긴장감은 여전한 것 같다. 2022년 웨이브에서 빅히트를 쳤던 드라마 「약한 영웅」에서도 세 친구 중 한 친구와 더 친해지고 싶은 한 친구로부터 갈등이 심화된다. 남자아이들도 예민하고 섬세한 감수성을 지니고 있지만, 자신의 속마음을 잘 이야기하지 않는다. 본심과 다른 말이 마구 튀어 나가기도 한다. 더군다나 부모와는 단절돼도 또래 친구와는 열려 있다고 하는 10대 청소년임에도 친구 관계는 그저 어렵다. 영화를 보는 입장에서는 아이들이 서로를 생각하는 진심이 느껴지지만, 이것은 전지적 관객 시점이다. 진심이 다르게 나타나고 소용돌이치는 현실 속에 아이들의 우정은 날카로운 칼날이 되어 서로를 사정없이 찌른다. 나의 어린 시절이 생각나 공감이 되어 영화를 보는 내내 안타깝고 연민이 가득했다.

'너와 친해지고 싶다!' 이 한마디 전하기 힘들었던 답답한 나와 영화 속 세 친구가 자신들만의 아지트, 폐기차역에서 캐치볼하며 노는 모습이 오버랩되며 오늘날 우리의 교실 속 아이들을 다시 쳐다보게 된다.

⑤ 「빌리 엘리어트 2001(스티븐 달드리)」: "내 꿈에 대한 믿음!"

「빌리 엘리어트」는 영국 로열 발레단 필립 모슬리의 실화를 참조해 제작한 영화이다. 뮤지컬로도 제작되고, 우리나라에서도 여러 차례 공연되었다. 필립 모슬리는 탄광촌 출신으로, 영화에서 '빌리'라는 11세 소년이다. 영화는 영국 중부 더럼주 일대와 뉴캐슬 등지에서 촬영했는데, 영화의 배경이 되는 더럼은 뉴캐슬, 리즈 등 미들랜드 공업 도시에 석탄을 공급하는 지역이다. 1980년대 석탄 산업이 경쟁력을 잃자, 영국 정부의 석탄 산업 합리화 정책으로 인한 영국 사회의 시공간적 과도기를 잘 보여 주고 있다. 빌리는 광부인 아버지와 나이 차이가 많이 나는 형, 그리고 치매가 좀 있는 할머니와 살고 있다. 빌리는 우연히 접하게 된 발레에 대한 꿈을 키워 나가는데, 아버지는 빌리가 남자답게 권투를 하길 바란다. 그렇지만 빌리의 재능을 알아보고, 빌리를 믿고 지원해 주는 윌킨스 선생님과 함께 아버지의 극심한 반대를 설득시킨다. 가난한 탄광촌의 아들 빌리가 발레에 대한 꿈을 꾸는 공간은 국영기업의 민영화와 구조조정 등 신자유주의의 물결 속에 휩쓸리는 시골로 너무나도 척박하다. 아버지는 배신자라는 낙인을 무릅쓰고 파업에서 이탈하며 빌리를 물심양면으로 지원한다. 탄광촌은 몰락해 가지만, 마초 중심의 탄광촌에서 미운 오리 새끼였던 빌리는 유명한 발레리노가 되어 백조로 날아오른다. 영화 속 빌리는 지지와 응원을 이끌어내는 힘이 있다. 빌리의 곁에서 서로를 있는 그대로 인정해 주는 절친 마이클과의 장면들도 인상 깊다. 따뜻한 위로를 느껴 보자.

교사가되려는
그대에게

저의 경험과 생각을 책에 담아 위로와 응원의 마음을 전합니다. 고등학교 때는 내신에, 수능에 매여, 대학 때는 임용고시 준비한다고 노량진에, 스터디에, 틈틈이 아르바이트까지. 돌아보면 잘하든 못하든 공부를 위한 시절이었습니다. 임용 공부를 하면서는 고등학교 때 진작에 이렇게 공부했으면 좋았을 걸 괜스레 아쉬워하면서 말이죠. 임용 공부는 기간제 교사 생활을 병행하게 되면서 더욱 힘들어졌습니다. 나는 티오가 너무 적기 때문에 떨어진 것이라는 자기 합리화 속에서, 티오가 없는 해에는 어차피 해도 안 됐을 거라며 안심하고, 티오가 조금이라도 뜬 해에는 공부를 안 한 죄책감에 마음이 더욱 불안했습니다. 그렇지만 인생에서 버리는 순간이 없다는 믿음으로 다음 학교를 구하기 위해, 또 임용을 위해 하루하루 최선을 다할 뿐이었습니다.

우리 앞에는 아주 긴 도로가 있습니다. 이 도로를 비질하려면 서두르면 안 됩니다. 허리를 펴고 앞을 보면 조금도 줄어들지 않은 것 같아 더욱 긴장되고 불안해집니다. 나중에는 숨이 탁탁 막혀서 더이상 비질을 할 수 없죠.

"한꺼번에 도로 전체를 생각해서는 안 돼. 다음에 딛게 될 걸음, 다음에 쉬게 될 걸음, 다음에 하게 될 비질만 생각해야 하는 거야. 계속해서 바로 다음 일만 생각해야 하는 거야."

『모모』의 청소부 베포처럼 저도 누군가에게 멘토가 될 수 있기를 바랍니다. 아이들이 부모의 등을 보며 자라듯 좋은 멘토는 가르치는 것이 아니라 사는 것(生)이라고 합니다. 어려운 친구들에게 대학 등록금을 대신 내주시겠다는 은사님의 낡은 구두를 기억합니다. 우리가 걸을 길은 꽃길이 아닐지도 모르겠습니다. 그럼에도 불구하고 촛불을 켜 빛을 밝히고자 애쓰는, 여러분의 다음 걸음을 응원합니다!

3월은 지나가 버린 겨울 방학에 대한 진한 아쉬움이 채 가시기도 전에 크고 작은 업무들이 물밀듯이 밀고 들어와 싱숭생숭하면서 설렘도 있고, 걱정도 많은 아주 정신 없는 시기이다. 그러나 그 와중에 담임 교사가 되었다면 3월에는 바쁘겠지만 쉬는 시간이나 점심시간 교실에 자주 가 보길 권한다. 학기 초에는 담임 학급의 학생들을 파악하는 것이 매우 중요하다. 이름도 외우고, 상담도 하지만 교실에서의 모습은 또 다를 수 있다. 따라서 쉬는 시간이나 점심시간 교실에 가서 누가 누구랑 친한지, 장난을 심하게 치는 애는 없는지, 점심에 밥을 안 먹는 애는 없는지 등을 꼼꼼하게 살펴보아야 한다. 밥을 안 먹는 경우 다이어트를 무리해서 하는 경우도 있고, 같이 밥 먹으러 갈 친구가 없어서인 경우도 있다. 전자는 학부모님과도 상의를 해야 하는 부분이고, 후자는 학생과 상담을 통해 친구를 사귈 수 있도록 도와주어야 하는데, 모두 재빠른 대처가 요구되는 사안이다. 학급 분위기가 어느 정도 파악이 되었으면 1번 학생부터 하루에 한 명씩 관찰하는 것도 팁이다. 종일 그 학생만 관찰하는 것이다. 전체적으로만 보면 특이점이 없거나 눈에 잘 안 띄는 학생은 교사들로부터 소외될 수 있기 때문이다.

**Tip**

상담할 때 평소에 비해 속에 있는 말들이 오가고, 아이의 말을 끊지 못하기도 하고, 교사로서 의지가 과해서 등등 상담 시간이 애초 생각보다 훨씬 길어지는 경우가 많다. 또한 무엇보다 많은 학생들을 상담해야 하는 선생님이 먼저 지칠 수 있는 게 문제지만, 길어지면 상담 일정에 차질이 생기고, 학생마다 상담 시간에 차이가 날 수도 있다. 학생들 중에는 자신의 상담 시간을 친구의 상담 시간과 비교하며 선생님의 자신에 대한 관심도로 생각하고 섭섭함을 갖는 경우도 많다. 따라서 상담하기 전 30분 이렇게 상담 시간을 정해 놓고 공지하는 것이 좋다. 그래야 학생도 시간을 고려하여 자신의 말을 조절할 수 있다. 또한 학생에게 사전에 상담 주제와 상담 때 답변해야 할 것들 중 일부를 알려 줘서 미리 준비해 올 수 있도록 해야지, 아니면 학생이 상담 그 자리에서 생각하느라 의미 없이 시간이 흘러갈 수도 있고, 짧은 시간에 대강 답변하게 되어 상담 효과가 떨어질 수도 있다.

덧붙여 교사와 학생의 성별이 다른 경우, 특히 남교사가 여학생과 상담을 할 때에는 학생은 문이 보이는 자리에 앉히는 것이 학생에게 심리적으로 안정을 줄 수 있다. 상담실이 아니라 교무실과 같이 오픈된 공간에서는 학생과의 대화 소리가 주변에 안 들리게 하는 것이 포인트다. 아무리 학생이고 주변에 선생님들만 있다고 하더라도 학생의 프라이버시이기 때문이다.

## 이런 사람 꼭 있다!

교무실에 있다 보면 꼭 볼 수 있는 선생님이 있다. 뭐 할 때마다, 매 단계마다 어떻게 하는지 물어보는 선생님이다. 가령 성적 처리 기간이라고 하면, "자기야, 성적 마감 언제까지지?", "답 입력 어디서 하는 거야?", "성취 기준 꼭 써야 되나?", "마감 버튼 어딨지?" 등등 이미 메신저를 통해 친절하게 하나하나 안내가 다 되었지만, 메시지 에서는 '성적 처리' 단어만 하나 확인하신 것 같다. 처음에는 재깍재깍 대답을 해 드 렸는데, 대답만 해서는 안 되고 직접 노트북을 보고 눌러 드려야 할 때도 생긴다. 이 러한 상황이 계속 반복되다 보니까 이제 그만 모른 척하고 싶을 때도 있었다. 그런데 이제는 내가 "봉사활동 확인서 언제까지 내는 거죠?" 허공에 대고 묻는 모습을 발견 하게 되었다. 초심을 잃은 게 아닐까 스스로 매우 실망스럽지만, 나의 근본 없는 물 음에 매번 답을 해 주시는 착한 선생님들이 계시니 교직 사회가 아직은 따뜻한 것 같다. 메시지를 꼼꼼하게 읽고, 메모하는 습관을 기르자!

## 수행평가에 임하는 자세

"수행평가로 뭘 할까?"는 매학기 초의 큰 고민이다. 결과뿐만 아니라 과정 또한 중시한다는 수행평가는 교사와 학생 모두에게 부담이 되지만 기회가 되기도 한다. 평소 주입식 수업을 주로 했던 교사는 수행평가 기간에 활동식 수업을 해 볼 수 있고, 생기부 과세특의 주재료로 활용할 수도 있다. 학생은 의사소통 역량을 함양할 수 있고, 발표 기회를 가질 수도 있다. 그러나 교사와 학생이 수행평가에 임하는 자세는 동상이몽이다. 교사는 수행평가에 지필평가에는 담을 수 없는 가치 등을 담곤 하는데 학생들은 수행평가를 통해 배우는 게 없다고 생각한다. 또한 학생들의 스케줄러에는 수행평가 일정들로 빼곡하다. 우리 학교 2학년의 경우 9과목에 과목당 2~3개씩의 수행평가가 있다고 한다면 한 학기에 수행평가가 최소 18번 이루어진다. 과제형 수행평가는 금지되었지만 변종되어 여전히 과제형인 것 같은 수행평가도 있고, 뭘 많이 외워야 하는 수행평가 또한 여전히 상충하고 있는 가운데 학생들은 어떻게 생각할까? 과연 학생 주도 수업이 더 좋을까? 학생 스스로 탐구하고 답을 찾아가는 수업이 주입식 수업보다 더 효과적일 거라는 교사의 믿음은 우리 아이들에게 공허하다. 효율성이라는 측면에서 학습의 효과만을 생각한다면 수행평가는 힘이 없다. 그럼에도 불구하고 수행평가를 통해 우리 아이들이 생각하고 표현할 수 있는 힘을 기를 수 있었으면 좋겠다. 교사와 학생의 동상이몽 간극을 줄여 나가기 위해서는 수행평가 과정에서 그냥 다음, 다음 과정만 안내할 것이 아니라 적시에 적절한 피드백을 제공해 주어야 한다. 수행평가를 설계할 때 무엇을 가르칠 것인가 명확한 목표를 설정하고 학생들이 하기 전 반드시 교사가 먼저 학생의 입장에서 해 봐야 한다. 그래야 애초에 불가능했던 목표였다면 바로잡을 수 있다. 지필평가는 몇 번이고 반복해서 풀어 보지만, 예를 들어 직접 네 컷 만화를 그려보지 않았다면 그 수행평가는 성공하기 힘들다. 숙의에 숙의의 과정이 필요하다.

언론에서 아무리 교사의 직업적 매력도가 떨어졌다고 한들, 교사는 매력적이다. 먼저, 아이들이 예쁘다. 이성복의 『나는 저 아이들이 좋다』에서처럼 바라만 보아도 좋다. 해가 바뀔 때마다 나는 한 살씩 나이를 먹지만, 우리 교실의 아이들은 늘 푸르다. 그런데, 이것이 교사를 나태하게 만들기도 한다. 나는 작년과 똑같아도 아이들은 모르기 때문이다. 교사는 가르쳐야 하므로 늘 배워야 한다. 나는 교사의 가장 큰 매력으로 내가 좋아하는 공부를 마음껏 하며 나의 역량을 마음껏 발휘할 수 있는 것으로 꼽는다. 아이들 앞에서 부끄럽지 않으려면 계속해서 공부를 할 수밖에 없다. 때때로 고단함으로 배움을 게을리하기도 하지만, 그럼 내가 읽고 싶은 책을 아이들과 함께 읽으며 극복해 나갈 수도 있다. 또한 학교 행사 때 내가 듣고 싶은 강의로 추진할 수도 있다. 아이들과 함께 공부해 나갈 수 있는 것이다. 나는 감수성 수업, 독서 기반 수업과 북한, 통일, 시민성, 지정학, 기후변화 분야에 관심이 많다. 이와 관련하여 각종 연수를 신청해서 수시로 계속 듣고 있다. 연수는 일 년 내내 쉼이 없다. 연수를 듣다 보면, 연수를 통해 다양한 사람들을 만나게 되면 수업에 대한 아이디어가 뜬금없이 떠오른다. 스스로 성장하는 것은 힘들다. 이에 외부 자극이 큰 도움이 된다. 연수를 늘 가까이하자! 경력이 쌓여 가면서 수업의 질은 교사의 질을 넘을 수 없다는 말에 더욱 공감하게 된다. 그래서 여기저기 관심을 가지고 참여하다 보니 자연스레 내가 하고 싶은 일들을 찾아 공부하며 부족하지만 나의 역량을 발휘할 수 있는 기회를 많이 만났다. 함께 배우고, 느끼고, 실천해 나갈 수 있는 아이들과의 삶이 감사할 따름이다.

2022년 3학년 8반 졸업앨범 찍은 날

# 호기심이
# 많은 교사

이지원

나의
교사 이야기

잘못 탄 기차가 목적지에 데려다준다!

　"진로 희망이 뭐예요?" 지금도 학생들에게 많이 묻는 이 질문을 나도 어릴 때 많이 받곤 했다. 지금은 교사라는 직업에 내가 제법 잘 어울린다고 생각하곤 하지만, 학창시절에는 교사를 구체적으로 꿈꿔본 적이 사실 없었다.

　지금처럼 고등학교의 성적과 생활이 대학 입시에 중요한 영향을 미치는 수시 전형이 없던 시기였고, 막연한 진로 희망이 있었을 뿐 그걸 구체화하여 고등학교 생활을 하는 건 아니었던 때라서 더욱 그랬을 수도 있겠다. 막연하게나마 내가 고등학교 시절 진학을 꿈꿨던 학과는 지금의 직업과는 많이 다른 '응용통계학과'였다. 그 학과를 희망한 이유는 어쩌면 단순했다. 고등학교 때 수학 과목을 좋아했고 그래서 수학과 연계되는 응용통계학과에 진학하고 싶었다. 희망하는 대학의 볼펜, 파일 등을 구입해서 가지고 다녔고, 활발한 성격으로 인해 친구들이나 선생님들까지 어느 학교에 가고 싶은지, 어떤 학과에 진학하고 싶은지 모두 알 정도가 되었다.

사실, 수학 과목을 많이 좋아하고 그래서 잘했던 이유는 아주 명확했다. 고등학교 1학년 때 수학 선생님을 좋아해서 그 선생님께 좋은 학생, 잘하는 학생으로 인식되고 싶다는 욕심, 그게 아주 중요한 이유였다. 그리고 그 선생님은 3년간 수학 시험이 끝날 때마다 내게 웃는 얼굴로 '100점이니, 다 맞았니?'라는 엄청난 질문을 하셨다. 고등학교 1학년 때도 수학을 곧잘 하는 학생이었지만, 100점은 쉽지 않은 일이었다. 선생님의 그 질문에 "네!!"라고 당당하게 답하고 싶어서 나는 만점을 위해 노력해야 했다. 다른 친구들과의 경쟁에서 이겨 좋은 등급을 받는 정도로는 만족될 수 없는 목표, 만점만이 나의 목표였다. 그렇게 수학을 좋아하고 잘해서 고등학교 1학년 때 친구들은 내게 계열이 무엇인지 질문하지 않고 당연히 자연계라고 생각할 정도였지만, 정작 나는 2학년으로 올라가며 계열을 정할 때 고민이 되었다. 수학은 좋은데, 과학 과목에는 흥미가 낮고, 사회 과목들은 좋은데 영어를 싫어했기 때문이었다. 오랜 시간의 고민 끝에 나는 인문계로 계열을 결정했다. 수학을 좋아했지만 자연 계열의 학과들에는 흥미가 가지 않았기에, 인문 계열로 편성되어 있는 연세대 응용통계학과를 찾아낸 후 마음 편하게 인문계로 진학했다. 그리고 지금 생각해 보면, 그때의 결정은 참 다행이다 싶다. 그렇지 않았으면 지금 나는 지리 교사가 될 수 없었을 테니까.

고등학교 때 우리 집은 넉넉하지 못한 상황이었기에 학원을 다닐 수 없어서 나의 모든 학습은 학교에서 이루어졌다. 일과 중에는 수업을 열심히 듣고, 야간이나 주말에는 학교에서 하는 자율학습으로 모든 학습 시간을 채웠다. 월간, 주간, 하루 계획을 잡고 자율학습을 하면서 이해가 되지 않거나 모르는 개념이나 문제와 홀로 치열하게 싸우고, 그래도 해결되지 않으면 교과 선생님들을 찾아가 물어보며 공부했다. 쓸모없는 경험은 없고, 어린 시절의 결핍이나 어려움은 성장이 동력이 될 수 있다고 하지 않던가. 바쁜 부모님으로 인해 홀로 알아서 결정하고 공부했던 나는 독립적이며 변화에 유연한 성향을 갖게 되었다. 어려운 상황에서도 늘 밝은 말투로 나를 환대해 주시고, 나의 결정을 존중해 주셔서 긍정적이며 자기 확신이 높은 사람이 되었다. 부모님께 참 감사하다.

고등학교 3년 동안 참 열심히 공부했다. 고등학교 공부에 집중하게 된 나만의 계기가 있다. 고등학교 1학년 초, 성적 우수 장학생에게 장학 증서를 주는 행사가 있었는데, 강당 단상에 올라 다른 학생들이 장학 증서를 받는 모습을 지켜보는 그 자리가 어쩐지 나는 불편하고 속상했다. 그래서 결심했다. '엄마 아빠가 멀쩡하게 낳아 키워 주셨는데, 장학금, 나라고 못 받을 이유가 있나. 열심히 해서 장학금 꼭 받을 거다.' 감사하게도 나의 결심은 현실이 되었다. 고등학교 2학년 이후 나는 교외 장학금을 받을 수 있었고, 등록금보다 많은 장학금으로 집에 조금이나마 도움을 드릴 수 있었다. 만약 지금 다시 고등학생이 되어 공부하라고 한다면, 거절하고 싶을 정도로 3년 동안 치열하게 열심히 했다. 그래서였을까. 안타깝게도 수학능력시험을 보는 날의 부담을 이기지 못했다. 잘 보고 싶다는 욕심이 지나쳤는지, 고등학교 시절 보던 학력평가에서는 받아본 적 없는 성적을 수학능력시험의 결과로 받게 되었다. 하늘이 무너지는 기분. 며칠은 그랬다. 그러나 어쩌겠는가.

그게 결과인 것을. 그리고 고민이 시작되었다. '내게는 연년생인 남동생이 있다. 집이 넉넉하지 않은 상황에 고3이 되는 남동생이 있는데, 재수를 할 수 있을까? 재수한다면 많은 학원비가 들 거고, 동생과 함께 대학에 입학해야 하는 어려움이 생긴다. 우리 집의 경제 사정으로 현명한 선택일까?' 부모님은 "그래도 해 봐라. 너무 아쉽다."라고 하셨지만, 나는 심각하게 고민하지 않을 수 없었다.

고민의 결과는 부모님의 권유와 다른 선택이었다. 나는 그냥 주어진 성적 내에서 대학을 선택하기로 했다. 다행히 95년 입시에는 지금의 수시와 유사한 특차 모집 즉, 내신 40%와 수능 60%로 반영되는 전형이 있었기에 아쉬운 수능 성적을 내신으로 보완하여 진학할 수 있었다. 나의 결정을 들은 고3 담임 선생님도, 부모님도 선뜻 허락하지 않으셨다. 내가 특차 전형으로 선택할 대학은 고등학교 내내 노래를 부르던 학교가 아니었고, 정시에서 그 학교의 낮은 학과를 도전해 볼 수 있는 성적인데 시도해 보지도 않는 건 너무 아쉽다는 이유에서였다. 부모님은 신경 쓰지 마라셨지만 집안 사정을 고려하지 않을 수 없었다. 담임 선생님께서는 "지금 네가 쓰려는 학교의 사회 교육과를 쓰면 무조건 합격이다. 결과를 보지 않아도 확실하다. 그런데 정말 후회하지 않을 자신 있냐?" 대학도 학과도 낮춰서 합격 안정권으로 원서를 접수하려는 내게 담임 선생님은 몇 번을 되물으셨지만, 결국 나는 고등학교 때는 생각하지 않았던 학교와 학과의 특차 전형으로 원서를 접수했다. 그리고 장학생으로 합격했다. 부모님께 합격 소식을 전했는데도 웃지 않으셨다. 그리고 미안해하셨다. 그 모습이 속상해서인지, 내가 소원하던 대학이 아니어서인지 이유를 알 수 없는 눈물이 흘러 특차 전형에 합격한 날 하루 종일 많이 울었다. 대학에 입학하고도 1학년 초에는 희망하지 않았던 대학과 학과란 생각에 적응하고 싶은 생각이 들지 않아 마음고생을 했다. 그렇게 잠시 방황을 했지만, 다행히 잘 적응했다.

사회과교육으로 전공을 정한 것은 내가 사회 과목을 좋아했기 때문이다. 그리고 친구들에게 모르는 문제 등을 알려 주면 애들이 "선생님보다 네가 설명해 주면 더 잘 알아듣겠다." 등의 말을 했던 게 떠올랐기 때문이다. 사회생활학과는 1학년 때 역사, 지리, 일반사회교육을 개괄적으로 모두 배우고, 2학년 때 구체적인 전공을 정하는 학부제 방식의 학과였다. 2학년에 올라가며 나는 지리 전공을 선택했고, 일반사회를 부전공으로 정했다. 한 학기에 한 번 답사를 다니기도 하고, 눈에 보이는 경관을 학문적으로 설명해 내는 지리 전공 수업은 들을수록 매력이 있었다. 2학년 1학기, 전공으로 나뉜 후 첫 학기의 전공 대표를 할 정도로 적극적이면서 사람들과 잘 어울려 지내는 소위 '인싸'가 되었다. 그렇게 재미있게 열심히 대학 생활을 하면서 장학금을 타기도 하고, 틈틈이 아르바이트(학과 조교 보조, 어학원 보조 등)도 해서 4년간의 등록금을 부모님께 의존하지 않고 스스로 해결했다는 것은 내 나름대로 자랑스럽게 생각하는 이력이다.

지리 공부의 재미는 대학원 진학을 고민하게 하였다. 석·박사까지 계속 공부하여 지리학자가 되고 싶다는 생각으로 대학원에 진학했다. 일주일에 이틀씩 낮에는 학과 사무실에서 조교로 일하고, 원서를 기본으로 한 수업을 들으며 하루를 시간, 분 단위로 쪼개 쓰는 바쁜 시간을 보냈다. 특히 사회생활학과는 1학년 정원이 120명, 총 480명인 대형 학과로 간호대 등과 규모가 유사했지만, 단과대가 아닌 학과라서 조교가 하루에 1명씩만 배정되었다. 학생 480명에 교수님이 열두 분, 시간 강사 선생님까지 합하면 정말 너무 규모가 큰 학과라 시간표 작성 및 조율, 교수님 수업 도움, 답사 진행 등 어마어마한 일을 하루 1명, 일주일을 다 합쳐도 3명뿐인 학과 조교들이 해결해야 했다. 특히 전공별 답사를 가는 때면, 지리, 일반사회, 역사가 각기 다른 곳으로 가면서 전송해야 할 공문이 하루에 7~8개인 때도 있었다. 그렇게 엄청난 업무량을 감당하는 학과 조교를 1년 반(3학기) 동안 했더니 학교에 왔을 때 웬만한 일에는 놀라지도 않고 처리할 정도로 업무 처리 능력이 향상되어 있었다. 힘들거나 어려운 일을 경험하는 학생들에게 해 주는 "어떤 경험이든 쓸모가 있다. 헛된 시간과 노력은 없다." 등의 말은 나의 경험에서 비롯된 것이다.

3학기의 대학원 수업과 조교를 끝내고, 논문 학기인 4학기에 접어들 무렵인 여름 방학에 지도 교수님으로부터 연락이 왔다. 지도 교수님과 동기분이 교감으로 계시는 고등학교에서 믿을 만한 시간 강사를 추천해 달라고 연락이 왔다고, 논문을 작성하면서 시간제로 일해 보면 어떻겠느냐고 물으셨다. 논문을 쓰는데 현장 경험이 좋은 기회가 될 것으로 생각되어 은평구의 한 여고에서 2학기 시간 강사를 하게 되었다. 교사가 될 생각은 크게 없는 채로 조금 안일한 마음으로 간 학교 현장에서 나는 많은 시간의 수업을 담당하게 되었고, 학교에 오랜 시간 머무를 수밖에 없었다. 그런데 그렇게 처음 의도와는 달리 논문과 멀어지고 수업에 집중하게 된 시간이 재미있고 의미도 있게 여겨졌다. 어쩌다 보니 담임도 아닌 내게 수업 후 상담하고 싶다고 찾아오는 학생이 있어서 점심시간이나 일과 후에 이야기를 나누기도 하면서 이름 그대로 '강사'였던 내가 점점 '교사'가 되어가고 있었다. 그리고 연말이 되었을 때는 교사를 계속하고 싶다는 생각에 이르게 되었다. 학생들에게 지리를 가르치는 것도, 상담 등을 하며 학생들의 학업과 삶에 도움을 주는 것도 매력적으로 느껴졌기 때문이다.

그렇게 나는 학생들의 지리적 지식 및 사고력과 자존감을 높이는데 기여할 수 있는 지리 교사가 되기로 나의 진로를 변경하였다. 다음 해에도 나는 같은 학교에 근무하며 학생들과 만나고 있었고, 정규직 교사가 되기 위한 공부를 병행하게 되었다. '임용고사'가 아니라 '임용고시'라 불릴 정도인 시험에 도전하면서 이상한 경험을 몇 번 하게 되었다. 두 자릿수가 넘는 임용고사의 1차 필기시험은 2번이나 통과해 놓고, 1차에 비하면 수월한 1.5배수의 2차 시험에서 2번이나 불합격한 것이다. 처음 2차 시험 때는 파워포인트를 5장 작성하는 게 과제였는데, 슬라이드 삽입이 아니라 새로 만들기로 5개를 각각 만들어 버린 것이다. 아무리 떨린다고 해도 이 무슨 말도 안 되는 실수인지, 채점하는 선생님도 너무 안타까운 마음이셨는지 "다 만드셨는데, 뒤에 4장은 점수를 하나도 드릴 수가 없네요. 어쩌죠?" 하셨다. 그렇게 2차 시험을 망치고 나니 2차 시험에 대한 트라우마가 생겨 두 번째 1차 합격 후에는 논술을 1/3도 작성하지 못하고 나오는 어이없는 실수를 해 버렸다. 정말 아무 생각도 안 났다. 말도 안 되지만 그랬다. 그렇게 1차 합격 후 축하 인사를 미리 받기도 할 정도로 무난할 거라 여겼던 임용 2차 시험에서 불합격하니 '교사가 내 길이 아닌가?' 그런 생각마저 들었다. 더욱이 지리는 사립 학교에서도 많이 뽑지 않아 교사가 되고 싶다는 나의 의욕은 자꾸 무너져 갔다.

그렇게 8년을 시간 강사 및 기간제 교사와 임용고사를 병행하며 지쳐 가던 중 우연한 기회에 사탐 과외를 해 보자는 제안을 받게 되었다. 지리와 일반사회 교사 자격증이 모두 있는 나는 사탐 과목 중 가르칠 수 있는 과목이 많았고, 이걸 무기로 3호선 지하철역인 압구정에서 대치까지, 흔히 말하는 사교육의 메카 지역에서 전문 사탐 과외를 하게 되었다. 고3 수험생을 중심으로 1년간 과외를 하며 학교에 있을 때보다 많은 돈을 벌었지만, 어쩐지 마음이 허전했다. 오전에는 쉬고, 오후와 밤에 일하는 것도 적응이 되지 않았다. 그래서 '마지막이다, 이번에도 안 되면 사교육을 내 길로 여기고 그것에 몰입하겠다.'는 생각으로 그해 나온 서울시 사립 고등학교 지리 정교사 모집만 접수했다. 그리고 기적이 일어났다. 총 4개의 원서를 접수했고, 2개 학교에 최종 면접을 가게 되었고, 지금 근무하는 중앙고에 최종 합격을 한 것이다.

북촌한옥마을                     중앙고

중앙고는 남학교인데, 나는 여고에서 근무한 경력만 있었다. 더욱이 100년 역사를 가졌으며, 고려대학교 재단의 학교이기에 합격 가능성을 가장 낮게 봤던 곳에서 최종 합격을 한 것이다. 그렇게 1908년에 개교한 중앙고등학교가 100주년 되는 해인 2008년, 나는 중앙고 지리 교사가 되었다. 지금

도 생생하다. 학교에 원서 접수하러 왔을 때 봤던 눈 쌓인 예쁜 교정, 합격 전화 받았을 때의 떨림, 고려대학교 이사장실에 가서 임명장을 받던 날의 감격. 그래서 지금도 예쁜 교정, 멋진 교사들, 착한 학생들이 있는 중앙고에서 근무하는 하루하루가 감사하다. 더욱이 중앙고는 교사의 자율성을 존중해 주는 학교이기에 북촌한옥마을, 기후변화, 평화통일 등 관심 영역이 다양하고 하고 싶은 일들이 많은 나랑 참 잘 맞았다.

어느 날 본 드라마에서 주인공의 대사가 매우 인상적이었다. "잘못 탄 기차가 때론 목적지에 데려다준다." 찾아보니 인도의 속담이라고 한다. 내 삶에 적용해도 꽤 맞는 말인 것 같다. 사범대에 가려던 게 아니었고, 교사를 하려던 게 아니었고, 사립 학교에 가려던 게 아니었다. 어쩌다 보니 사립 학교에서 지리 교사를 하고 있다. 그런데 지금 돌아보면 근무지가 바뀌지 않는 사립 학교는 내게 잘 맞는 곳이고, 교사는 내가 봐도 남이 느끼기에도 내게 잘 어울리는 일이었다. 처음 설정한 목적지에 닿지 못했다고 해도, 너무 좌절할 필요는 없다. 지금 있는 곳에서 움츠리지 않고 상황 속 최선을 찾다 보면 어쩌면 이후 도착하는 곳이 내 진정한 목적지가 될 수도 있다. 지금과 미래에 보는 것이 다를 수도 있다. 어쩌면 중요한 것은 목적지 그 자체보다 목적지라 여기는 방향으로 다가가는 여정일 수도 있다.

## 학생의 자립과 성장을 돕는, 지리 교사

### 1) 남학생 탐구 – 남고의 여교사, 잘할 수 있다

나의 꿈은 '학생의 자립과 성장을 돕는, 지리 교사'이다. 학생들에게 관심 분야의 직업 이름 '명사' 대신 '동사'로 꿈을 생각해 보라고 말하곤 했다. 그래서 내 꿈도 '지리 교사'가 아니라 '학생의 자립과 성장을 돕는, 지리 교사'이다. 교직에서 퇴직한 후에는 학생이 아닌 또 다른 누군가의 자립과 성장을 돕는 일을 하며 내 꿈을 지속할 것이다. 그래서 나는 직업인이 되면 끝나는 명사형 꿈이 아니라, 나의 일로 세상을 긍정적으로 변화시키는 데 기여하는 동사형 꿈이 좋다.

그런데 여고에서 8년을 근무하다 남자 고등학교로 온 첫 해, 나의 동사형 꿈이 흔들렸다. 같은 학생이지만 여학생과 많이 다른 남학생들을 만나니 그들은 어떤 존재인지, 어떻게 그들을 도울 수 있을지 판단이 서질 않았기 때문이다. 지금은 또 달라졌을지 모르겠지만, 내가 있었던 여고의 학생들은 수업 시간에 참 조용했다. 충분히 알 만한 것을 물어도 큰 소리로 답을 해 주는 학생은 별로 없었다. 칠판에 필기할 때, 흰색 분필이 없어서 색 분필을 쓸 때면 학생들에게 그 상황을 꼭 말해 줘야 했다. 그렇지 않으면 중요한 것으로 생각해 색 볼펜을 이용해 교사의 필기를 옮겨 쓰는 경우가 생기기 때문이다.

그에 비해 남고 학생들은 잘 모를 만한 것을 물어도 너도나도 큰 소리로 답을 했다. 그래서 일반적으로 수업 시간은 왁자지껄했다. 교사가 칠판에 중요한 내용을 다양한 색의 분필로 필기해도 학생들은 본인이 쓰던 볼펜으로 모든 내용을 필기하는 경우가 대부분이다. 여고생과 남고생이 참 다르게 느껴졌다. 여성인 엄마가 다른 성별의 아들을 키우는 것과 유사하게 여교사가 남학생들을 대하는 것 역시 '남녀의 특성에 대한 다름'을 충분히 이해하는 것이 필요하다고 생각되었다. 교육, 즉 Education을 어원으로 풀어 보면 'E는 밖으로, duce + ate는 이끌다.' 즉, 그 사람 안에 존재하는 능력, 지식 등을 밖으로 끌어내는 것이다. 학생들의 기본 특성을 제대로 인식해야 학생들이 자기다움을 찾아가는데 제대로 된 도움을 줄 수 있다. 그래서 남고에서 근무한 첫 해, 시중에 출판된 아들 키우기와 관련된 책은 모조리 찾아 읽었다. 그랬더니 조금씩 남학생들의 행동 패턴이 이해되기 시작했다. 최근에도 아들 관련 책이나 동영상은 꾸준히 찾아보는 편이다. 그렇게 책으로 배운 내용과 15년 동안 남고에서 근무한 경험이 합쳐지다 보니, 요즘은 후배 여선생님들께 남학생에 대해 설명해 줄 수 있을 정도가 되었다.

남학생의 특성과 그에 따른 교육 방법에 대해 내 나름대로 정리한 내용은 다음과 같다. 물론, 모든 남학생에게 적용되는 것은 아니며, 예외나 정도의 차이는 있을 수 있다.

① 첫째, 남학생은 인정 욕구가 높고, 공감 능력이 낮은 편이다.

남학생들은 인정 욕구가 높아 '내가 못 한다는 사실을 선생님에게 들키는 일'을 수치스럽게 여기는 경향이 있다. 그래서 나는 학생이 실수나 잘못했을 때, 학급에서 그 일을 다루지 않으려 한다. 그 학생을 데리고 나와 1:1로 마주 보고 개별적으로 이야기하면 대부분 문제가 수월하게 해결된다. 상담할 때, 조금이라도 향상된 점을 찾아 인정하고 칭찬하여 학생의 자존감과 학습 의욕을 높여 주는 게 중요하다. 비판적으로 잘못한 점만 지적하지 않도록 주의한다. 무모한 계획을 한다면, "안 돼!"라고 말하기 전에 목표를 쪼개고 구체적으로 계획을 작성하여 작은 성공을 경험할 수 있도록 도와준다.

남학생들을 공감 능력이 높지 않아 교사의 세밀한 감정 표현은 잘 읽지 못하는 편이다. 그래서 교육할 때 화를 내는 것보다 냉정하고 단호한 게 더 도움이 된다. 원하는 바를 직접적으로 간단하고 명료하게 말해야 한다. 그리고 남학생은 감정을 세밀하게 생각하지 않아서인지 대체로 뒤끝이 없다. 학급 조회 시간에 화내고 1교시 수업에 들어가도 여교사인 나는 감정이 미묘하게 남아 조금 어색한데 남학생들은 벌써 아무렇지 않다. 그래서 참 신기하고, 깔끔하다.

② 둘째, 남학생은 청각과 언어에 약하고, 시각 및 숫자에 강한 편이다.

여학생들은 청각과 언어에 강해서 교실에서 이루어지는 교사 중심의 수업에 적합하다. 이에 비해 남학생들은 청각이 약하고 시각이 강해서 듣는 수업보다 직접 만지고 탐색하는 활동을 좋아한다. 멀티가 잘 안돼서(집중력이 강해서) 한 가지 일에 빠지면 옆에서 하는 말도 잘 듣지 못한다. 안 듣는 게 아니라 안 들리는 듯 보인다. 그래서 나는 학급에서 중요한 전달 사항을 말할 때는 시선을 내게 고정하도록 한 후 짧고 정확하게 말한다. 그리고 내가 전달한 내용을 다시 말할 수 있도록 질문한다. 그럼 안전하다.

③ 셋째, 남학생은 정적인 학습보다 신체적 활동, 논리적 토론을 좋아하는 편이다.

남고의 학교 운동장은 늘 바쁘다. 체육 시간뿐 아니라 쉬는 시간과 점심 시간에도 시간을 쪼개 운동장에 나오는 학생들로 북적거린다. 그래서 교실에서 대부분의 수업이 진행되는 우리나라 교육 시스템에 적응해야 하는 남학생들이 짠하다. 어쩌면 교실의 정적인 수업을 위한 학교 공간 배치와 규칙, 일과표가 남학생들을 열등하거나 산만하게 보이도록 만드는 것일지 모르겠다. 산만하다는 건 호기심이 많고 에너지가 많다는 것이다. 지금 당장 교육 시스템을 바꿀 수 없다면, 교실에서라도 남학생들이 움직일 수 있는 수업을 구성하면 좋겠다. 토론과 발표 등을 할 때 남학생들이 활발해지는 것을 보면 때로는 좀 안타깝다. 그리고 나는 남학생들과 상담할 때 나란히 앉거나 운동장 등을 산책하며 이야기한다. 마주 앉아서 하는 상담은 학기 말이 다 되어도 어색해하는 경우가 있기 때문이다.

남학생이 어색한 여교사가 아닌 '그냥 교사'가 되기 위해 아들을 키워드로 공부했다. 남학교 경력 15년인 지금, 아직 부족하지만 그래도 좀 편안해진 느낌이다. 군대 간다고, 군대에서 휴가를 나왔다고, 취직했다고, 학교 앞을 지나다가 생각났다고 연락하고 찾아오는 제자들이 있는 걸 보면 다행히 학생들에게도 내 마음이 전달된 듯하다.

### 2) 감정 및 행동 조절 – 자존감이 중요하다

학생이 적절한 감정과 행동을 유지하도록 교육하는 건 교과 교육보다 더 중요할 수 있다. 학교는 학업적 성장을 하는 곳이며 동시에 '나답게, 남과 더불어 사는 법'을 배우는 곳이라 생각한다. 자존감이 약한 사람의 성취는 매우 위태롭다. 자존감, 말 그대로 자신을 조건 없이 사랑하고 인정하는 마음이다. 10여 년 담임을 하며 자존감이 훼손되거나 흔들리는 학생들을 여럿 만날 수 있었다. 안타깝게도 최근 들어 마음이 아픈 학생들은 점점 늘고 있다. 그런데도 정신과 등 외부의 도움을 받는 일에 소극적이거나 부정적인 경우가 아직도 많다. 그래서 가끔 아무렇지 않은 듯 이야기한다. "눈이 아프면 안과에 가고, 감기에 걸리면 내과에 가는 것처럼, 마음이 아프면 정신과에 가는 거다. 전혀 이상하지 않은 자연스러운 일이다." 지금 당장은 아니더라도 언젠가 마음이 아프면 도움을 받으라고, 자신을 너무 많이 훼손하기 전에 회복 절차를 밟으라고 말한다.

그리고 수업이나 상담 등 일상에서 학생들의 자존감을 지키고 높여 주기 위해 공부한다. 관련 책을 읽고 동영상을 보면서 내가 더 많은 도움과 위로를 받기도 한다. 『그 아이만의 단 한 사람(권영애)』은 너무 인상적인 책이다. '한 사람에게 받은 깊은 존중과 사랑, 그것이 평생을 살아낼 마음의 힘이 된다. 그 마음의 힘은 어떤 상황에서도 어떤 사람에게도 존중받고 사랑받을 가치가 있는 사람이라고 믿게 한다. 어떤 상황에서도 아이의 감정부터 먼저 안아주어야 하고, 행동 수정은 그 다음이다. 교사는 누구보다 빨리 살려 달라는 아이의 신호를 느낄 수 있다. 그래서 아이와 눈을 맞추고 마음을 위로해 줄 수 있다. 교사는 그 아이만의 소중한 한 사람이 되어 줄 수 있다.' 누군가에게 단 한 사람까지는 아니어도 '그 중 한 사람' 정도 되는 것. 교사가 되기로 결심하며 내가 바랐던 일이다. 그런데 학교 현장에서 학생들과 부대끼며 지내다 보면 초심을 잊을 때가 있다. 그럴 때 이런 독서는 큰 도움이 된다. 지금 학교에서 말썽을 부리고 공부를 안 하는 학생도 어린 시절에는 혼자 걷는다고, 혼자 먹는다고, 배변을 가린다고 그렇게 당연한 일상을 해냈다고 박수와 칭찬을 받던 누군가의 귀한 아이다. 학교에 오는 것만으로도, 건강하게 지내는 것만으로도 얼마나 대단한 일인가. 그리 생각하면 또 그렇게 애들이 다 예쁘고 멋지다.

반면, 자존감을 훔치는 도둑이 있다. 비교와 비난!! 다른 사람과의 비교

그리고 나쁘게 생각하고 말하는 비난으로 자신을 망치는 경우가 너무 많다. 나는 학생들에게 남과의 비교에서 벗어나 자신의 과거보다 나아진 오늘을 만들기 위해 노력하라고 자주 말한다. 학부모 총회 때도 학부모님들께 내가 좋아하는 그림책의 표지를 보여 드리면서 이 부분을 강조하여 말씀드린다.

"잘못한 순간에도 실패가 아니라 성장하는 중입니다. 다른 집 아이와 비교하지 말고 내 아이가 어제보다 오늘 조금 더 성장하도록 도와주세요. 꽃을 품은 특별한 씨앗, 커서 어떤 꽃을 피울까요?" 그리고 애들에게도 자주 하는 말이 있다. "스스로에 집중하면서 나만의 속력으로 내가 원하는 방향으로 꾸준히 가면 된다. 내 마음의 안부를 물어가며 긴 안목으로 현재를 살자." 학부모님과 애들에게 하는 말들은 어쩌면 내가 나 자신에게 잊지 않도록 자꾸 들려주는 말일지도 모르겠다.

"왜 그랬어? 너는 정말 문제가 많다." 비교 못지않게 대안 없는 과도한 비난은 사람을 위축시킨다. 원인을 분석하는 것은 중요하지만, 원인 분석은 대안 만들기를 위한 행위일 때 의미가 있다. '왜'보다 '어떻게'에 좀 더 집중하는 대화가 이루어지면 좋겠다. 시험을 못 봤다. 친구와 싸웠다. 왜 그랬을까를 침착하게 분석한 후, 어떻게 해결하고 나아질까를 깊이 있게 논의하는 게 적절하다.

감정이나 행동을 조절하기 가장 어려운 때를 꼽으라면 아마도 화가 날 때일 것이다. '어떻게 하면 제대로 화를 낼 수 있을까? 학생들을 효과적으로 꾸짖는 방법은 무엇일까?' 내게 많은 고민을 주었던 질문이다. 그리고 내가 얻은 답은 두 가지다. 모욕하지 말고, 한 가지에 집중하자. 화를 내지 않는 것은 오히려 위험한 선택이다. 부정적인 감정도 자연스러운 것이므로 적절하게 표현하는 게 현명한 일이다. 숨기거나 눌러 놓은 감정은 언젠가 크게 폭발할 수 있다. 다만, 화내는 것도 의사소통이니 연습이 필요하다.

최대한 자제력을 발휘하면서 학생이 잘못된 행동을 한 이유를 먼저 물어보자. 자초지종을 듣기 전에 화를 내면 거짓말과 변명을 불러 온다. 때로 내가 오해를 한 경우가 있을 수 있다. 그리고 화낼 때는 우선, 모욕하지 말자. 그 학생 자체(성격, 본성 등)가 아니라 그 학생이 한 행위에 집중해야 한다. "넌 형편없어."가 아니라, "너의 이런 행동은 잘못됐다." 그리고 한 가지만 다루자. 과거의 일을 끄집어내지 말고 지금 이 일에 내가 왜 화가 났는지 짧고 간결하게 말한다. 그리고 학생이 어떻게 해 줬으면 좋겠는지에 대해 이야기한다. 학생은 교사의 뒷모습을 보고 배운다고 한다. 내가 가르치려 하지 않았지만, 평소 내가 하는 행동, 말투 등이 모두 그들에겐 배움의 대상이 되는 것이다. 제대로 화내는 교사를 보고 학생들은 부정적 감정을 표현하는 방법을 배울 수 있다. 물론, 알지만 실천하기는 쉽지 않다. 그래도 자꾸 생각하며 연습하다 보면 조금씩 나아질 나를 생각하며 오늘도 제대로 화내기를 시도한다.

어른인 나도 감정이나 행동을 내 뜻대로 조절하는 건 어려운 일이다. 학생들은 오죽하겠는가. 학생에게 조언한다고 한 번에 변하겠나. 사람은 원래 잘 바뀌지 않는다. 그럼에도 학생들의 변화 가능성을 신뢰하면서 콩나물에 물 주듯 오랜 시간에 걸쳐 조금씩 나아질 거라고 기대한다. 실패에 관대한 마음으로 학생들을 존중하고 그들의 말을 경청하면서 꾸준히 응원하자고 자주 결심한다.

### 지리 수업 노하우 – 앎과 삶, 배움과 실천의 연결 (과목 지도법, 수업 루틴)

지리 교사로 수업을 준비하면서 늘 신경 쓰는 부분이 있다. 내가 가르치는 것보다 학생들이 배우는 것이 중요하다. 학생들이 배운 것은 그들의 삶과 연계되어야 한다. 그렇게 앎과 삶, 배움과 실천이 연결되는 교육을 위해 지리 교과서를 넘어서기 위해 노력한다. 인풋 없는 아웃풋은 없다. 교사가 새로운 아이디어, 내용 지식, 방법론 등을 적절하게 익혀야 학생들에게 의미 있게 전달할 수 있다. 지속적으로 관심을 가지고 수업에 활용하는 몇 가지 내용 또는 교수법을 소개한다.

내가 근무하는 학교는 서울시 종로구에 있다. 창덕궁과 경복궁 사이에 있으며 북촌한옥마을 내에 있는 중앙고는 도심에 위치하여 인구가 공동화되면서 자율형 사립고를 선택한 학교이다. 도심에 있어 서울 전역의 중학교에서 학생들이 지원한다. 그러나 국내뿐 아니라 해외에서도 찾아오는 북촌한옥마을에 대해 정작 우리 학교 학생들은 잘 모르는 편이다.

학교 주변의 마을에 관심을 가지고, 그 활동을 바탕으로 자신이 살고 있는 주거지에 적용해 볼 수 있도록 하고 싶어서 2015년부터 꾸준히 북촌한옥마을 연계 수업을 하고 있다. '교실 밖 마을에서 배우기, 북촌을 통해 세상을 만나다.' 등이 내가 지금까지 진행한 방과 후 수업 또는 인문사회아카데미 제목이다. 심지어 '북촌에서 지구촌까지'라는 어마어마한 이름으로 수업을 한 적도 있다.

북촌은 청계천과 종로 북쪽의 마을을 말한다. 북촌 중에서도 경복궁과 창덕궁 사이가 현재의 북촌한옥마을이다. 북촌한옥마을에는 아름다운 한옥이 다수 분포하고 골목길의 정겨움이 살아 있으며, 경복궁과 창덕궁 사이에 위치하여 주변 관광지와의 접근성이 좋다. 또한 홍영식 등 갑신정변 주역의 집터, 경기고·휘문고 등 유서 깊은 학교의 옛터 등 많은 역사적 장소, 그리고 한지, 천연 염색, 민화 등을 체험할 수 있는 매력적인 곳이다. 최근에는 지나치게 많은 관광객으로 인해 주민들의 삶이 침범되는 오버투어리즘 즉, 과잉관광의 문제가 발생하고 있다. 이렇게 많은 이야깃거리를 가지고 있는 북촌한옥마을과 관련된 수업은 많은 의미 있는 사람들과의 만남에서 비롯

되었다.

　2014년 내가 북촌 수업을 생각하게 된 계기가 있었다. 계동길을 걸어서 출퇴근하며 아기자기한 상점과 골목길을 두리번거리던 어느 날, 매우 인상적인 지도 하나가 눈에 띄었다. '계동 100년, 시간을 품은 지도'라는 전시물이었다. 공간기획자인 서준원 선생님이 본인의 돈으로 기획하고 지인들과 함께 제작한 계동길 역사 지도였다. '사립 학교의 지리 교사인 내가 할 수 있는, 해야 하는 일이 이런 일이 아닐까?'라는 생각이 들었고, 전시회를 여러 번 방문하였다. 선생님께 내 신분을 밝히고 추후 우리 학교 학생들과 함께할 수 있는 일이 있으면 꼭 연락해 달라고 했다. 나중에 들은 말이지만, 서준원 선생님은 전시를 자주 보러 오고, 애들도 데려오고, 애들이랑 작업도 함께하고 싶다는 내가 좀 신기했단다. 그리고 선생님과 맺은 그때의 인연은 지금까지도 이어 오며 북촌 관련 일을 다양한 방법으로 함께하고 있다.

　서준원 선생님과 했던 가장 인상적인 것은 학교 근처에 있는 서울노인복지센터의 어르신들과 함께했던 '우리 동네 여행 작가 - 일일 손주와 시간 여행 지도 만들기' 활동이었다. 어르신들이 사셨던 곳 중 가장 인상적인 동네에 대해 학생들에게 옛이야기를 하듯 말씀해 주시면 그 내용을 기록하였다. 학생들은 어르신께 이야기를 들은 지역에 대해 학교에서 추가 자료 조사를 하고, 이후 손으로 지도 초안을 그려서 어르신과 만났다. 아이들이 인터넷을 통해 그려낸 지도에 어르신의 추억과 이야기가 더해져 시간 여행 지도를 완성했다. 어르신들과 학생들의 만남은 2~3시간씩 네 번뿐이었지만, 학생들과 어르신 모두에게 의미 있는 시간이었다. 주제가 있는 대화로 세대 간의 어색한 대화의 물꼬를 트고, 함께 소통하는 시간 자체가 결과물만큼 훌륭했다. 내가 예상했던 것보다 어르신들은 아이들과의 활동에 훨씬 더 큰 감동을 받으셔서 감동의 편지를 일일 손주들에게 선물해 주기도 하셨다. 아이들을 위해 직접 간식도 사 오시는 어르신들을 보며 세대 간의 대화를 좀 더 다양한 방법으로 시도해 볼 필요가 있다고 생각했다. 그 결과 '부모님 휴먼북' '어르신 휴먼북' 등의 수행평가를 통합사회 시간에 진행하기도 했다.

공방 체험                                    나무 돌보미

2015년 이후 나는 학교에서 '한옥, 북촌, 마을'이라는 키워드의 교사가 되었고 북촌과 관련된 활동을 좀 더 다양하게 진행했다. 종로구는 북촌한옥마을이라는 정체성에 맞는 가로수를 조성하겠다며 학교 주변 가회동길(북촌로)에 소나무를 가로수로 심었다. 그러나 병충해와 공해에 취약한 소나무는 가로수로 손이 많이 가는 수종이다. 종로구청은 북촌로의 가로수를 지속적으로 돌볼 만한 개인이나 단체를 찾았지만 마땅치 않자 우리 학교로 협조 전화를 했다. 그리고 학교에서는 '북촌'이라는 키워드가 들어간 그 전화를 당연히 내게 연결해 주셨고, 결국 나는 종로구청과의 협약으로 '북촌로 나무 돌보미 지도 교사'가 되었다. 학생들과 소나무 주변 쓰레기를 줍기도 하고, 잡초도 제거한다. 2016년 이후 지금까지 계속되는 봉사활동이다.

북촌한옥마을에 있는 한옥은 흔히 '도시형 한옥'이라고 불리는 개량 한옥으로 1930년대 이후 조성된 것이다. 개량 한옥을 제대로 알기 위해서는 전통 한옥에 대한 이해가 선행되어야 한다는 생각에 유네스코 문화유산으로 지정된 경주양동마을 답사를 계획하였다. 교장 선생님께서 우리 학교 동문 중 서울대 건축학과 교수님이 전통 건축 분야에서 유명한 분이 있다고 소개해 주셔서, 특강을 듣고 답사를 갈 수 있었다. 경주양동마을 답사는 이화여대 사회과교육과 이종원 교수님이 진행하는 프로젝트와 연계된 것이었다. '세계문화유산 등재 후 마을은 어떻게 변했을까?, 주민들은 변화에 만족할까? 변해도 되는 것과 변하면 안 되는 것은 무엇일까?' 등의 질문으로 주민들과 인터뷰하고, 마을을 모둠별로 나누어서 이화여대에서 대여한 아이패드를 이용해 간단한 ArcGIS 활동도 하였다.

이화여대 이종원 교수님과의 인연은 '사운드맵' 프로그램으로 또 한 번 연결되었다. 페이스북을 통해 새로운 프로젝트가 있으면 참가자를 모집하셨고, 나는 언제나처럼 손을 들며 도전하였다. 이화여대와 가까운 것이 장점이 되어 여름 방학 동안 소리 경관 탐색이라는 재미있는 프로그램을 함께했다. 이때 수업 이름을 '오감으로 북촌 느끼기'로 정해서 북촌로 소나무 봉사, 소리 경관 수업과 함께 맛있는 북촌의 먹거리 탐방도 한 재미있는 수업을 하였다.

북촌에는 다양한 공방이 있다. 북촌 일대는 조선시대 왕실에 고급 공예품을 제작해 공급하던 경공방이 밀집해 있던 곳이다. 일제와 산업화 시기를 거치며 대부분 사라진 공방들이 최근 '경공방 북촌'을 되살리려는 정부의 노력에 힘입어 북촌에 다수 위치한다. 이곳에서 아이들이 유리공예, 전통 매듭 팔찌 만들기 등의 체험을 한다. 한지 인형 만들기, 천연 염색 등 전통 공예 체험을 한옥에서 해 볼 수 있으므로 혹시 북촌으로 학생 답사나 수학여행을 온다면 활용할 만하다.

가장 최근에 한 활동은 '계동길 마을 이웃 만들기'이다. 몇 년간의 북촌 수업에서 많은 의미 있고 감사한 분들과의 만남이 활동을 풍부하게 해 주었지만, 그래도 가장 중요한 사람은 역시 지역 주민들 그리고 학생들이라는 생각이 들었다. 지역에서 학교는 그리고 학생은 고립된 듯 보였다. 학교는 그 동네를 떠나지 않으니, 지역 속에서 함께 어우러져야 하지 않을까. 그렇다면 지역 주민들과 학생들이 자주 만나서 마을이라는 공동체를 함께 만들어 갔으면 좋겠다는 생각에 시작한 활동이 마을 이웃 만들기다. 매일 다니는 계동길 주변을 손 지도로 그려 보고, 가장 알고 싶은 상점을 고른 후 그 어른들께 궁금한 것들에 대해 짝꿍끼리 질문지를 만들어 보도록 했다. 학생 1명이 1명의 마을 이웃을 만든다는 목표 아래, 처음에는 찾아가서 인사드리기, 다음에는 찾아뵙고 몇 가지 여쭤보며 함께 사진 찍기, 여쭤본 거 기록하고 그러면서 궁금한 거 또 생각해서 또 여쭤보기. 그렇게 자꾸 만남을 시도했다. 학생 1명, 마을 이웃 1명이 목표지만, 혼자서 부끄러우면 몇 명이 함께 다니도록 했다. 다른 친구들의 마을 이웃을 만나면 인사드리라고 했다. 그렇게 천천히 마을 공동체 되기. 그것을 목표로 꾸준히 활동하고 있다.

현재는 주로 '마을에 대한 교육'을 하고 있다. 그러나 점차 마을 이해에서 마을에 도움을 줄 수 있는 '마을을 위한 교육'으로 나아가면 좋겠다. 자신이 살고 있는 공동체를 위한 작은 실천 활동이 공동체에 대한 애정, 스스로 문제를 해결해 나가는 주체성과 자긍심, 삶에 대한 호기심을 고취시키는 훌륭한 교육일 것이다. 교통 발달로 어린 시절부터 접하는 지역이 면으로 넓어지기보다 점으로 점프하는 경우가 많고, 여행이 증가하고 TV, SNS 등 각종 매체를 통해 정보가 유입되면서 세계에 대한 경험이 오히려 국가 및 마을(지역 사회)보다 익숙한 경우도 있다. 그러므로 나로부터 지역 사회, 국가 그리고 세계로 확장되는 일이 한 방향이 아니라 쌍방향, 혹은 역방향도 가능한 탄력적인 환경 확대법으로 이루어지는 것도 좋겠다. 사립 학교라 계속 있을 테니 힘들면 조금 쉬었다 하고, 그렇게 지치지 않는 마을 연계 교육을 만들어 가는 것이 북촌과 관련된 나의 목표다. '각 지역에 있는 지리 교사들이 학생들과 동네 지리를 만들어 계속 쌓아 간다면, 얼마나 멋질까?' 그런 꿈을 꿔 본다.

## 새로운 과목에 도전하기 – 여행지리

지리는 품이 넓은 과목이다. 자연환경도 인문적 경관도 모두 지리의 영역이다. 지형학, 기후학, 도시지리, 경제지리, 문화지리, 지리정보시스템(GIS) 등이 모두 대학교 학부 때 내가 배웠던 과목들이다. 지리 교육과정이 몇 번 바뀌었지만, 한국지리, 세계지리 등의 큰 틀은 계속 유지되어 왔다. 그러다 2019년, 여행지리라는 완전히 낯선 과목이 신설되었다. 여행을 주제로 지리를 교육하는 이 과목이 낯설지만 매력적이라 생각되어 나는 덥석 그 과목을 담당하겠다고 자원하였다. 워라밸 등으로 일과 삶, 즉 여가의 균형을 중시하는 요즘의 상황에서 여행을 중심으로 여가의 중요성과 의미를 학생들과 이야기할 수 있는 과목이라는 생각에 시의적절하며 재미있게 할 수 있겠다는 생각이 들었다. 새로운 일을 시작하는 게 걱정되기도 하지만, 학생들에게 '도전에 유연하라.'고 조언한 것처럼 나도 그렇게 살고 싶었다.

여행지리 수업을 통해 학생들에게 알려 주고 싶은 것은 무엇일까를 고민했다. 우선, 교사, 학생 스스로, 학생 상호 간의 좋은 질문을 통해 자신만의 답을 찾도록 하고 싶다는 것이다. 교사 경력이 늘어갈수록 '정답보다 해답, 해답보다 질문'이 중요하다는 생각을 많이 하게 된다. 내용을 이해하는 데 그치지 않고, 그 내용 속 자신만의 질문을 찾고, 그 질문에 답을 찾아가는 학생을 키워낼 수 있다면 성공한 수업일 것이다. 다음으로, 학생 참여가 확대된 수업을 하고 싶었다. 학생 활동만으로 이루어진 수업은 얕은 배움으로 인해 한계를 지닐 수 있다. 그러나 학생 참여와 활동이 부족한 수업, 즉 교사 중심의 강의만으로 이루어진 수업은 학생들의 생각이나 행동에 변화를 일으키기 어렵다. 그래서 교사의 강의와 학생의 활동이 적절하게 조화된 수업을 구성하기로 했다.

학기가 시작하기 전인 2월, 새로운 과목인 여행지리의 수업을 계획하면서 과목의 정체성에 대해 생각해 보았다. 특히 '여행은 주제인가? 소재인가?'라는 질문을 많이 했다. 물론 여행은 주제이면서 동시에 소재가 되겠지만, 어느 쪽에 좀 더 중심을 두느냐에 따라 여행지리 과목의 내용 구성과 교과 목표가 달라질 수 있다. 나는 여행은 소재라고 결론 내렸다. '여행을 통해 배우는 지리'. 내가 생각한 여행지리 과목의 정체성이었다. 그러므로 여행지나 여행의 테마 하나하나를 모두 가르칠 필요는 없으며, 지리적인 학습에 필요한 여행지나 여행의 주제를 선택하여 수업을 구성하면 된다고 판단했다. 또한 여행지리 교과서는 흥미롭고 도움이 되는 내용이 많았지만, 지필평가에서 문제로 출제할 만한 부분이 앞 단원에 집중되어 있다고 여겨졌다. 교과서 후반부 즉 2학기 부분으로 갈수록 학습 내용보다는 탐구 활동이 많아 지필고사를 위한 문제 구성에 어려움이 있을 것으로 예상되었다. 그래서 교과서의 단원을 재구성하여 정기고사에서 출제할 만한 학습 내용이 적절하게 분배되도록 구성하였다.

학생들이 재밌어 했으며, 생기부 기록에도 큰 도움이 되었던 여행지리 수행평가는 '진로 탐색 여행'과 '살고 싶은 미래도시 계획하기'였다. 진로 탐색 여행은 국내ㆍ외 상관없이 자신의 진로를 체험해 볼 수 있는 여행을 계획하여 발표하도록 했다. 인터넷 지도를 활용하도록 안내하고, 대학 진학 후에 여행 계획 그대로 실제 여행을 다녀오라고 말했다. 학생들은 자신의 흥미나 관심사를 반영하여 다양한 여행 계획을 재미있게 작성하였다. 또한 살고 싶은 미래도시 계획하기는 인문계와 자연계 학생 모두가 흥미롭게 참여할 수 있는 활동이었다. 도시를 계획하기에 앞서 살고 싶은 곳은 어떤 특성을 가질지, 미래도시에 구현될 수 있는 기술은 어떤 것이 있을지 등을 구체적으로 고민해 보는 시간을 충분히 갖는 것이 결과물을 만들어 내는 것보다 중요하다고 강조하였다. 자연계 학생들의 경우, 미래도시를 구성할 때 현재 연구되고 있어 미래에 실현될 수 있는 기술을 구체적으로 제시하고 설명할 수 있어야 한다고 안내했다. 그렇게 지리 시간에 학생들은 진로 탐색의 기회를 동시에 가질 수 있었다.

현재 고교학점에 기반한 2022 개정 교육과정이 개발되고 있다. 지리 과목으로 지난 교육과정에서 시도된 여행지리 이외, 이번에는 '한국지리 탐구, 세계시민과 지리, 도시의 미래 탐구, 기후변화와 지속가능한 세계' 등의 과목이 생겨날 것이다. 고교학점제와 새로운 과목, 낯선 일이지만 나는 또 시도할 것이다. 새로운 도전은 누구에게나 걱정되는 일이니, '일단 해 보자, 열심히 해 보자, 잘 안되면 다음에 다시 잘해 보자.' 그런 생각으로 이번에도 도전해 볼 거다.

나는 평화통일교육, 민주시민교육, 진로교육, 환경 및 지속가능한 발전교육 등 주제가 중심이 되어 여러 교과를 연계하여 수업하는 '범교과 융합 수업'에도 관심이 많다. 융합 수업은 실제 삶의 경험을 더 깊이 이해하고 새로운 지식을 삶과 연계하기 위해 여러 교과의 관점을 통합한 이슈나 문제를 탐구한다. 그래서 학생들의 삶에 좀 더 쉽게 다가갈 수 있다. 우리 학교에서는 2021년부터 학기 말마다 수업량 유연화에 따른 학교의 자율적 교육활동으로 '범교과 융합 수업 주간'을 편성해 운영하고 있다. 내가 1학년 부장을 맡으면서 처음 기획하여 시작한 활동인데, 이 주간을 만든 이유는 간단했다. 범교과 수업은 생기부의 개인별 세부 특기사항을 기록할 수 있는 몇 안 되는 예외 조항이었으며, 기말고사가 끝나고 방학할 때까지의 애매한 기간을 의미 있게 보낼 수 있겠다고 생각했기 때문이다. 2021년에는 기후변화를 주제로 국가별 모의 토의를 진행하면서 실크 스크린을 이용한 에코백 만들기를 하였다. 2022년에는 '미디어쌤과 함께'라는 테마로 다양한 미디어의 좋은 프로그램을 활용하여 교사가 다양한 주제를 제시하고 토의 토론, 작품 제작 등의 학생 활동을 결합한 활동을 진행하였다.

평화통일과 관련해서는 학교 간 교원 학습 공동체를 구성하여 활동하고 있다. 우연한 계기로 관심을 갖게 되었지만, 평화통일은 우리 국토에서 중요한 주제라는 생각에 열심히 활동 중이다. 더욱이 학교 간 교원 학습 공동체로 활동하는 것은 신선한 경험이었다. 초등학교, 중학교, 고등학교 선생님들이 함께 활동하며, 과목도 영어, 지리, 윤리 등으로 다양한 것이 참 좋았다. "네트워크 자체가 똑똑한 것이 아니라, 개인들이 네트워크에 연결되어 있기 때문에 똑똑해지는 것이다."라는 글에 동의한다. 지금은 평화통일이 관심 주제이지만, 그 주제는 계속 변할 수도 있을 것이다. 다만, 다양한 사람들과 교류하는 경험을 위해 꾸준히 노력할 것이다.

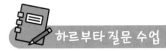

## 하브루타 질문 수업

"한국의 학생들은 학교와 학원에서 미래에 필요하지도 않은 지식과 존재하지도 않을 직업을 위해 하루에 15시간을 낭비하고 있다."(미래학자 앨빈토플러)

"19세기 교실에서 20세기 교사가 21세기 아이들을 가르친다."

이런 글들은 참 속상하다. 변화에 보수적인 곳이 학교라는 건 인정하지만, 그래도 우리의 교육이 이토록 별로일까? 이런 비판에 공교육의 교사인 내가 할 수 있는 건 무엇일까? 고민하게 된다. 수업하면서 객관식의 수능 시험 시스템이 미치는 부정적 영향은 충분히 공감한다. 학생들은 고민하고 생각하는 것보다 정답을 원한다. 정답이 없으며, 해답을 만들어야 하는 상황을 답답해 하기도 한다. 그래서 나는 애써 더 그런 기회를 만들기 위해 더 애쓴다. 세상의 많은 문제는 정답이 없으며, 심지어 문제 설정부터 새로 해야 하는 상황이 앞으로는 더 많을 것이다. 수업은 교사와 학생이 합쳐서 1을 만드는 과정이다. 교사인 내 몫이 커질수록 학생들의 몫은 작아진다. 교과 내용의 수준에 따라 조정해야 하지만, 적어도 내가 100%가 되는 수업은 만들지 않기 위해 노력한다. 교사로서 경력이 짧았을 땐 50분의 수업을 멋진 공연처럼 깔끔하게 해내는 게 최고라고 생각했다. 그러나 지금 생각해 보면 그 수업은 나에게만 최고였을지 모른다. 학생들은 그저 관객이었으니까. 이제는 조금 어수선해도, 조금 덜 완벽해도 내가 가르치는 것보다, 학생들이 배우는 게 더 중심이 되는 수업을 구성하고 싶다.

요즘 가장 관심 있는 교수법은 유대인의 하브루타다. 하브루타는 친구를 의미하는 히브리어인 '하베르'에서 유래한 용어로, 학생들끼리 짝을 이루어 서로 질문을 주고받으며 논쟁하는 유대인의 전통적인 토론교육 방법이다. 학생이 마음껏 질문할 수 있는 환경을 만들어 주고 학생이 스스로 답을 찾을 수 있도록 유도한다. 하브루타는 소통하며 답을 찾아가는 과정에서 다층적으로 지식을 이해하고 문제를 해결할 수 있다는 장점이 있다. 새로운 아이디어와 해결법을 만들어 낼 수도 있다.

하브루타 수업에서 교사는 가르침을 내려놓고, 학생의 질문과 대화를 지지하며 스스로 생각할 시간과 답을 찾아 나아갈 수 있다는 믿음을 주는 게 중요하다. 그러다 막힌 대화의 물꼬를 트는 질문을 하거나 질문을 분류하고 연결하는데 도움을 주면 충분하다. 더욱이 하브루타는 수업 중 소소하게 또는 거창하게 모두 활용할 수 있으며, 대단한 주제가 아니라 교과 내용으로도 충분히 진행할 수 있어 좋다. 하브루타의 수업 단계는 간단히 정리하면 '제시된 주제, 소재에 대해 생각과 질문 만들기 – 질문에 대해 짝과 대화(설명, 토의·토론)하며 생각 키우기 – 생각, 느낌 등에 대해 글을 쓰며 생각 다지기'이다. 질문에서 대화로 그리고 글로 자연스럽게 연계될 수 있다. 학생들의 생각, 질문을 이끌어 낼 수 있으며, 지식적인 부분에서 정의적인 영역까지 다양하게 확장이 가능하다.

나는 교과 수업뿐 아니라 방과 후 수업, 인문사회 아카데미 등에서도 하브루타를 종종 활용하곤 한다. 그 수업의 사례를 일부 제시한다.


① 〈그림책으로 하는 하브루타〉 – 새로운 관점 갖기

• 수업 목표 : 그림책이라는 새로운 매체로 새로운 관점 갖기

• 수업 소재 : 그림책 ☞ 가족(관계) : 두 사람, 돼지책, 고릴라 / 자존감 : 점, 모치모치 나무

• 수업 과정

1. 모둠 편성하기 : 5명씩(이끔이, 칭찬이2, 기록이, 낭독이) 5개 모둠

2. 모둠별 그림책 읽기 : 그림책을 골라 모둠으로 가져가서 천천히 그림을 음미하며 읽기

3. 질문 만들기 : 그림책에서 토론을 위한 질문을 개인별로 만들기(포스트잇 활용) – 질문에 대해 의견을 교환한 후 모둠 질문 생성하기(질문 하나 선택 또는 두 질문 합치기 등으로)

4. 모둠별 토론하기

5. 그림책 내용 요약 및 모둠 질문, 이야기 나눈 부분 발표하기

• 수업 마무리 : '더불어 살되, 나답게!!!'를 강조하며 마무리하기

② 〈행복 하브루타〉 – 나만의 관점 갖기

- 수업 목표 : 타인의 관점으로 성적, 경제력 등 비교하지 말고, 나만의 관점으로 행복 찾기!!
- 수업 소재 : 행복과 관련된 시, 짧은 만화, 은메달의 비극
- 수업 과정

1. 시, 만화, 글 읽고 자료와 관련된 질문 2개, 나의 관점에서 질문 2개씩 만들기
2. 조별 질문 생성하여 칠판에 적어 놓고 토의하기
3. 토의 내용 발표하기

- 수업 마무리 : 경제적인 부, 많은 권력 등이 행복을 가져다주지 않으며, 비교 없이 소소한 것에서 순간순간 행복을 느끼는 연습 필요. 나만의 관점으로 행복하기!!


③ 〈신문으로 하는 진로 하브루타〉 – 다양한 관점 갖기

- 수업 목표 : 나의 문제의식을 통해 전문성과 창의성 키우기, 세상과 연결된 학습하기
- 수업 소재 : 날짜 상관없이 많은 신문
- 수업 과정

1. 나의 문제의식 (진로, 사회, 개인) 적기, 친구들과 나누기
2. 문제의식 탐구 : 신문 속에서 문제의식과 부합하는(전문성) / 상관없는 (창의성) 기사 요약
3. 나의 문제의식 해결에 도움이 되는 아이디어 구상하여 적고 토의하기

4. 신문 찢기 놀이로 스트레스 해소하기

5. 신문 정리하기 가위바위보

• 수업 마무리 : 나의 진로를 꾸준히 세상 속에서 연계하는 습관을 들인
  다. 이후 봉사, 자율, 행사, 독서 등 무엇이든 나의 문제의식과 연계하
  여 생각하는 습관 갖기!!

내년에 나는 어떤 수업 내용을 어떤 방법으로 수업하고 있을까? 어떤 가
치와 지식을 학생들에게 주기 위해 노력하고 있을까? 나도 궁금하다.

### 1) 퀘렌시아 - 나만의 쉼터!!

교사가 행복하지 않으면 학생에게 행복을 줄 수 없다. 학교에서도, 학교 밖 생활에서도 나를 돌보고 편안하기 위한 노력은 가장 중요하다. 내가 평소에 여가를 어떻게 보내는지, 어디서 보내는지를 소개하려 한다. 지리 교사라 그런지 '어떻게' 못지않게 '어디서'는 나의 여가에서도 중요한 부분이다. '퀘렌시아(Querencia)'라는 단어를 들어 보았는가? 스페인어로 안정을 취할 수 있는 공간이라는 뜻이다. 투우 경기에서 투우사와 싸우던 소가 잠시 쉬면서 숨을 고르는 영역을 말한다. 이 공간은 경기장 안에 확실히 정해진 게 아니라 투우 경기 중에 소가 본능적으로 자신의 피난처로 삼은 곳으로, 투우사는 케렌시아 안에 있는 소를 공격해서는 안 된다고 한다. 투우장의 소가 케렌시아에서 잠시 숨을 고르고 다음을 준비하는 것처럼, 우리도 남에게 방해받지 않고 지친 심신을 재충전할 수 있는 자신만의 공간이 필요할 수 있다. 나만의 회복 장소 또는 안식처! 당신의 케렌시아는 어디인가?

나의 케렌시아는 집 근처 카페의 창밖이 보이는 자리, 학교 앞 동네의 작은 골목길 그리고 목적지 없이 타는 버스 뒷자리 등이다. 특히 목적지 없이 타는 '아무 버스 여행'은 고등학교 때부터 즐겨온 나의 취미 활동이다. 빡빡한 생활을 할 수밖에 없던 고등학교 시절, 시험이 끝나거나 방학식 날처럼 시간적 여유가 생겼을 때 혹은 생각이 복잡할 때면 일부러 집에 가지 않는 버스에 올라타 낯선 서울 동네를 구경하곤 했다. 스마트폰도 없던 시절이라 집으로 돌아가는 길이 만만치 않았지만, 몇 번 물어 가며 버스를 갈아타다 보면 어떻게든 집에 도착할 수 있었다. 그렇게 낯선 동네를 두리번거리며 이런저런 생각을 하는 게 나에겐 재미였고, 위로였다. 그땐 케렌시아라는 말을 알지 못했지만, 나도 모르게 나만의 케렌시아를 찾았던 거다. '아무 버스 여행'은 내가 스스로 할 수 있는 나만의 작은 여행이었다. 여행이 뭐 별건가? 낯선 곳을 만나 나만의 느낌으로 바라보며 다양한 생각을 하고, 감정을 느낀다면 그게 다 여행인 거다. 멀지 않아도 해외가 아니어도 다 여행인 거다. 여행의 핵심은 얼마나 먼 거리를 이동하느냐가 아니라 얼마나 일상에서 벗어나느냐다. 얼마나 낯설게 바라보느냐다. 호기심의 시선으로 바라보면 일상적인 등굣길도 여행이 될 수 있다.

가끔 학생들에게도 케렌시아에 대해 말하며 자신만의 충전 장소를 가져 보라고 권한다. 가능하면 직장인 학교 내에도 나만의 케렌시아를 마련하면 좋겠다. 거창하거나 특별한 필요는 전혀 없다. 내 마음이 편안해진다면 교정 내 작은 의자, 도서관의 어느 한 자리 등 어디든 나의 퀘렌시아를 여기저기 생각해 놓으면 혹시 힘들어질 내가 조금은 쉽게 회복될 수 있지 않을까? 다만, 그 장소가 너무 궁색하지는 않았으면 좋겠다. 화장실 같은 곳에 홀로 숨어들지 않았으면 좋겠다.

### 2) 대학 산악부 그리고 산(山) 사람들!

대학 입학 후 나는 신입생 동아리 공고 기간이 되기도 전에 '산악부'를 찾아 문을 두드렸다. 이유는 정말 간단했다. 고등학교 시절 내가 좋아했던 수학 선생님은 산을 무척 좋아하셨다. 그래서 대학생이 된 후 고등학교에 찾아갈 때 '산악부에 가입했다.'라고 선생님께 자랑하고 싶었다. 지금 생각하면 말도 안 되지만 그게 정말 이유였다. 그리고 나의 바람대로 산악부 동아리를 한다는 말에, 선생님은 같이 간 내 친구들에게 '너희들도 지원이처럼 멋진 동아리를 해라.'라고 말씀하셨다. 성공이었다. 그렇게 지금까지도 나의 중요하고 자랑스러운 이력인 대학 산악부는 시작되었다.

당시 대학 산악부는 대부분 시험 기간을 제외하면 거의 매주 1박 2일 산행했다. 방학이면 6박 7일, 9박 10일 등 장기 산행을 했다. 텐트를 치고 밥을 해서 먹었다. 걷고 또 걷고, 암벽이랑 빙벽 등반도 했다. 지금 생각하면 바쁜 대학 생활과 산악부를 어떻게 다 했는지 신기할 지경이다. 학과 친구들에게 나는 주말이면 사라져 연락되지 않는 친구였다. 과제가 많을 때면 산행 전날 밤새고 다음 날 산행을 하러 갔다. 더럽고 힘들고 위험하다고 3D(Dirty, Difficult, Dangerous) 업종을 빗대어 3D 동아리라 불리기도 했던 산악부는 대학에서 인기 있는 동아리가 아니었다. 한 학교 내에서 동아리 동기들이 1~3명에 불과했다. 함께 먹고 자고 함께 힘들다 보니 동기들은 물론 선후배와도 너무 친해져 가족 같았다. 서로가 서로에게 귀한 사람들이기에 서로 열심히 챙기며 지냈다. 한 학교에서 활동하는 산악부원을 모두 합쳐도 10명 내외이다 보니, 각 대학에서 활동하는 산악부들의 연합체 '대학산악연맹' 사람들과도 교류가 많았다. 특히 대학산악연맹 동기모임은 끈끈한 유대감을 가질 수밖에 없었다. 신입생으로 겪는 어려움, 대학산악부에서는 대장이라 부르는 고학년 리더가 되었을 때의 고민, 선후배 혹은 동기들끼리의 갈등 문제 등을 함께 이야기하면서 연맹 동기들은 친구 이상의 친구들이 되었다. 특히 대학산악연맹의 동기들은 성별, 전공, 고향 등이 모두 다르다는 게 큰 매력이었다. 달라서 어색했지만 다른 것을 이해하면서 다양해지고 넓어질 수 있었다.

산악부를 하며 얻은 경험과 인맥은 지금까지도 나의 귀한 재산이며 추억이다. 간혹 힘들 때 눈을 감고 떠올리며 마음을 가라앉히는 장면이 있다. 파란 하늘 아래 초록 나무들이 가득한 산에 자리한 동그란 주황색 텐트. 그리고 산악부 사람들. 대학 산악부 어느 때, 내가 눈으로 보며 참 평화롭게 느꼈던 그 장면은 시간이 흘러도 흐려지지 않고 또렷하게 마음에 남았다. 그리고 힘들 날 눈을 감으면 어김없이 떠올라 나를 위로해 준다. '괜찮다. 그럴 수 있다. 별거 아니다.' 그렇게 토닥여 주는 것 같다. 사람은 추억으로 산다는 어른들의 말에 고개가 끄덕여진다. 물건보다 의미 있는 추억과 사람을 쌓아 가는 삶. 오늘도 그런 삶을 추구한다.

그리고 재미있는 건 지금 산악부 동기들, 산악부 사람들과는 산언저리의 모임을 더 좋아한다는 거. 직장에서도 가정에서도 바쁠 나이이기 때문인지, 지금은 산행보다 가끔 하는 모임으로 추억을 되새기고 있다. 시간이 흘러 조금 더 시간적 여유가 생기면 다시 산을 자주 찾을까? 50~60대가 되었을 때 산 사람들과 함께할 시간은 어떤 모습일지 기대된다.

### 3) 내가 좋아하는 책들

① 『당신이 옳다(정혜신)』

제목이 너무 끌렸다. '당신이 옳다.' 살다 보면 많은 상황에서 누군가에 의해 평가되고 판단된다. 그러면서 내가 옳지 않은 이유를 많이 듣고 알게 된다. 그런데 이 책은 내가 옳단다. 책이 나를 토닥여 주고, 공감해 주는 듯 따스했다. 그 이후 제자들이나 후배들에게도 이 책을 선물하곤 한다. 직접 만나지 못하는 때에도 '너는 옳다. 다른 사람에게 휘둘리지 말고 너답게 살아라.' 그런 지지를 해 주고 싶어서다.

책에서 가장 인상적인 몇 부분을 옮겨 보려 한다.

*"공감하는 사람은 모든 사람과 원만하게 지내는 사람이 아니다. 너도 마음이 있지만 나도 마음이 있다는 점, 너와 나는 동시에 존중받고 공감받아야 마땅한 개별적 존재라는 사실을 안다면 관계를 끊을 수 있는 힘도 공감적 관계의 중요한 한 축이라는 사실을 받아들이게 될 것이다."*

이 책의 주제인 공감, 그러나 우리가 일반적으로 생각하듯 한결같이 끄덕이며 긍정해 주는 건 감정노동일 뿐 공감이 아니라고 말한다. 상대방이 느끼는 감정은 좋든, 싫든 옳다고 존중하면서 이해하고 수용하는 것이 공감이다. 공감은 상대방 존재와 그 마음을 품는다는 것이지 행동을 받아들이고 이해하는 것은 아니므로 공감은 해도 행동에는 동의하지 않을 수 있다. 그리고 공감할 때도 언제나 내가 먼저라는 내용이 특히 마음에 와 닿았다.

"가장 절박하고 힘에 부치는 순간에 사람에게 필요한 건 '네가 그랬다면 뭔가 이유가 있었을 것이다.', '너는 옳다.'라는 자기 존재에 대한 수용이다. '너는 옳다.'라는 존재에 대한 수용을 건너뛴 객관적인 조언이나 도움은 불필요하고 무의미하다. 누군가 고통과 상처, 갈등을 이야기할 때는 '충고나 조언, 평가나 판단'을 하지 말아야 한다. 그래야 비로소 대화가 시작된다."

다양한 상황에서 학생들과 상담할 일이 많은 교사의 직업병으로 밑줄치고 메모하며 되새긴 내용이다. '너의 행동이 잘못된 것일 뿐, 너라는 존재는 옳다.'라는 메시지는 내게도 그리고 사고를 치거나 못된 행동을 했던 학생들에게도 중요하다. 그렇게 존재를 수용해 주는 사람에게 마음이 열리는 건 당연한 이치일 것이다. 때로 힘들고 지쳤을 때 나는 믿을 만한 내 삶의 다양한 멘토를 찾아 위로해 달라고 말하곤 했다. 책을 읽고 생각해 보니, 내가 믿고 의지하는 멘토를 찾았던 건 어쩌면 위로보다 수용을 받고 싶어서였을지 모르겠다. 아무 말을 듣지 않아도 내 말을 귀 기울여 들어 주는 사람에게 힘든 일을 말하는 것으로 이미 나는 위로가 되었던 것 같다. 학교, 집, 모임 등 내가 머무는 곳곳에 자기만의 멘토를 만드는 것은 매우 추천하는 자기 응원 방법이다. 성별, 나이 등과 상관없이 내 마음을 털어놓을 수 있는 사람이 있다는 건 참 감사한 일이다. 교사로서 나는 담임했던 학생들을 다음 학년으로 보낼 때 말하곤 한다. "이제 너희의 매니저에서 팬으로, 담임에서 친한 샘으로 이름을 바꾼다. 살다가 힘들 때, 자랑하고 싶은 일이 있을 때, 그냥 생각날 때 언제든 찾아오렴. 샘은 늘 네 편할 거니까. 나의 제자들, 언제나 팬심을 담아 진심으로 응원한다." 제자들과 자주는 아니어도 오래 보면서 공감해 주고 응원해 줄 수 있다면, 정말 성공한 교직 생활이 아닐까 싶다.

## ②『로봇 시대 인간의 일(구본권)』

2015년에 출간된 책이다. 어쩌면 그 사이 너무나 많은 변화와 발전이 있었지만, 여전히 우리 학생들 그리고 내 삶의 미래에 질문을 던지는 책이라 좋아한다. 이 책의 부제는 인공지능 시대를 살아가야 할 이들을 위한 안내서이다. 지능적 알고리즘이 사람의 노동과 판단을 대체하는 상황에서 12가지 질문을 던지며 이야기한다. "오차 없이 일을 처리하는 로봇 시대에, 인간은 무엇을 고민하고 준비해야 하는가?" 물론 정답은 없다. 로봇이 정치적 판단, 예술적 창조까지 하는 시대에 우리는 단지 일자리의 문제가 아니라 인간의 존재 이유를 위협받고 있다. 12가지 질문에 대해 고민하고 생각하면서 인공지능, 로봇과 공존하는 시대를 살아갈 준비를 해야 한다. 저자가 던진 12가지 질문은 무인 자동차, 자동 번역 시대, 지식이 공유되는 사회, 일자리 문제, 인공지능 예술, 여가의 인문학, 감정을 지닌 휴머노이드, 인공지능 과학, 생각하는 기계, 인공지능 판사, 망각 없는 디지털 세상, 디지털 문법 등이다.

12가지 질문 중 가장 인상적인 건 역시 교육에 관한 '지식이 공유되는 사회, 대학을 가지 않아도 될까?'와 '호기심의 인류학, 생각하는 기계에 대해 인간이 경쟁력을 갖추려면?'이었다. 저자는 단어와 숙어를 반복적으로 암기할 필요는 없지만 조화롭게 기계의 도움을 받는 방법을 모색해야 한다고 말한다. 학습에 필요한 기본 역량을 갖추고 새로운 것을 탐구할 의지와 호기심을 키우는 게 중요하다. 기계는 알고리즘에 의지하지만, 인간은 호기심으로 질문을 확장할 수 있다. 그렇다면, 지적 호기심을 바탕으로 수업, 공개된 콘텐츠 등을 활용하면서 질문이 생기고, 이런 질문을 다른 친구들과 대화 · 토의 · 토론으로 해결해 나가는 수업. 이런 수업이 로봇과 공존하는 인간다운 인간을 만드는 데 도움이 되지 않을까? 역시 또 교사의 관점에서 수업으로 책 내용을 끌어오며 읽게 된다.

그리고 또 인상적이었던 것은 '여가'에 관한 것이다. 로봇이나 기계가 많은 노동을 대신하면서 인간에겐 여유 시간이 많아질 것이다. 그 시간을 어떻게 활용할 것인가? 저자는 주어진 시간과 여가를 다스릴 능력이 중요하다고 말한다. 여가를 효과적으로 쓰는 것은 그냥 획득할 수 있는 기술이 아니며, 일과 달리 일정한 틀이 없으므로 노력해야 즐거운 것이 된다는 말에 매우 동의한다. '여가는 일을 위한 재충전의 시간일까? 여가를 위해 일을 하는 건 아닐까? 여가가 일을 위한 재충전뿐 아니라 삶의 즐거움을 위한 시간이 되기 위해서는 어떻게 해야 할까?' 자유로운 시간에 자유롭기 위해, 즐거움을 느끼기 위해 자유의지에 의해 하는 휴식하기, 즐기기, 지식이나 기능 쌓기, 자원봉사 등은 모두 여가가 될 수 있다. 내가 그리고 학생들이 자신의 욕구와 즐거움에 충실히 여가를 즐길 수 있도록 여가 교육도 필요할까? 혹시라도 즐거운 여가 시간이 죄책감으로 기억되지 않았으면 좋겠다.

10년간 담임을 하면서 학기 초 우리 반 급훈은 늘 내가 정했다. "그럼에도 불구하고!!" 살다 보니 '그래서' 할 수 있는 일은 별로 없었다. 조건이나 사람이 다 갖춰지면 그때 하겠다고 마음먹은 일은 아예 할 기회를 얻지 못하는 경우가 많았다. 그러니 상황이 어떠하든, 하고 싶은 일이라면 해 보는 거다. 로봇이나 인공지능 등이 인간을 대체하고 있다지만, '그럼에도 불구하고' 인간인 우리가 가진 장점과 매력은 분명히 있을 거다. 나의 특성과 욕구에 맞는 '일과 쉼'에 도전한다. 안되면? 다시 또 하면 되니까. 그렇게 자기 주도적이며 실패에 너그러운 삶의 교육을 학생들에게 하고 싶다.

### ③ 그림책 읽기 및 토론

엄마가 되어 아이에게 '슈퍼 거북'이라는 그림책을 읽어 주다가, 아이보다 내가 더 감동해서 먹먹했던 경험이 있다. 이솝우화 '토끼와 거북이' 뒷이야기를 상상해서 쓴 그림책이란다. 토끼와의 경주에서 이긴 거북이는 동네에서 스타가 된다. 주변 동물들의 기대를 한 몸에 받다 보니 진짜 슈퍼 거북이 되기로 결심한다. '빠르게 살자.'라는 좌우명 머리띠를 동여매고 빠르게 달리기 위해 매일 밤낮없이 달리기 연습을 한다. 결국 기차보다도 빨라진다. 하지만 그 과정에서 너무 지쳤다. 그러던 어느 날 토끼가 재경주를 신청한다. '거북이는 주위의 시선, 기대에서 벗어날 수 있을까? 빠르게 달리는 거북이는 행복할까?' 등의 질문이 머릿속에 맴돌았다.

그것을 계기로 찾아보니 그림이 있어 글이 적은, 아이들 책의 수준을 넘어선 그림책이 많이 있었다. 그리고 그림책을 수업에 활용하는 교사도 많아 '그림책 토론' 등의 단행본도, 교사 연수도 있었다. 짧은 글 속에 때로는 그림 속에 담겨 있는 의미 있는 주제를 부담 없이 편안하게 접할 수 있는 것이 그림책의 큰 장점이라는 생각에 다양한 그림책을 많이 읽었고, 수업이나 학급 활동에도 간혹 활용하였다. 짧은 시간에 함께 모두 읽기가 가능하기 때문에 학생들이 그림책과 연계된 질문을 만들고 관련된 토의를 하는 재미있는 수업을 수월하게 진행할 수 있다. 짧은 글과 연계된 그림이 주제에 몰입하게 하는 힘이 있어 생각의 여운이 깊게 남을 수 있다는 장점도 있다.

'나답게 살기'는 나에게도, 교사로서 학생들에게도 강조하는 주제이기에 관련 그림책 목록을 정리해 두었다.

— 줄무늬가 생겼어요, 슈퍼 거북, 난 곰인 채로 있고 싶은데, 100만번 산 고양이, 고슴도치 엑스, 점(피터), 100 인생 그림책, 이게 정말 나일까, 마음의 집(이보나 흐미엘레프스카), 두갈래 길, 아름다운 실수, 지각 대장 존, 너는 어떤 씨앗이니, 선 따라 걷는 아이, 적당한 거리, 까마귀 소년

'다름에 대한 인정, 배려, 존중, 행복'은 사회과교육의 중요한 목표다. 지리 수업 또는 범교과 수업 등에서 이 주제로 수업하며 활용하곤 하는 그림책은 다음과 같다.

— 초코곰과 젤리곰(얀 케비), 느끼는 대로(피터 H. 레이놀즈), 시애틀 추장(수잔 제퍼스), 행복을 나르는 버스(맷 데 라 페냐), 돼지책(앤서니 브라운), 손님(윤재인), 하나라도 백 개인 사과(이노우에 마사지), 프레드릭(레오 리오니), 이유가 있어요(요시타케 신스케)

정기고사가 끝난 후 실망한 학생들에게 또는 도전에 실패한 학생에게 '괜찮다!'는 위로를 그림책을 통해 전하기도 한다.

— 틀려도 괜찮아(마키타 신지), 겁쟁이 빌리(앤서니 브라운), 리디아의 정원

(사라 스튜어트), 반이나 차 있을까. 반 밖에 없을까(흐미엘레프스카), 나는 기다립니다(다비드 칼리), 빨간 나무(숀탠), 부엉이와 보름달(제인 욜런), 괴물들이 사는 나라(모리스 샌닥), 아름다운 실수(코리나 루켄)

교사인 나도, 학생들도 어린 시절로 돌아간 듯 그림책을 읽으며 유쾌해지면서도 주제가 있는 대화로 깊이를 더해 생각이 넓어지는 그림책 읽기 및 토론은 아주 매력적인 활동이다.

산이든 동네든 걷기를 즐긴다. 혼자서도 좋고, 좋아하는 사람과 함께여도 좋다. 그렇게 걷다 마음에 드는 카페에 들러 그림책이든 읽고 싶었던 책이든 시간이 허락하는 만큼 읽는다. 메모하며 열심히 읽을 때도 있고, 핸드폰을 보면서 적당히 읽기도 한다. 그리고 또 걷는다. 그렇게 내 뜻대로 자유롭게 보내는 시간이 참 좋다. 그런 여유 시간이 있기에 열심히 하는 시간도 잘 지낼 수 있다.

교사가 지치지 않아야 오랫동안 잘할 수 있다. 너무 완벽하게 혹은 멋지게 하려다 한 발짝도 뗄 수 없다는 것도 꼭 기억하면 좋겠다. 적당히 그림이 그려졌다면 조금은 과감히 도전해 보자. 하다가 잘 안되면 다시 하면 되고, 아쉬운 부분이 있으면 다음에 채우면 되지 않겠는가. 정말 마음에 들지 않는다면? 그럼 그만하고 다시 고민해서 다른 걸 하면 된다. 어떤 경험도 쓸모없는 것은 없을 것이다. 그 경험이 실패라고 해도 말이다.

때로 믿었던 사람이 나를 외면하는 속상한 순간이 있을 수 있다. '이유가 뭘까? 어떤 게 문제였을까?' 적절하게 고민해야 비슷한 아픔이나 속상함을 반복하지 않을 수 있지만, 너무 오랜 시간 고민하거나 자책하는 건 나를 훼손할 뿐이다. 두 번째 화살 피하기는 중요하다. 살아 있는 한 누구나 화살을 맞을 수 있지만 그 일로 인한 두 번째 화살인 감정적 상처는 우리의 선택에 달려 있다. 가장 해로운 일이 과도한 '되새김'이니 화살을 맞았을 때의 고통에 너무 상처받지 말자. 그렇게 두 번째 화살을 피해 보자. 잠시만 아프고, 화나고, 슬프고 이후에는 다시 의연하게 내 삶을 나답게 살아가자.

# 이곳저곳 두리번거리는 교사

조해수

## 나의 교사 이야기

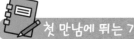 첫 만남에 뛰는 가슴

어느 순간 지리가 꽂혔다.

고등학교 2학년 때 교실 한쪽에 붙어 있는 대학 배치표를 보고 난 이후부터다. 깨알같이 작은 글씨로 적힌 학과 이름을 위에서 아래로 쭉 내려 보다 눈이 멈췄다. '어라! 문과에서 배우는 과목이 이과 배치표에도 있네?' 지리학과가 그렇게 외롭게 있는 것을 봤다. 그런데 '지리학과' 네 글자가 마음속에서 떠나지 않았고, 계속 눈이 갔다. 끌렸다. 가슴이 뛰었다.

한때 과학 영재로 선생님의 손에 이끌려 이 대회, 저 대회 참가했었다. 과학상자 조립 대회로 서울까지 올라가서 억울하게 탈락한 건 아직도 생생하다. 청소년 과학 잡지도 구독하고 있었다. 컴퓨터도 잘했다. 단지 수학 점수

고등학생 조해수

가 낮았고, 더 잘할 자신이 없어서 문과를 선택했다. 문과 교실 속에 있는 이도 저도 아닌, 애매모호한 나는 지리와 닮았다고 생각했다. 지리가 계속 눈에 밟혔다. 그래서 지리 수업에 집중하려 했으나 재미는 없었다. 기억나는 것이 많이 없다. 기억나는 건, 지리 선생님의 목소리는 매우 작았고, 지도를 잘 그리셨던 것. 그냥 그뿐이다.

그럼에도 지리를 하기로 했다. 외로웠나 보다. 응원해 주고, 응원받고 싶었나 보다. 수학 점수가 낮다는 이유로 선택할 수밖에 없었던 그 순간을 돌이키고 싶었는지도 모른다. 그리고 또 어쩌면 이과 배치표에 당당히 있었던, 그래서 멋있고, 그래서 부러운 '지리학과' 네 글자를 닮고 싶었는지도 모르겠다. 결심을 굳히고 지리 선생님께 가서 큰 소리로 외쳤다. "지리학과를 가겠습니다.", "허허!"라는 소리와 함께 문제집 몇 권이 손에 들려졌다. '조지리'로 불리게 되었고, 돌이킬 수 없게 되었다.

부모님께는 외로워서 지리를 선택했다고 말하지 못했다. 부모님께는 초등학생일 때 위로 4살 많은 지원 형이 내가 그린 약도를 보고, 엄청나게 놀라며, 칭찬했던 일이 지리의 길로 인도했다고 말했다(초등학생이 초등학생을 칭찬한 것인데, 너무 기뻐서 그 약도를 보고 또 보았다. 아직도 내가 그렸던 반질반질한 흰 종이와 동네 랜드마크였던 모자산부인과의 위치가 기억난다). 또 어느 날. 지난밤 꿈에서 어떤 할아버지가 나타나서 공책과 사진기를 들고 떠나라고 했다며, 아침부터 어머님을 졸라 장롱 속에 모셔 있던 사진기를 들고 독립문으로 떠났던 그 사건이 사실 지리를 하라는 계시였다고 말했다. 그리고 중학생일 때 사회과 부도를 펼치며 작은 모니터 속 푸르른 대항해를 거닐다 인생에서 처음으로 밤을 지새우고 해가 뜨는 것을 본 놀라운 순간, 게임 속 항해사가 '지리항에 기항하겠습니까?' 라고 물었고, 나는 'YES'라고 답했다고 했다.

부모님은 쓸쓸한 표정과 함께 짧게 "그래."라고 하셨다. 아마 정말로 갈 거라는 생각은 하지 않으셨던 것 같다. 하지만 부모님의 기대와는 달리 이번 다짐은 꽤 오래갔고, 고등학교 3학년 담임 선생님의 만류도 이겨 냈다.

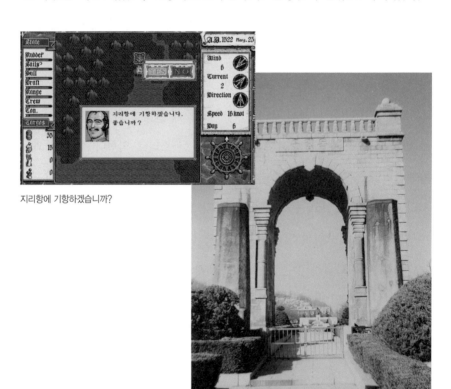

지리항에 기항하겠습니까?

초등학생때 천호동에서 독립문까지 가서 찍은 사진

대학은 지리지리하지 않았고, 찌지리같지도 않았다. 즐거웠다. '아. 이래서 어른들이 대학을 가라고 했구나.'라는 생각을 했다. 관심 있는 과목을 선택해서 듣는 것이 너무 좋았다. 서로 밀고 당기며 으샤으샤 하는 답사도 즐거웠다. 비슷한 관심사를 공유하는 벗들과 함께 이런저런 작당을 하는 것도 즐거웠다. 고등학교 때까지 알던, 그리고 믿었던 사실들이 거짓이었다는 것을 알았을 때는 눈이 맑아지고, 머릿속에 불꽃이 터지고, 가슴은 뜨거워졌다. 하고 싶은 것은 다 할 수 있었다. 나는 그저 꿈만 꾸면 되었는데, 다행히도 나는 꿈이 많았고, 하고 싶은 것도 많았다. 더군다나 시간도 많았다.

서로 생일 좀 챙기자는 단순한 이유로 과지편집부 '또바기'를 만들었다. 축구를 좋아하니 축구부도 만들었고, 한참 유행이던 국토대장정을 그냥 해 버렸다. 과지편집부를 하면서 컴퓨터그래픽을 공부하다 다른 사람을 가르칠 정도가 되었다. 지리 정보를 시각화하는 것에도 자연스레 관심이 갔고, 이런저런 지도를 만들었다. 허베이스피릿호 원유 유출 사고가 났을 때, 사람들을 모아 태안으로 달려갔다. 해가 떠 있으면서 썰물인 시간을 계산하여 봉사활동 가능 시간을 달력처럼 만들었는데, 그것을 본 민수 형이 제대로 한번 만들어 보라 해서 지리 달력을 만들었다. 달력을 만드니, 지리데이가 있었으면 좋겠다고 생각했고, 후배 전영이의 멋진 제안으로 매달 21일을 지리데이로 정했다(2121을 흘려 쓰면 지리가 되는데, 그때 곧바로 유레카를 외치며 학교 앞 휴대폰대리점에 가서 전화번호 뒷자리를 2121로 바꿨다). 인문지리연구실 구석에 의자 하나 두고 세상의 그늘을 공부하겠다고 '그늘지리연구소'를

만들어 그늘처럼 살기도 했다. 3천만 등산 인구을 향해 산 중턱에서 지리를
외치자고 산악회 '지리는 산'을 만들었다. 종로 피맛골이 사라진다고 하여
삼보일컷하며 '걷는 풍경'을 기록했고, 종로 김떡순이 사라진다고 하여 포장
마차들을 돌고 먹으며 이야기하고 지도로 만들었다. 언젠가 한강에게 고맙
다고 느꼈고, 그래서 한강 곁에서 한강과 함께 흐르고 싶어졌다. 그렇게 태
백검룡소를 시작으로 '고마워. 고마워.' 중얼거리며 걸었다(그 길에서 만난 정
선가수분교는 이제는 삶이 힘들 때 가장 먼저 생각나는 장소가 되었다). 은선, 선
민이와는 영상 제작을 하는 '좋아지리공작소'와 '지리희망네트워크'를 만들
어서 '지리일단구하기, 독도구하기' 영상을 만들었고, '딱하고 붙이는 지도'
를 만들어서 팔기도 했다. '읽으면 세상이 새로워 지리'라는 이름으로 추천
지리책을 추리기도 했다.

또바기 창간호 표지          2008년 첫 지리 달력

걷는 풍경 '피맛골'                지리희망네트워크의 딱붙지와 읽으면 세상이 새로워 지리

그러다 문득, "지리가 뭐지?" 궁금했다. 대학을 졸업할 무렵이었다. 며칠 동안 잠을 못 잤다. 지리가 뭐냐고 묻는 사람들에게 졸업생으로 한마디 정도는 해야 한다고 생각했고, 그 대답이 의미 있어야 나의 긴 대학 생활도, 등록금들도 의미 있을 거라 생각했다.

문리대 동관 자판기 앞 벤치에서 생각하고, 도서관에 가서 이런저런 책을 찾고, 데이비드 하비와 이 푸 투안 그리고 몇몇 교수님에게 이메일을 썼다. "What is Geography?", "지리는 무엇입니까?" 답변은 제주대 송성대 교수님에게만 왔다. '조 군의 고민은 정말 훌륭합니다. 그런데 저도 모르겠습니다.'라고 시작한 그 이메일을 닳고 닳도록 읽었고, 눈물을 흘렸다. 외롭지 않았다. 사비를 털어 지리 광고 공모전도 열었다. 지리를 광고하는 작품 속에는 그들의 지리가 있을 것 같았다. 벗들이 몇몇 작품을 보내 주었고, 나도 고민하다 한 작품을 만들었다. 지리가 뭔지는 천천히 찾기로 했다. 못 찾을 수도 있겠다는 생각을 했다. 어쩌면 찾아야 하는 존재가 아닐지도 모른다고도 생각했다. 태백에서 만난 시냇물처럼 부딪히고, 때로는 머물면서 그렇게 황해까지 흘러가 보기로 했다. 지금까지 그렇게 흘러왔고, 종종 그럴듯한 멋진 답을 찾기도 했으니까.

그렇게 흐르다 보니 전국지리교사모임 선생님도 만나고, 지리교사연구회

지리 광고 공모전 결과물과
내가 만든 광고

'지평' 선생님도 만났다. 소중한 벗들과 함께 고민을 나누고, 우정을 나누고, 답을 나누었다. 이제는 함께 늙어 간다. 어느 시인의 말처럼 지금의 나를 만든 건

팔 할이 그때였다. 지금도 그때의 고민과 행동에 빚지며 살고 있다. 나는 운이 좋았고, 좋은 벗들이 있었다.

 ## 길이 끝나는 곳에서, 길은 다시 시작하고

흐르다 보니 교육대학원에서 공부하고 있었고, 서울시 대안교육센터와 금산 간디학교 대안교육 교사대학원을 오고 가고 있었다. 교사가 되고 싶었고, 무엇보다 다른 교사가 되고 싶었다. 학교 너머, 지리 너머 상상하고 싶었고, 가고 싶었다. 그때 찍은 사진 한 장에는 이렇게 쓰여 있다.

*"길이 없다고 갈 수 없는가? 어둠을 한탄하기만 할 것인가? 낫 한 자루로도 숲속에 길을 만들 수 있고, 작은 촛불 하나로도 큰 방을 밝힐 수 있다."*

교육 실습은 모교에서 했다. 대안 학교 교사가 될 것인데, 제도권 공교육을 경험할 수 있는 마지막 기회라고 생각했다. 더 단단한 사람이 되고 싶었다. 하지만 모교는 자유로웠고, 열려 있었다. 선생님들은 무엇을 학생들에게 이야기할지 끊임없이 질문하고, 함께 고민했다. 빛이 나는 선생님들이 있었고, 학생들은 선생님과 이야기하며 웃었다.

빛나는 선생님 한 분이 나에게도 학생들과 만나는 지금, 여기에서 무엇을 이야기하고 싶으냐고 물었다. '행복'이라고 답했더니, 그렇게 하라고 했다(우와!). 당시 교육 실습생은 대학교 이름이 박힌 이름표를 차고 있어야 했는데, 교육적이지 못하다는 생각에 지우거나 가려도 되냐고 물었더니, 그렇게 하라고 했다(헐. 이렇게 쉽게?). 매일 아침 교생 편지를 써서 교실 뒤에 붙

대안 학교에서 아이들과

이는 것도 흔쾌히 받아 주었다. 말도 안 되는 어설픈 글과 생각이었을 텐데. 어쩌면 조금 위험할 수도 있었을 텐데 말이다. 4~5명의 교과 선생님이 하나의 주제로 자신의 전공을 이야기하며, 학생들의 머릿속에 빵빵 터지는 불꽃놀이를 선물해 주던 통합수업도 잊을 수 없다. 선생님들이 모여 늦은 밤까지 주제를 고민하고, 서로의 내용을 살펴 주었다. 실습 당시 주제는 '옥수수'였다. 경제 선생님은 애그플레이션, 생명 선생님은 유전자조작, 윤리 선생님은 자원민족주의, 나는 남아메리카를 이야기했다. 수업하면서 바라본 학생들의 초롱초롱한 눈, 고민하느라 구겨진 눈썹, 조잘거리던 입술들을 잊지 못한다. 그들은 학교에 있지만, 학교 밖에 있었고, 지리 이야기를 들었지만, 지리 너머에 있었다.

그래서 제도권 공교육 안에서 대안을 찾기로 했다. 대안적인 공간은 다른 특정한 공간이 아닌, 지금, 여기여야 한다고 생각했다. 부침을 겪겠지만 이곳에서 선생님들과 함께, 학생들과 함께 고민하고, 질문하고, 울고, 웃기로 했다.

곰곰이 생각하면, 그때 그 말이 없었다면, 지금의 내가 있을까? 생각이 드는 말들이 있다. 고마운 말들이다. 지금의 나를 만든 말들이고, 앞으로 나를 나답게 만들 말들이다.

1) "학생이 지금 해야 할 건 그냥 나를 믿는 것뿐이야."

대학생 때인가, 대학원생 때인가 기억이 가물가물하지만, 급히 어디를 가서 무엇인가를 제출해야 했던 일이 있었다. 택시를 탔고, 운전기사님께 제발 빨리 가 달라고 부탁했다. 택시 뒷좌석 한가운데에 앉아, 앞좌석의 의자 사이에 얼굴을 빼꼼히 내밀고 발을 동동거렸다. 그런데 길은 막히고, 나는 점점 더 불안해졌다. 그때 기사님이 이렇게 말하셨다.

"학생. 나는 지금 최선을 다하고 있어. 학생 말대로 최선을 다해서 빨리 가도록 할게. 학생이 지금 해야 할 건 그냥 나를 믿는 것뿐이야. 동동거리고 마음 졸인다고 해결되지 않아. 나를 믿고, 학생은 조금이라도 맘 편히 있어."

그때 정말 머리를 커다란 망치로 한 대 맞은 기분이 들었다. 마음이 놀랍도록 평온해졌다. 그때부터 나는 어느 순간이든 내가 해결할 수 있는 것과 없는 것을 최대한 빠르게 판단하고, '지금 할 수 있는 것'은 무엇일까에 집중하고 노력하려 한다. "우리는, 나는, 지금, 여기서, 무엇을, 할 수 있을까?" 두리번거리고, 중얼거린다.

## 2) "우리는 작물에 물을 주는 게 아니에요. 땅에 주는 거죠."

교실 텃밭_잘못 심은 씨앗이지만 아이들은 이것을 보고, 함께 힘을 모아서 땅을 뚫은 것 같아요. 라고 말했다.

작은 텃밭, 닭장이 있는 집에서 살고 싶고, 그런 학교에서 지내고 싶다. 흙 냄새를 맡고, 흙을 밟으며, 땀도 흘리고, 이야기도 하며, 사람을 배우고, 지리도 배우고 싶다. 생명의 소중함을 몸소 느끼고, 생명과 생명이 서로를 기르는 경이로움을 알고 싶다. 내가 먹는 것이 우주가 함께 기른 것이고, 그것이 바로 나라는 사실을 함께 나누고 싶다. 단비에 기뻐 덩실 춤추고 싶다. 잡초가 아닌 함께 사는 풀이 존재하는 것이고, 저마다 크기도 모양이 다른 것이 당연하다는 이야기를 나누고 싶다. 그래서 나는 학교 텃밭이 없다면 교실 텃밭을 운영하고, 작물 일기를 쓰고, 시농제를 아이들과 지낸다. 수확한 것으로 음식을 만들어 나눈다. 하지만 늘 부족하다. 그래서 이곳저곳을 기웃거린다. 그러다 만난 홍성의 밭형일 선생님은 말했다. 우리는 작물에 물을 주는 것이 아니라고, 땅에 주는 것이라 했다. 그래서 우리가 작물을 기르는 것이 아니고, 우리는 땅을 기르는 것이고, 그렇게 만든 건강하고 좋은 땅이 작물을 기르는 것이라고 했다.

아. 그렇구나. 아이들도 그렇겠구나. 좋은 세상, 좋은 마을, 좋은 학교, 좋은 교실이 학생 친구들을 가르치고 기르는 것이겠구나. 그렇게 건강하고 좋은 땅을 기르고, 만드는 것이 어쩌면 내가 해야 할 일이구나. 그럼 나는 무엇을 해야 할까? 늘 품고 있는 질문이다.

### 3) "당당하고 단단하게, 졸지 말고 쫄지 말고."

당배 피는 학생들을 만나면 "당당했으면 좋겠다."는 말을 거듭한다. 담배를 구할 때도, 필 때도, 얼마나 마음이 초조한지 이야기한다. 스스로 당당하고, 다른 사람에게도 당당하고, 세상에 당당할 때, 그때 담배를 당당하게 사고 피자고 이야기한다. 수업 시간에 꾸벅꾸벅 조는 친구들에게는 졸지 말자고 부탁한다. 개인적으로 친구들이 조는 것은 어른이자 교사인 나의 잘못이 더 크다고 생각하지만, 어쨌든 졸지 않았으면 하고 부탁한다. 그래서 '당당하게', '졸지 말고'라고 외치던 것이 더해지고 더해져서 "당당하고 단단하게, 졸지 말고 쫄지 말고."가 되었다.

당당한 교실 사진

나와 우리 학생들이 당당한 사람, 단단한 사람. 세상 앞에 졸지 않고 눈을 부릅뜨는, 쫄지 않는 사람이 되었으면 한다. 하루를 마무리하는 밤. 나와 아이들의 밤이 당당하고 단단한 꿀밤이길 희망한다.

### 4) "마. 함 해 보입시더."

합천에서 태어나고 자란 아버지는 광적인 롯데자이언츠 팬, 최동원 선수의 팬이었다. 돌이켜 보면 말도 안 되는 글이고 결론인데, 학부 졸업논문을 「부산 사람들은 왜 롯데자이언츠를 사랑하는가」라는 제목으로 썼다. 부산에서 택시 기사 아저씨를 인터뷰하고 부산의 지역성과 연결하려 했다. 교사를 그만두고 자이언츠직원이 되고 싶어서 입사 원서도 몰래 한번 넣었다. 서류 탈락이었지만.

나는 최동원 선수를 선수라고 부르지 않는다. 어른이다. 최동원 어른. 그의 모든 것이 좋다. 실력도 실력이지만, 최고의 자리에서 가장 낮은 곳을 바라보고, 행동하는 마음과 용기는 정말이지 어떻게 설명할 수 없다. 힘찬 투구 폼과 기뻐서 팔짝 뛰는 사진도 좋지만, 경기 시작 전 한쪽 무릎을 꿇고, 간절히 기도하는 사진은 더 좋다. 등번호가 11인 이유가 1이 하나면 외롭기 때문이었다고 말한 것도, 하늘에 떠 있다고 별이 아니고 누군가에게 길을 밝혀 주고, 꿈이 되어 줘야 그게 진짜 별이라고 말한 것도, 좋다. "마. 함 해 보입시더."는 말해 뭐하나. 다짐이 취미인 내가 가장 많이 하는 말 중 하나이다.

### 5) "차근차근하면 뭐든지 잘할 수 있을 거예요."

결혼할 때 아내와 나는 서로에게 쓴 편지를 읽었다. 사실 많이 긴장한 탓인지 결혼식 날 기억이 많이 없다. 하지만 기억에 남는 것이 하나 있는데 아내가 쓴 편지 중 한 문장이다. 그때 그 문장을 읽던 아내의 떨리는 목소리도 선하다. "차근차근하면 뭐든지 잘할 수 있을 거예요." 아내는 스스로 많은 일에 서투르다고 했다. 그런데 천천히, 차근차근하게 하면 뭐든지 잘할 수 있다고, 그러니 기다려 달라고 했고, 믿어 달라고 했다.

마음은 급한데, 일이 더딜 때, 계획대로 일이 잘되지 않을 때. 그래서 머릿속이 복잡해서 어디서부터 시작해야 할지 막막하고 때로는 화도 날 때. 그럴 때마다, 나는 크게 숨을 한번 쉬고. 아내가 한 저 말을 중얼중얼하면서 다시 시작한다. "조금 느려도 괜찮아. 차근차근하면 뭐든지 잘할 수 있을 거야."

## 수업은 여유 있게

　학교를 뜻하는 라틴어 에꼴(ecole)의 어원은 여유라고 한다.

　여유! 맞다. 잠시 잊고 있었는데 학교는 여유 있는 곳이었다. 여유가 있기에 휴~하고 숨도 쉬고, 두리번거리기도 하고, 잠시 머물며 무언가에 눈과 마음이 머물고, 이런저런 생각들이 피어나고, 생각이 피어나니 많은 질문이 맺히고, 많은 질문이 맺히니 다양한 말과 글이 오고 갔다. 그래서 학문과 지혜는 넓고 깊어졌고, 때로는 더 좋은 사회를 만들기 위한 행동으로 이어졌다. 덕분에 세상은 더 민주적이고 인권적으로 변했고, 어제보다 오늘이 더 살 만한 세상이라고, 더 행복하다고 말하는 사람들이 늘었다.

　군사 독재 정권이 왜 학교를 먼저 탄압하고 억압했는지. 왜 자본이 학교와 학생을 그렇게도 목을 조이는가의 답 또한 여기에 있다. 예전 한 선배도 여자 친구를 사귀려면 '여유 있는 사람'이 되어야 한다 했다. 물질적 여유든, 마음의 여유든.

아무튼 학교든, 연애든 여유가 있어야 한다. 교실도, 수업도 여유가 있어야 한다. 물론 학생도, 그리고 우리 교사들도 여유가 있어야 한다. 여유 없는 일상에서 선생님과 학생들은 함께 여유를 찾고, 만들고, 배우고 서로 알려 줘야 한다.

지리 수업도 그러했으면 좋겠다. 적어도 우리들의 지리 수업은 그랬으면 좋겠다. 숨 쉴 수 있는 수업. 그래서 주변을 두리번거리고, 생각이 피어나고, 질문이 맺혔으면 좋겠다. 상상만 해도 좋다.

### 1) 첫 번째는 '책상 배치와 자리 배치'이다

공간은 사람을 만든다. 같은 공간이 같은 사람을 만들고, 다른 공간이 다른 사람을 만든다. 네모난 똑같은 교실과 바둑판식 책상 배치는 똑같은 사람을 만들려는 의지라고 나는 생각한다. 친구들의 얼굴은 보지 말고, 내 얼굴만 바라봐야 한다고 말하는 것 같다. 바둑판식 책상 배치는 시험 칠 때만으로 충분하다고 생각한다.

어떻게 다른 공간으로 만들 수 있을까? 가장 좋은 것은 학생 중 자리 배치 반장을 두고, 그를 중심으로 친구들과 고민하게 하는 것이다. 햇빛의 위치, TV나 빔 프로젝트의 위치, 냉난방기의 위치가 교실마다 다르기에, 그리고 학생들의 선호 또한 다르기에 교실 속 책상 배치는 바둑판이 되면 안된다고 나의 생각을 말해 주면, 우리 자리 배치 반장과 아이들은 교실을 두리번거리고, 생각에 빠진다. 우정을 나누고, 배움이 일어나기 위해 어딘가는 몰려있고, 어딘가는 비어 있어야 한다. 울퉁불퉁한 모습. 그것이 자연스럽다. 그렇게 배치된 자리는 시간이 갈수록 자연스레 조금씩 변하면서 성장하고, 학생들도 성장한다.

올해 배치한 디귿자형 책상 배치

올해부터 우리 학교는 학생들이 내가 있는 1학년 5반 교실로 온다. 내가 교실의 책상을 배치해야 했다. 몇 개의 안을 고민했고, 아이들과 이야기해서 일단 정한 것은 디귿자 모양에 가운데 3자리와 내 자리이다. 매시간 나와 마주보고 앉는 3명이 바뀐다. 그들은 어떤 이유로 이 자리에 앉았을까? 궁금해서 종종 이야기를 나눈다. 보통 늦게 들어와서 남은 자리가 이곳뿐이었다고 하는데, 종종 내가 좋아서 라던가, 다른 곳보다 시원해서라던가, TV가 잘 보여서 라고 답하는 친구도 있다. 아이들은 다른 수업과 다른 책상 배치에 당황하지만, 곧 적응하며, 무엇인가 다름을 느끼고, 신기해하고 궁금해 한다. 모두 얼굴을 보고 이야기를 나눈다. 교실은 이래야 하지 않을까?

아! 그리고 공간 이야기가 나왔으니, 한마디만 더. 교실에 들어갈 때는 노크를 한다. "네. 들어오세요."라고 소리가 날 때까지 기다리기도 한다. 학생들의 공간과 시간은 존중받아야 한다.

새로운 수업을 시작하면, 학생들과 수업법을 만든다. 수시로 개정도 한다. 적어도 이곳에서 너희들과 나는 동등하다고, 수업의 주인은 우리라고. 약속을 정한다. 선생님도 똑같이 약속을 지켜야 하고, 때로는 벌을 받아야 한다는 사실에 학생들은 즐거워한다. 숨을 쉰다. 고민한다. 무관심했던 상위법인 학칙도 살펴본다.

교사가 수업에 늦으면 노래도 하고, 스쿼트도 한다. 뽀모도로 학습법을 어디서 배우고 와서는, 25분 수업 10분 휴식이 통과되기도 했다. 휴강권을 발급하기도 했다. 장난삼아 만들었던 법이 어느 순간 사라지는 경험도 한다. 이렇게 우리가 원하는 법이 반영되는 경험을 하고, 그렇게 수업이, 세상이 바뀌는 것을 알게 된다. 그렇게 민주주의를 경험한다.

여러 반의 수업법을 비교하는 것도 재미있다. 반마다 법이 유사하면서 다르다. 그러면서 왜 저 반은 법이 이럴까 저럴까하며 이야기하면, 학생들은 이런저런 흥미로운 이야기를 들려준다. 그 시간도 즐겁다. 여기에 여러 나라의 헌법 1조를 이야기하면서 나라 이야기를 할 수도 있다.

수업법을 만드는 것은 어렵지 않다. 다만, 막연할 수 있으니 간단한 틀을 만들면 좋다. 헌법이나 교육기본법을 간단히 보여 주는 것도 좋다. 나는 1조는 목적, 2조는 수업 준비, 3조는 수업 진행, 4조는 수업 방해, 5조는 기타 정도로 틀을 만들고 나눠 준다. 구체적이고, 충돌되지 않아야 한다고 이야기한다. 개개인의 생각을 적고, 모둠별로 정리하고, 최종적으로 하나로 합친다. 2시간이면 된다. 만들어진 수업법은 교실에서 가장 접근성이 좋은 곳을 물어 붙인다. 개정이 필요하다면 교사와 날짜만 미리 협의하고, 친구들 앞에서 개정안을 발표하고 토론하면 된다.

예를 들어 3조 수업 진행에서 "시작 인사는 파이팅으로 대신한다."는 어떠냐고 학생들에게 제안한다(예전에는 세로토닌 뿅뿅하며 박수를 쳤다). 차렷, 경례는 일제 잔재라고 하면 학생들도 흔쾌히 동의한다. 파이팅하며 함께 크게 소리를 내면 힘도 나고 정신도 맑아진다.

### 3) 세 번째는 '종종 노래로 시작하는 수업'이다

노래는 힘이 있다. 교사는 노래로 하고 싶은 이야기를 전할 수 있다. 그냥 무심하게 들어와서 말없이 노래를 튼다. 학생들은 웅성거리다 눈을 감는다(누군가는 달콤한 3분 쪽잠을 잔다). 이렇게 된 거 여유 있게 노래 하나 함께 듣자. 정밀아 3집 『청파소나타』 중 「서울역에서 출발」이다.

> 아침 일찍 걸려 오는 전화 소리에 걱정 가득 질문도 가득
> 어디 멀리 노래하러 갔었다더니 그래 집에는 언제 온 거니?
> 글쎄 밤 열두 시 넘었는데 잘 모르겠네, 아주 늦은 밤은 아니었어요.
> 가게들은 문을 닫고 텅 빈 역 안엔 대낮같이 불만 켜져 있었어.
> 택시를 기다리는 사람 많아 이 추운 날에 고생할 뻔했는데
> 이제 이사하고 난 뒤로는 염려 없어요. 집에까지 금세 걸어왔어요.
>          ...
> 서울역에서 출발한 내 스무 살은 한 백 번은 변한 것 같아.
> 그게 뭐 어떻다는 것은 아니고 그냥 그랬구나 하는 거예요.
> 봄 가고 아주 여름 오기 전 언제 바다에 가 보려고 해.
> 서울역에서 출발하는 기차를 타고 푸른 바다에 가 보려고 해.
> 푸른 바다에 가 보려고 해. 서울역에서 출발.

이 노래를 출근길 라디오에서 처음 들었다. 뭉클했다. 제목을 잊지 않으려 중얼거리며 출근했다. 그리고 나중에 이 음반이 한국대중음악상 올해의 음반, 최우수 포크음반으로 뽑힌 것, 이 노래가 최우수 포크음악으로 뽑힌 것을 알았다. 「광장」, 「언니」, 「오래된 동네」, 「환란일기」 같은 다른 노래도 너무 좋았다. 그런데 나를 더 뭉클하게 한 것은 이 음반과 관련된 정밀아의 이런저런 말들 때문이었다. 그렇게 지리틱할 수 없다. 그리고 지리 시간에 학생 친구들과 함께 듣고 이런저런 이야기를 나눠야겠다고 생각했다.

"여기 이사 와서 작업을 하려고 마이크도 새로 설치했는데 소음이 예상치 못하게 너무 많았어요. 스트레스를 받기도 했는데, 어쨌든, 저에게 오는 외부의 작용이자 환경이니 이럴 바에는 소리도 담아서 현장성을 더해 보자고 생각했어요."

"1년 전 이곳으로 이사 온 뒤, 사회적 거리두기로 집 근처 산책만 하다 보니, 자연스레 동네를 탐구하는 탐구가, 소리를 모으는 채집가가 됐어요."

"나를 이야기하려면 내 주변의 것들을 반드시 봐야 하는 것."

"내가 어떤 소리를 듣고 어떤 것이 지금 내 시야 안에 들어오는지를 계속 탐구하고 질문하다 보니 이런 노랫말들이 나온 것 같다."

"매일의 오늘을 사는 세상을 담은 단편영화 같은 음악을 만들어 보고 싶었어요. 코로나19와 주변 소음이 이 앨범을 태어나게 한 셈이죠."

"'내가 지금 속해 있는 환경과 상황을 어떻게 보고 어떻게 노래할 것인가'라는 물음표가 커지면서 이번 앨범이 시작됐다."

"좀 더 분명해진 시선으로 내가 어디에 있는지에 대한 이야기, 오늘의 이야기를 하고 싶었다."

나는 우리의 지리교육, 지리 수업이 이 정도면 충분하다고 생각한다. 내 주변을 따뜻하게 바라보고, 이야기를 나누고, 기억하고, 그 속에서 자신의 이야기를 하고…. 또 여유가 되면 글이든, 그림이든, 노래든, 춤이든 표현하고, 끄덕거리며 공감하고, 사랑하고, 애틋하게 여기고.

나는 여전히 지리적 상상력과 지리적 감수성이 뭔지 모르겠다. 멋있게 보이고 싶어서 만든 말 같다는 생각도 한다. 허나, 지리적 상상력이나 지리적 감수성이 주변을 따뜻하게 바라보고, 이야기를 나누고, 기억하고, 표현하는 것이라면 너무 좋겠다.

아이들의 플레이리스트를 받아 볼까? 관련된 사연도 한번 들어 볼까? 하고 '지리는 라디오'를 준비했다. 아이들이 카톡으로 사연과 장소, 노래를 보내 주면 적절할 때. 마치 라디오 디제이가 된 것 처럼 노래를 틀고, 사연을 읽는다. 그리고 구글 마이맵 으로 정리하면 매우 그럴 듯 하다.

지리는 라디오 지도

'그래서 생각난 그곳 이야기'는 일주일에 한 번 내가 준비하는 세상 돌아가는 이야기이다. 시사 이야기, 주변 이야기이다. 그런 이야기 속에서 지리적인 질문을 찾고, 답한다. 학생들은 언제 어디서든 쉽게 뉴스를 볼 수 있게 되었지만, 잘 보지 않는다. 예전의 우리처럼 아버지께서 9시 뉴스를 시청하신다고, 곁에 앉아 따라 보는 친구들도 없다. 10시 드라마를 위해 꾹 참고 기다리며 앉아 있지도 않는다. 학원에 있어야 하고, 유튜브나 넷플릭스는 터치하면 바로 나온다. 더 이상 자신의 하루와 주변을 궁금해 하지 않는다. 매일 똑같다고 생각하는 것일까? 이 아이들도 어렸을 때는 세상 모든 것이 궁금했고, 엄마와 아빠가 힘겨워 할 정도로 질문을 많이 했을 텐데. 잊고 있던 질문하는 모습을 다시 돌려주고 싶다.

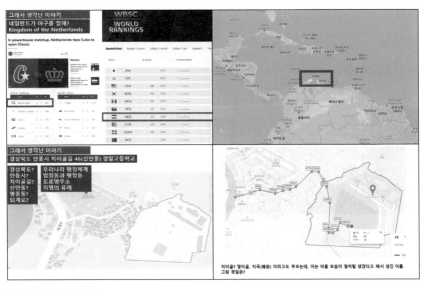

그래서 생각난 그곳 이야기

예를 들면, 얼마 전 월드베이스볼클래식(WBC) 개막전에서 네덜란드가 쿠바를 이겼다는 기사를 보고, "얘들아. 네덜란드가 쿠바를 이겼대! 네덜란드가 야구를 이렇게나 잘하네. 왜일까?"라는 질문을 한다. 그러면서 "그래서 생각난 그곳, 네덜란드 이야기를 할게."라고 운을 띄우고 네덜란드 왕국의 해외 영토를 이야기하고, 본토의 자연환경을 이야기하며, 사이클과 스케이트까지도 잘한다고 이야기한다. 학교를 오고 가며 하루에 두 번씩은 보는 도로이름 '치이골길'을 말하며 "얘들아. 그래서 생각난 그곳 치이골길 이야기를 할게." 하며 도로명 주소 체계와 행정구역 체계, 법정동과 행정동, 지역 이름의 유래를 쭉 말하는 식이다.

학생들은 "그러게요." 하며 퉁명하게 말하지만, 어느 때보다 집중을 잘한다. 다른 학교 친구들에게, 남자친구, 여자친구에게 "너 이거 알아?"하며 자랑도 한단다. 나중에 수업을 마무리할 때 쓰는 수업 소감문에서도 가장 좋았다고 하는 것이 이것이다. 학생친구들이 인터넷 기사, 경험한 것들에서 지리적인 질문을 찾는다. 그리고 그들도 조금씩 두리번거리고, 질문을 한다. 그러면 됐다.

3분 여기

'3분 여기'는 '그래서 생각난 그곳 이야기'의 학생판이다. 좀 더 재미있게 해 보려고 '3분 카레'의 표지를 패러디해서 합성사진도 만들었다. 본 수업 시간 전 간단하게(3분~5분) 자신의 관심사 혹은 좋아하는 것, 일상에 공간적인 질문을 더해 친구들에게 발표한다. 친구들의 질문과 코멘트, 나의 마무리 코멘트까지 하면, 보통 10분 내외가 된다. 종종 듣는 친구들도 좋아하는 주제가 나오면 신이 나서 질문하고, 코멘트를 하다 보면, '3분 여기'가 '3분 수업'이 될 때가 있기도 하지만, 그 시간이 즐겁고, 행복하다. 살아 있음을 느낀다.

### 5) 그리고 몇 가지 덧붙이고 싶은 것들

먼저 그리기와 사진 찍기이다. 개인적으로 그림에 대한 몇 번의 상처가 있다. 지금 생각나는 것만으로도 큰 상처만 3번. 그 상처 중 하나라도 안 받았다면, 어쩌면 그림을 그리고 있을지도 모르겠다. 아직 한 번도 하지 못했지만, 늘 생각하고 고민하는 것이 지리 시간에 스케치북을 들고 동네를 담는 것이다. 지리에서 그림이 중요한 이유는 그림을 그리려다 보면, 동네든 친구든 오래 보고, 자세히 봐야 하기 때문이다. 그러면 그 풀꽃처럼 사랑스러워지기 때문이다. 한 만화가는 이런 말도 했다. "그림을 그리는 이유. 사람을 그리면 사람이 소중해지고, 꽃을 그리면 꽃이 소중해지고, 돌멩이를 그리면 돌멩이가 소중해진다."

사진 찍기도 좋다. 사진도 자세히 보고, 오래 보는 도구이다. 그래서 결국 사랑스럽게 하고, 소중하게 하는 도구이다. 좋아하는 한 사진작가는 '천천히' 바라보고, '깊게' 공감하면서, '느리게' 셔터를 누른다고 한다. 한 컷 한 컷 더 소중하게 필름 카메라로 찍는 것도 좋겠다. 사진의 기초부터 가르치고, 핸드폰 카메라 촬영법도 알려 주고, 같은 곳에서 정기적으로 찍어 보기도 하고, 동네의 특징이 잘 나타나는 장소를 고민하기도 하고, 같은 곳을 다양한 시점에서 찍어 보는 것도 재미있을 것 같다. 물론 학생들의 얼굴을 그리고, 천천히, 깊게, 느리게 사진 찍는 것도 좋겠다.

축제 때 10초 초상화 그리기 부스 운영

카카오톡 오픈채팅방에 익명 지리 학습방도 좋다.

자신이 누군지 친구들도, 교사도 모르게 하는 것이 핵심이다. 개인 이름은 자신에게 '의미가 있는 어떤 장소'로 하는 것도 좋다. 이곳에서 전체 교과 공지도 하고, 인터넷을 보다가 찾은 지리 기사 같은 관련 콘텐츠도 공유한다. 아이들은 자신의 이름을 종종 바꾸면서 질문을 한다. 누군지 모르는 친구가 답을 한다. 모든 질문은 개인적으로 하지 말고 그 익명 채팅방에서 하자고, 모두가 질문하고 모두가 답하자고 말한다. 모두가 함께 배우자고 말한다. 익명에 기대 조용한 친구도 질문하고, 너무 쉬운 질문이라 생각해서 주저주저한 것들도 공유된다. 숨을 쉬고, 용기를 내 질문을 한다. 특정 주제에 관해 토론도 한다. 처음에는 익명 채팅방이라고 신나서 이상한 짓들을 하지만, 금세 사그라든다.

마무리 하려니, 그날이 생각난다. 따뜻한 햇볕. 아마 5교시 아니면 6교시. 나른하고 아이들은 축구로 기진맥진. 절반이 기절. 학생들도 그렇지만, 나도 수업하기 싫었던 그날. 그래서 그날은 그냥 여유롭게 이런저런 사는 이야기나 나누자고 했다. 한 친구가 그때 당시 어마어마하게 인기였던 김보성씨가 나온 비락식혜 광고를 보자고 했다. 재미있다고. 그래서 그냥 같이 보고 있는데, 어떤 친구가 불쑥 한마디 툭! "지으리!" 그렇게 시작된 난리브루스. 학생들과 대본을 만들고 배역을 정하고, 소품을 준비했다. 다음 날 바로 빈 교실에서 패러디 영상을 찍었다. 틈이 있었기에, 여유가 있었기에 가

으리땅 으리공부 지으리

능했던 일이다. 며칠 후 9시 뉴스에 '의리 열풍'이라는 제목으로 소개되었다. 이후 '으리땅. 으리있게. 지으리샘'이 되었다.

　수업은 짧고 굵고, 여유 있게. 그래서 학교는 교실은 지리 수업은 숨도 쉬고, 두리번거리기도 하고, 잠시 머물며 무언가에 눈과 마음이 머물고, 이런저런 생각들이 피어나고, 많은 질문이 맺히는 곳이었으면 좋겠다.

 **천천히, 깊게, 느리게 프로젝트**

　수업하다 보면 종종 어떤 주제에 푹 빠져 있는 학생들이 있다. 초롱초롱한 눈, 고민하느라 구겨진 눈썹, 조잘거리는 입술을 만날 때다. 그런 친구들에게 수업이 끝나고 살짝 물어본다. "재미있었어? 푹 빠져 있는 것 같던데…." 정도만 말해도 그 친구는 신났는지 봇물 터지듯 이런저런 이야기를 쏟아낸다. 그리고 이때를 기다렸다는 듯 "그럼, 우리 조금만 더 깊이 공부해볼까?" 한마디 툭 던진다. "점심시간이나 종례하고 잠깐잠깐 만나서 말이야. 혹시 마음 맞는 친구들 있으면 같이 와도 좋아."

　'천천히, 깊게, 느리게' 프로젝트이다. 어떤 주제를 천천히, 깊게, 느리게 바라보고, 나 또한 그 친구들을 천천히, 깊게, 느리게 바라보며, 그들의 이야기를 듣는다. 만약 친구들이 많으면, 방과 후 학교를 개설하여 진행한다. 그리고 나의 원칙. 그들의 생각과 고민을 담은 결과물을 꼭 만드는 것. 친구들 뿐만 아니라 교사, 시민 사회단체, 공공기관 등 어른들과 함께 만들고 결과 물을 공유하는 것. 그래서 그들의 세상을 조금 더 넓고, 깊게 돕는 것이다.

### 1) 택배 노동자 달력

통합사회를 가르치고 있었다. '인권과 정의' 수업을 준비하면서 어떤 활동을 할까 고민하다가 〈코로나로 드러난 사회적 약자의 차별과 혐오〉라는 제목의 활동 수업을 디자인했다. 제목 그대로 코로나로 드러난 사회적 약자의 차별과 혐오에 관한 신문 기사를 찾아서, 그 약자의 입장에서 에세이를 쓰거나, 4컷 만화를 그리고 발표하는 2차시 수업이었다. 학생들이 조사한 것 사례들을 칠판에 차례차례 쓰다 보니, 칠판 전체가 꽉 찼다. 그 칠판 앞에서 친구들은 그들이 된 이야기를 하나씩 풀어냈다. 가슴 찡했던 시간.

이후 5명의 친구가 찾아왔다. 더 자세히 알고 싶다는 아이들에게, 기사 수집부터 차근차근 다시 해 보자고 했다. 각자 기사를 수집하고, 점심시간과 방과 후를 활용해 틈나는 대로 수집한 기사를 이야기했다. 언젠가부터 택배 노동자 이야기가 많이 오고 갔다. 그들이 없었다면, 우리는 코로나 시대를 이렇게 버티며 살 수 있었을까하고 질문하며 고맙고 미안한 그들을 위해 무엇을 해야 할까, 할 수 있을까를 이야기했다. 한 친구가 택배 노동자를 잊지 않기 위해 달력을 만들자고 했다. 달력은 1년 동안 책상을 떠나지 않기 때문이라 했다. 다른 한 친구는 현관 앞에 붙이는 마그넷을 만들자고 했다. 고맙다는 말을 오실 때마다 보셨으면 좋겠다고 했다. 다른 친구는 환경을 위해 종이 테이프를 만들자고 했다. 현관 앞에 택배 노동자들께 드리는 음료 넣는 바구니를 만들자고 했고, 택배 상자를 쉽게 열 수 있는 커터기는 어떠냐고 했다. 그렇게 조잘조잘 이야기하던 모습을 본 방과 후 학교 부장님께서는 돈을 지원해 주신다며 겨울 방학 방과 후 수업으로 등록하여 제대로 만들어 보라 했다.

학생들은 달력과 마그넷을 만들기로 했다. 우리가 할 수 있는 최선이었다. 겨울 방학 동안에 달력 디자인을 하는 것에 많은 시간을 쏟았다. 어떻게 12장을 만드나 고민하다 신문 기사를 수집하는 과정에서 계속 언급되던 사람들의 목소리를 담자고 정했다. 학교에 매일 매일 들어오시는 택배 노동자님, 전국택배연대노동조합, 안진걸 민생경제연구소장, 박홍근 국회의원(생활물류서비스법 대표 발의), 장철민 국회의원(지역 국회의원), 〈까대기〉 이종철 작가, 참여연대 등을 대면, 비대면으로 인터뷰했다. 인생에서 처음으로 하는 인터뷰여서 인터뷰하는 법을 따로 공부하고, 서로 연습도 했다. 거절도 당하고, 급하게 다른 인터뷰 대상을 찾기도 하고, 떨리는 목소리로 이야기를 나누고, 간절하게 답변을 기다리는 모습을 옆에서 지켜봤다. 택배연대에서 첫 답변이 왔을 때, 친구들은 동그랗게 모여서 그 답변을 읽었다. 한 아이가 펑펑 울기 시작하더니 곧 모두가 함께 울었다. 많은 감정이 꿈틀거렸다.

부족하지만 함께 글을 쓰고 그림을 그렸다. 인쇄를 맡기고, 인터뷰를 해 주셨던 선생님들께 한 부씩 전해 드렸더니, 오마이뉴스 기자님에게서 연락이 왔다. 그 기사를 국무총리님이 페이스북에 소개했고, 여러 신문과 방송국에서 연락이 왔다. 민생경제연구소에서는 추가로 2만 부를 인쇄하여 택배연대에 기증했고, 교육청에서는 현관 앞에 붙이는 마그넷만을 따로 제작하여 전국에 나눠 주는 행사를 했다.

정신없이 지나간 2020년 겨울. 나는 그저 학생들이 이야기할 수 있는 자리를 마련했을 뿐이다. 그들은 그곳에서 자유롭게 이야기를 나눴고, 고민했고, 꼼지락거렸다. 그들은 종종 뉴스에서 택배 노동자 이야기가 나올 때면 연락한다. 여전히 택배 노동자들의 처우에 꾸준히 관심을 가지고 고민하고 있고, 기사를 수집하고 있고, 더 큰 책임감으로 하루하루 살고 있다고 한다.

개인적으로 달력 만들기는 학생들과 그럴듯한 결과물을 얻을 수 있는 활동이라 생각한다. 역사 선생님의 도움으로 그달에 있는 역사적 사건과 관련된 곳을 조사하여 지도를 그리고, 글을 쓰고, 그림을 그려 〈역지사리 달력〉을 만들기도 했고, 브라질 월드컵이 열리는 해에는 축구를 좋아하는 아이들과 참가국을 서로 견주어 〈브라지리 달력〉을 만들기도 했다. 만들 때도 즐겁고, 하루하루 지나며, 한달 한달 지나며 문득문득 달력을 보다 피식피식 웃는 우리를 만난다.

택배 노동자 달력

브라지리달력

〈브라지리 달력〉을 보니 생각난 축구 이야기. 고등학교 때는 정말 하루에 아침, 점심, 방과 후 세 번씩 축구를 했다. 몸에 비해 잘한다는 소리가 그렇게도 좋았다. 직접 보는 것도 좋아하고, 지금은 잘하지 않지만, 예전에는 게임도 엄청나게 했다. 해외여행을 가면 그 나라 유니폼도 종종 산다. 축구는 세상을 담는 플랫폼이라 생각했고, 축구를 좋아하는 아이들과 함께 이야기를 하고 싶었다. 산업혁명과 축구, 효율적인 공간 배치와 포메이션, FIFA와 자본, 지역 구분, FIFA 랭킹 이야기, 위대한 클럽과 위대한 선수, 라이벌과 더비, 지역성을 품은 K-리그 엠블럼 다시 만들기까지 함께 나눌 이야기는 많았다. 나눈 이야기와 만든 작품을 작은 책으로 묶어 K-리그 사무국, 대한축구협회 등에 보냈다. K-리그 시상식에 아이들이 VIP로 초대되었다. 학생들은 지리팬, K-리그 팬이 되었다.

### 2) 어쩌다 발견한 길들, 동네 거닐기

학교 주변은 한국전쟁 때 만들어진 달동네였고, 재개발 열풍이 불고 있었다. 그래서 이곳의 이야기를 남기고 싶었는데, 몇몇 학생들도 나와 같은 생각이었나 보다. 친구들과 함께 골목골목을 돌아다니기로 했다. 그곳에서 만나는 어르신을 인터뷰하고 사진을 찍었다. 향토 사학자 선생님을 모시고 설명도 듣고, 이 지역에서 태어나고 자라 어느덧 학생의 부모가 된 어머님을 만나서 옛날이야기도 들었다. 지역에서 활동하는 젊은 예술가도 만났다. 미술 선생님은 학생들과 그 골목을 그렸다. 그 결과물을 작은 책으로 만들고 나눴다. 골목을 거닐며, 여기도 길이 있었다고 놀라며 기웃거린다. 그렇게 어쩌다 발견한 길들은 놀라움을 주었다.

장소에 대한 애틋함이든 기록해야 한다는 의무감이든 작은 계기에서 시작된 동네 걷기와 기록하기는 결국 장소에 대한 더 큰 애틋함으로 남는다. 딛고 있는 이곳에 켜켜이 쌓인 흔적들과 사람을 만난다. 그 사람 속에는 우리 부모님도 있고 친구도 있고 자기 자신도 있다.

마을 답사와 기록에는 특별한 방법이나 노하우가 있는 것은 아니다. 다만 서두르지만 않았으면 좋겠다. 사람이든 장소든 누군가를 만난다는 건 매우 조심스러운 일이다. 그들의 지난 삶과 지금을 온전히 존중해야 하는 일이다. 천천히 다가가 함께 웃고, 울고 천천히 헤어져야 할 일이다. 빨리 결과를 얻고 싶어 서두르기보다는, 동네에서 빵도 사 먹고, 아이스크림도 사 먹

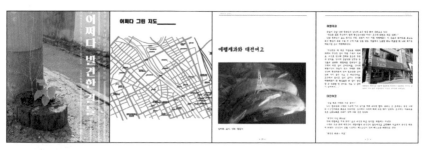

어쩌다 발견한 길들

으면서 천천히 걸으며 스며들었으면 좋겠다. 그러다가 슬쩍 이야기를 나누고 사진을 찍고, 그림을 그렸으면 좋겠다. 이 동네를 마치 해외의 어느 동네로 생각하고, 두리번두리번하며 벽돌 하나, 꽃 한 송이에 신기해했으면 좋겠다. 이 동네가 가진 의미와 이유가 수백 개인데, 한두 가지 사건과 지리적인 이유로 결론 내려 하지 않았으면 좋겠다. 시야는 속도에 반비례하고, 우리는 이 동네를 잠깐 스쳐 갈 뿐이다.

### 3) 우리 학교 행복 보고서

행복 단원 수업에서 제일 중요한 것은 이런저런 훌륭한 사람들이 말하는 행복 이야기가 아니라, 학생들이 지금 여기에서 행복해지는 연습을 하는 것이다. 감사 일기를 쓰고, 비교하지 않고, 작은 목표를 세우고 나눈다. 그러다 "어때? 조금은 행복해진 것 같아?" 묻는다. 한 학생이 깔깔거리며 답한다. "네. 행복이 +3 향상되었어요."

그렇게 시작된 '행복은 측정할 수 있을까?', '누가 행복을 측정하는 질문을 만드는가?', '나라마다 비교하고 순위를 정하는 것은 가능한 일인가?', '옳은 일인가?', '비교하는 건 불행한 일이라고 하지 않았는가?' 학생들과 이야기를 나눈다. 그렇게 옥신각신하다가 '에잇! 그럼 우리도 한번 측정해보자!' 그렇게 「우리 학교 보고서」 만들기 프로젝트가 시작되었다. 목표는 단하나. 행복하게 행복 측정하기.

그렇게 해서 만난 6명의 친구와 행복 측정에 대한 다양한 자료를 찾았다. 그러다 한국방정환재단의 〈한국 어린이·청소년 행복지수〉를 참고로 만들기로 했다. 그 질문을 활용하면, 우리 학교 학생들의 행복이 어느 정도인지 비교할 수 있을 거라 생각했다. 보고서를 보고 수많은 질문 중 우리가 할 수 있는 것을 추리고, 왜 이런 질문을 했을까? 이것이 행복의 조건인가? 거꾸로 이야기했다. 행복은 전염된다기에 선생님을 대상으로 한 질문도 만들었다. 매년 스승의 날에 실시하는 한 교원 단체의 설문을 활용했다.

그리고 나온 수많은 숫자를 다듬고, 그래프로 만들고, 학년별, 기숙사생과 통학생을 비교했다. '학년이 오를수록 스스로 건강하다고 생각한다.', '기숙사생이 소속감을 더 느끼지 못한다.', '왜 2학년이 가장 외로울까?' 등의 결과에 꼬리에 꼬리를 무는 생각을 나눴다. 엉뚱한 생각에 서로 깔깔깔 웃는다. 친구와 후배들을 위해 조사하면서 아쉬웠던 점, 그래프를 만드는 법 등을 기록하고 나눈다. 그 풍경이 좋다.

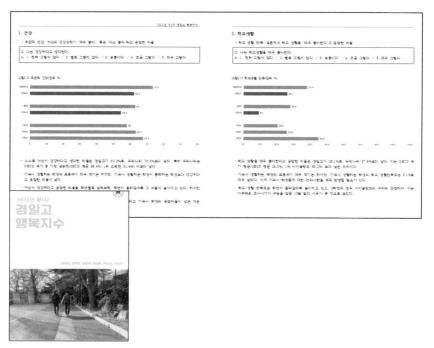

행복지수 보고서

10년도 더 되었다. 대학생 때 전국의 3천만 등산 인구를 대상으로 산 중턱에서 지리를 외치자고 산악회를 만들었다. 누군가가 산을 오르다 "우와~ 장관이다! 우째 저렇게 생겼을까? 캬~"라고 외치는 그 순간 옆에 쓱 다가가 "저 지형은 말이죠."라고 말을 건네고 싶었다(결국 그렇게 못 했지만). 쓰레기도 좀 수거해 오자고 종이봉투에 산과 관련된 지리 이야기를 인쇄해서 나눠 줄 생각도 했다. 그렇게 '지리는 산' 산악회가 시작되었다. 처음에는 서울 주변 산을 가자, 돌산을 가자, 화산을 가자며 주제를 정했다. 기념품도 만들었다. 책을 쓰자고 티격태격도 했다. 그러다 취직도 하고, 결혼도 하면서 전국 방방곡곡으로 사람들이 흩어졌다. 아이가 생기면서 회원 수가 늘기도 했다. 이 모임이 좋다. 어느덧 함께 늙어 가는 모임이 되었다.

매달 두 번째 토요일이 모임 날이다. 12월은 송년회를 하는데, 이때 제비뽑기를 하여 각 달의 산악대장을 뽑는다. 1월의 산악대장은 누구, 2월의 산악대장은 누구 하는 식이다. 12월의 산악대장은 송년회를 맡는다. 우리 산악회는 고정된 산악대장이 없다. 회비도 없다. 돈은 필요할 때마다 걷는다. 꼭 참여해야 하는 의무도 없다. 바쁘면 다음 달에 함께하면 된다. 산악회지만 산이 아니어도 좋다. 둘레길을 걷기도 하고 공연을 보기도 한다. 느슨해서 끈끈하다. 몇 번을 생각해도 21세기 모임은 이래야 한다고 생각한다.

산도 좋다. 산은 여럿이 출발해도, 결국 조용히 혼자 걷게 한다. 한걸음한걸음에 이런저런 생각을 하다가, 아무 생각 없이 걷게 한다. 힘들다고 머릿속이 온통 욕으로 가득차지만 어느새 상쾌함으로 가득 찬다. 반드시 오는 그 반전이 좋다. 나의 삶도 그렇게 반드시 오는 상쾌함으로 가득 찰 거란 생각이 든다.

개인적으로 산은 아버지를 만나는 공간이다. 돌아가신 아버지는 산을 매우 좋아하셨다. 산에 오르실 때는 책 한 권을 들고 가셨다. 하모니카도 들고 가셨다. 산 어디선가 책을 읽고, 하모니카를 부셨다. 어느 날 내게 "책이 이렇게 재미있는 줄 이제야 알았다."고 하셨다. 그즈음 아버지께 『100대 명산』 책을 선물로 사 드렸다. 서재에 있는 그 책을 볼 때면 아버지가 보고 싶다. 아버지께서 다 오르지 못한 100곳의 산을 오를 것이다. 하모니

지리는 산 깃발도 만들었다. 깃대는 등산 스틱이다.

카도 배워야겠다. 늦기 전에. 역시 산은 지리고, 지리는 산이다.

### 팝업북

초등학교 때 입체 카드에 푹 빠져있었다. 왜 그런 생각을 했는지 모르지만, 크리스마스카드는 내가 직접 만들어야 한다고 생각했다. 문방구에서 산 카드를 보내는 것은 성의가 없다고 생각했다. 그래서 나는 문방구에서 입체 카드를 사고 분해한 다음 그것을 똑같이 도화지에 그리고 잘라서 사람들에게 전했다.

내가 스스로 돈을 벌고, 자유롭게 쓸 수 있을 때부터는 팝업북을 모으기 시작했다. 작품도 모으고, 팝업북 만들기 책도 샀다. 관련된 전시회도 늘 따라다녔다. 지리를 공부하면서부터는 『한반도 지도 팝업북』을 만드는 것이 꿈이 되었다. 그리고 지도 팝업북을 찾느라 헤맸다. 책을 펼치고 줄을 당기면, 둥그런 지구가 뜨는 걸 보고 충격을 받았다. 펼치면 제주도가 뿅하고 나오는 입체 카드를 보고서는 '아! 왜 내가 이 생각을 못했지?' 자책했다. 아이가 태어나서는 팝업북을 선물하느라 돈을 많이 썼다. 안 그래도 큰 눈이 더 커지는 딸을 보며, 나도 모르게 지갑을 펼쳤다. 돈이 팝(pop)하더니 업(up)하며 사라졌다. 간단하게 아이를 위한 팝업북을 기획하여 출판사 몇 곳에 이메일을 보내기도 했다. 모두 무심했지만, 즐거웠던 경험이었다.

내놓을 만한 작품도 하나 있다. 전주에 있는 작은 박물관에서 리플렛을 만들어 달라는 의뢰를 했다. 관장님은 대표 유물이 유관순 열사가 학교에 다녔을 일제강점기 이화학당에서 쓰던 참나무 의자라고 했다. 실제로 유관순 열사, 이희호 여사가 앉았을지도 모른다 했다. 평소 리플렛이 너무 쉽게 버려지는 것에 대해 안타까웠고, 오히려 리플렛이 박물관의 기념품이 되면 얼마나 좋을까 생각하던 터였다. 그래서 생각한 리플렛은 칼로 자르고 접어 참나무 의자를 팝업으로 튀어나오게 하는 것이었다. 책상 위에서 박물관에서 봤던 참나무 의자를 볼 수 있게 했다. 매우 간단한 팝업이지만, 리플렛이 박물관과 유물을 좀 더 오래 기억하게 하고, 쉽게 버려지지 않았으면 했다. 지금 생각해도 내가 너무 잘났다. 그때 어떻게 이런 생각을 했을까?

학교박물관 리플렛　　　　　　　　　　팝업전시관

　팝업북을 여닫으며, 때로는 천천히 때로는 빨리 여닫으며 종이가 접히고 펼쳐지는 모습을 경이롭게 바라본다. 그렇게 바라보다 보면 시간이 훌쩍 지난다. 오랜만에 팝업북을 하나 열어 봐야겠다. 그리고 이렇게 저렇게 한반도를 머릿속으로 접었다 펴 봐야겠다.

3월에 나를 또 설레게 하고 두렵게 하는 것이 있으니, 바로 야구. 정확히 말하면 롯데자이언츠다. 3월은 시범 경기가 시작될 때이고, 머릿속 한구석이 롯데자이언츠로 채워지는 시기이다. 지금도 오른쪽 구석 작은 인터넷 창에는 롯데자이언츠와 SSG가 경기를 펼치고 있다(역시나 1:0으로 지고 있다). 퇴근 후 만나는 롯데 경기는 지친 학교생활을 충전하는 충전기다(주로 방전되지만). 충전된 나는 다음날 오후 6시 30분까지 끄떡없다. 방전된 나는 다시 희망을 품으며 다음날 오후 6시 30분을 기대한다. 그깟 공놀이가 뭐라고, 왜 아버지는 롯데자이언츠를 응원하셔서, 롯데자이언츠가 내게 준 것은 스트레스뿐이건만, 중얼거리며 야구 중계창을 닫고 TV를 끄지만, 이내 어찌 되었을까 궁금하여 슬쩍 창을 열고 TV를 켜고, 또 화를 내고 닫는 것을 반복한다. 전 경기가 생방송 되지 않고, 인터넷도 없던 시절, 700 야구 음성정보 서비스를 아무 생각 없이 사용하다 어머님께 풀스윙으로 종아리를 맞은 기억도 난다. 야구, 롯데, 그게 뭐라고. 학생들에게 종종 이야기한다. 그래도 야구가 좋다고. 그러면서 하는 이야기 몇 개.

야구장에서 아내와 딸과 함께

아! 그리고 롯데자이언츠가 좋은 이유. 두려움 없이, 포기하지 않았던 사람. 한없이 나누려 했던 사람이 있기 때문. 최동원, 로이스터, 신본기 그리고 나의 아버지.

"야구는 아홉 번의 기회가 있어. 그런데 그것들이 모두 좋을 수 없고, 모두 나쁘지도 않단다. 언제는 좋고 언제는 나빠. 그래서 나쁠 때 좌절하지 않아도 되고, 기쁠 때도 또 자만하면 안 돼. 끝까지 우직하게, 포기하지 않는 게 중요해."

"야구만큼 마지막이 중요한 스포츠가 없어. 크게 이기든, 지든, 간발의 차로 이기든 지든, 끝까지 최선을 다해야 해. 왜냐하면, 우리의 경기는 내일도 계속되거든. 오늘의 마지막이 내일의 시작이야. 시작이 반이라면, 끝은 전부라는 말. 나는 야구를 통해서 새삼 느낄 때가 많아."

"10개 팀 중에서 5팀이나 가을 야구에 초대되는 것도 좋아. 1등이 아니어도, 중간만 가도 나중에 최종 우승할 수 있어. 얼마나 낭만적이니? 중간만 가도 괜찮아."

## 추천 도서와 영화

### 1) 『선생님, 요즘은 어떠하십니까(이오덕, 권정생, 양철북)』

직접 뵌 적은 없지만, 고민하고 방황하던 나의 20대, 가장 큰 영향을 준 사람 중 한 분은 이오덕 어른이다. 그리고 우리 아이가 가장 좋아하는 어른. 검정색 할아버지라고 부르는 권정생 어른은 이오덕 어른과 찐한 우정을 나누던 친구 사이였다. 몇 번을 생각해도 신기한 일이다. 안동에서 있으면서 가장 좋은 것도 권정생 어른 곁에 있다는 것이다. 이오덕 어른과 권정생 어른이 만났던 서점도 있고, 권정생 어른이 잠시 아이들을 가르쳤던 학교도 여전히 있다. 이 책은 두 어른이 주고받은 편지를 모은 것이다. 서로를 존중하고 배려하고 아끼는 마음이 전해진다. 심지어 읽다 보면 두 분이 정말 사랑하고 있다는 생각도 든다. 밑줄 그은 몇 문장을 옮긴다.

> "하늘을 쳐다볼 수 있는 떳떳함만 지녔다면, 병신이라도 좋겠습니다. 양복을 입지 못해도, 장가를 가지 못해도, 친구가 없어도, 세끼 보리밥을 먹고 살아도, 나는, 나는 종달새처럼 노래하겠습니다."
>
> "선생님을 알게 되어 이젠 외롭지도 않습니다."
>
> "각자가 자기 자신을 돌아보라고 해 보세요. '강아지 똥'만큼 한 가치라도 지니고 있는지요?"

### 2) 『할아버지 무릎에 앉아서(이현주, 작은것이아름답다)』

의도한 것은 아닌데, 이현주 할아버지는 앞서 소개한 『선생님, 요즘은 어떠하십니까』에도 종종 나온다. 좋은 사람 곁엔 좋은 사람이 있나 보다. 내가 먼저 좋은 사람이 되어야겠다고 생각한다. 아무튼 이 책은 이현주 할아버지가 아이들의 질문을 받고 직접 써 보낸 손글씨 편지를 옮긴 것이다. 녹색연합의 『작은 것이 아름답다』에 5년간 연재된 글을 묶은 책이다. 아이들의 천진난만하지만 진지한 질문에 아빠 미소를 짓다가도, 어! 이거 나도 하고 싶던 질문인데! 라고 놀라며 진지하고 설레는 마음으로 이현주 할아버지의 답변을 듣는다. 아이들이나 어른이나 같은 세상에 살고, 우리의 고민은 시원하게 해결되지 않은 채 매번 반복된다. 그래서 이 책은 늘 곁에 두고, 힘들 때마다 펼치면 위로가 되고 힘이 되는 책이다. 따뜻한 책이다. 지금 내게 위로가 되는 한 문장도 옮긴다.

"네가 정말 양심에 부끄럽지 않을 만큼 부지런히 했는지를 물어보고 걸리는 게 없으면 됐어. 누가 뭐라고 해도 너는 네 속도가 있으니 네 속도로 살아가렴. 저 나무늘보가 원숭이들 틈에서 끄떡없이 제 삶을 즐기며 살아가듯이."

### 3) 『마왕 신해철(신해철, 문학동네)』

힘이 들 때면 신해철의 「나에게 쓰는 편지」를 듣는다. 꼭 라이브앨범으로 듣는다. 노래가 끝나고 신해철이 내게 해 주는 그 말을 듣고 싶기 때문이다.

"더 이상 버틸 힘이 없고 일어설 힘이 없고 세상이 다 끝났다고 생각될 때 저는 항상 꼭 거울을 보거든요. 여러분도 거울을 보면, 여러분 스스로를 믿는 단한 사람, 마지막 한 사람이 그 안에 있습니다. 여러분들 자기 자신. 끝까지 여러분 자기 자신을 믿으세요. 고맙습니다."

이 책은 젊은 날 신해철의 라디오 프로그램 〈고스트스테이션〉을 듣는다고 꾸벅꾸벅 졸며 버티던 그때로 돌아가게 한다. 책을 읽으면 그의 목소리가 들린다. 웃고, 울고, 함께 분노하다가 '역시 멋있어!'하며 감탄한다. 따뜻하고 든든하고, 그립다. 그도, 그때도. 책의 에필로그에도 있는 「민물장어의 꿈」이다. 이 노래를 알고 난 이후. 난 장어를 먹지 않는다. 그냥. 내 맘이다.

"저 강들이 모여드는 곳. 성난 파도 아래 깊이 한 번만이라도 이를 수 있다면. 나 언젠가 심장이 터질 때까지 흐느껴 울고 웃으며 긴 여행을 끝내리. 미련 없이. 아무도 내게 말해 주지 않는 정말로 내가 누군지 알기 위해."

### 4) 「우리학교(2006, 김명준 감독)」

정말 몇 번을 봤는지 모르겠다. 마지막 졸업식 장면은 지금 봐도 눈물이 펑펑 난다. 영화에 나오는 노래만 들어도 뭉클거린다. DVD와 포스터도 샀다. 내 방 벽을 허락한 유일한 포스터다. 이 영화는 '혹가이도조선학교' 학생과 선생님, 부모님, 재일동포의 이야기다. 일본에서 조선인이라는 이방인으로 살아가는, 그냥 똑같은 우리 아이들 이야기다. 조선 사람이니 조선 학교에 다녀야 한다는 그 평범한 일을 힘겹게 실천하고 있는 우리 아이들 이야기다.

그들을 옆에서 보고 있으면, 그들이 얼마나 '우리 학교'를 사랑하는지, 소중하게 여기는지 느껴진다. 외롭지만, 힘겹지만, 고민도 많지만, 주체적으로 사는 모습, 꿋꿋한 모습, 당당한 모습, 손 내밀고 함께 걷는 모습이 부럽고, 부끄럽다.

선생님의 모습도 인상적이다. 그들은 그들의 동무다. 함께 말뚝박기하고, 함께 이불 덮고 잔다. 진심으로 걱정하고, 응원한다. 졸업식에 마이크를 잡은 박대우 선생님은 학교를 무엇에도 바꿀 수 없는 귀중한 보물이라고 하고, 하나 되어 끝까지 지켜내자고 한다. 어려울 때는 동무를 찾아가고 우리

학교를 찾아오라 한다. 그 말에 아이들은 요시! (좋았어!)라고 답하고 눈물을 흘린다. 아이들은 학교를 믿는다. 부럽다. 통일이 어서 왔으면 좋겠다. 평화가 넘치고 차별 없는 세상이 어서 왔으면 좋겠다. 아! 여유가 된다면, 이 글을 읽는 당신도 '조선 학교와 함께하는 사람들 몽당연필'(mongdang.org)에 함께했으면 좋겠다. OST 중 「우리를 보시라」의 일부분이다. 읽기만 해도 눈물이 난다.

> "단 하나의 이름을 불러 주는 동무들이 나를 나를 이루어 주고, 두 팔을 크게 벌려 여기 오라고 안아 주는 나의 학교. 우리를 보시라. 그 어디 부럼 있으랴. 마음껏 배워가는 이 행복 넘치네. 아침의 햇빛이 아름답고 고운, 그 모습을 그려 살리라."

### 5) 「억셉티드(2006, 스티브 핑크 감독)」

Accepted는 대학 합격 통보를 말한다. 그들이 합격한 대학은 사우스하몬공과대학(South Harmon Institute of Technology) 즉 SHIT 대학이다. 이 대학은 실제로 존재하지 않는다. 지원한 대학에 모두 떨어진 바틀비가 부모님을 속이기 위해 만든 가짜 대학이다. 포토샵으로 합격통지서를 조작했고, 폐쇄된 정신병원을 수리했다. 총장도 가짜다. 홈페이지를 잘못 만들어서 원서만 내면 합격이다. 바틀비처럼 대학에 떨어진 학생들이 희망찬 얼굴과 함께 등록금을 내고 들어왔다. 일이 커져도 너무 커져 버렸다. 바틀비는 어쩔 수 없이 진짜 대학을 만든다. 커리큘럼은 따로 없다. 학생들에게 묻는다. "What do you want to learn?" 그리고 그들이 배우고 싶은 것을 배우고, 가르칠 수 있는 것을 가르친다. 함께 배우고, 함께 가르친다. 신나는 학교. 무엇인가 마구 샘솟는 학교. 멈추지 않는 학교, 진짜 학교가 된다.

그러나 역시 세상도, 영화도, 이런 학교를 가만두지 않는다. 결국 가짜 대학임이 들통 나고, 사람들이 실망하고, 떠나고 결국 폐쇄된다. 그런데 이렇게 저렇게 기적적으로 개최된 SHIT 대학 인가위원회. 그곳에서 일어나는 일은 너무 감동적이니 비밀이다. 이 영화를 보고 나서, 나는 매년 아이들에게 배우고 싶은 것, 가르칠 수 있는 것을 조사한다. 우리 반 안의 작은 SHIT 대학을 만든다. 반에서 작은 꿈을 이룬다.

교사가 되면 이렇게 해야지! 저렇게 해야지! 하며 적었던 작은 메모장이 있다. '작은 시골 학교에 천천히 자전거를 타고 출근을 하다가 길가에 핀 작은 들꽃 보며 지나가는 학생들과 이야기 나누기'도 있고 '담임이 되면 아버지 모임을 만들고 소주 한잔하기'도 있다. '역대 제자들을 한곳에 모아 거대한 소개팅 만들기'도 있다. '지리 수업은 학교 운동장이라도 무조건 야외 수업하기'도 있고, '비 오는 날 축구하기', '눈 오는 날 반 대항 눈싸움하기', '아이들 사진 많이 찍기', '함께 산 오르기' 같은 소소한 것도 있다. 처음으로 교실 문을 열 때를 상상하며 할 말도 수많은 버전을 만들어 적었다.

상상하고, 메모하고, 바보처럼 웃고, 가슴이 막 설레고, 떨리던 그 순간 순간들이 나를 교사로 만들었다. 한 것보다 못한 것이 더 많다. 하지만 그 순간순간들이 순간순간 떠올라서 또 상상하고, 바보처럼 웃는다. 교사를 포기하지 못하는 이유다.

최근에는 '지치지 말기', '애쓰기'를 썼다. 학교와 수업은 대학을 가기 위한 곳이 되어 버렸고, 교실 속 아이들은 함께 있지만 외롭다. 경쟁적으로 스펙을 학교생활기록부에 담는다. 미래는 오지 않았는데, 미래 사회에서 요구하는 무엇을 위해 지금, 여기가 소비된다. 형식이 본질을 덮는다. 긴 호흡이 필요한데, 세상은 재촉한다. 헐떡인다. 그래서 지치고, 그래서 슬프고, 외롭다. 그래서 종종 그만두어야겠다고 생각한다. 2014년 '거짓말하지 않겠습니다.'를 거리에서 외치다가 문득 '교사는 거짓말을 할 수밖에 없는 직업인 것 같아'라는 생각에 잠시 학교를 떠나기도 했다. 하지만 이렇게 지치고 슬픈 현실 속에서도 아이들과 희망을 이야기하며 깔깔 웃고, 곁에서 터벅터벅 걷다가 슬쩍 손잡는 것. 애쓰는 것은 교사가 아니면 누가 하지? 하고 생각한다. 교사를 포기하지 못하는 이유다.

그 길을 함께 걷는 길벗들. 옆 선생님. 앞 선생님. 뒤 선생님도 있다. 교사를 포기하지 못하는 이유다.

오늘도 지치지 마시길. 오늘도 많이 웃으시길. 오늘도 평화롭기를. 교사의 꿈 포기하지 마시길.

## 국토지리정보원(ngii.go.kr)

국토지리정보원 기관 사이트이다. 기관 소개가 있고, 원장님 인사말이 있는 그곳이다. 다시 말하면 국토지리정보원에서 만드는 모든 자료와 연결되는 허브사이트다. 내가 좋아하는 곳 3곳을 소개한다.

① 세계/대한민국 주변도: 이곳은 고화질의 로빈슨 도법의 세계 지도, 대한민국 주변도, 대한민국 전도를 확대, 축소하며 볼 수 있는 곳이다. 그러나 최고는 '내려받기' 메뉴이다. 세계 지도, 주변도, 전도, 지세도(1:250,000)를 A0 크기까지 내려받을 수 있다. pdf, jpg, dxf, shape 파일까지도 제공한다. 투영법에 대한 설명도 친절하다. 특히 지세도를 내려받고 스크롤로 확대할 때면 황홀하기까지 하다.

② 어린이 지도 여행: 이곳 '지도랑 놀아요'에 들어가면 제대로 된 백지도를 내려받을 수 있다. 역시 지도에는 방위표와 축척이 들어가야 마음이 편안해진다.

③ 콘텐츠 센터 〉 홍보 콘텐츠: 특히 카드 뉴스와 웹툰 메뉴를 보면, 수업에서 할 말이 많아진다. 특히 매일 팝업창으로 소개되던 '오늘의 지명'이 너무 좋았는데, 그 또한 모아져 있다. 시간 가는 줄 모른다.

## 국토정보플랫폼(map.ngii.go.kr)

국토지리정보원에서 운영하는 국토 정보, 지도 자료 서비스이다. 앞서 소개한 국토지리정보원에서도 클릭 한 번으로 들어올 수 있다. 이곳의 심장은 '국토정보맵'이다. 네이버 지도, 카카오 지도 같은 지도라고 보면 오산. 이곳에서 한방에 수치 지도, 항공 사진, DEM 등을 내려받을 수 있고, 더 많은 사람이 이용할 수 있도록 배경 지도를 큰 글씨 지도, 색각 지도, 영문 지도, 중문 지도, 일문 지도 심지어 백지도, 일제강점기 지도로도 바꿀 수 있다. 아! '대동여지도'도 우리가 아는 인터넷 지도처럼 확대하고, 검색할 수 있다.

## 공간정보교육포털(spacein.kr)과 공간정보아카데미(lxsiedu.or.kr)

국토교통부와 LX한국국토정보공사에서 진행하는 공간 정보 교육 사이트이다. 공간 정보 기초, 오픈 소스 GIS, 공간 빅데이터 등 핫한 강의들을 무료로 들을 수 있다. 교육부의 한국형 온라인 공개 강좌 K-MOOC (kmooc.kr)에서도 공간 정보와 관련된 강의들이 많다.

### 데스티네이션X

이 게임은 대놓고 지리 게임이다. 그래서 학생 친구들이 몇 번 하고 '어?! 이거 세계 지리 공부 같은데?!'하며 멀리하는 게임이다. 플레이어 한 명이 스파이가 되고, 다른 플레이어가 수사관이 되어 스파이의 비밀 목적지를 찾는 게임이다.

테이블에는 랜덤으로 6장의 목적지 카드(국가)가 펼쳐 있다. 스파이는 그중 하나의 목적지를 마음속으로 정한다. 수사관은 정보원 카드(쉽게 말하면 질문 카드. 수도, 종교, 국토 면적, 인구, 언어, 가장 높은 산 높이, 화폐, 산업, 수출품 등)를 통해 스파이에게 질문하면, 스파이는 핸드북을 조심히 보며 질문에 답하고, 수사관은 그 정보를 통해 목적지를 추리하면 된다. 카드를 이용한 스무고개 느낌이다. 그런데 묘한 중독성이 있다. 규칙이 간단하여 쉽게 할 수 있는 장점도 있다.

### 티켓 투 라이드 시리즈

유명한 철도 게임이다. 대놓고 지도가 게임판인 게임이다. 지도 위 도시와 도시를 기차로 연결하는 게임이니, 게임을 하는 내내 지도를 바라보고, 도시의 위치를 눈과 손으로 계속 따라갈 수밖에 없다. 어렵지는 않지만, 규칙에 대한 설명이 필요하고, 간단하게라도 한번 플레이해 봐야 게임을 온전히 이해할 수 있다. 수업 시간보다 블록 수업, 동아리 등을 활용하면 좋겠다.

간단하게 게임을 설명하면, 게임판에 그려진 노선 색과 길이에 맞게 기차 카드를 모아서 노선을 연결하면 된다. 긴 노선일수록 점수가 높다. 그리고 도시와 도시가 그려진 목적지 카드대로 연결하면 추가 점수, 못하면 감점이 된다. 최종적으로 이렇게 저렇게 점수를 계산하여 승자를 결정하는 게임이다.

'티켓 투 라이드'가 매력적인 것은 다양한 지역이 있기 때문이다. 북미, 유럽, 노르딕 (북유럽), 영국, 프랑스, 네덜란드, 폴란드, 아시아, 인도, 일본, 아프리카까지….

조금만 머리를 쓰고, 시간을 내면 학생 친구들과 함께 '티켓 투 라이드: 코리아'도 만들 수 있다.

### 마라케시

마지막으로 소개할 지리틱한 보드게임은 모로코의 도시 이름을 딴 마라케시이다. 매우 쉽다.

모로코의 마라케시에 양탄자(카펫, 러그) 시장이 열렸다. 각 플레이어는 양탄자 상인이다. 시장에 자신의 양탄자를 더 많이 늘어놓는 것이 목표다. 모로코 모자 페즈를 쓴 아쌈이 모로코 신발 바부슈의 숫자만큼 돌아다니면, 상인들은 그의 주위에 양탄자를 깐다. 아쌈이 돌아다니다가 양탄자를 밟으면 앗! 하고 양탄자 길이만큼 일정액의 모로코 화폐 디르함을 준다. 시장에 양탄자를 많이 깔고, 아쌈에게 돈을 많이 받은 상인이 승리한다. 양탄자와 아쌈의 복장, 화폐가 마치, 모로코에 있는 것은 아닌지 착각하게 한다. 모로코 음악까지 틀어 놓고 게임을 하면 금상첨화.

이렇게 재미있게 게임을 즐기고 나서 모로코를 공부하면 된다. 모로코는 화려한 색상과 기하학적인 패턴이 인상적인 양탄자가 유명하다는 이야기. 보통 빨간색은 힘을 파란색은 지혜, 노란색은 영원, 녹색은 평화를 상징하고, 패턴에는 양탄자를 짜는 여성의 인생 이야기, 신화 등이 담겨 있다는 이야기. 지역에 따라 지형과 기후 차이가 커서 두께와 매듭 방법이 다르고, 양모를 기본적으로 이용하지만, 지역에 따라 천조각과 옷감으로 재미있게 만든다는 이야기를 나누면 된다.

학생 친구들과 함께 모로코 지역마다 다른 양탄자를 공부하고 새롭게 종이에 디자인하는 것도 좋겠고, 마라케시 시장을 우리 동네 시장으로 바꿔도 좋겠다. 상인이 되어서 과일을 깔고, 반찬을 깔고, 생선을 깔면 된다.

모로코가 더 친근해지고, 우리 동네를 더 바라보는 것만으로 충분하다.

아! 지역 이름을 딴 보드게임이 찾아보면 꽤 있다. 카르카손, 라스베가스, 푸에르토리 코, 코임브라 등.

# 그래픽 도구 공부를 권합니다!

예전 한 교수님과 식사할 일이 있었는데, 그 교수님께서 학생을 지도해 보니, 지리학과 1학년 학생을 대상으로 포토샵, 일러스트레이터 같은 컴퓨터그래픽 수업을 교육과정에 담고 싶은데 쉽지 않다고 아쉬움 반, 간절함 반을 담아 이야기했다. 내 생각도 같다. 선생님들이 포토샵 같은 그래픽 도구를 공부했으면 좋겠다. 화려하게 무엇을 합성하고 작품을 만드는 것까지는 아니어도, 조금만 공부하면, 지도나 학생 친구들의 작품에 색칠하고, 선을 지우고, 자르고, 붙이고, 이미지를 밝게 하고, 선명하게 하는 정도는 충분히 할 수 있다. 태블릿PC가 보편화 되었으니 Procreate와 같은 드로잉 앱도 익숙해지면 좋다. 다행히도 이와 관련된 강의가 인터넷에 넘치고, 유사한 무료 대체 프로그램도 많다. 한번 찾아보시길.

앞서 소개한 학생 친구들의 결과물(소책자), 달력, 리플렛, 로고, 굿즈 등도 모두 약간의 그래픽 도구를 공부한 덕분이다. 최근에는 지리티콘을 만들었다. 이모티콘 심사를 통과하지 못했지만, 많은 지리샘들과 학생들이 즐거워했다. 무엇보다 내가 즐거웠다.

한걸음. 한걸음.
천천히. 두리번거리며. 자세히. 오래.
너의 길을 걸어가렴.
**지리**가 조금은 도움이 될거야.
고맙고. 고마워.
**힘!**

**지리관련 학과 개설대학**
건국대학교 문과대학 지리학과
경북대학교 사회과학대학 지리학과
경희대학교 이과대학 지리학과
공주대학교 인문사회과학대학 지리학과
상명대학교 인문사회과학대학 공간환경학부 지리학과
서울대학교 사회과학대학 지리학과
성신여자대학교 사회과학대학 지리학과
전남대학교 사회과학대학 지리학과

가톨릭관동대학교 사범대학 지리교육과
강원대학교 사범대학 지리교육과
경북대학교 사범대학 지리교육과
경상대학교 사범대학 지리교육과
고려대학교 사범대학 지리교육과
공주대학교 사범대학 지리교육과
대구가톨릭대학교 사범대학 사회교육학부 지리교육전공
대구대학교 사범대학 지리교육과
동국대학교 사범대학 지리교육과
부산대학교 사범대학 지리교육과
서울대학교 사범대학 지리교육과
이화여자대학교 사범대학 사회과교육과 지리교육전공
전북대학교 사범대학 지리교육과
제주대학교 사범대학 사회교육과 지리교육전공
충북대학교 사범대학 지리교육과
한국교원대학교 제3대학 지리교육과

경일대학교 국토정보학부 공간정보학전공
남서울대학교 공과대학 공간정보공학과
부경대학교 환경해양대학 공간정보시스템공학과
서울시립대학교 도시과학대학 공간정보공학과
세종대학교 환경에너지공간융합학과
신한대학교 항공지리정보과
인하대학교 공과대학 공간정보공학과
그리고...

워크넷(work.go.kr)의 한국직업사전을 참고했습니다.
더 궁금한 것이 있다면, 지리쌤과 이야기하세요.

20200413 v1.1